Grundkurs Verteilte Systeme

Lizenz zum Wissen.

Sichern Sie sich umfassendes Technikwissen mit Sofortzugriff auf tausende Fachbücher und Fachzeitschriften aus den Bereichen: Automobiltechnik, Maschinenbau, Energie + Umwelt, E-Technik, Informatik + IT und Bauwesen.

Exklusiv für Leser von Springer-Fachbüchern: Testen Sie Springer für Professionals 30 Tage unverbindlich. Nutzen Sie dazu im Bestellverlauf Ihren persönlichen Aktionscode C0005406 auf *www.springerprofessional.de/buchaktion/*

Jetzt 30 Tage testen!

Springer für Professionals.
Digitale Fachbibliothek. Themen-Scout. Knowledge-Manager.

- Zugriff auf tausende von Fachbüchern und Fachzeitschriften
- Selektion, Komprimierung und Verknüpfung relevanter Themen durch Fachredaktionen
- Tools zur persönlichen Wissensorganisation und Vernetzung

www.entschieden-intelligenter.de

Springer für Professionals

 Springer

Günther Bengel

Grundkurs Verteilte Systeme

Grundlagen und Praxis des Client-Server
und Distributed Computing

4. Auflage

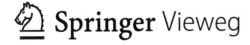 Springer Vieweg

Günther Bengel
Fakultät für Informatik
Hochschule Mannheim
Mannheim, Deutschland

ISBN 978-3-8348-1670-2 ISBN 978-3-8348-2150-8 (eBook)
DOI 10.1007/978-3-8348-2150-8

Die Deutsche Nationalbibliothek verzeichnet diese Publikation in der Deutschen Nationalbibliografie; detaillierte bibliografische Daten sind im Internet über http://dnb.d-nb.de abrufbar.

Springer Vieweg
© Springer Fachmedien Wiesbaden 2000, 2002, 2004, 2014

Springer Vieweg ist eine Marke von Springer DE. Springer DE ist Teil der Fachverlagsgruppe Springer Science+Business Media
www.springer-vieweg.de

Vorwort zur 1. Auflage

Der bedeutendste Trend bei Informationssystemen in den letzten Jahren ist das Aufkommen vom Client-Server-Computing. Dieser Rechnerbetrieb ersetzt einerseits großrechnerdominierte oder zentralisierte Ansätze, andererseits bindet er lokale und isolierte Rechner zusammen und fördert ihre Zusammenarbeit. Die dazugehörende Strukturierungsmethode der Software in Clients und Server ist heute weit verbreitet und findet immer mehr Zugang und Einsatz bei der verteilten Verarbeitung.

Die Untergliederung der Software in Clients und Server ist eine Strukturierungsmöglichkeit bei verteilter Informationsverarbeitung. Um dieses Modell für Verteilte Systeme zu erschließen, wurden in Kap. 2 die möglichen Client-Server-Systeme klassifiziert. Die Klassifikation enthält neben Clients und Server eine weitere Klasse, nämlich den verteilten Prozess. Dies führt zu einem vertieften allgemeinen Verständnis für das Client-Server-Computing und der entstehenden Client-Server-Strukturen, weiterhin ermöglicht es eine nachfolgende einheitliche Betrachtung der verteilten Systeme unter dem Client-Server-Gesichtspunkt.

In die Programmierkonzepte und -methoden zur Gestaltung der Client-Server-Beziehungen führt Kap. 3 ein. Die einzelnen Programmiermethoden und -verfahren bauen in dem Sinne aufeinander auf, dass die höheren abstrakteren Programmierverfahren mit den Verfahren in einer darunter liegenden Schicht implementiert sind. Wir starten mit den Verfahren der untersten Ebene, den Sockets, und gehen über entfernte Prozeduraufrufe hin zu entfernten Methodenaufrufe und enden bei den Kommunikationsverfahren für das World Wide Web, dem heute aktuellsten und immer mehr eingesetzten Verfahren der Client-Server-Programmierung. Bei den vorgestellten und ausgewählten Programmierkonzepten habe ich mich an den Konzepten, die den Standard gesetzt haben oder die schon standardisiert sind, orientiert.

Kapitel 4 führt in die fundamentalen und häufig benötigten verteilten Algorithmen ein. Es bildet mit der Klassifikation der Client-Server-Strukturen in Kap. 2 die Basis für die in Kap. 5 vorgestellten wichtigsten Server. Die vorgestellten Server starten bei einfachen Namens-Server und gehen dann über File-Server hin zu Transaktions-Server. Eng verknüpft mit den atomaren Aktionen bei Transaktionen sind dann die nachfolgend beschriebenen Konkurrenzdienste zur Erreichung eines wechselseitigen Ausschlusses bei verteilten Prozessen. Neben der in Kap. 4 beschriebenen logischen Zeitordnung von Ereignissen werden anschließend Synchronisationsverfahren für physikalische Uhren beschrieben. Abschluss bilden schließlich die bei Verteilten Systemen eingesetzten Kryptosysteme und Authentifikationsprotokolle.

Der Inhalt des Buches entwickelte sich aus einer Vorlesung über Verteilte Systeme, die ich an der Fachhochschule Mannheim, Hochschule für Technik und Gestaltung, im Fachbereich Informatik seit 1993 halte. Diese Vorlesung liegt im zweiten Drittel des Informatikstudiums und setzt deshalb fundamentale Programmier-, Betriebssystem- und Kommunikationssoftware-Kenntnisse voraus.

Mit der Vorlesung einhergehen Übungen, die als Projekt ausgelegt sind. Das Projekt umfasst den Entwurf und die Programmierung eines Spieles als Verteiltes System, z. B. des Spieles „Mensch ärgere dich nicht". Dabei soll eines der in Kap. 3 beschriebenen Kommunikationsverfahren zum Einsatz kommen. Beim Entwurf des Client-Server-Systems und den damit einhergehenden Kommunikationsprotokollen sollen die fundamentalen verteilten Algorithmen von Kap. 4 und die in Kap. 5 vorgestellten Dienste mit berücksichtigt werden und einfließen.

In dieser Form am Zustandekommen des Werkes beigetragen haben die Studenten mit konstruktiven Diskussionen über den Stoffinhalt und die Gliederung des Stoffes sowie mit ihren Hinweisen auf Fehler und didaktisch bessere Darstellungen. Mein Dank gilt weiterhin dem Kollegen aus dem Fachbereich Nachrichtentechnik Herrn Prof. Dr. Erich Eich und meinem alten Freund aus Schul- und Studienzeiten Herrn Dipl.Math. Wolfgang Knierim. Herr Eich hat die Client-Server-Klassifikation kritisch durchleuchtet und hat bei den Client-Server-Programmierverfahren viele Verbesserungsvorschläge genannt. Herr Knierim, ein Vertreter aus der Praxis und der Industrie, hat durch seine Hinweise und Bemerkungen den praktischen Bezug des Werkes sichergestellt. Nicht vergessen und in meinen Dank mit einschließen möchte ich meinen Sohn Ralf Bengel und den Informatikstudenten Martin Hawlisch. Beide haben mich bei der Formatierung des Textes unterstützt und gaben viele Tipps im Umgang mit dem Textverarbeitungsprogramm.

Angesichts des sich dynamisch und stürmisch entwickelnden Gebiets der Verteilten Systeme, besonders im Bereich des World Wide Web, ist dieses Buch durch seine einführende Klassifikation von Client-Server-Strukturen eine Hilfe, sich besser in dem Dschungel der Techniken des Client-Server-Computing und der Client-Server-Programmierung zurechtzufinden. Beim Gang durch den Client-Server-Dschungel wünsche ich Ihnen nun viel Spaß und einen erfolgreichen Einsatz der Client-Server-Techniken bei Ihrer verteilten Anwendung.

Altrip, im Januar 2000   Günther Bengel

Vorwort zur 2. Auflage

Das rasche Voranschreiten der Programmierkonzepte und -methoden des Client-Server-Computing und deren heutiges schnelles Einfließen in die Praxis, bedingten in der 2. Auflage Erweiterungen. Sie betreffen die Kommunikation und Koordination bei verteilter Verarbeitung und somit Kap. 3. Neu in diesem Abschnitt sind die Themen Remote Method Invocation (RMI), Extensible Markup Language (XML) und Enterprise JavaBeans (EJB).

Kapitel 3 startet nun mit der Nachrichten-basierten Kommunikation, den TCP/IP-Sockets, und führt über Remote Procedure Calls hin zu den Objekt-basierten Kommunikationsmethoden, dem Remote Method Invocation (RMI) und CORBA. Die Web-basierten Programmierkonzepte gehen über HTML, Common Gateway Interface (CGI), Servlets, Extensible Markup Language (XML) und den XML-Parsern, hin zu den Applets. Den Abschluss von Kap. 3 bildet die komponenten-basierte Methode der Enterprise JavaBeans, einem Rahmenwerk für die Client-Server-Programmierung.

Mit der 2. Auflage steht ein kostenloser Online-Service zur Verfügung. Die Internet-Adresse der Web-Seiten ist http://www.vts.fh-mannheim.de

Die folgenden Informationen können auf den Web-Seiten gefunden werden:

- Informationen über den Autor mit der Email-Adresse, die zum Senden von Anmerkungen, Kommentaren und Berichtigungen verwendet werden kann.
- Alle Abbildungen des Buches zum Herunterladen; sie lassen sich in der Lehre einsetzen und wiederverwenden.
- Alle Programmbeispiele des Buches zum Herunterladen. Sie sollen den Leser ermuntern die Programme auszuprobieren und dienen zur Gewinnung von praktischer Erfahrung mit den Techniken der verteilten Programmierung.
- Ein Erratum, d. h. Korrekturen zu Fehlern, die erst nach der Drucklegung des Buches gefunden wurden.
- Aktuelle Informationen zu Weiter- und Neuentwicklungen bzgl. der im Buch beschriebenen Technologien.

Die Web-Seiten werden kontinuierlich weiterentwickelt und ausgebaut. Zukünftige Erweiterungen sehen vor, zu jedem Kapitel Übungsaufgaben mit Musterlösungen anzubieten.

Außerdem sollen größere Anwendungsbeispiele mit aufgenommen werden, die das in der Übung programmierte verteilte Spiel behandeln.

Altrip, im Dezember 2001   Günther Bengel

Vorwort zur 3. Auflage

In den letzten beiden Jahren ist Service-Oriented Computing (SOC) zum Hype in der Computing-Szene geworden. Besonders im Bereich der Enterprise Applications und deren Integration (EAI) spricht und diskutiert man nur noch über SOC. Die zu SOC gehörenden Basis-Services sind die Web Services. Der neu hinzugefügte Abschn. 3.4.4 widmet sich den Web Services und erläutert das dazugehörige Simple Object Access Protocol (SOAP), die Beschreibungssprache für Web Services - die Web Service Description Language (WSDL), und zeigt, wie ein Client die Web Services findet über die Universal Description Discovery and Integration (UDDI). SOAP, WSDL und UDDI basieren auf der Exentsible Markup Language (XML) und bedingten, dass im Abschn. 3.4.2.4 über XML die Punkte Namespaces und Schema mit aufgenommen werden mussten. Vorlage und Basis für die Web Servives waren die Arbeiten von Herrn Kebrich S., Entwicklung von Web Services für mobile Endgeräte mit J2ME, Diplomarbeit an der Fachhochschule Mannheim 2003 und von Herrn Mostowoj D., Web Services, Diplomarbeit an der Fachhochschule Mannheim 2003. Vielen Dank den beiden Diplomanden für die geleistete Arbeit.

Die Enterprise JavaBeans (EJBs) Spezifikation liegt zwischenzeitlich in der Version 2.0 vor. Neu hinzugekommen bei der Version 2.0 sind die Message Driven Beans. Der neue Abschn. 3.5.3.3.3 beschreibt die Message Driven Beans. Diese Beans sind ohne das Verständnis für asynchronen Nachrichtenaustausch nur schwer zu verstehen. Aus diesem Grund wurde in Abschn. 3.1.2 ein weiteres asynchrones Nachrichtenaustauschverfahren der Java Message Service (JMS) mit aufgenommen. JMS ist ein Beispiel für einen zentralen Nachrichten-Server und bildet einen Gegenpol zu den bisher und jetzt in Abschn. 3.1.3 beschriebenen Communicating Processes (ComPro), die dezentral asynchron Nachricht versenden. Durch die Gegenüberstellung von JMS und ComPro ist der Unterschied zwischen einem Client-Server-System und einem Verteilten System direkt und unmittelbar ersichtlich.

Weitere Hinzufügungen sind Verbesserungen und sie wurden hauptsächlich in der Einführung im Abschn. 1.3.1 und bei DNS in Abschn. 5.1.1 durchgeführt.

Das Hauptaugenmerk bei dieser 3. Auflage lag darauf, die neusten aktuellen Entwicklungen auf dem Gebiet der Verteilten Systeme aufzugreifen und sie dem Leser verständlich zu erläutern und darzulegen. Mit dieser Kenntnis ist der Leser in der Lage, die neusten Technologien abzuschätzen und sie erfolgreich in der Praxis einzusetzen.

Altrip, im Dezember 2003   Günther Bengel

Vorwort zur 4. Auflage

Das Web als Programmierplattform erlaubt die Erstellung von neuen Software-Applikationen, welche Service-orientierte Architekturen (SOA) realisieren. Deshalb gewinnen Service-orientierte Architekturen (SOA) immer mehr an Bedeutung und finden immer mehr ihren praktischen Einsatz. Aus diesem Grund wurde neben den bereits vorhandenen Web Services ein kompletter Abschn. 3.6 über SOA-Architekturen in die 4. Auflage aufgenommen. Des Weiteren wurde bei der logischen Ordnung von Ereignissen neben dem Lamportzeit-Algorithmus noch der Vektoruhren-Algorithmus hinzugefügt.

Mit diesen Erweiterungen liegt ein aktuelles und noch umfassenderes grundlegendes Werk vor, dessen Inhalt sich bewährt und stabilisiert hat. Weiterhin hat sich die Web-Adresse des Online Service geändert in http://www.vts.hs-mannheim.de.

Altrip, im Mai 2014   Günther Bengel

Inhaltsverzeichnis

Einführung und Grundlagen

Rechensysteme, ihr Einsatz und Betrieb haben sich in den beiden letzten Jahrzehnten radikal geändert. Ihre historische Entwicklung lässt sich in folgenden Schritten skizzieren:

- Batch Processing Systeme
- Timesharing Systeme
- Personal Computer und Workstation
- Client-Server-Systeme
- Verteilte Systeme
- Web-Systeme

Die Entwicklung der letzten vier Generationen beginnt etwa um 1980 und wurde durch das Aufkommen der folgenden Technologien ermöglicht:

1. *Mächtige Mikroprozessoren*, zuerst 8, dann 16, 32 und in den neunziger Jahren 64-bit CPUs (z. B. DEC's Alpha Chip) stehen zur Verfügung. Die Mikroprozessoren übertreffen dabei die Rechenleistung eines Großrechners zum Bruchteil des Preises eines Großrechners. Weiterhin führte die Koppelung dieser Prozessoren hin zu Multiprozessoren, welche die Möglichkeit der inkrementellen Leistungssteigerung bieten.
2. Das Aufkommen von *lokalen Netzwerken* (*local area networks – LANs*). Lokale Netzwerke erlauben Dutzende oder sogar Hunderte von Rechnern über ein Netz zu koppeln, so dass kleine Mengen von Informationen innerhalb von Millisekunden transferiert werden können. Größere Datenmengen lassen sich in Raten von 10 Millionen bits/sec (Ethernet 10 Mbps, Token Ring 4 oder 16 Mbps, Token Bus 5 Mbps oder 10 Mbps), über 100 Millionen bits/sec (optische Netze – FDDI (Fiber Distributed Data Interconnect) und Fast-Ethernet) bis zu Gigabit-Ethernet transferieren. Neuere Netzwerktechnologien wie Asychronous Transfer Mode (ATM) erlauben Datenübertragungsgeschwindigkeiten von 155 Mbps, 622 Mbps und 2,5 Gbps.

G. Bengel, *Grundkurs Verteilte Systeme*, DOI 10.1007/978-3-8348-2150-8_1,
© Springer Fachmedien Wiesbaden 2014

3. Die Verbindung mehrerer physischer Netze zu einem einheitlichen Kommunikationssystem und das Anbieten eines Universaldienstes für heterogene Netzwerke, dem In-
   ternetworking, und das daraus resultierende System, dem *Internet*.

Der Gründer von INTEL, Gordon Moore, sagte 1965 eine Verdoppelung von Transistoren auf einem Chip alle 18 Monate voraus – was sich bis heute bewahrheitete. 1971
stellte der amerikanische Chiphersteller den 4004-Prozessor mit 2300 Transistoren und einer Taktrate von 108 Kilohertz vor; ein Pentium III von 1999 verfügt über 9,5 Millionen
Transistoren und wird mit 650 bis 1.2 Gigahertz getaktet und ein Pentium 4 Prozessor besitzt 42 Millionen Transistoren und kann bis zu 3,2 Gigahertz getaktet werden.

Speicherchips (Typ DRAM) konnten zu Beginn der 70er Jahre ein Kilobit speichern,
heutige Typen schaffen eine Gigabit, das Millionenfache. Die Strukturen in dem Silizium
verringerten sich von 10 Mikrometer auf 0,25 Mikrometer Breite.

Dabei fallen bei dieser Entwicklung noch die Preise! 1991 kostete die Leistung von einer
Million Instruktionen pro Sekunde (MIPS), erbracht durch den Intel 486-Prozessor, noch
225 Dollar. Bei einem Pentium II von 1997 sind es noch vier Dollar pro MIPS und ein
heutiger Pentium 4 mit 3 Gigahertz getaktet, erbringt 9075 MIPS, so dass der Preis für ein
MIPS unter 5 Cent liegt.

Kostete bei Festplatten 1991 ein Speichervolumen von einem Megabyte noch fünf Dollar, liegt der Preis 1999 hierfür noch bei zwei bis fünf Cents und er ist heute auf 0,1 Cent
gefallen. Diese Entwicklung kann dabei noch mindestens zehn Jahre weitergehen!

Nicht nur die Mikroprozessortechnologie erreichte rasante Fortschritte, sondern auch
in der Koppelung von Mikroprozessoren sind Fortschritte zu verzeichnen. Schon einfachste Rechner, wie beispielsweise Personal Computer, enthalten eine Ansammlung von Mikroprozessoren und -controllern. Ein Personalcomputer enthält nicht nur einen Prozessor,
sondern daneben noch Disc-, Graphic- und LAN-Controller. Ja selbst eine Tastatur und
fast jede Maus ist von einem Mikrocontroller gesteuert. Jeder Drucker ist mit einem eignen Prozessor ausgestattet, wobei häufig die in Laserdruckern eingebauten Prozessoren für
die Druckaufbereitung leistungsfähiger und mit mehr Speicher ausgestattet sind als der
Rechner selber.

Ein weiterer Schritt ist das Zusammenschalten einer beliebigen Anzahl von Mikroprozessoren zu parallelen bis hin zu massiv parallelen Systemen mit mehreren Tausend von
Prozessoren, bei denen viele Prozessoren getrennt und parallel eine gemeinsame Aufgabe lösen. Die Koppelung der Prozessoren in einem Multiprozessorsystem kann auf verschiedene Art und Weise (Bus, Kreuzschienenschalter, Mehrebenennetzwerk, Hypercube)
geschehen. Dies bedingt auch verschiedene Organisationsformen des Betriebssystems und
Änderungen an bestehenden Einprozessorbetriebssystemen, um es auf einem Multiprozessor einsetzen zu können. In der Praxis weit verbreitet sind die *eng gekoppelten Multiprozes-*
sorsysteme, bei denen die Prozessoren über den Bus mit dem gemeinsamen Hauptspeicher
gekoppelt werden. Da diese Systeme einen gemeinsamen Bus benutzen, sind sie in ihrer
Skalierbarkeit nach oben beschränkt, und es kann auf diese Weise nur eine beschränk-
te Anzahl von Prozessoren miteinander gekoppelt werden. Ihren Einsatz finden die eng

gekoppelten Multiprozessoren hauptsächlich als Server. Die Organisation des Betriebssystems bei diesen Systemen ist *symmetrisch,* d. h. alle Prozessoren sind funktional identisch, und jeder Prozessor kann irgendeinen Prozess und das Betriebssystem ausführen.

Da Server hohe Anforderungen an die Ausfallsicherheit und das Leistungsvermögen der Rechner stellen, verband man zwei oder mehrere Rechner zu einem, so dass sie wie eine einzige virtuelle Maschine agieren. Ein *Cluster* (Haufen oder Gruppe) ist ein System aus mehreren Computern, die sich über spezielle Verbindungen über ihre Einsatzbereitschaft verständigen. Fällt ein System aus, so werden alle Prozesse an das andere System übergeben. Im einfachsten Fall steht ein kompletter zweiter Rechner als Reserve zur Verfügung, was natürlich doppelte Hardware- und Softwareinvestitionen verursacht.

Vor der breiten Verbreitung von Mikroprozessoren und der damit ausgestatteten Personal Computer und Workstations Anfang der achtziger Jahre dominierte die zentralisierte Datenverarbeitung mit Großrechnern und Minicomputern mit den Betriebsarten Batch und Timesharing. PCs und Workstations individualisierten die Datenverarbeitung, so dass die Rechnerleistung nicht mehr zentral, sondern am Arbeitsplatz zur Verfügung steht.

Dadurch entstanden *Insellösungen*, die keinen Zugriff auf gemeinsame Betriebsmittel erlaubten. Betriebsmittel können dabei Hardwarebetriebsmittel, wie z. B. Drucker, Plotter, Modem oder Softwarebetriebsmittel, wie z. B. Daten, Files oder Programme, sein. Diesen Nachteil versuchte man zu umgehen, indem man mehrere Rechner über ein Netz verband. Jeder Rechner im Netz stellt dabei Betriebsmittel zur Verfügung und kann auf die Betriebsmittel eines anderen Rechners zugreifen.

Da alle Rechner im Netz gleichberechtigt sind und ihre Betriebsmittel und die damit verbundenen Dienste anbieten und andererseits auch die Dienste von anderen Rechnern in Anspruch nehmen, spricht man von einem *peer-to-peer Netz*. Dadurch, dass jeder Rechner alles anbieten kann und alles von jedem anderen Rechner nutzen kann, muss auf jedem Rechner festgehalten werden, wer welche Ressourcen (Drucker, Dateien etc.) nutzen darf. Dies führt zu einem hohen Verwaltungsaufwand auf jedem Rechner.

Deshalb zentralisierte man den Dienst (Service) auf einem bestimmten Rechner, und dieser Rechner wurde zum *Server im Netz*, z. B. zum Print-Server oder zum File-Server. Die anderen Maschinen wurden zu *Clients*, die diesen zentralisierten Dienst in Anspruch nehmen konnten. Die Anwendungen, die auf solchen Client-Server-System ablaufen, sind Clients, und sie haben über das Betriebssystem Zugriff auf die Dienste des Servers.

Die Betriebssysteme, die solch einen Client-Server-Betrieb ermöglichen, sind auf der Client-Seite Aufsätze auf bestehende Betriebssysteme, die den Zugriff auf entfernte Ressourcen ermöglichen, und auf der Server-Seite organisieren sie den Server-Betrieb. Solche Betriebssysteme heißen *Netzwerkbetriebssysteme*.

Ein anderer Ansatz – und ein Beispiel für ein Verteiltes System – ist die Betriebssystemfunktionalitäten zu verteilen und das gesamte Netz der Rechner wie einen Rechner wirken zu lassen. Gemäß ihrer möglichen Verteilung der Komponenten eines Betriebssystems auf Rechner im Netz heißen diese Betriebssysteme *Verteilte Betriebssysteme*.

Mit den vernetzen Systemen und dem Client-Server-Betrieb dieser Netze war es möglich, die Anwendung selbst über das Netz zu verteilen und eine kooperative Verarbeitung zu

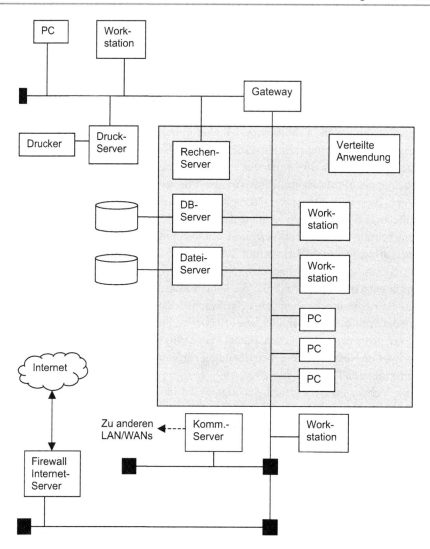

Abb. 1.1 Verteiltes System

ermöglichen. Die logische und kooperative Ablaufstruktur der Anwendung muss nun auf ein physikalisches Netzwerk von Rechnern abgebildet und konfiguriert werden. Das logische verteilte Anwendungssystem sowie das Trägersystem (Hardware System) bezeichnet man dabei als *Verteiltes System* (siehe dazu das Beispiel in Abb. 1.1). Allgemein versteht man unter einem Verteilten System ein System, bei dem eine Reihe einzelner Funktionseinheiten, die miteinander über ein Transportsystem verbunden sind, in Zusammenarbeit Anwendungen bewältigen. Kooperative Verarbeitung ermöglicht eine hohe Flexibilität in der Zuordnung der Funktionseinheiten einer verteilten Anwendung zu den Komponenten eines vernetzten (verteilten) Systems. Sie begünstigt eine gezielte Funktionswidmung auf

Abb. 1.2 Web-Informations-Systeme

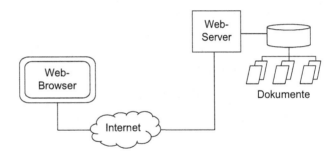

passend konfigurierte Komponenten eines vernetzten Systems und unterstützt dadurch unternehmensspezifische Lösungen (Customizing). Kooperativ vernetze Systeme bieten eine flexible Basis für einen großen Gestaltungsfreiraum für verschiedene Aufbau- und Ablauforganisationen und Informationsverarbeitungsszenarien (siehe Abb. 1.2).

Das *World Wide Web* oder kurz *WWW* ist ein verteiltes System, bestehend aus Web-Clients und einem Web-Server, die zur Kommunikation das Internet benutzen. Zur Anzeige von Dokumenten und zum „Herumschmökern" (browse) in den Dokumenten des Web-Servers verwendet man auf der Seite des Clients einen *Browser* (siehe dazu Abb. 1.2). Web-Browser entwickeln sich zur Zeit zum universellen Frontend für Anwendungen, die nicht notwendigerweise verteilt sind. Viele kommerzielle Anwendungen, wie Informationssysteme oder Buchungssysteme, werden auf web-basierte Systeme umgestellt.

1.1 Netzwerkbetriebssysteme

Der Fortschritt auf dem Gebiet der Netze erlaubt heute eine Vernetzung von einer Vielzahl von unterschiedlichen Rechnern. Die Rechner in solch einem Netz variieren in Größe und Funktionsumfang und können Personal Computer, Workstations, Minicomputer oder Großrechner (Mainframes) sein. Ein vernetztes System und die Möglichkeit der Nutzung von gemeinsamen Ressourcen, das durch das Netzwerkbetriebssystem ermöglicht wird, bietet im Vergleich zu einem isolierten, aus einem Rechner bestehende System folgende Vorteile:

1. *Nutzung von gemeinsamen Betriebsmitteln*: Das erste Argument für eine Vernetzung ist das „Sharing". Die Betriebsmittel können Hardware- oder Softwarebetriebsmittel sein:

   1.1 *Nutzung der gemeinsamen Hardware*: Teure und im Vergleich zur Großrechnerwelt nicht effizient genutzte Peripheriegeräte wie Festplatten als Massenspeicher, Bandlaufwerke zur Datensicherung, Drucker (Farb-, Laserdrucker), Plotter und Modems können von allen anderen Rechnern im Netz benutzt werden. Die Peripheriegeräte haben dadurch eine bessere Auslastung als an einem einzelnen Rechner, und die Anzahl der benötigten Peripheriegeräte reduziert sich dadurch erheblich.

1.2 *Zugriff zu gemeinsamen Daten und Programmen*: In betrieblichen Organisations-
und Kommunikationsstrukturen müssen Daten an verschiedenen Stellen verfügbar sein. Diese Daten müssen konsistent sein, d. h. gemeinsame Daten, die von
einer Person geändert werden, müssen sofort für alle anderen Personen aktualisiert werden. Ein zentraler Rechner (Server) im Netz, der die Daten zur Verfügung
stellt, verhindert die Duplikation der Daten auf mehreren Rechnern und erhält die
Konsistenz und Integrität der Daten. Die zentrale Pflege von im Netz benutzten
Programmen und Softwarepaketen erleichtert und vereinfacht das Systemmanage-
ment.

2. *Mailing Dienste*: Das Netz bietet die Möglichkeit der Bürokommunikation. Die an einem Netz angeschlossenen Rechner und daran arbeitenden Personen können Nachrichten, Memos, Briefe, Faxe an andere Personen, Gruppen oder allen Teilnehmern im
Netz verschicken. Weiterhin können im Netz Telefon- (IP-Telefonie) und Konferenz-
dienste (Video Conferencing) angeboten werden.

3. *Anbindung an Großrechner und zentrale Server*: Besonders von Großunternehmen mit
zentraler Datenverarbeitung stark gefordert ist die Anbindung des Netzes an Großrechner und Minicomputer und zentrale Server. Dies ermöglicht den Stationen im Netz den
Zugriff auf zentrale Datenbestände und ein Arbeiten auf dem zentralen Rechner.

Im Vergleich zu Großrechnern, Minicomputern oder zentrale Server bieten vernetzte
Systeme folgende Vorteile:

1. *Inkrementelle Erweiterbarkeit*: Ein Großrechner oder Minicomputer stellt nur eine feste
Leistung zur Verfügung und kann nur eine feste Arbeitslast bewältigen. Steigen im Laufe der Zeit die Aufgaben und damit die Arbeitslast für den Rechner, so ist der Rechner
nicht mehr adäquat. Die Möglichkeiten, die dann bestehen, sind, entweder den Rechner durch einen leistungsfähigeren Rechner auszutauschen oder einen zweiten Rechner
anzuschaffen. Vernetzte Systeme erlauben, bei steigenden Anforderungen und weiteren
Aufgaben einen weiteren Rechner für diese Aufgaben an das Netz zu hängen, vorausgesetzt das Netz selbst wird dabei nicht zum Engpass.

2. *Erhöhte Fehlertoleranz*: Fällt in einem vernetzten System ein Rechner aus, so bleibt das
Restsystem intakt und kann weiterarbeiten, während beim Ausfall eines zentralen Rechners das komplette System steht. Bei einem Netzausfall kann noch lokal auf dem Rechner gearbeitet werden, wobei jedoch die Funktionalität der Benutzung der gemeinsamen Betriebsmittel verloren geht.

Mit den Vorteilen erkauft man sich jedoch auch die folgenden Nachteile:

1. Der Server, der die gemeinsamen Betriebsmittel zur Verfügung stellt, ist ebenfalls in
seiner *Leistung begrenzt*. Um den Server in seiner Leistung zu skalieren, setzt man als
Server-Rechner gerne Multiprozessorsysteme ein, die dann durch Hinzufügen eines
weiteren Prozessors in ihrer Leistung inkrementell gesteigert werden können. Dies erfordert jedoch, dass das Netzwerkbetriebssystem multiprozessorfähig ist.

2. Der Server selbst bildet einen *einzelnen Ausfallpunkt* in dem vernetzten System. Stürzt der Server ab oder steht der Server nicht zur Verfügung, so können die Clients-Rechner nicht mehr arbeiten, falls sie die gemeinsamen Betriebsmittel benötigen. Diesen Nachteil umgeht man, indem man die Server-Maschinen dupliziert oder ein Cluster von Maschinen benutzt. Speziell bei einem File-Server gibt man sich zufrieden, indem man die Platten spiegelt oder ein RAID-Platten-laufwerk (Redundant Array of Inexpensive Disks) einsetzt.

3. Die Pflege der auf den Clients-Rechnern ablaufenden Software und Betriebssysteme ist *aufwendig zu organisieren* und kann nicht mehr zentral erfolgen. Dies versucht man durch Fernwartung und -installation zu umgehen. Dies geht soweit, dass man aus einem Personal Computer Floppy- und CD-Laufwerk entfernt (NetPC), so dass der Benutzer keine eigene Software mehr installieren kann.

Auf der Seite der Clients sind Netzwerkbetriebssysteme Aufsätze auf Einprozessorbetriebssystemen (konventionelles Betriebssystem, wie z. B. Unix, MS-DOS, Windows, welche die Verwaltung der lokalen Betriebsmittel vornehmen und den Zugriff darauf ermöglichen). Zusätzlich zum lokalen Betriebssystem läuft auf dem Rechner Kommunikationssoftware, welche die Kommandos zu anderen Rechnern überträgt und Daten an einen anderen Rechner senden bzw. von diesem empfangen kann.

Möchte der Benutzer auf einem anderen Rechner im Netz arbeiten, so muss er sich durch ein *„remote login"* dort anmelden. Der remote login bewirkt dann, dass der Rechner des Benutzers zum Terminal wird, das sich auf dem anderen Rechner angemeldet hat. Alle eingegebenen Kommandos gehen zu dem anderen Rechner und werden dort bearbeitet. Die Ausgabe des anderen Rechners wird dann wieder zurücktransferiert und auf dem Terminal des Benutzers angezeigt. Möchte der Benutzer auf eine andere Maschine umschalten, so muss er sich bei der neuen Maschine erneut anmelden. Zu jedem Zeitpunkt kann immer nur eine Maschine benutzt werden. Die Auswahl der Maschine geschieht durch den Benutzer.

Auf seinem eigenen Rechner stehen einem Benutzer die lokalen Dateien zur Verfügung, möchte er auf eine Datei eines anderen Rechners zugreifen, so muss er diese Datei auf seinen eigenen Rechner transferieren. Der Transfer einer Datei von einer Maschine auf die Andere geschieht mit dem *„remote copy Kommando"*. Beim Dateitransfer benötigt der Benutzer wieder die Kenntnis auf welchem Rechner die Datei liegt und der Transfer muss explizit von ihm angestoßen werden. Zur Funktionsweise des Shell-Interpreters siehe Abb. 1.3.

Um von den einzelnen lokalen Rechnern auf gemeinsame Ressourcen zuzugreifen, z. B. gemeinsame Files, benötigt man ein gemeinsames globales Filesystem, auf das dann die Rechner zugreifen können. Das gemeinsame Filesystem liegt auf einer oder mehreren Maschinen, dem so genannten File-Server. Der File-Server befriedigt die Fileoperationen, die von den anderen Rechnern, den Clients, abgesetzt werden. Zur Realisierung dieser Client-Server-Beziehung benötigt ein Netzwerkbetriebssystem zwei Komponenten:

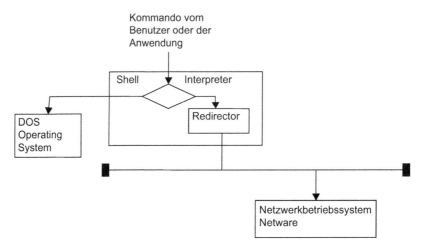

Abb. 1.3 Funktion des Shell-Interpreter

- Die Hauptkomponente (*File-Server*) kontrolliert die Operationen des Servers und verwaltet die Ressourcen auf dem Server. Dazu muss das Server-Betriebssystem die Anfragen von mehreren Benutzern, die nach diesen Ressourcen über das Netzwerk nachfragen, befriedigen. Die Anfragen der Benutzer des lokalen Netzwerks an den Server sind dabei jedoch nicht einheitlich und sequentiell geordnet; beispielsweise möchte ein Benutzer lesend auf ein Datum einer Datei zugreifen, während ein anderer Benutzer zur gleichen Zeit schreibend auf eine andere Datei zugreift. Das bedeutet, dass das Server-Betriebssystem die Anfragen von mehreren Benutzern konkurrent bearbeiten muss und somit multitaskingfähig sein muss.
- Die zweite Komponente betrifft die Software, die auf dem Client-System abläuft, und den Clients die Möglichkeit gibt, auf das Netzwerk und die Ressourcen des Servers zuzugreifen. Bei DOS-Netzen mit Novell Netware, dem weit verbreitetsten Netzwerkbetriebssystem, läuft auf der Client-Maschine eine *Netzwerkschale (Netware-Shell)*, der so genannte Interpreter. Kommandos, die an der Client-Maschine abgesetzt werden, gehen zuerst an den Shell-Interpreter. Die Shell interpretiert das Kommando und entscheidet, ob das Kommando lokal von dem auf dem Rechner ablaufenden Betriebssystem (in unserem Fall DOS) bearbeitbar ist oder über das Netzwerk, durch den so genannten Redirector, an den Server weitergeleitet werden muss. Nehmen wir beispielsweise an, ein Benutzer möchte eine Datei löschen: Ist die Datei lokal auf der Platte des Rechners gespeichert, dann leitet die Shell das Kommando zum Löschen an das lokale Betriebssystem, welches daraufhin die Löschoperation ausführt; liegt die Datei jedoch nicht lokal vor, so wird das Löschkommando an den File-Server über das Netz weitergeleitet. Der File-Server selbst führt dann das Löschkommando aus.

Die Server sind heute leistungsfähig genug, neben Diensten für das Drucken und die Dateiverwaltung (File-, Print-Server) noch zusätzliche andere Anwendungsdienste zur Verfügung stellen. Die Server der Netzwerkbetriebssysteme entwickeln sich immer mehr zu Applikations- oder Anwendungs-Server, beispielsweise für Datenbanksysteme oder für Arbeiten im Bereich von Arbeitsgruppen (Workgroups). Derartige Aufgaben waren bisher Betriebssystemen wie Unix vorbehalten. Deshalb integrieren Netzwerkbetriebssysteme wie Novell Netware, das ursprünglich als reines Server-Betriebssystem für Dateiverwaltung und Drucken entwickelt wurde, die so genannten *NLMs (Netware Loadable Modules)*. Ein NLM ist ein Programm, das zu jeder Zeit, insbesondere während des laufenden Server-Betriebs, in das Netzwerkbetriebssystem eingebunden werden kann. Den Benutzern eines Netzwerks steht es somit dynamisch zur Verfügung (dynamisches Laden und Entladen). Die NLMs vergrößern die Flexibilität beim Server, so dass damit auf dem Server auch entsprechende Anwendungen modulartig eingesetzt werden können.

In großen Netzwerken nimmt die Anzahl der gemeinsam genutzten Ressourcen (Festplatten, Dateien, Drucker, Kommunikations-Server, Gateways etc.) sehr schnell zu, woraus sich wiederum ein hoher Verwaltungsaufwand ergibt. Weiterhin sollten dem Benutzer zur Erleichterung seiner Arbeit alle Ressourcen übersichtlich angeboten werden. Zur Lösung dieses Problems existieren bei den aktuellen Netzwerkbetriebssystemen zwei unterschiedliche Lösungsansätze:

* Directory Services und
* Domains.

Die *Directory Services* bilden eine einheitliche Datenbank, in der alle Informationen zu den vorhandenen Objekten (Benutzer, Rechner, Drucker, Server-Dienste usw.) in hierarchischer Form abgelegt sind. Ein Netzwerkverwalter kann in solch einem System alle verfügbaren Ressourcen von zentraler Stelle aus verwalten. Das Netzwerkbetriebssystem repliziert diese Information selbstständig auf allen Servern im Netz, so dass sie überall im Netz verfügbar ist. Egal wo sich ein Benutzer anmeldet, das Netz präsentiert sich ihm als einheitliche Struktur, in der er sich jederzeit zurechtfindet. Weitere Vorteile des Directory Services und ihrer Replikationen sind, dass sie zur Überbrückung von Haupt-Serverausfällen dient, da sie auf allen Servern vorliegt, und dass sie den Netzverkehr verringert, da bei Zugriffen auf die Directory Daten, wie beispielsweise beim Anmelden, auf die lokale Directory zugegriffen wird. Novell bezeichnet die Directory Services als Novell Directory Services (NDS).

Ein anderes Konzept verfolgen die Netzwerkbetriebssysteme, wie Windows NT-Server oder auch IBM-LAN-Server. Diese Systeme arbeiten nach dem Domänen-Prinzip. Bei diesem Prinzip sind die einzelnen Ressourcen bestimmten *Domänen (domains)* zugeordnet. Je nachdem, an welcher Domäne sich ein Benutzer anmeldet, hat er eine andere Sicht auf das Netz und er bekommt dadurch unterschiedliche Ressourcen angeboten. Beim IBM-LAN-Server sind die Domänen streng getrennt, so dass lediglich der Netzwerkverwalter sie Domänen-übergreifend verwalten kann. Bei Windows NT-Server Version 4.0 können zwischen einzelnen Domänen Beziehungen (Trusted Relationships) festgelegt werden.

Auf diese Art und Weise können Ressourcen aus einer Domäne in eine andere Domäne übernommen und somit verfügbar gemacht werden. Diese Möglichkeit führt allerdings zwangsläufig zu einem Mehraufwand bei der Verwaltung der gemeinsamen Betriebsmittel.

Eine Beschreibung der Funktionsweise und die Darlegung der verschiedenen am Markt befindlichen Netzwerkbetriebssysteme ist in [H 95] enthalten.

1.2   Verteilte Betriebssysteme

Im Gegensatz zu einem Netzwerkbetriebssystem sind bei einem verteilten Betriebssystem die Netzwerkaspekte des Systems vor dem Benutzer verborgen. Neben den erwähnten Vorteilen von Netzwerkbetriebssystemen bieten verteilte Betriebssysteme für Benutzer die folgenden Vorteile:

1. Einfache Benutzerbedienung: Der Benutzer sieht nur eine Maschine (virtueller Uniprozessor) und nicht das Vorhandensein von mehreren Maschinen im Netz. Für den Benutzer erscheint ein Verteiltes Betriebssystem wie ein gewöhnliches zentrales Betriebssystem, das jedoch auf vielen unabhängigen Rechnern läuft und die Verteilung der Ressourcen ist für ihn unsichtbar.
2. Erhöhte Benutzermobilität: Ein Benutzer ist nicht mehr an seinen dedizierten lokalen Rechner gebunden, sondern kann irgendeinen Rechner des Systems benutzen. Das System stellt ihm seine Benutzerumgebung zur Verfügung, unabhängig davon, an welchem Rechner er arbeitet.

Neben diesen für den Benutzer direkt sichtbaren Vorteilen werden weitere „Unsichtbarkeiten" von verteilten Betriebssystemen gefordert. Wir verwenden im Folgenden für diese Unsichtbarkeit den von der englischsprachigen Literatur geprägten Begriff Transparenz. Transparenz bedeutet, dass etwas „durchsichtig", also nicht sichtbar ist. Ziele eines Verteilten Betriebssystems sind die Herstellung und/oder Realisierung von verschiedenen Transparenzen [S 97]. Die Transparenzeigenschaften sollen einerseits die Verteilung des Systems verbergen und andererseits die Verteilung ausnutzen.

1. Transparenzeigenschaften, welche die Verteilung verbergen, sind:
   - *Ortstransparenz*: Der Ort einer Ressource oder eines Dienstes ist dem Benutzer oder der Anwendung nicht bekannt. Ein Benutzer greift über einen Namen auf die Ressource oder den Dienst zu. Der Name enthält dabei keine Information über den Aufenthaltsort der Ressource oder des Dienstes.
   - *Zugriffstransparenz*: Auf alle Ressourcen oder Dienste wird in derselben Weise zugegriffen. Es spielt dabei keine Rolle, ob die Ressource oder der Dienst lokal oder auf einem entfernten Rechner zur Verfügung steht.

- *Nebenläufigkeitstransparenz*: Bei einem verteilten System nutzen mehrere Benutzer, die räumlich voneinander getrennt sein können, gleichzeitig das System. Es ist ökonomisch sinnvoll, die vorhandenen Ressourcen zwischen den gleichzeitig laufenden Benutzerprozessen aufzuteilen. Dabei kann es vorkommen, dass auf gemeinsame Ressourcen und Daten gleichzeitig zugegriffen wird. Das System sorgt dann dafür, dass auf die Ressourcen exklusiv, also unabhängig von anderen Benutzern oder Anwendungen, zugegriffen wird. Die parallelen Zugriffe verschiedener Benutzer oder Anwendungen sind dabei unsichtbar für den Benutzer synchronisiert.

- *Skalierungstransparenz*: Sie besagt, dass das System flexibel auf Erweiterungen, auch auf Änderungen und Modifikationen der Hard- und Softwarebasis reagiert. Erweiterungen am System sollten in benutzertransparenter Art durchführbar sein oder nur eine minimale Unterbrechung beim Benutzer verursachen.

2. Transparenzeigenschaften, welche die Verteilung des Systems zur Steigerung der Leistung und Fehlertoleranz ausnutzen sind:

- *Migrationstransparenz*: Aus Gründen der Performanz, Zuverlässigkeit oder Sicherheit kann es nötig sein, einen Prozess oder eine Datei von einem Rechner auf einen anderen zu verschieben. Das Verschieben geschieht für den Benutzer oder die Anwendung verdeckt und unbemerkbar. Zur Erreichung einer Migration sind folgende Punkte zu beachten:

    1. Entscheidungen, welcher Prozess oder welche Datei wohin verlagert wird, nimmt das System automatisch vor.
    2. Wird ein Prozess oder ein File von einem Knoten auf einen anderen verschoben, so sollte der Prozess oder die Datei seinen bzw. ihren Namen beibehalten können (Ortstransparenz).
    3. Wird an den Prozess eine Nachricht geschickt oder wird auf eine Datei zugegriffen, der oder die gerade verschoben wurde, so sollte die Nachricht oder der Zugriff den verschobenen Prozess bzw. die verschobene Datei direkt erreichen, ohne dass der Sende- oder Zugriffsprozess die Nachricht oder den Zugriff erneut an den Knoten schicken muss.

- *Leistungstransparenz*: Das komplette Netz der Rechner stellt die Rechenleistung zur Verfügung; welche Rechner die Leistung erbringen, ist unsichtbar. Die Aufgaben und die Last werden dabei dynamisch und automatisch von einem verteilten System auf die vorhandenen Rechner verteilt. Durch die Verteilung und das damit verbundene parallele Abarbeiten der Aufgaben erreicht man eine bessere Leistung des verteilten Systems. So sollte es nicht vorkommen, dass ein Rechner des Systems mit Aufgaben überlastet ist, während ein anderer Rechner im Leerlauf arbeitet. Die Aufgaben sollten also gleichmäßig auf die vorhandenen Rechner des Systems verteilt sein.

- *Replikationstransparenz*: Liegen aus Verfügbarkeitsgründen oder zur Erhöhung der Leistung mehrere Kopien einer Datei oder anderen Ressourcen vor, so greift ein Benutzer oder eine Anwendung auf ein repliziertes Objekt so zu, als wäre es nur einmal vorhanden. Das System sorgt dann automatisch dafür, dass alle Kopien konsistent bleiben.

- *Fehler- und Ausfalltransparenz*: Fehler oder Ausfälle im System, wie Ausfall der Kommunikationsverbindung, Rechnerausfall oder Plattenausfälle, sollten für den Benutzer oder die Anwendung maskiert werden. Tritt ein Fehler oder Ausfall auf, so sollte das verteilte System intakt für den Benutzer weiterarbeiten, allerdings mit verminderter Leistung. Tritt ein Rechnerausfall auf, so sollte der Knotenausfall nur lokal sichtbar sein und das Restsystem bleibt intakt und kann weiterarbeiten.

Bei einem verteilten Betriebssystem weiß der Benutzer weder, wo seine Files abgelegt sind, noch auf welcher Maschine sein Programm abläuft. Alle Entscheidungen, die Kontrolle, die Strategie und die Mechanismen zur Zuteilung der Ressourcen im Netz werden verteilt ausgeführt und nicht zentral, was zu einem einzigen Ausfallpunkt führt. Dies verbietet zentrale Kontrollschemas und zentrale Ressourcen (Server), wie sie bei den Netzwerkbetriebssystemen benutzt werden. Zentralisierung führt zur funktionalen Asymmetrie im System, die aus Fehlertoleranzgründen nicht gewünscht ist. Das Ideal, das man anstrebt, ist die *funktionale Symmetrie*, d. h. alle Maschinen im Netz spielen die gleiche Rolle und besitzen einen gewissen Grad von Autonomie.

Zur Koordination der verteilt durchzuführenden Aktivitäten benötigt man einen einzigen globalen Mechanismus zur Interprozesskommunikation, so dass irgendein Prozess mit irgendeinem anderen Prozess auf einer anderen Maschine kommunizieren kann. Die Konsequenz daraus ist, dass auf jedem Rechner ein identischer Betriebssystemkern laufen muss. Dies erleichtert die Koordination der verteilten Aktivitäten. Daneben muss dieser Kern noch die lokalen Ressourcen verwalten. Dazu zählen: ein einfaches Prozessmanagement und Scheduling, welches die dem Rechner zugeteilten Prozesse auf den Prozessor bringt; weiterhin die Interuptverwaltung und speziell der Interruptempfang für die I/O-Geräte und dessen Weiterleitung an die entsprechenden Treiber, da diese Geräte lokal am Rechner hängen.

Die Hauptspeicherverwaltung liegt außerhalb des Kerns und kann zur Verwaltung des lokalen Hauptspeichers von der Maschine ausgelegt sein oder es kann ein verteilter gemeinsamer Speicher implementiert sein. Verteilter gemeinsamer Speicher lässt sich mit Hilfe des Interprozesskommunikationsmechanismus, der über Maschinengrenzen geht, implementieren.

Das lokale Prozessmanagement kann erweitert sein um ein Lastinformations- und Lastverteilungssystem, so dass die Prozesse nicht mehr an den Prozessor gebunden sind, sondern auf irgendeinem Rechner des verteilten Systems ausgeführt werden können.

1.3 Verteilte Anwendungen

1.3.1 Schichtenmodelle

Eine Verteilte Anwendung ist definiert durch eine Menge von Funktionseinheiten oder Komponenten, die in Beziehung zueinander stehen (Client-Server-Beziehung) und ei-

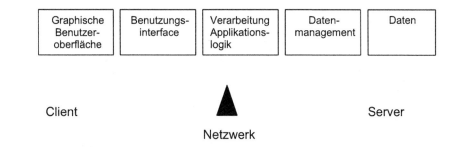

Abb. 1.4 Zwei Verteilungsstufen (two tier model)

ne Funktion erbringen, die nicht erbracht werden kann durch die Komponenten alleine. Aus einer verteilten Anwendung lassen sich die folgenden Komponenten isolieren (siehe Abb. 1.4):

- Graphische Präsentation oder Benutzungsoberfläche,
- Benutzungsinterface oder Graphical User Interface (GUI),
- Verarbeitung oder Anwendung,
- Datenmanagement,
- persistente Datenspeicherung oder Daten.

Diese Komponenten müssen nun auf Rechenressourcen (Clients- und Server-Maschine) aufgeteilt werden. Entsprechend der Untergliederung in Client und Server ergeben sich *zwei Verteilungsstufen (two tier model)* [Be 96, OHE 96].
Je nachdem, wo die Trennung zwischen Client und Server liegt, unterscheidet man in:

- *Ultra Thin Client oder Null Client*: Die Trennlinie liegt zwischen der graphischen Benutzeroberfläche und dem Benutzungsinterface. Der Client übergibt nur Tastaturanschläge und Mausbewegungen an den Server. Die bekannteste Technologie die Anzeigen auf vernetzten Workstations erlaubt ist X-Windows. Das zwischen dem Client und dem X-Server verwendete Protokoll ist das X-Protokoll. Liegen das Endbenutzerinterface, die Anwendung, das Datenmanagement und die Daten auf einer Maschine, so spricht man vom *host-basierten Computing*.
- *Thin Client*: Die Trennung liegt zwischen dem Benutzerinterface und der Anwendung. Die komplette GUI und einige Zustandsinformation verwaltet der Client, indem er die lokale Intelligenz des PCs benutzt. Die Applikationslogik und die Daten verwalten der Server. Dieses Modell heißt *remote presentation*. Ein PC kann bei diesem Modell abgemagert werden zu einem Network Personal Computer (NetPC).
- *Applet Client*: Die Trennung liegt nach dem Benutzerinterface und schließt Teile der Applikationslogik mit ein. Die Applikationslogik läuft auf dem Client in Form eines *Applets*. Applet Clients erlauben auch die Ablage von Daten auf der Client-Seite in Form von Cookies. Genauer gehen wir in Abschn. 3.4 auf web-basierte Anwendungen ein.

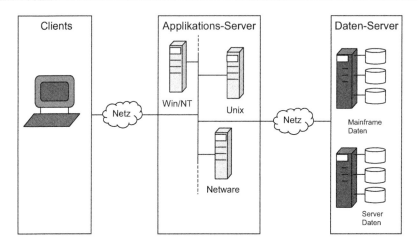

Abb. 1.5 Dreischichtige verteilte Anwendung

Abschnitt 3.4.3.1 behandelt Applets. Ein PC kann hier abgemagert werden zu einem Netzwerkcomputer (NC) oder einer Javastation.

- *Fat Client:* Liegt die Trennung in der Applikationslogik, so spricht man vom *cooperativen processing*, da Client und Server kooperativ zusammenarbeiten. Liegt die Trennung zwischen Applikationslogik und Datenmanagement, so liegt ein File- oder Datenbank-Server vor, auf den alle Clients zugreifen.

Heutzutage geht man dazu über, verteilte Anwendungen als *mehrschichtige Anwendungen (multi tier model)* zu strukturieren. Dieses hat zwei Gründe:

1. die bessere Skalierbarkeit bei den Servern und
2. den Einschluss der web-basierten Technologien.

Mehrschichtige Gliederungen, beruhen aber alle auf der gleichen Idee: Wie kann eine verteilte Anwendung zerlegt werden in Clients und einen oder mehrere Server. Beliebt ist heute, besonders bei Enterprise-Applikationen, eine *dreischichtige Gliederung (three tier model)* in (siehe Abb. 1.5)

1. Clients (Präsentationsschicht),
2. Applikations- oder Verarbeitungs-Server und
3. Daten-Server.

Bei web-basierten Anwendungen findet man eine vierschichtige Unterteilung vor. Dabei ist dem Applikations-Server ein Web-Server vorgeschaltet. Die Client-Anfragen beim Web-Server stoßen eine Verarbeitungslogik beim Applikations-Server an und der Web-Server leitet dann das Ergebnis der Verarbeitung an die Clients weiter. Diese vierschichtige

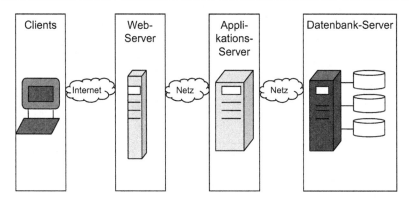

Abb. 1.6 Vierschichtige Web-Anwendung

Untergliederung (siehe Abb. 1.6) liegt den meisten Applikationen aus dem e-Bereich (e-Business, e-Commerce, e-Government, ...) zu Grunde.

1.3.2 Middleware

Von verteilten Anwendungen fordert und erwartet man, dass für den Benutzer die Verteilung der Komponenten transparent ist. Die verteilte Anwendung soll also für den Benutzer in der verteilten Umgebung genauso ablaufen, als ob sie auf einem Rechner ablaufen würde. Dabei legt man Wert auf die Transparenzen, welche die Verteilung verbergen und zwar hauptsächlich auf Orts-, Zugriffs- und Skalierungstransparenz. Die Verteilung der Softwarekomponenten auf verschiedene heterogene Hardwarekomponenten geschieht dabei nicht durch das verteilte Betriebssystem, sondern durch Installation und Konfiguration.

Zur Lösung der Heterogenitäts- und Verteilungsprobleme bei verteilten Anwendungen stehen verteilte Systemservices zur Verfügung, welche eine Standardschnittstelle und ein Standardprotokoll besitzen. Diese Services heißen *Middleware Services* oder kurz *Middleware*, da sie in der Mitte liegt zwischen der Betriebssystemschicht und der darauf basierenden Netzwerk-Software sowie der spezifischen Anwendung. Ein Middleware Service ist verteilt; d. h. er erlaubt entweder einen entfernten Zugriff (z. B. Datenbank- oder Präsentationsservice) oder er befähigt andere Services und Anwendungen zu einem entfernten Zugriff (z. B. Kommunikationsservice). Ein entfernt zugegriffener Middleware Service enthält gewöhnlich einen Client, welcher die API des Service unterstützt und im Adressraum der Applikation läuft und einen Server, der den Dienst liefert und der in einem anderen Adressraum läuft (z. B. auf einem anderen System). Siehe dazu auch Abb. 1.7.

Die Middleware dargestellt in Abb. 1.7 ermöglicht den Zugriff auf nicht lokale Services wie auf lokale Services. Sie abstrahiert somit von entfernten, über das Netz ablaufenden Interaktionen. Der Client benutzt dabei das Programmierinterface (Application Programming Interface API) der Middleware, welche die Anfrage über das Netz zum Server trans-

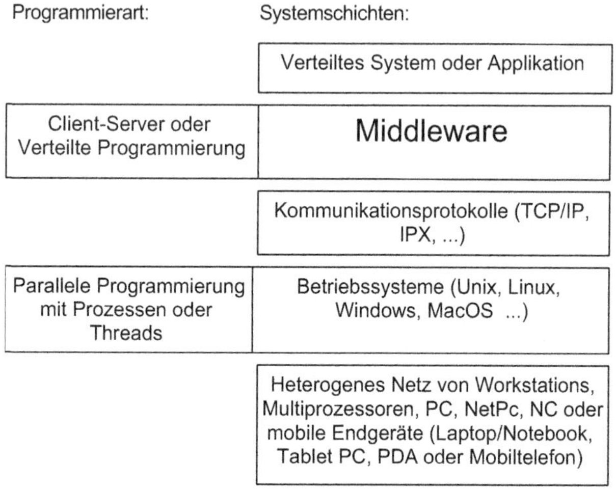

Abb. 1.7 Middleware

Programmierart:	Systemschichten:

	Verteiltes System oder Applikation
Client-Server oder Verteilte Programmierung	**Middleware**
	Kommunikationsprotokolle (TCP/IP, IPX, ...)
Parallele Programmierung mit Prozessen oder Threads	Betriebssysteme (Unix, Linux, Windows, MacOS ...)
	Heterogenes Netz von Workstations, Multiprozessoren, PC, NetPc, NC oder mobile Endgeräte (Laptop/Notebook, Tablet PC, PDA oder Mobiltelefon)

portieren und den Rücktransport des Ergebnisses des Servers zum Client vornehmen. Die Middleware läuft bei einer Interaktion auf beiden Seiten, dem Client und dem Server. Die Middleware unterstützt ein Standard-Protokoll (z. B. TCP/IP- oder das ISO/OSI-Protokoll) oder zumindest ein veröffentlichtes Protokoll (z. B. IBMs SNA LU 6.2). Das meist benutzte Kommunikationsprotokoll, auf dem die Middleware aufsetzt, ist das TCP/IP-Protokoll, das von nahezu allen Betriebssystemen, von Windows 95 über MacOS bis zu Unix, dem originären Anbieter von TCP/IP, unterstützt wird. Daneben ist bei Novell's Netware das IPX-Protokoll populär.

Zusammenfassend gesagt, ist Middleware eine Softwareschicht, welche auf Basis standardisierter Schnittstellen und Protokolle Dienste für eine transparente Kommunikation verteilter Anwendungen bereitstellt. Middlewaredienste stellen eine Infrastruktur für die Integration von Anwendungen und Daten in einem heterogenen und verteilten Umfeld zur Verfügung [Be 96, ÖRV 96].

1.3.2.1 Distributed Computing Environment (DCE)

Eine herstellerunabhängige verteilte Umgebung – die *Distributed Computing Environment (DCE)* – hat die Open Software Foundation (OSF), ein Konsortium von Computerherstellern (die wichtigsten sind IBM, DEC, Hewlett Packard), definiert. DCE ist kein Betriebssystem und keine Anwendung, sondern eine Ansammlung von Services und Werkzeugen, die über einem bestehenden Betriebssystem installiert werden und als Plattform dient zur Realisierung und zum Ablauf von verteilten Anwendungen. DCE ist somit eine Middleware-Schicht, die zwischen dem Betriebssystem und den Kommunikationsprotokollen und der verteilten Anwendung liegt.

Ein primäres Ziel von DCE ist die *Herstellerunabhängigkeit*. Es läuft auf unterschiedlichen Rechnern, Betriebssystemen und Netzwerken wie z. B. OSF/1, dessen Nachfolger DEC/Unix und dessen Nachfolger TRU64 Unix, AIX, Ultrix, HP-UX, SINIX, SunOS,

UNIX System V, VMS, Windows und OS/2. Es unterstützt TCP/IP, X.25 und andere Protokolle. DCE verbirgt die Unterschiede zwischen verschiedenen Maschinen, indem es automatisch und falls es nötig ist, Datentypkonvertierungen zwischen den verschiedenen Maschinen durchführt. Die heterogene Umgebung ist dadurch für einen Anwendungsentwickler verborgen und vereinfacht ihm so die Erstellung einer verteilten Anwendung.

DCE ist eines der *ersten Verteilten Systeme*, das als *Middleware* auf existierenden Betriebssystemen aufsetzte. Als traditionelles, auf RPCs basierendes System musste es in Konkurrenz treten mit der damals aufkommenden Objekttechnologie. Um einen Wechsel von entfernten Prozeduraufrufen zu *entfernten Methodenaufrufen* zu vollziehen, wurden später verteilte Objekte und entfernte Objektaufrufe eingeführt.

DCE besteht aus einer *Ansammlung von verschiedenen Technologien*, die von unterschiedlichen Institutionen (Universitäten und Industrie) eingebracht wurden und von dem OSF-Konsortium als DCE-Komponente in die Umgebung aufgenommen wurden. DCE enthält die folgenden Hauptkomponenten:

1. *Thread Package*. Es dient zur Erstellung von konkurrenten Anwendungen und enthält Operationen zum Anlegen und der Kontrolle von mehreren Ausführungspfaden innerhalb eines Prozesses. Weiterhin sind Operationen vorhanden, die den Zugriff auf gemeinsame Daten von mehreren Ausführungspfaden kontrollieren. Details dazu geben wir in Abschn. 2.1.2.

2. *Remote Procedure Call (RPC) Facility*. Die Facility enthält die notwendigen Werkzeuge zur Gestaltung des Aufrufes einer Prozedur auf einem entfernten Rechner. Entfernte Prozeduraufrufe sind das Programmiermodell in DCE zur Festlegung von Client-Server-Beziehungen. Auf traditionelle entfernte Prozeduraufrufe, speziell die Sun RPCs, gehen wir in Abschn. 3.2 ein. Entfernte Objektaufrufe führen wir bei Java RMI und bei CORBA in Abschn. 3.3 ein.

3. *Distributed Time Service (DTS)*. Er hält die Uhren von allen Rechnern im System nahe beisammen. Genaueres dazu ist in Abschn. 5.5 beschrieben, und Abschn. 5.5.2 beschreibt den Distributed Time Service.

4. *Name Service*. Der Namensservice von DCE enthält den Cell Directory Server (CDS), den Global Directory Server (GDS) und den Global Directory Agent (GDA). Die Dienste erlauben den Zugriff auf Server, Files, Geräte usw. in ortstransparenter Weise. Teilaspekte davon sind in Abschn. 2.3.2 beschrieben. Abschnitt 5.1.2 ist komplett dem DCE Directory Server gewidmet.

5. *Security Service*. Er enthält Werkzeuge zur Authentifikation und Autorisierung. Abschnitt 5.6 behandelt dieses Gebiet genauer.

6. *Distributed File Service (DFS)*. Er stellt ein systemweites Filesystem zur Verfügung, das Ortstransparenz, hohe Performanz und hohe Verfügbarkeit besitzt. Abschnitt 5.2 ist File-Servern und Abschn. 5.2.2 ist speziell DFS gewidmet.

Abbildung 1.8 stellt die Komponenten von DCE und deren Benutztbeziehung zwischen den einzelnen Komponenten dar. Dabei benutzt jede Komponente, die unter ihr liegenden

Abb. 1.8 DCE-Komponenten

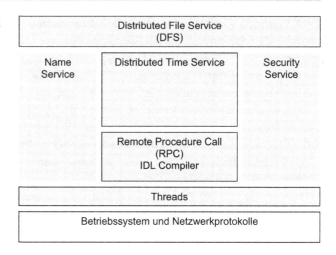

Komponenten und die links oder rechts liegenden Komponenten. Zum Beispiel benutzt der Name Service die RPC Facility zur internen Kommunikation und Threads zur Abwicklung der Namensdienste. Umgekehrt benutzt aber die RPC Facility den Name Service zur Bestimmung der Lokation der entfernten Prozedur.

Ein DCE-System kann Tausende von Computern umfassen und Millionen von Benutzern haben, die weltweit verteilt sind. Zur Strukturierung eines solchen Systems und zur Zergliederung in kleinere handhabbare Einheiten benutzt DCE das Konzept von Zellen (cells). Eine Zelle ist eine Gruppe von Benutzern, Maschinen oder anderen Ressourcen, die alle einen gemeinsamen Zweck haben und sich die gemeinsamen DCE-Services teilen. Zur Festlegung der Zellen und Einteilung in Zellen kann die in sich abgeschlossene Verwaltungseinheit, die Sicherheitsbedürfnisse seiner Benutzer oder der Leistungsumfang der Zelle herangezogen werden. Die minimale Zellenkonfiguration benötigt einen Cell Directory Server, einen Security Server, einen verteilten Time Server und eine oder mehrere Client-Maschinen. Jede DCE-Client-Maschine hat Client-Prozesse für den Security Server, den Cell Directory Server, den verteilten Time Service und besitzt die RPC Facility und die Thread Facility. Weiterhin kann die Client-Maschine noch einen Prozess haben für den verteilten File Service, falls die Zelle einen DCE Distributed File Server besitzt. Durch den verteilten Algorithmus der Zeitsynchronisation (siehe Abschn. 5.5.2) wird empfohlen, dass eine Zelle mindestens drei Time Server besitzt.

Literatur

[Be 96] Berson A.: Client/Server Architecture, Second Edition. McGraw-Hill 1996.

[H 95] Hunter P.: Network Operating Systems. Addison-Wesley Publishing Company 1995.

[ÖRV 96] Österle H.; Riehm R.; Vogler P.: Middleware, Grundlagen, Produkte und Anwendungsbeispiele für die Integration heterogener Welten. Friedr. Vieweg & Sohn Verlagsgesellschaft 1996.

[OHE 96] Orfali R.; Harkey D.; Edwards J: The Essential Client/Server Survival Guide; Second Edition. John Wiley & Sons, Inc. 1996.

[S 97] Sinha P.K.: Distributed Operating Systems, Concepts and Design. IEEE Press 1997.

Klassifikation von Client-Server-Architekturen 2

Bevor wir auf eine Klassifikation von Client-Server-Architekturen eingehen, müssen wir zunächst die Bedeutung der Begriffe

- *konkurrent*,
- *parallel* und
- *verteilt*

klären.

Ein *konkurrentes Programm* besteht aus mehreren Prozessen (Tasks) oder Threads, in denen die Prozesse in irgendeiner Ordnung ausgeführt werden. Ein Prozess kann dabei vor einem anderen Prozess oder einige oder alle Prozesse können alle zur gleichen Zeit ausgeführt werden. Konkurrenz macht keine Aussagen zur Ausführungsrelation von Prozessen; es werden dabei alle möglichen Ausführungsrelationen in Betracht gezogen. Die Ausführungsplattform für ein konkurrentes Programm kann ein Einprozessorsystem, Multiprozessorsystem oder ein Parallelrechner sein. Konkurrenz ist eine semantische Eigenschaft eines Programms, während *Parallelität* die Implementierung eines Programms betrifft, wie sie durch einen Compiler oder die Systemsoftware bestimmt ist. Konkurrenz kann in der Programmiersprache integriert sein (ein bekanntes Beispiel ist die Sprache Ada, welche eine konkurrente objekt-basierte Programmiersprache ist; ein weiteres Beispiel ist die Programmiersprache Java, die ein Thread Paket enthält) oder kann durch die Systemplattform vorgegeben sein (ein Beispiel ist der fork-Systemaufruf in Unix).

Ein *verteiltes Programm* ist ein Programm, bei welchem die Prozesse miteinander über Rechnergrenzen hinaus in Interaktion treten. Die einfachste Interaktion ist ein Nachrichtenaustausch und somit ein Senden und Empfangen von Nachrichten. Der Name verteiltes Programm kommt von der Tatsache, dass diese Programme auf einer verteilten Architektur ausgeführt werden, wie Multicomputer oder vernetzte Computer, bei denen die Prozesse keinen gemeinsamen Speicher besitzen. Dies schließt jedoch nicht aus, dass ein verteiltes

G. Bengel, *Grundkurs Verteilte Systeme*, DOI 10.1007/978-3-8348-2150-8_2,
© Springer Fachmedien Wiesbaden 2014

Programm auf einem eng gekoppelten Multiprozessor oder sogar auf einem Einprozessorsystem ausführbar ist.

Das am weitesten verbreitete Modell für verteilte Programme ist das *Client-Server-Modell*: Ein Prozess, der Client, fordert eine Operation oder einen Service von einem anderen Prozess, dem Server, an. Nach Erhalt einer Anforderungsnachricht führt der Server den angeforderten Service aus und gibt dem Client ein Resultat oder das Ergebnis des Service zurück. Dieses einfache Client-Server-Modell führt zu einer Reduktion auf mehrere Clients und einem Server, und es legt fest, wie eine Anwendung einen Service eines Servers in Anspruch nehmen kann. Die begrenzten Möglichkeiten des Client-Server-Modells liegen in der Beschränkung, dass ein Client nur einen individuellen Service in Anspruch nehmen kann und ein Prozess entweder nur als Client oder nur als Server agieren kann. In realen Anwendungen muss jedoch ein Client eine Vielzahl von Services koordiniert in Anspruch nehmen und ein Server wird zum Client, wenn er weitere Services eines anderen Servers anfordert.

Parallelität wird normalerweise gesehen als die Implementierung der Konkurrenz und der Verteiltheitsbegriff steht über dem Konkurrenzbegriff: Ein Server kann konkurrent sein oder nicht, während ein Client selten konkurrent ist; betrachten wir ein Client-Server-System als ein System, so sehen wir ein konkurrentes System (mit einem konkurrenten Server), das jedoch verteilt arbeitet. Weiterhin impliziert die Verteiltheit unabhängige Ausfälle, das bedeutet, ein Teil eines Programms kann ausfallen, während der Rest des Programms weiterläuft. Im Gegensatz dazu geht man in einem konkurrenten, jedoch nicht verteilten Kontext davon aus, dass das komplette Programm ausfällt (totale Ausfallsemantik) und kein Teil des Programms weiterlaufen kann.

Das einfache und einschränkende Client-Server-Modell dient im Folgenden als Ausgangspunkt zur schrittweisen Erweiterung. Die Modellerweiterungen zerlegen dabei die Serverfunktion, und sie liefern Koordinationsmodelle für unabhängige Prozesse, die dann komplexere Services für Clients zur Verfügung stellen können. Die Koordinationsmodelle bilden die Klassen, in welche die Client-Server-Strukturen eingeordnet sind. Zur Kennzeichnung und Beschreibung der Klassen benutzen wir die gleiche Notation, wie sie für reguläre Ausdrücke üblich ist. Die Analyse und Klassifikation der Client-Server-Strukturen orientiert sich dabei an den von R.M. Adler [A 95] vorgestellten Koordinationsmodellen für Client-Server-Berechnungen. Die vollständige Erfassung aller Klassen orientiert sich an den von G.R. Andrews [A 91] vorgestellten Musterlösungen für Prozessinteraktion in verteilten Programmen.

2.1 Client-Server

Ein *Client-Server-System*, bezeichnet mit C^+S, besteht aus zwei logischen Teilen:

- Einem oder mehreren Clients, der die Services oder Daten des Servers in Anspruch nimmt und somit anfordert.
- Einem Server, der Services oder Daten zur Verfügung stellt.

Abb. 2.1 Clients und Server
C^+S

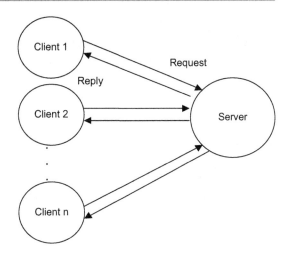

Zusammen bilden beide ein komplettes System mit unterschiedlichen Bereichen der Zuständigkeit, wobei diese Zuständigkeiten oder Rollen fest zugeordnet sind, entweder ist ein Prozess ein Client oder ein Server. Die Aufteilung in Client und Server und deren Beziehung zeigt Abb. 2.1. Ein Server kann mehrere Kunden oder Clients bedienen. Die Kunden eines Servers haben keinerlei Kenntnis voneinander und stehen demgemäß auch in keinem Bezug zueinander, außer der Tatsache, dass sie den gleichen Server verwenden. Clients und Server können auf dem gleichen oder auf unterschiedlichen Rechnern ablaufen.

Client und Server sind zwei Ausführungspfade oder -einheiten mit einer Konsumenten-Produzentenbeziehung. Clients dienen als Konsumenten und tätigen Anfragen an Server für Services oder Information und benutzen dann die Rückantwort zu ihrem eigenen Zweck und ihrer Aufgabe. Server spielen die Rolle des Produzenten und füllen die Daten- oder Serviceanfragen, die von den Clients gestellt wurden. Die Interaktion zwischen den Clients und dem Server verlaufen somit nach einem fest vorgegebenen Protokoll: Der Client sendet eine *Anforderung (request)* an den Server, dieser erledigt die Anforderung oder Anfrage und schickt eine *Rückantwort (reply)* zurück an den Client.

Ein Client ist ein auslösender Prozess und ein Server ist ein reagierender Prozess. Clients tätigen eine Anforderung, die Reaktionen des Servers auslösen. Clients initiieren Aktivitäten zu beliebigen Zeitpunkten, und andererseits warten Server auf Anfragen von Clients und reagieren dann darauf. Der Server stellt somit einen zentralen Punkt dar, an den Anforderungen geschickt werden können, und nach Erledigung der Anfrage sendet der Server das Ergebnis an den Client zurück.

2.1.1 Interaktionssemantik

Wenn zwischen einem Client und dem Server eine Interaktion stattfindet, so muss festgelegt werden, wie der Client und Server sich koordinieren beim Ablauf der Interaktion.

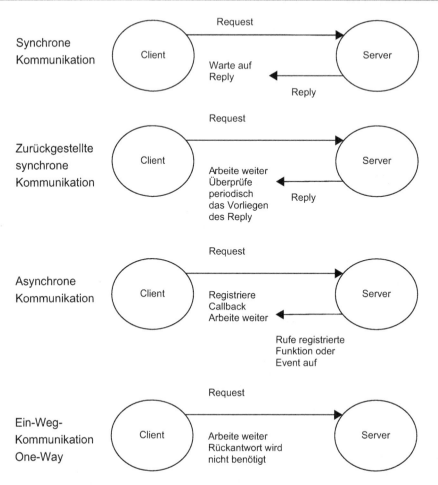

Abb. 2.2 Interaktions-Koordinations-Arten

Da eine lokale Interaktion (Interaktion auf einem Rechner) sich nicht von einer entfernten Interaktion (Interaktion auf unterschiedlichen, voneinander entfernten Rechnern) unterscheiden soll, muss überprüft werden, inwieweit sich die lokalen Gegebenheiten auf den entfernten Fall übertragen lassen.

Interaktionskoordination Die verschiedenen Interaktions-Koordinations-Arten zeigt Abb. 2.2. Wartet der Client nach Absenden der Anforderung an den Server auf eine Rückantwort, bevor er anderen Aktivitäten nachgeht, so liegt der *blockierende oder synchrone* Fall vor. Dieses Vorgehen ist leicht zu implementieren, jedoch ineffizient in der Ausnutzung der Prozessorfähigkeiten des Clients. Während der Server die Anfrage bearbeitet, ruht die Arbeit des Clients und erst wenn die Rückantwort kommt, setzt der Client seine Arbeit fort.

Sendet der Client nur seine Anforderung und arbeitet er sofort weiter, so liegt der *nicht blockierende oder asynchrone* Fall vor. Irgendwann später nimmt er dann die Rückantwort entgegen. Der Vorteil dieses Verfahrens ist, dass der Client parallel zur Nachrichtenübertragung weiterarbeiten kann und den Client-Prozess nicht durch aktives Warten belastet, wie beim blockierenden Fall. Jedoch muss bei dieser Methode der erhöhte Effizienzgewinn mit erhöhter Kontrollkomplexität bei Erhalt der Rückantwort erkauft werden. Die Rückantwort muss dabei in einer lokalen Warteschlange abgelegt werden, welche der Client dann so lange abfragen muss, bis die Rückantwort eingetroffen ist und somit in der Warteschlange vorliegt. In diesem Fall spricht man auch von verschobener oder *zurückgestellter synchroner (deferred synchronous)* Kommunikation. Ein alternatives Vorgehen sieht beim Client eine Registrierung von *Rückrufen (callbacks)* vor. Die Rückrufe können dann Funktionseingangspunkte oder Ereignisse sein. Beim Eintreffen der Rückantwort werden dann die registrierten Funktionen bzw. Ereignisbehandlungsroutinen aktiviert. Dieser Ansatz eliminiert das ständige Abfragen der lokalen Warteschlange, generiert jedoch möglicherweise Rückrufe zu ungelegenen Zeiten und benötigt damit zusätzlichen Kontrolloverhead, um solche unerwünschten Unterbrechungen auszuschließen. Eine weitere Möglichkeit ist, dass der Client nur eine Anforderung abschickt und sich dann nicht mehr um die Rückantwort kümmert. In diesem Fall liegt eine *Ein-Weg-Kommunikation (one-way)* vor.

Ablaufsemantik der Interaktion   Der Ablauf der Interaktion, die zwischen zwei Rechnern stattfindet, soll die gleiche Semantik besitzen, wie wenn die Interaktion lokal, also auf einem Rechner abläuft; d. h. lokale und entfernte Interaktion sollen die gleiche Syntax und Semantik besitzen. Selbst wenn die Anforderungen oder Aufrufe der Clients keinerlei syntaktischen Unterschied zwischen lokaler und entfernter Interaktion aufweisen, so muss doch der semantische Unterschied mit in eine die Interaktion benutzende Anwendung einfließen.

Um auf Übertragungsfehler und Ausfälle zu reagieren, kann eine Ausnahmebehandlung (exception handling) eingeführt sein, was dann jedoch zu syntaktischen Unterschieden bei lokaler und entfernter Interaktion führt. Weiterhin führt das zu semantischen Unterschieden zwischen lokaler und entfernter Transaktion, da diese Fehlerfälle gar nicht bei einer lokalen Interaktion auftreten können. In vielen Programmiersprachen wie z. B. Ada, C++, Java kann eine Ausnahmebehandlungsroutine angegeben werden, die dann beim Auftreten eines speziellen Fehlerfalles angesprungen wird. In C unter Unix lassen sich für solche Zwecke auch Signal-Handler einsetzen.

Da die Interaktion mit Hilfe zugrundeliegende Netzwerkkommunikation implementiert ist, vergrößert diese die Anzahl der Interaktionsfehler. Diese Fehler können sein:

1. Die *Anforderung geht verloren* oder erfährt eine Verzögerung, oder
2. die *Rückantwort geht verloren* oder erfährt eine Verzögerung, oder
3. der *Server* oder der *Client* können zwischenzeitlich *abgestürzt* und dadurch nicht erreichbar sein.

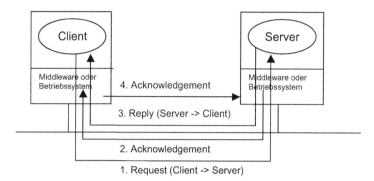

a) Individuell quittierte Nachrichten

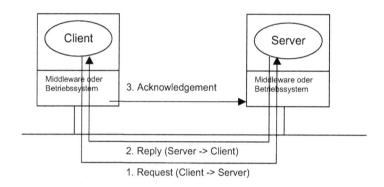

b) Quittierung eines Request und Reply

Abb. 2.3 Zuverlässige Nachrichtenübertragung: **a** durch individuell quittierte Nachrichten, **b** durch Quittierung eines Request und Reply

Eine *unzuverlässige Interaktion* übergibt die Nachricht nur dem Netz und es gibt keine Garantie, dass die Nachricht beim Empfänger ankommt. Die Anforderungsnachricht kommt *nicht oder höchstens einmal* dabei beim Server an. In diesem Fall spricht man von *may be Semantik* der Interaktion. Eine zuverlässige Interaktion muss dann selbst vom Benutzer implementiert werden.

Zur Erhaltung einer zuverlässigen Interaktion (siehe für beide Fälle Abb. 2.3) kann entweder

1. jede Nachrichtenübertragung durch Senden einer Rückantwort quittiert werden, oder
2. ein Request und ein Reply werden zusammen durch eine Rückantwort quittiert.

Im Fall Eins muss nach dem Senden der Anforderung der Server an den Client eine Quittierung zurückschicken. Eine Rückantwort vom Server an den Client wird dann vom Client an den Server quittiert. Damit braucht ein Request mit anschließendem Reply vier Nachrichtenübertragungen.

Im zweiten Fall betrachtet man eine Client-Server-Kommunikation als eine Einheit, die quittiert wird. Der Client blockiert dabei, bis die Rückantwort eintrifft, und diese Rückantwort wird quittiert.

Bei einer zuverlässigen Nachrichtenübertragung muss der Sendeprozess blockiert werden und er muss warten, bis die Rückantwort innerhalb einer vorgegebenen Zeit eintrifft. Trifft die Rückantwort nicht innerhalb der vorgegebenen Zeitschranke ein, so wird die Nachricht erneut gesendet und die Zeitschranke neu gesetzt. Führt das nach mehrmaligen Versuchen nicht zum Erfolg, so ist im Moment kein Senden möglich (die Leitung ist entweder gestört und die Pakete gehen verloren, oder der Empfänger ist nicht empfangsbereit). Erhält ein Empfänger durch mehrfaches Senden die gleiche Nachricht mehrmals, so kann er die erneut eingehende gleiche Nachricht bearbeiten, und er stellt so sicher, dass die eingehende Anforderung *mindestens einmal* bearbeitet wird (*at least once*). Siehe dazu Abb. 2.4a. Dabei wird jedoch für den Erhalt der Nachricht bei Systemausfällen keine Garantie gegeben.

Die at least once Semantik hat den Nachteil, dass durch die mehrfache Bearbeitung der Anforderung die Daten inkonsistent werden können. Betrachten Sie dazu beispielsweise einen File-Server, der einen gesendeten Datensatz an einen bestehenden File anhängt. Die at least once Methode hängt dann möglicherweise den Datensatz mehrfach an einen File hintenan. Diese Methode arbeitet jedoch korrekt, wenn ein Client einen bestimmten Datensatz eines Files vom File-Server zurückhaben möchte. Hier tritt nur der Umstand auf, dass der Client diesen Datensatz möglicherweise mehrfach erhält.

Besser, aber mit erhöhtem Implementierungsaufwand, lässt sich auch bewerkstelligen, dass die Nachricht *höchstens einmal (at most once)* erhalten wird (siehe dazu Abb. 2.4b), jedoch ohne Garantie bei Systemfehlern, d. h. möglicherweise auch gar nicht. Bei dieser Methode benötigt der Empfänger eine Anforderungsliste, welche die bisher gesendeten Anforderungen enthält. Jedes Mal, wenn dann eine neue Anforderung eintrifft, stellt der Empfänger mit Hilfe der Nachrichtenidentifikation fest, ob schon die gleiche Anforderung in der Liste steht. Trifft dies zu, so ging die Rückantwort verloren und es muss erneut eine Rückantwort gesendet werden. Ist die Anforderung noch nicht in der Liste vermerkt, so wird sie in die Liste eingetragen. Anschließend wird die Anforderung bearbeitet und eine entsprechende Rückantwort wird gesendet. Ist die Rückantwort bestätigt, kann die Anforderung aus der Liste gestrichen werden.

Soll auch noch der Systemfehler des Plattenausfalls sich nicht auswirken, so muss die Anforderungsliste im stabilen Speicher (stable storage) gehalten werden. Bei *genau einmal mit Garantie bei Systemfehlern* spricht man von der *exactly once Semantik*.

Fällt der Server aus, nachdem die Anforderung den Server erreicht hat, so gibt es keine Möglichkeit, dies dem Client mitzuteilen, und für den Client gibt es keine Möglichkeit, dies herauszufinden. Der Client kann beim Ausbleiben der Rückantwort erneut die Anforderung senden und hoffen, dass der Server wieder läuft. Dadurch gleitet man auf die at most once Semantikebene ab und die exactly once Semantik ist nicht realisierbar. Die Möglichkeit eines Serverausfalles ist der Grund, dass entfernte Interaktion nicht die Semantik

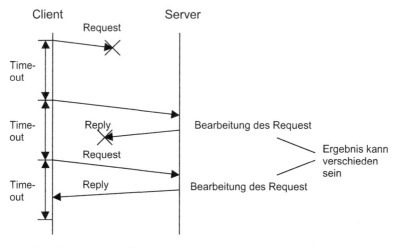

a) at least once Semantik

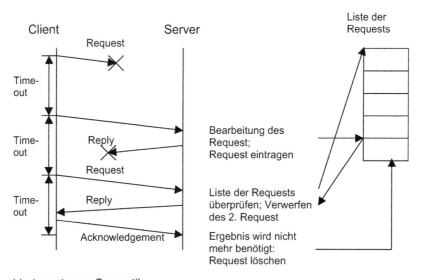

b) at most once Semantik

Abb. 2.4 Vergleich der **a** at least once und **b** at most once bzw. exactly once Semantik

von lokaler Interaktion erreicht und somit zwischen lokaler und entfernter Interaktion zu unterscheiden ist.

Fällt der Client aus, während er eine Anfrage angestoßen hat und auf die Rückantwort wartet, so ist für den Server kein Partner mehr vorhanden, der ihm das Anfrageergebnis abnimmt. Berechnungen des Servers, deren Ergebnis er nicht mehr abgenommen bekommt, werden somit zu Waisen.

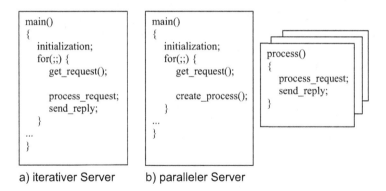

a) iterativer Server   b) paralleler Server

Abb. 2.5 Iterativer versus paralleler Server

2.1.2   Parallele Server

Ein Server muss mehrere Clients bedienen können. Dazu wartet zunächst der Server auf eingehende Anforderungen (Nachrichten) von Clients. Die Analyse und Bearbeitung der Anforderung, also die Bedienung des Clients, kann dann entweder sequentiell oder parallel geschehen:

1. Im *sequentiellen Fall* (siehe dazu Abb. 2.5a) bearbeitet der Server nach dem Eintreffen der Anforderung diese Anforderung. Nach der Bearbeitung der Anforderung sendet er die Rückantwort an den Client zurück. Er wartet nun anschließend wieder auf die nächste Anforderung eines Clients oder falls dessen Anforderung bereits vorliegt, beginnt er mit deren Bearbeitung. Der Server bearbeitet somit bei jeder Iteration eine Anforderung.
2. Im *parallelen Fall* (siehe dazu Abb. 2.5b) startet der Server nach Eintreffen der Anforderung einen neuen Prozess zur Bearbeitung der Anforderung. Nach Bearbeitung der Anforderung sendet der Prozess die Rückantwort an den Client zurück. Der Hauptprozess kehrt nach dem Start des Prozesses sofort zur Annahme der nächsten Anforderung des Clients zurück und startet, falls eine weitere Anforderung bereits vorliegt, einen weiteren Prozess zu dessen Bearbeitung. Durch dieses Vorgehen ist im Allgemeinen die Antwortzeit für Clients im parallelen Fall günstiger als im sequentiellen Fall.

Bei einem parallelen Server müssen die Prozesserzeugung und die Prozessumschaltung mit minimalem zeitlichem Aufwand erfolgen, um einen effizienten Server zu erhalten. Aus diesem Grund benutzen parallele Server meistens nicht den Prozess- oder Taskmechanismus zur Implementierung der Konkurrenz, sondern die im nachfolgenden Abschnitt beschriebenen Threads.

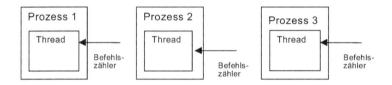

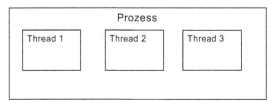

a) Drei Prozesse mit jeweils einem Thread

b) ein Prozess mit drei Threads

Abb. 2.6 Prozesse und Threads

2.1.2.1 Threads

Ein Prozess ist definiert durch die Betriebsmittel, die er benötigt, und den Adressbereich, in dem er abläuft. Ein Prozess wird im Betriebssystem beschrieben durch einen *Prozesskontrollblock (Process Control Block – PCB)*. Der PCB besteht aus dem Hardwarekontext und einem Softwarekontext. Ein Prozesswechsel bewirkt den kompletten Austausch des PCB. Zur Erreichung eines schnelleren Prozesswechsels muss die Information, die bei einem Prozesswechsel auszutauschen ist, reduziert werden. Dies erreicht man durch Aufteilung eines Prozesses in mehrere „Miniprozesse" oder bildlich gesprochen, durch Auffädeln mehrerer dieser „Miniprozesse" unter einem Prozess. Zum Unterschied Prozess und Thread siehe Abb. 2.6. Demgemäß bezeichnet man solche „Miniprozesse" als Threads (Thread – Faden). Mehrere oder eine Gruppe von Threads haben den gleichen Adressraum und besitzen die gleichen Betriebsmittel (gleiche Menge von offenen Files, Kindprozesse, Timer, Signale usw.). Nachteilig ist natürlich bei einem Adressraum für die Threads, dass alle Threads den gleichen Adressraum benutzen und damit die Schutzmechanismen zwischen verschiedenen Threads versagen. Die Umgebung, in welcher ein Thread abläuft, ist ein Prozess (Task). Ein traditioneller Prozess entspricht einem Prozess mit einem Thread.

Ein Prozess bewirkt nichts, wenn er keinen Thread enthält und ein Thread muss genau in einem Prozess liegen. Ein Thread hat wenigstens seinen eigenen Programmzähler, seine eigenen Register und gewöhnlich auch seinen eigenen Keller. Damit ist ein Thread die Basiseinheit, zwischen denen die CPU einer Ein- oder Multiprozessor-Maschine umgeschaltet werden kann. Der Prozess ist die Ausführungsumgebung, und die dazugehörigen Aktivitätsträger sind die Threads. Ein Prozess besitzt einen virtuellen Adressraum und eine Liste mit Zugriffsrechten auf die Betriebsmittel nebst notwendiger Verwaltungsinformation. Ein Thread ist ein elementares ausführbares Objekt für einen realen Prozessor und läuft im Kontext eines Prozesses.

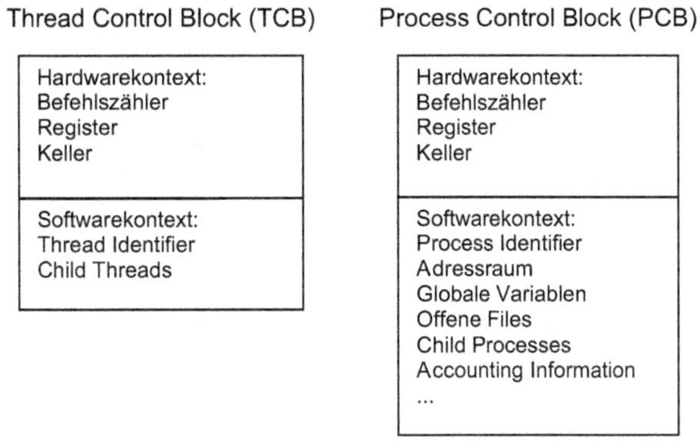

Abb. 2.7 Information für einen Thread und einen Prozess

Thread Control Block (TCB)

| Hardwarekontext: Befehlszähler Register Keller |
| Softwarekontext: Thread Identifier Child Threads |

Process Control Block (PCB)

| Hardwarekontext: Befehlszähler Register Keller |
| Softwarekontext: Process Identifier Adressraum Globale Variablen Offene Files Child Processes Accounting Information ... |

Verschiedene Threads in einem Prozess sind nicht so unabhängig wie verschiedene Prozesse. Alle Threads kooperieren miteinander und teilen sich die gemeinsamen globalen Variablen, auf die dann synchronisiert von den verschiedenen Threads zugegriffen wird. Somit wird eine in Abb. 2.6 dargestellte Organisation a) gewählt, falls zwischen drei Prozessen keine Beziehungen bestehen, und Organisation b), falls drei Threads miteinander kooperieren, um eine gemeinsame Aufgabe zu lösen.

Durch die Benutzung der gemeinsamen Betriebsmittel des Prozesses lässt sich die CPU zwischen Threads schneller umschalten als zwischen Prozessen, da weniger Information auszutauschen ist. Deshalb bezeichnet man oft auch Threads als leichtgewichtige Prozesse (lightweight processes) und traditionelle Prozesse als schwergewichtige Prozesse (heavyweight processes). Die Information, die einen Thread bzw. einen Prozess beschreibt, ist in Abb. 2.7 dargestellt.

2.1.2.2 Implementierung von Threads
Zur Implementierung von Threads gibt es drei Möglichkeiten:

1. Threads auf *Benutzerebene*. Siehe dazu Abb. 2.8.
2. Threads auf *Betriebssystem-* oder *Kernelebene*. Siehe Abb. 2.9.
3. Hybride Implementierungen, die zwischen 1. und 2. liegen und bekannt sind unter *two-level Scheduler*. Siehe Abb. 2.10.

Bei der Implementierung im Benutzeradressraum (Abb. 2.8) ist das Betriebssystem nicht involviert, und eine Bibliothek für Threads übernimmt selbst das Scheduling und Umschalten zwischen den Threads. Das Betriebssystem kennt keine Threads und es bringt wie gewohnt Prozesse zum Ablauf. Dieser Entwurf ist bekannt als *all-to-one mapping*. Von allen Threads, die zu einem Zeitpunkt ablaufbereit sind, wählt die Thread-Bibliothek einen aus, der dann im Kontext des Prozesses läuft, wenn das Betriebssystem diesen Prozess zum Ablauf bringt.

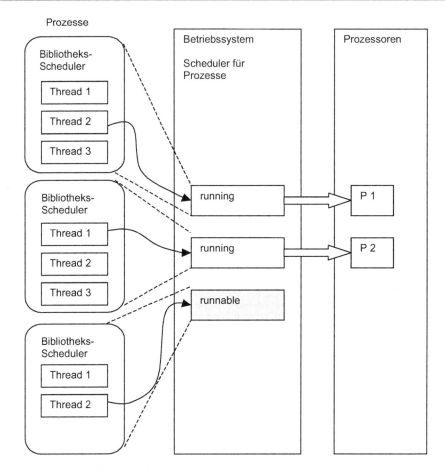

Abb. 2.8 Threads auf Benutzerebene

Die Vorteile von Threads auf Benutzerebene sind:

- Da keine Änderungen am Betriebssystem vorgenommen werden müssen, lässt sich schnell und bequem eine *Threadbibliothek* einführen und auf das bestehende Betriebssystem aufpflanzen.
- Eine Implementierung im Benutzeradressraum benötigt keine aufwendigen Systemaufrufe zum Anlegen von Threads und zum Durchführen von Umschaltungen zwischen Threads, das heißt es finden *keine Umschaltungen* zwischen Benutzermodus und Systemmodus statt. Dadurch laufen Anwendungen basierend auf Threads im Benutzeradressraum schneller als Anwendungen, welche auf Threads im Systemadressraum basieren.
- Da alle Threads *ohne das Betriebssystem* laufen, können mehr und mehr Threads angelegt werden, ohne das Betriebssystem zu belasten.

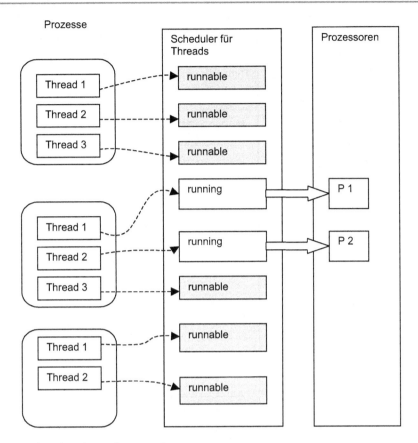

Abb. 2.9 Threads auf Betriebssystemebene

Allerdings hat dieser Ansatz auch zwei beträchtliche Nachteile:

- Da das Betriebssystem nur Prozesse sieht, kann das zu einem *unfairen Scheduling* von Threads führen. Betrachten wir dazu zwei Prozesse, ein Prozess mit einem Thread (Prozess a) und ein anderer Prozess mit 100 Threads (Prozess b). Jeder Prozess erhält im Allgemeinen für eine Zeitscheibe den Prozessor, damit läuft dann ein Thread in Prozess a 100-mal schneller als ein Thread in Prozess b. Weiterhin hat das Anheben der Priorität eines Threads keine Auswirkungen, da nur den Prozessen gemäß ihrer Priorität die CPU zugeordnet wird.
- Da die Bibliothek von Thread-Routinen keinen Bezug zum Betriebssystem und der darunter liegende Rechnerarchitektur hat, nimmt ein Thread-Programm auch *mehrfach vorhandene CPUs nicht zur Kenntnis*. Das Betriebssystem ordnet verfügbare CPUs nur Prozessen zu und nicht Threads. Damit laufen die Threads eines Prozesses nie echt parallel, sondern nur die Prozesse.

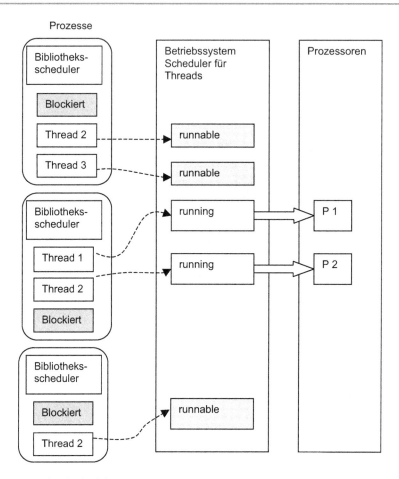

Abb. 2.10 Two-level Scheduler

Bei einer Implementierung von Threads auf der Betriebssystemebene (Abb. 2.9) kennt das Betriebssystem Threads, und jeder Benutzerthread wird zu einem Kernelthread. Die Schedulingeinheiten des Betriebssystems sind dann Threads und nicht mehr Prozesse. Da eine Eins-zu-eins-Zuordnung der Benutzerthreads zu Kernelthreads stattfindet, ist dieser Ansatz auch als *one-to-one mapping* bekannt. Ein Beispiel für solche in das Betriebssystem integrierte Threads ist der Mach-Kernel, der Grundlage vieler Unix-basierter Betriebssysteme ist, wie z. B. OSF/1.

Kernelthreads besitzen nicht mehr die oben erwähnten beiden Nachteile von Benutzerthreads:

- Der Scheduler berücksichtigt Threads und keine Prozesse, und dadurch kann es nicht mehr zu unfairem Scheduling kommen. Wird die Priorität eines Threads angehoben, läuft ein solcher Thread länger und öfter als Threads mit niederer Priorität.

- Da das Scheduling global über alle Threads stattfindet, können, falls mehrere CPUs in dem System vorhanden sind, die Threads echt parallel abgearbeitet werden.

Die oben erwähnten Vorteile von Benutzerthreads kehren sich in Nachteile bei Kernelthreads um:

- Zum Anlegen eines neuen Thread muss vom Benutzermodus in den Systemmodus umgeschaltet werden, und im Systemmodus werden dann die für die Threads angelegten Datenstrukturen manipuliert.
- Eine Vielzahl von Threads kann das Betriebssystem stark belasten und die Gesamtperformanz des Systems reduzieren.

Um die Vorteile des einen Ansatzes nicht zu Nachteilen des anderen Ansatzes werden zu lassen, ist im Solaris-Betriebssystem von Sun ein hybrider Ansatz realisiert (siehe Abb. 2.10). Wie bei einer reinen kernel-basierten Implementierung bildet eine two-level Scheduler Benutzerthreads auf Kernelthreads ab. Anstatt jedem Benutzerthread einen Kernelthread zuzuordnen, bildet man eine Menge von Benutzerthreads auf eine Menge von Kernelthreads ab. Die Abbildung ist dabei nicht statisch, sondern dynamisch, und zu unterschiedlichen Zeiten können Benutzerthreads auf unterschiedliche Kernelthreads abgebildet werden. Dieser Ansatz ist bekannt als das *some-to-one mapping*. Die Thread-Bibliothek und der Kern enthalten dabei Datenstrukturen zur Repräsentation von Threads. Die Thread-Bibliothek bildet dabei die Benutzerthreads auf die verfügbaren Kernelthreads ab. Jedoch werden nicht alle Benutzerthreads auf Kernelthreads abgebildet: Schläft ein Benutzerthread häufig oder wartet er oft auf Timer oder ein Ereignis oder eine I/O-Beendigung, so braucht ihm keine eigener Kernelthread zugeordnet zu werden. Allen Threads, die CPU-Aktivität zeigen, kann ein Kernelthread zugeordnet werden. Dies erspart den Overhead des Anlegens eines neuen Kernelthreads.

2.1.2.3 Pthreads

Das Betriebssystem Mach [ZK 93] führte zur Programmierung von Threads eine C-Threads-Bibliothek [CD 88] ein. Daneben haben andere Betriebssysteme (OS/2, Win 32, Windows NT), die Distributed Computing Environment (DCE), verschiedene Unix-Derivate (OSF/1, Solaris) und die Programmiersprache Java das Thread-Konzept aufgegriffen und integriert. Die eingeführten verschiedenen Thread-Bibliotheken bzw. in Java die Klasse `Thread` und `ThreadGroup` [GYJ 97] besaßen ein unterschiedliches Interface, das im Unix-Bereich durch den *POSIX (Portable Operating System Interface)*, genauer POSIX Section 1003.1c-1995-Standard, festgeschrieben wurde. POSIX-threads, oder kurz Pthreads, sind eine definierte Menge von C-Typen und C-Funktionsaufrufen mit festgelegter Semantik. Pthreads-Implementierungen werden in der Form eines Header-Files, der in das Programm eingebunden wird, und einer Bibliothek, die zum Programm hinzugebunden werden muss, ausgeliefert. Im Folgenden stellen wir die wichtigsten Komponenten der Pthreads-Bibliothek vor und geben Beispiele für ihre Anwendung; dabei orientieren wir uns an den Büchern über Pthread-Programmierung [NBF 98, HH 97] aus dem auch einige Beispielprogramme entnommen sind. Über das Verständnis des Pthreads-Paketes findet der Leser einen leichten Zugang zu den anderen Thread-Paketen und zu den Klassen Thread und ThreadGroup von Java und somit zu den Java-Threads. Oechsle [O 01] geht tiefer auf die Parallelprogrammierung ein, und er gibt für Standardprobleme der Parallelprogrammierung deren Implementierung mit Java-Threads an.

Thread Verwaltungsroutinen Die Operation zum Erzeugen und Starten eines Thread ist:

pthread_create
```
int pthread_create(pthread_t *thread_handle,
                   //handle auf Thread-Datenstruktur
                   pthread_attr_t attr,
                   //Thread-Attribut
                   pthread_func_t thread_func,
                   //aufzurufende Funktion für den Thread
                   pthread_addr_t arg);
                   //Argumente für die aufzurufende
                   //Funktion
```

Die Routine wird von einem Koordinator-, Vater- oder Erzeugerthread aufgerufen und führt dazu, dass ein neuer Thread mit der Ausführung der angegebenen Funktion thread_func beginnt. Mit dem Parameter arg wird der Funktion ein einziges Argument übergeben. arg wird normalerweise als Zeiger auf Anwendungsparameter übergeben. Der erste Parameter ist ein Zeiger auf eine bereits vorab zu allokierende Thread-Datenstruktur pthread_t. Eine zusätzliche Attributbeschreibung attr ermöglicht es, genauere Eigenschaften eines Threads festzulegen, wie z. B. Konfiguration des Kellers, Festlegung der Scheduling Strategie und der Priorität des Threads. Diese Eigenschaften werden festgelegt mit pthread_attr...-Funktionen. In vielen Fällen kann der Wert NULL für dieses Argument verwendet werden, um anzuzeigen, dass default Charakteristiken für diesen Thread vorliegen. pthread_create gibt bei erfolgreicher Ausführung einen Nullwert zurück; ein nicht Nullwert zeigt und identifiziert einen Fehler.

Der gestartete Thread läuft dann nebenläufig zu seinem Erzeuger ab und meldet am Ende seiner Bearbeitung ein Ergebnis zurück mit der Operation:

pthread_exit
```
int pthread_exit(pthread_addr_t result);
```

Auf dieses Ergebnis kann vom Thread-Erzeuger an beliebiger Stelle gewartet werden mit der Operation:

pthread_join
```
int pthread_join(pthread_t thread,
                 //Identifikation des Thread
```

```
pthread_addr_t *result);
//Ergebnis der Bearbeitung
```

Der Aufrufer spezifiziert den betreffenden Thread über dessen Datenstruktur `thread` und erhält eine Referenz auf das Ergebnis über den Ausgabeparameter `result`. Anschließend kann der Thread explizit gelöscht werden durch:

pthread_detach
```
int pthread_detach(pthread_t thread);
//Identifikation des Thread
```

Die Operation `pthread_detach` zerstört den internen Threadkontrollblock und gibt den threadlokalen Keller frei. Danach ist natürlich kein `pthread_join` für diesen Thread mehr möglich.

Neben `pthread_exit` kann ein Thread auch explizit durch einen anderen beendet werden oder er kann sich auch selbst im Rahmen eines Fehlerfalles abbrechen. Dazu dient die Operation:

pthread_cancel
```
int pthread_cancel(pthread_t thread);
//Identifikation des Thread
```

Ein Thread kann allerdings auch verhindern, dass eine `pthread_cancel`-Operation sofort wirksam wird. Dies ist für kritische Abschnitte wichtig, deren Abbruch zu inkonsistenten Werten von Semaphoren führen würde. Die Ausschlussoperation ist:

pthread_setcancel
```
int pthread_setcancel(int state);
//Cancel-Status
```

Eine Statusangabe von `state=CANCEL_OFF` verzögert etwaige `pthread_cancel`-Operationen für den aufrufenden Thread und `state=CANCEL_ON` erlaubt diese wieder.

In folgendem Beispiel (Programm 2.1) erzeugt eine Vater-Thread für jedes Paar eines Feldes einen Thread zur Addition der beiden Elemente. Der erzeugte Thread gibt dann die Addition der beiden Elemente als Ergebnis zurück.

Programm 2.1: Addition von Integerpaaren durch jeweils einen Thread
```
#include <pthread.h>
#define length 10
int field [length] [2];
   //Feld von Paaren, die addiert werden
int sums [length];
   //Summenfeld
```

```
void add_op_thread(pthread_addr_t arg)
      //Operation zum Addieren
{
   int* input = (int*) arg;
      //Eingabeparameter des Thread
   int output;

   output = input[0] + input[1];
      //Addition
   pthread_exit((pthread_addr_t) output);
      //Rückgabe Ergebnis und Terminieren
}

main (void)//main thread, Erzeugerthread
{
   pthread_t thread[length];
     //zu erzeugende Bearbeitungsthreads
   int i, result;
     //Laufvariable, Einzelergebnis

   for (i=0; i < length; i++)
      //Erzeugung der Bearbeitungsthreads
      pthread_create (&thread[i],
                     //thread Datenstruktur
                     NULL,
                     //thread-Attribut
                     add_op_thread,
                     //aufzurufende Funktion
                     (pthread_addr_t)field[i]);
                     //Zeiger auf Parameter

 for (i=0; i < length; i++)
 {
    //Warten auf Ergebnis der einzelnen Threads
    pthread_join(thread[i],
                //Identifikation des Thread
                &result);
                //Ergebnis der Bearbeitung
    //Einfügen des Ergebnisses
    sums[i] =result;
    //Löschen der Threads
    pthread_detach(thread[i]);
 }
}
```

Wechselseitiger Ausschluss Zum wechselseitigen Ausschluss, beim Zugriff auf gemeinsame Daten von mehreren Threads aus, oder zur Realisierung von kritischen Abschnitten, stehen binäre Semaphore zur Verfügung. Die Semaphore nehmen die Zustände gesperrt und frei an. Ein Thread wird bei einem gesperrten Semaphor so lange blockiert bis der Semaphor freigegeben wird. Warten mehrere Threads an einem Semaphor, so wird einer freigegeben und die übrigen bleiben blockiert.

Ein Semaphor oder auch Mutex (mutual exclusion) wird durch folgende Operation erzeugt und initialisiert:

pthread_mutex_init
```
int pthread_mutex_init(pthread_mutex_t *mutex,//Mutex
                       pthread_mutexattr_t attr);
                       //Mutex-Attribut
```

Der Parameter `mutex` ist eine vorab allokierte Datenstruktur des Mutex-Typs. Das Mutex-Attribut beschreibt die Art des Semaphors genauer; um ein Default-Attribut zu verwenden, reicht ein NULL-Attribut.

Das Sperren eines Semaphors geschieht mit:

pthread_mutex_lock
```
int pthread_mutex_lock(pthread_mutex_t *mutex);
```

Der Thread, der diesen Aufruf ausführt, blockiert bis zur Freigabe des Semaphors durch einen anderen Thread. Zur Vermeidung der Blockierung und des Wartens kann auch getestet werden, ob ein Semaphor frei ist. Ist er frei, so wird er gesperrt, falls er aber gesperrt war, so wartet der testende Thread nicht und er kann darauf reagieren, indem er auf den Zugriff zu den gemeinsamen Daten verzichtet. Die Testoperationen lautet:

pthread_mutex_trylock
```
int pthread_mutex_trylock(pthread_mutex_t *mutex);
```

Durch den Rückgabewert lässt sich dann feststellen, ob gesperrt war oder nicht (1 = Sperren erfolgreich, Zugriff zu gemeinsamen Daten ist möglich, 0 = Sperren nicht möglich, Semaphor war gesperrt, Zugriff zu gemeinsamen Daten ist nicht möglich).

Die Freigabe eines gesperrten Semaphors geschieht durch:

pthread_mutex_unlock
```
int pthread_mutex_unlock(pthread_mutex_t *mutex);
```

Zum Löschen eines Semaphors dient:

pthread_mutex_destroy
```
int pthread_mutex_destroy(pthread_mutex_t *mutex);
```

Zur Illustration der Mutex-Operationen greifen wir Programm 2.1 wieder auf, indem wir die Gesamtsumme total über alle Paare von Integer in jedem Thread aufsummieren (Programm 2.2). Damit wird total zu einem gemeinsamen Datum von allen Threads und muss unter wechselseitigem Ausschluss gestellt werden.

Programm 2.2: Wechselseitiger Ausschluss beim Zugriff zu gemeinsamem Datum total

```
#include <pthread.h>
#define length 10
int field [length] [2];
     //Feld von Paaren, die addiert werden
int total = 0;          //Gesamtaddition
pthread_mutex_t mutex; //Semaphor

void add_op_thread(pthread_addr_t arg)
   //Operation zum Addieren
{
   int* input = (int*) arg;
      //Eingabeparameter des Thread
   int output;

   pthread_mutex_lock (&mutex);
      //Sperren des Semaphors

   total +=  input[0] + input[1];
      //Addition und Zugriff zu total unter
      //wechselseitigem Ausschluss

   pthread_mutex_unlock(&mutex);
      //Freigabe des Semaphors
}


main (void)//main Thread, Erzeugerthread
{
   pthread_t thread[length];
      //zu erzeugende Bearbeitungsthreads
   int i, dummy;
      //Laufvariable,
      //dummy als Ergebnisrückgabe

   pthread_mutex_init(&mutex, //mutex-Datenstruktur
                      NULL); //mutex default-Attribut

   for (i=0; i < length; i++)
      //Erzeugung der Bearbeitungsthreads
      pthread_create(&thread[i],
```

```
                        //thread Datenstruktur
                        NULL,
                        //thread-Attribut
                        add_op_thread,
                        //aufzurufende Funktion
                        (pthread-addr_t) field[i]);
                        //Zeiger auf Parameter
   for (i=0; i < length; i++)
   {
      //Warten auf Ergebnis der einzelnen Threads
      pthread_join(thread[i],//Identifikation des Thread
                   &dummy);//Ergebnis der Bearbeitung

      //Löschen der Threads
      pthread_detach(thread[i]);
   }
   pthread_mutex_destroy(&mutex);
   //Löschen des Semaphors
}
```

Bedingungsvariable Allgemeine Synchronisationsbedingungen können mit Hilfe von Bedingungsvariablen (condition variables) formuliert werden. Eine Bedingungsvariable ist assoziiert mit einer Sperrvariablen und gibt einen booleschen Zustand dieser Variablen an. Der Unterschied zwischen Sperrvariablen und Bedingungsvariablen besteht darin, dass Sperrvariable zum kurzzeitigen Sperren dienen, wie es bei kritischen Abschnitten benötigt wird, während Bedingungsvariable zum längeren Warten dienen, bis eine Bedingung wahr wird.

Wie bei Semaphoren stehen bei Bedingungsvariablen Funktionen bereit zum Erzeugen und Löschen:

pthread_cond_init
```
int pthread_cond_init (pthread_cond_t *condvar,
                        //Bedingungsvariable
                        pthread_cond_attr_t attr);
                        //Bedingungsvariable-Attribut
```

pthread_cond_destroy
```
int pthread_cond_destroy (pthread_cond_t *condvar);
                          //Bedingungsvariable
```

Bedingungsvariablen sind assoziiert mit einem Semaphor, deshalb muss immer mit einer Bedingungsvariablen auch ein Semaphor erzeugt werden. Ein Thread kann auf eine Bedingungsvariable warten mit der Operation:

pthread_cond_wait
```
int pthread_cond_wait (pthread_cond_t *cond,
                       //Bedingungsvariable
                       pthread_mutex_t *mutex);
                       //mit Bedingungsvariable
                       //assoziierter Semaphor
```

`pthread_cond_wait` gibt die mit der Bedingung assoziierte Sperrvariable mutex frei und blockiert den Thread, bis die Bedingung wahr wird (signalisiert durch `pthread_cond_signal` oder `pthread_cond_broadcast`). Anschließend wird die Sperrvariable wieder gesperrt und der Thread fährt mit seiner Ausführung fort. Da es keine Garantie gibt, dass die Bedingung wahr ist, wenn der Thread mit seiner Ausführung fortfährt, sollte der aufgeweckte Thread die Bedingung selbst auswerten und erst fortfahren, wenn sie wahr ist. Dies kann folgendermaßen realisiert werden:

pthread_mutex_lock
```
pthread_mutex_lock (&mutex);
//...
while (/* condition is not true */)
   pthread_cond_wait(&condvar, &mutex);
//...
pthread_mutex_unlock(&mutex);
```

Unter Angabe eines Timeouts ist es auch möglich, nur für eine begrenzte Zeit auf eine Bedingungsvariable zu warten; dazu dient die Operation:

pthread_cond_timedwait
```
int pthread_cond_timedwait(pthread_cond_t *cond,
                           //Bedingungsvariable
                           pthread_mutex_t *mutex,
                           //assoziierter Mutex
                           struct timespec *abstime);
                           //absolute Zeit
```

Die Operation gibt den Wert − 1 zurück, wenn der angegebene absolute Zeitpunkt erreicht ist, ohne dass die Bedingung eingetroffen ist. Die Absolutzeit entspricht dem folgenden Zeitformat:

timespec
```
struct timespec {unsigned long sec;
                 //Sekunden-Komponente
                 long nsec;
                 //Nanosekunden-Komponente
                 };
```

Zur Umwandlung der absoluten Zeit in eine relative Zeit steht die folgende Operation zur Verfügung:

pthread_get_expiration_np
```
int pthread_get_expiration_np (
   struct timespec *delta,//relative Zeit
   struct timespec *abstime);//absolute Zeit
```

Wenn eine Bedingung und damit die dazugehörige Bedingungsvariable wahr wird, so kann dies durch die nachfolgende Operation signalisiert werden:

pthread_cond_signal
```
int pthread_cond_signal(pthread_cond_t *cond);
                         //Bedingungsvariable
```

Falls irgendwelche andere Threads warten (an der `pthread_cond_wait`- oder `pthread_cond_timedwait`-Operation), dann wird wenigstens einer dieser Threads aufgeweckt und er kann fortfahren. Warten keine Threads, dann hat die Operation keine Wirkung.

Sollen alle wartenden Threads weiter fortfahren und nicht nur einer, so kann dies durch die nachfolgende Operation bewerkstelligt werden:

pthread_cond_broadcast
```
int pthread_cond_broadcast(pthread_cond_t *cond);
                            //Bedingungsvariable
```

Erzeuger-Verbraucher-Problem mit Threads Zur Illustration von Bedingungsvariablen dient das Erzeuger-Verbraucher-Problem (Programm 2.3, siehe [B 90]). Der Erzeuger und Verbraucher repräsentieren Threads, die auf einen gemeinsamen Umlaufpuffer zugreifen. Wir benutzen eine Sperrvariable `lock` zum wechselseitigen Ausschluss beim Zugriff auf den Puffer. Falls dann ein Thread exklusiven Zugriff auf den Puffer hat, benutzen wir die Bedingungsvariable `non_full`, um den Erzeuger warten zu lassen bis der Puffer nicht voll ist, und die Bedingungsvariable `non_empty`, um den Verbraucher warten zu lassen, bis der Puffer nicht leer ist.

Programm 2.3: Erzeuger-Verbraucher-Problem
```
/*
 Producer consumer with bounded buffer

 The producer reads characters from stdin and puts them
 into the buffer. The consumer gets characters form the
 buffer and writes them to stdout.
 The two threads execute concurrently except when
 synchronised by the buffer.
*/
```

```
#include <stdio.h>
#include <pthread.h>

typedef struct buffer
{
    pthread_mutex_t lock;
    pthread_cond_t non_empty, non_full;
    char *chars;//chars [0 .. size-1]
    int size;
    int next_free, next_full;
        //producer and consumer indices
    int count;//number of unconsumed indices
} *buffer_t
buffer_t buffer_alloc (int size)
{
    buffer_t b;
    extern char *malloc();
    b = (buffer_t)malloc(sizeof(struct buffer));
    pthread_mutex_init (&(b->lock), NULL);
    pthread_cond_init(&(b->non_empty), NULL);
    pthread_cond_init(&(b->non_full),NULL);
    b->chars = malloc ((unsigned) size);
    b->size =size;
    b->next_free = b->next_full = b->count = 0;
    return b;
}

void buffer_free (buffer_t b)
{
    pthread_mutex_destroy(&(b->lock));
    pthread_cond_destroy(&(b->non_empty));
    pthread_cond_destroy(&(b->non_full));
    free(b->chars);
    free(b);
}

void producer (buffer_t b)
{
    char ch;
    do
    {
        ch = getchar();
        pthread_mutex_lock (&(b->lock));
        while (b->count == b->size)
```

```
         pthread_cond_wait (&(b->non_full), &(b->lock));

      //assert b->count >= 0 && b->count < b->size
      b->chars[b->next_free] = ch;
      b->next_free = (b->next_free + 1) % b->size;
      b->count += 1;
      pthread_cond_signal(&(b->non_empty));
      pthread_mutex_unlock(&(b->lock));
   }
   while (ch != EOF);
}

void consumer(buffer_t b)
{
   char ch;
   do
   {
      pthread_mutex_lock(&(b->lock));
      while (b->count == 0)
         pthread_cond_wait(&(b->non_empty), &(b->lock));

      //assert b->count > 0 && b->count < b->size
      ch = b->chars[b->next_full];
      b->next_full = (b->next_full + 1) % b->size;
      b->count -= 1;
      pthread_cond_signal(&(b->non_full));
      pthread_mutex_unlock(&(b->lock));
      if (ch != EOF)
         printf("%c", ch);
   }
   while (ch != EOF);
}

#define BUFFER_SIZE 10
main()
{
   buffer_t b;
   b = buffer_alloc (BUFFER_SIZE);

   pthread_t thread1, thread2;

   int dummy;

   pthread_create(&thread1, NULL, producer,
                  (pthread_addr_t) b);
```

```
pthread_create(&thread2, NULL, consumer,
                    (pthread_addr_t) b);

pthread_join(thread1, &dummy);
pthread_join(thread2, &dummy);

pthread_detach(&thread1);
pthread_detach(&thread2);
buffer_free(b);
}
```

2.1.3 Serveraktivierungen

Bevor ein Client eine Anfrage an den Server schicken kann, muss der Server aktiv sein oder am Laufen sein, so dass er die Anfragen befriedigen kann. Die Serveraktivitäten können dabei ein Prozess oder Thread sein. Auf jeden Fall muss der Prozess am Laufen sein, um die Anforderungen der Clients zu befriedigen. Die Aktivierung der Server ist abhängig von der Art der Server und es lassen sich vier Arten unterscheiden:

1. Shared Server.
2. Unshared Server.
3. Per Request Server.
4. Persistent Server.

Ein *Shared Server* stellt für mehrere Services, die er anbietet, einen Prozess zur Verfügung. Kommt eine Anfrage eines Clients, wird zunächst überprüft, ob der Prozess aktiv ist. Ist er aktiv, so wird die Anforderung an den Prozess weitergereicht. Der Prozess kann dann einen Thread starten zur Erledigung der Anforderung (paralleler Server) oder der Prozess selbst erledigt die Anforderung (iterativer Server). Läuft der Serverprozess nicht, so muss der Prozess erst explizit gestartet werden, bevor er die Anforderung entgegennehmen kann.

Bei einem *Unshared Server* liegt jeder Service in einem anderen Server. Ein neuer Prozess wird gestartet, wenn eine Anforderung für den Service das erste Mal eintrifft. Der Server bleibt aktiv und kann dann Anforderungen für den gleichen Service entgegennehmen.

Bei *Per Request Server* wird einer neuer Server jedes Mal, wenn eine neue Anfrage eintrifft, gestartet. Mehrere Serverprozesse für den gleichen Service können dadurch konkurrent aktiv sein. Der Server ist nur in der Zeit aktiv, in der er die Serviceanforderung erfüllt und danach ist er inaktiv.

Ein *Persistent Server* muss nicht explizit aktiviert werden, da der Serverprozess seit der System-Bootzeit oder seit dem Start der Server-Applikation aktiv ist. Eingehende Anforderungen werden deshalb sofort an den Server weitergeleitet. Treffen eingehende Anforderungen der Clients auf nicht gestartete Server, so erhält der Client eine Fehlermeldung zurück.

Ein persistenter Server ist ein Spezialfall von einem shared Server. Der Unterschied besteht nur darin, dass ein persistenter Server keinen expliziten Startvorgang erfordert.

2.1.4 Serverzustände

Eine Anforderung, die ein Client einem Server zuschickt, kann möglicherweise Änderungen der vom Server verwalteten Daten oder Objekte hervorrufen, so dass dies Auswirkungen auf nachfolgende Anforderungen von Clients hat. Der Server verhält sich dann dadurch bei den nachfolgenden Anforderungen anders. Dementsprechend lassen sich die Dienste eines Servers klassifizieren in

- *zustandsinvariante* und
- *zustandsändernde* Dienste.

Einen Server, der nur zustandsinvariante Dienste anbietet, bezeichnen wir dementsprechend als zustandsinvariant und sonst als zustandsändernd. Den Zustand der Objekte eines Servers bezeichnen wir mit Zustand des Servers.

Zustandsinvariante Server liefern Informationen und Parameter; die Informationsmenge und die Parameter können sich zwar ändern, aber diese Änderungen sind unabhängig von den Anforderungen der Clients. Beispiele von solchen Servern sind Informationsabruf-Server, wie Web-Server und ftp-Server, Auskunfts-Server wie Namens-Server, Directory-Server und Vermittlungs- oder Broker-Server. Ein weiteres Beispiel für einen zustandsinvarianten Server, dessen bereitgestellte Information sich unabhängig von den Anforderungen der Clients stark ändert, ist ein Zeit-Server. Bei zustandsinvarianten Servern führen also Anforderungen von Clients nicht zu neuen Zuständen des Servers.

Bei *zustandsändernden Servern* überführt eine Anfrage des Clients den Server möglicherweise in einen neuen Zustand. Abhängig vom neuen Zustand des Servers können dann gewisse Anforderungen von Clients nicht mehr befriedigt werden und führen auf Fehlermeldungen, die der Client vom Server zurückbekommt. Ein Beispiel für solch einen Server ist ein File-Server. Die Aufforderung eines Clients zum Löschen eines Files führt bei nachfolgenden Leseoperationen, die Clients auf diesem File ausführen wollen und nun nicht mehr möglich sind, zu Fehlermeldungen.

Bei zustandsinvarianten Servern spielt die Reihenfolge der Serviceanforderungen der Clients keine Rolle. Sie können in irgendeiner Reihenfolge an den Server gestellt werden. Bei zustandsändernden Servern ist die Reihenfolge der Serviceanforderungen von größter Bedeutung, da der Server möglicherweise bei Erledigung der Serviceanforderung seinen Zustand ändert.

Zustandsspeichernde und zustandslose Server Ein zustandsändernder Server kann seinen neuen Zustand speichern oder nicht. Dementsprechend unterscheidet man in

- zustandsspeichernde (stateful) Server oder
- zustandslose (stateless) Server.

Bei einem *zustandsspeichernden Server* speichert der Server nach der Anforderung des Services den neuen Zustand in seinen internen Zustandstabellen. Dadurch kennt der Server den Zustand und der Server besitzt somit ein „Gedächtnis". Dieses Gedächtnis des Servers befreit den Client, den Zustand dem Server mitzuteilen, was dann die Länge der Anforderungsnachrichten und damit die Netzwerkbelastung reduziert. Der Kommunikationsverlauf oder die Konversation zwischen dem Client und dem Server besitzt damit eine Kontinuität (conversational continuity [A 91]). Das Gedächtnis erlaubt dem Server, vorausschauend auf neue zukünftige Anfragen des Clients zu schließen (Nachfolgezustände), und er kann Vorkehrungen treffen und entsprechende Operationen durchführen, so dass diese zukünftigen Anfragen schneller bearbeitet werden.

Das bisher gesagte sei am Beispiel eines zustandsspeichernden File-Servers erläutert:

Ein zustandsspeichernder File-Server benutzt das gleiche Vorgehen wie ein zentrales Filesystem auf einem Einprozessorsystem. Dort wird ebenfalls immer der Zustand des Files gespeichert, z. B. welcher Prozess hat den File geöffnet, gegenwärtige Fileposition und was war der letzte gelesene oder geschriebene Satz. Diese Zustandsinformation kann der File-Server zusammen mit dem File abspeichern. Der File-Server geht dabei folgendermaßen vor: Öffnet ein Client einen File, so gibt der Server dem Client einen Verbindungsidentifier zurück, der eindeutig ist für den geöffneten File und den dazugehörigen Client. Nachfolgende Zugriffe des Clients benutzen dann den Verbindungsidentifier zum Zugriff auf den File. Dies reduziert die Länge der Nachrichten, da der Zustand des Files nicht vom Client zum Server übertragen werden muss. Der Filezustand und möglicherweise das File selbst kann im Hauptspeicher gehalten werden; durch den eindeutigen Verbindungsidentifier kann dann direkt ohne Plattenzugriff zugegriffen werden. Zusätzlich enthält der Zustand Information darüber, ob das File für sequentiellen, direkten oder index-sequentiellen Zugriff geöffnet wurde und es kann dadurch ein vorausschauendes Lesen auf den nächsten Block stattfinden.

Im Gegensatz zum obigem, besitzt ein *zustandsloser Server* keine Information über den Zustand seiner verwalteten Objekte. Jede Anforderung eines Clients muss deshalb die komplette Zustandsinformation, beim Beispiel des File-Servers den File, Zugriffsart auf den File und die Position innerhalb des Files, dem Server übermitteln, so dass der Server die gewünschte Operation ausführen kann. Beim Öffnen des Files braucht damit der File-Server keine Zustandsinformation anzulegen und keinen Verbindungsidentifier für den Client zu generieren. Deshalb braucht ein zustandsloser File-Server auch kein explizites Öffnen und Schließen auf Files als Operation anzubieten. Der Nachteil eines zustandslosen Servers ist somit ein Performanzverlust, da die Zustandsinformation nicht wie bei einem zustandsspeichernden Server im Hauptspeicher gehalten werden kann.

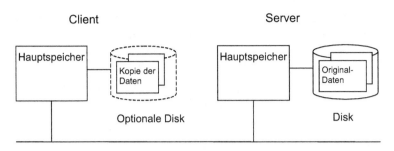

Abb. 2.11 Client Caching

Ein zustandsloser Server bietet jedoch Vorteile beim Absturz des Servers. Stürzt ein zustandsspeichernder Server ab, so sind damit alle Zustandsbeschreibungen verloren. Kommt der Server nach einer gewissen Zeit wieder hoch, weiß der Server dann nicht, welche Clients welche Objekte, oder bei einem File-Server, welche Files bearbeiteten. Nachfolgende Anforderungen von Clients an den Server können dann von ihm nicht bearbeitet werden. Aus diesem Grund sind zustandslose Server fehlertoleranter als zustandsspeichernde Server. Stürzt ein zustandsloser Server ab, so bemerkt das ein Client durch das Ausbleiben einer Rückantwort. Läuft dann der Server wieder, so sendet der Client erneut eine Anfrage an den Server, die er nun abarbeiten kann, da die Anfrage alle Zustandsinformationen enthält.

2.1.5 Client Caching

Greift ein Client auf eine Objekt- oder Datenmenge eines Servers zu, so lassen sich die Zeiten für zukünftige Zugriffe auf die gleiche Datenmenge verkürzen oder besser gesagt, diese Zeiten fallen weg, wenn eine Kopie der Daten lokal beim Client gespeichert wird. Man spricht in diesem Fall vom *Client Caching* (siehe Abb. 2.11), da nur von den zuletzt benutzten Daten (most recently used) eine Kopie beim Client vorliegt. Beispiele, wo ein Caching stattfindet, sind File-Server und Web-Server. Bei File-Servern werden entweder komplette Files oder Blöcke von Files im Cache abgelegt und bei Web-Servern Web-Dokumente oder Images. Beim Zugriff auf den gleichen File oder Block bei File-Servern oder das gleiche Dokument bei Web-Servern erspart man sich den Transfer dieser Daten über das Netz vom Server zum File-Client bzw. dem Web-Browser.

Der Cache kann dabei im Hauptspeicher oder auf einer möglicherweise vorhandenen Platte des Clients liegen und das Caching ist nur beschränkt durch den beim Client vorhandenen Hauptspeicher- und Plattenplatz. Wo die Daten gespeichert werden, im Hauptspeicher oder auf der Platte, ist eine Frage des Platzes gegenüber der Performanz: Auf der Platte existiert viel Platz, sie hat aber längere Zugriffszeiten; der Hauptspeicher hat nur beschränkten Platz, aber im Vergleich zu Plattenzugriffszeiten vernachlässigbare Zugriffszeiten. Des

Weiteren ist es eine Frage, ob *plattenlose Clients (diskless clients)* eingesetzt werden; bei plattenlosen Clients ist nur ein Caching im Hauptspeicher möglich.

Unter dem Gesichtspunkt der Zuverlässigkeit ist eine Ablage der Daten auf der Platte natürlich zuverlässiger als die Ablage im Hauptspeicher. Modifikationen der Daten gehen verloren, wenn der Rechner abstürzt, jedoch überleben sie einen Absturz, wenn die Daten auf der Platte liegen. Beim Hochfahren des Rechners nach einem Absturz stehen dann die modifizierten Daten wieder zur Verfügung und sie müssen nicht wie bei der Ablage im Hauptspeicher erneut vom Server geholt werden.

Bei einem Filecaching kann der Hauptspeicher komplette Files oder nur einzelne Blöcke von Files aufnehmen. Liegt das File komplett im Hauptspeicher, so kann es fortlaufend auf die Platte geschrieben werden, was zu einem effizienten Transfer zwischen dem Hauptspeicher und der Platte führt. Liegen nur einzelne Blöcke eines Files im Hauptspeicher, so sind die Anforderungen für Hauptspeicher- und Plattenplatz kleiner, was zu einer besseren Ausnutzung des Hauptspeicher- und Plattenplatzes führt.

Bei der Ablage der Daten im Hauptspeicher des Clients sind noch folgende zwei Probleme zu lösen:

1. Da ein Hauptspeicher nur begrenzte Kapazität hat, muss entschieden werden, welche Daten im Hauptspeicher verbleiben und welche Daten bei Erschöpfung der Kapazität ausgelagert werden (*Caching Problem*).
2. Da neben den Daten auf der Platte des Servers eine weitere Kopie im Hauptspeicher oder auf der Platte des Clients vorliegt, treten beim Modifizieren der Daten durch zustandsändernde Funktionen auf den Daten Konsistenzprobleme auf (*Consistency Problem*).

Caching Problem Da der Bereich des Hauptspeichers zur Aufnahme der Daten in seiner Größe beschränkt ist, muss bei Erschöpfung des Bereichs entschieden werden, welche Daten auf die Platte auszulagern sind. Hier leistet jeder Ersetzungsalgorithmus seinen Dienst.

Ein mögliches Ersetzungsschema ist die am längsten nicht benutzten Daten auszulagern. (*LRU-Strategie* – least recently used). Zur Implementierung der LRU-Strategie benötigt man einen Keller, wobei die neu referierten Daten auf die Kellerspitze kommen. Die „least recently used"-Daten befinden sich dann am Kellerboden. Dies kann ein Herausreißen eines Dateneintrags mitten aus dem Keller bedingen, falls die Daten schon vorher einmal angesprochen wurden. Dieses Herausreißen benötigt bei der Implementierung des Kellers als doppelt gekettete Liste das Umsetzen von sechs Zeigern und ist somit nur aufwendig zu implementieren. Da jedoch Referenzen auf die Daten nicht so häufig vorkommen wie Speicherreferenzen, kann man sich im Vergleich zur LRU-Seitenersetzungsstrategie diesen Aufwand hier leisten.

Wie bei den Seitenersetzungsstrategien bei Betriebssystemen, reduziert auch hier ein *Dirty Bit* die Transferzeiten. Das Dirty Bit wird beim modifizierenden Zugriff auf die Daten gesetzt. Ist das Dirty Bit des auszulagernden Dateneintrags nicht gesetzt, so kann der Dateneintrag überschrieben werden (die Daten auf der Platte und die Daten im Cache sind konsistent), andernfalls müssen die Daten zusätzlich auf die Platte zurückgeschrieben werden (die Daten im Cache sind abgeändert worden und sind somit inkonsistent zu den Daten auf der Platte).

Zustandsinvariante Server und das Konsistenzproblem Bei zustandsinvarianten Servern tritt das Konsistenzproblem nicht auf, da zustandsinvariante Operationen keine Modifikation an den Daten vornehmen. Somit gibt es immer eine Übereinstimmung der Kopie beim Client mit den Daten beim Server. Allerdings entsteht hier das Problem, ob der Cache noch eine gültige Kopie der Daten des Servers enthält. Die Server-Daten können sich unabhängig von den Clientoperationen ändern. In diesem Fall kann den Kopien im Cache ein Verfallsdatum mitgegeben werden. Verfallene Cacheeinträge müssen dann immer vom Server geholt werden.

File-Server und das Konsistenzproblem Das Konsistenzproblem tritt also bei zustandsändernden Servern, wie z. B. bei File-Servern auf. Deshalb betrachten wir die Lösung des Konsistenzproblems am Beispiel eines File-Servers.

Liegt das File im Hauptspeicher des Clients, dann können mehrere Clients eine Kopie des Files haben, die nicht mit der Originalkopie des Servers übereinzustimmen braucht. Besitzen zwei Clients den gleichen File und modifizieren sie den File, so treten die folgenden zwei Probleme auf:

1. Will ein dritter Client den File lesen, so erhält er die Originalversion vom Server, welche nicht die Änderungen von Client 1 und Client 2 umfasst.
2. Werden die Files von Client 1 und Client 2 zurückgeschrieben, so überschreibt das zuletzt zurückgeschriebene File des Clients die Änderung des anderen Clients, das bedeutet eine Fileänderung eines Clients geht verloren.

Der nachfolgend beschriebene erste Ausweg aus den obigen Problemen löst das Problem zwar nicht, passt aber die Filesemantik an diese an. Mit anderen Worten ausgedrückt, das inkorrekte Verhalten wird durch die abgeschwächte Filesemantik als korrekt deklariert.

Session Semantik Eine Anpassung und dadurch eine Abschwächung der Filesemantik besagt, dass Änderungen an einem offenen File zunächst nur für den Prozess (die Maschine) sichtbar sind, welcher die Änderungen durchführt. Schließt der Client dann den File, dann werden die Änderungen bei den anderen Prozessen (Maschinen) sichtbar. Das bedeutet, beim Schließen des Files sendet der Client den geänderten File an den Server zurück. Beim nachfolgenden Lesen des Files von anderen Clients wird ihnen dann das geänderte File übermittelt. Ändern zwei Clients einen File gleichzeitig, so hängt das Ergebnis der Änderung davon ab, wer von den beiden Clients den File als letzter schließt. Eine noch schwächere Festlegung ist, dass das Ergebnis des geänderten Files unbestimmt ist und von einem der beiden Kandidaten geliefert wird. Die so abgeschwächte Filesemantik ist bekannt unter dem Namen *Session Semantik*.

write through-Algorithmus Das Konsistenzproblem lässt sich lösen durch einen „write through"-Algorithmus. Dabei wird bei einer Änderung eines Cache-Eintrags (File oder Block) neben dem neuen Wert im Cache noch zusätzlich der neue Wert an den Server geschickt, der die Änderung dann an der Originalversion ebenfalls vollzieht. Dadurch greifen dann lesende Clients beim Server immer auf die aktuelle Version des Files zu. Dabei tritt jedoch das Problem auf, dass ein Client nicht die Änderung des anderen Clients sieht. Betrachten wir dazu das folgende Szenario: Ein Client auf einer Maschine A liest ein File f. Der Client terminiert anschließend, jedoch verbleibt das File f im Cache von Maschine A. Ein weiterer Client auf Maschine B liest und modifiziert anschließend den File f und „schreibt ihn durch" (*write through*) zum Server. Schließlich startet eine neuer Client auf der Maschine A. Der neue Client öffnet dann den File f und liest f. Da f noch im Cache von Maschine A liegt, liest er den alten File und bekommt somit die Änderungen des Clients von Maschine B nicht mit. Eine mögliche Lösung ist, dass bevor irgendein Client einen File aus dem Cache zugewiesen bekommt, beim Server nachgefragt werden muss, ob eine neue Version existiert. Zum Nachfragen kann das Datum der letzten Modifikation des Files, eine Versionsnummer des Files oder eine Checksumme benutzt werden. Stimmen dann die Daten des Files vom Cache nicht mit den Daten des Files auf dem Server überein, so muss die gültige Version vom Server geholt werden.

Der Hauptnachteil des write through-Algorithmus ist, dass zwar Leseoperationen keinen Netzverkehr verursachen, jedoch für jede Schreiboperation eine Nachricht an den Server geschickt werden muss. Bei Schreiboperationen auf Files bringt somit das Caching des Files beim Client keinen Vorteil, sondern das File könnte auch beim Server verbleiben.

Zur Reduktion des Netzverkehrs beim Schreiben können dann die Änderungen des Files gesammelt werden und nach Ablauf eines Zeitintervalls (z. B. 30 Sekunden beim Network Filesystem von Sun) dem Server zugesandt werden (*delayed write*). Die Übertragung mehrerer Schreiboperationen ist effizienter als eine Einzelübertragung von mehreren Schreiboperationen. Da jedoch zwischen zwei Änderungen ein Client die neuen noch nicht übertragenen Änderungen nicht mitbekommt, ändert dies die Filesemantik in Richtung Session Semantik.

Ein weiterer Schritt in diese Richtung ist dann die Änderung nur noch beim Schließen des Files dem Server mitzuteilen (*write on close*). Weiterhin sind diese Verfahren nicht fehlertolerant im Falle eines Client-Crashs, da dabei alle modifizierten Daten, die noch nicht zurückgeschrieben wurden, verloren gehen.

Zentrale Kontrollinstanz Eine weitere Methode zur Überwachung der Konsistenz des Caches sieht beim Server eine zentrale Kontrollinstanz vor. Öffnet ein Client einen File, so teilt er der zentralen Instanz mit, ob er den File zum Lesen oder Schreiben oder Lesen und Schreiben öffnen möchte. Die zentrale Instanz des File-Servers führt dann Buch, welcher File von welchem Client zum Lesen oder Schreiben geöffnet wurde. Ein File, der geöffnet ist für das Lesen, kann weiteren Clients dann ebenfalls zum Lesen zur Verfügung gestellt werden. Ist ein File von einem Client bereits zum Schreiben geöffnet, so muss einem weiteren Client, der den gleichen File öffnet, dies im Moment versagt werden; d. h. seine Anfrage

wird verzögert oder sie kommt in eine Warteschlange. Schließt dann der eine schreibende
Client den File, so teilt er dies der zentralen Kontrollinstanz mit, und zusätzlich überträgt er
noch den neuen abgeänderten File. Dadurch sind die am File durchgeführten Änderungen
beim File-Server sichtbar und das File kann einem weiteren Client zugeteilt werden.

Eine andere Möglichkeit ist, sobald ein File zum Schreiben geöffnet wird, dies allen
Clients, die den File geöffnet haben, mitzuteilen durch Verschicken einer entsprechenden Nachricht. Die Clients können dann diesen File aus ihrem Cache entfernen und ein
weiteres Caching von diesem File zukünftig unterlassen. Die Schreib- und Leseoperationen gehen dann zukünftig zum Server und alle Änderungen an dem File werden von ihm
durchgeführt. Der Vorteil von diesem Vorgehen liegt darin, dass mehrere Leser und Schrei-
ber parallel weiterarbeiten können. Der Nachteil ist, dass sich die Rolle von Client und
Server in dem Moment vertauschen, wo der Server eine Nachricht an den Client schickt.
Dies erschwert z. B. eine Implementierung mit Remote Procedure Calls, da der Server eine
remote procedure des Clients aufruft.

Eine Variation von diesem Schema ist, dass die zentrale Instanz keine Buchführung der
geöffneten Files vornimmt, sondern vermerkt, welche Clients welche Files in ihrem Cache
haben.

Der größte Nachteil von diesen Verfahren ist jedoch, die zentrale Instanz zur Buchführung. Fällt diese zentrale Instanz aus, ist das Verfahren nicht mehr durchführbar.

2.2 Verteilte Prozesse

Der Hauptnachteil bei C^+S-Systemen ist der zentrale Server, bei dem alle Services gebün-
delt sind. Fällt der Server aus, so steht kein Server mehr zur Verfügung, der Services anbietet, und die Anforderungen von Clients nach Services können nicht mehr befriedigt
werden. Weiterhin ist der Server in seiner Leistung begrenzt und bildet somit in einem
C^+S-System einen Leistungsengpass. Anwendungen replizieren deshalb den Server und
schwächen dadurch diese Nachteile ab. Um die mehrfachen Server wie ein Server bei den
Clients aussehen zu lassen, müssen die Server sich untereinander koordinieren und Konsis-
tenzaktionen durchführen und somit in Interaktion treten. Dadurch wird ein Server zum
Client eines anderen Servers.

Betrachtet man hierarchische Prozesssysteme, also Server, welche Sub-Server in Anspruch nehmen, so werden die Server zu Clients von Sub-Servern.

Ein *Server, der gleichzeitig ein Client ist*, bezeichnet mit *{CS}*, bietet Services für Clients
an und nimmt Services von anderen Servern in Anspruch. Prozesse, welche die Charakteristiken {CS} besitzen, nennen wir *verteilte Prozesse*. Neben Client und Server liegt hier
eine weitere Prozessart vor, nämlich der verteilte Prozess.

Der Vorteil von *{CS}{CS}$^+$-Systemen* liegt darin, dass die Funktionalität nicht nur auf
Clients und hauptsächlich auf den Server ist, sondern dass sie echt verteilt ist und jede
Komponente nur eine Teilfunktionalität erbringt. In dem Falle, dass zur Erbringung der
gesamten Funktionalität nicht jede und alle Teilfunktionalitäten von Nöten sind, bieten sie

dadurch eine bessere inhärente Fehlertransparenz als C$^+$S-Systeme. Bei Ausfall einer Komponente eines {CS}{CS}$^+$-Systems fällt nur eine gewisse Teilfunktionalität aus und nicht die für alle Clients benötigte komplette Serverfunktionalität.

2.3 Client-Server-Server

Zwischen den Clients und mehreren Servern kann ein weiterer Server angesiedelt sein und man erhält ein C$^+$SS$^+$-System.

Ein *Client-Server-Server-System*, bezeichnet mit C^+SS^+, besteht aus drei logischen Teilen:

1. Einem oder mehreren Clients.
2. Einem Server, der in Zusammenhang mit den unter 3. genannten Servern eine bestimmte Aufgabe erfüllt.
3. Mehreren Servern.

Die Aufgaben für solch einen dazwischenliegenden Server sind:

1. Der Server kann mehrere Server vertreten und er ist somit ein Stellvertreter für mehrere Server (*Proxy*).
2. Der Server kann zwischen den Clients und den Servern vermitteln (*Broker*).
3. Der Server kann den am besten geeigneten Server in Bezug auf bestimmte Charakteristiken und Eigenschaften für diese Aufgabe aus einer Menge von Servern heraussuchen (*Trader*).
4. Der Server filtert die Anfragen und Antworten des Server (*Filter*).
5. Der Server verteilt die Arbeitslast der Bearbeitung von Client-Anfragen unter mehreren Servern auf (*Balancer*).
6. Der angeforderte Service setzt sich aus Einzelservices von mehreren Servern zusammen, die in einer bestimmten Reihenfolge auszuführen sind und somit koordiniert abgearbeitet werden müssen (*Koordinator*).
7. Der Server bestimmt aus der Client-Anfrage unter möglicherweise dem Einsatz der Techniken der Künstlichen Intelligenz mehrere Serveranfragen (*Agent*).

2.3.1 Proxy

Bei zustandsinvarianten Servern tritt das in Abschn. 2.1.5 beschriebene Konsistenzproblem nicht auf, deshalb ist es sinnvoll, nicht jedem Client einen Cache zuzuordnen, sondern mehrere Clients bedienen sich eines zwischen Client und Server liegenden Servers, der das Caching für sie vornimmt. Der dazwischenliegende Server ist ein Server für die Clients und ein Client für den Server. Ein solcher Server lässt sich als ein Stellvertreter (*Proxy*)

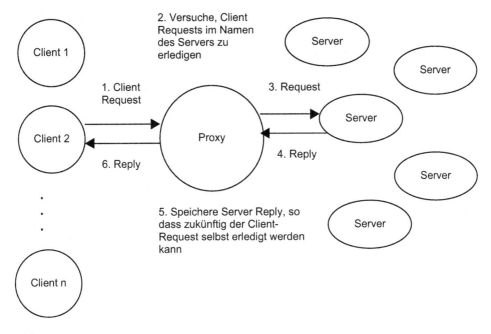

Abb. 2.12 Proxy-Server

ansehen, der mehrere Server vor den Clients vertritt (siehe Abb. 2.12). Der Proxy versucht, die Clientanforderungen zu erledigen: Falls sie nicht durch ihn erledigbar sind, stellt er eine Anfrage beim entsprechenden Server, speichert die Rückantwort für zukünftige Anfragen und leitet dann die Rückantwort des Servers an den Client weiter.

Proxy-Server finden ihren Einsatz im World Wide Web [YM 96]. Ein Proxy liefert dem Client eine lokale Kopie des Dokuments, falls das Dokument im Cache liegt. Ist das Dokument nicht im Cache vorhanden, so leitet er die Anfrage an den entsprechenden Web-Server weiter und lagert anschließend das Dokument in seinem Cache ein. Bei weiteren Zugriffen auf das gleiche Dokument befindet sich das Dokument in dem Cache des Proxy und kann dort entnommen werden. Dieses Vorgehen entlastet einerseits die Web-Server, und andererseits reduziert es die Netzlast des Internets.

2.3.2 Broker

C^+S-Systeme besitzen den Nachteil, dass die Clients den Server und dessen Adresse kennen müssen, um dessen Service in Anspruch zu nehmen. Zur Befreiung der Clients von dieser Kenntnis kann zwischen den Clients und dem Server ein Vermittler oder *Broker* zwischengeschaltet sein. Der Broker leitet die Anfragen der Clients an den Server weiter oder gibt dem Client die Eigenschaften des Servers zurück.

Der Broker S_{Br} ist ein Prozess, der Information über benannte Services enthält und den Clients die Möglichkeit zum Zugriff auf diese Information bietet. Er bindet somit den Namen der Services zu Eigenschaften von Services. Eine der wichtigste Eigenschaften ist die Lokation des Service, so dass ein Client den Service ansprechen kann. Im Vergleich zu einem C^+S-System brauchen die Clients bei einem $C^+S_{Br}S^+$-System keine Information vorzuhalten, wo und wie ein bestimmter Service erhalten werden kann. Alle Server in einem verteilten System registrieren ihre Services, die sie anbieten und ihre Eigenschaften beim Broker S_{Br}. Die Services können dynamisch zur Laufzeit oder statisch zur Kompilierungszeit registriert werden.

Der Vorteil zwischen den Clients und den Servern, einen Broker einzuschieben, liegt in der dadurch erreichten Ortstransparenz. Anwendungen, die auf einem $C^+S_{Br}S^+$-System aufbauen, brauchen sich nicht mehr um die physikalische Lokation eines Servers zu kümmern. Weiterhin lässt sich ein Broker zur Adressverwaltung von Servern leicht erweitern, ebenso zur Verwaltung von weiteren Eigenschaften von Servern wie Anzahl und Adressen von replizierten Servern und führt somit auf einen Einschluss von Replikationstransparenz. Die Migrationstransparenz ist ebenfalls leicht in einen Broker integrierbar, da bei der Migration eines Servers nur die entsprechende Adresse in der Datenbasis des Brokers geändert werden muss.

Die Vermittlung zwischen Client und Server kann nach einem der drei folgenden Modelle geschehen:

- Ein *intermediate Broker* oder *forwarding Broker* (Abb. 2.13a) übermittelt die Client-Anfrage an den betreffenden Server und bekommt dann die Rückantwort vom Server, die er an den Client zurückleitet.
- Ein *separater Broker* oder ein *handle-driven Broker* (Abb. 2.13b) gibt dem Client einen Service-Handle zurück. Der Service-Handle enthält alle Information, die der Client benötigt um in Interaktion mit dem entsprechenden Service eines Servers zu treten. Die Information setzt sich zusammen aus dem Namen des Services, der Adresse von seinem Netzwerkknoten und dem Anforderungsformat. Der Client benutzt nun diesen Handle, um direkt den Service des Servers anzufordern, und der Server schickt dann die Rückantwort an den Client und nicht an den Broker zurück.
- Ein *hybrider Broker*, der dynamisch beide der obigen Modelle unterstützt. Dabei muss der Client bei seiner Anforderung spezifizieren, welches Modell er wünscht. Im forwarding Modus führt der hybride Broker den vom Client gewünschten Service aus, im anderen Fall gibt er dem Client den Service-Handle zurück, so dass dieser den Service selbst anfordern kann.

Der *forwarding Broker* liefert auf der Eingangsseite eine Schnittstelle für alle Clientanfragen und auf der Ausgangsseite eine Schnittstelle für alle Rückantworten des Servers. Ausgefallene Interaktionen können von ihm entdeckt und erneut gestartet werden, und die Clients brauchen sich nicht um solche Fehlerfälle zu kümmern. Jedoch kann ein exzessiver Nachrichtenverkehr die Leistung des Brokers reduzieren und der Broker ist der

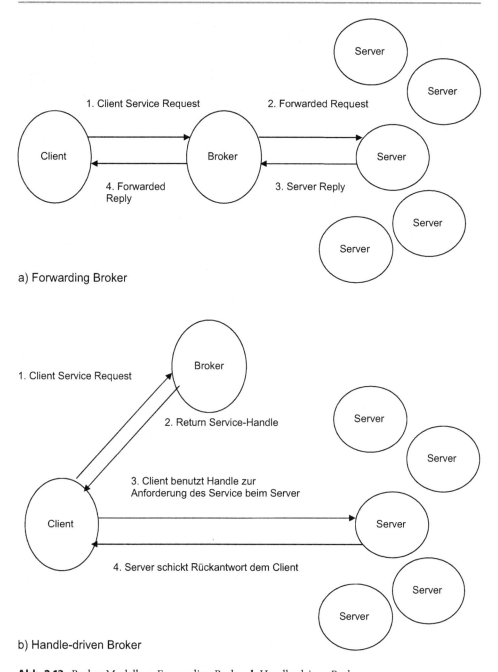

a) Forwarding Broker

b) Handle-driven Broker

Abb. 2.13   Broker Modelle: **a** Forwarding Broker, **b** Handle-driven Broker

Leistungsflaschenhals. Handle-driven Broker besitzen nicht diesen Flaschenhals, da alle Rückantworten den Broker umgehen. Eine Leistungsverbesserung lässt sich noch zusätzlich erreichen, wenn die Clients den Handle in ihren Cache speichern, so dass bei mehrfachen Anfragen nach dem gleichen Service die Brokeranfrage nach dem Handle entfällt. Jedoch verschieben handle-driven Broker die Fehlerentdeckung und -behebung auf die Seite der Clients. Hybride Broker können selektiv die Vorteile von beiden Brokerarten nutzen, je nachdem ob der Fehlerentdeckung und -behebung oder auf einer Umgehung des Leistungsengpasses der Vorzug gegeben wird.

Nachteilig bei einem $C^+S_{Br}S^+$-System ist der zentrale Broker S_{Br}, über den alle Serviceanfragen laufen. Fällt der Broker S_{Br} aus oder ist die Verbindung zu ihm unterbrochen, so können die Clients keine Serviceanfragen mehr stellen. Zur Umgehung dieses Nachteils kann der Broker mehrfach vorhanden sein, so dass bei Ausfall eines Brokers immer ein Ersatzbroker vorhanden ist. Die Replikation des Brokers kann soweit getrieben werden, dass jedem Client ein Broker zugeordnet wird. Dadurch gehen dann alle Serviceanfragen lokal an den dem Client zugeordneten Broker. Damit liegt eine hohe Anzahl von Replikationen des Brokers (jeder Client besitzt einen Broker) vor. Fällt nun ein Broker aus, so kann nur ein Client keine Serviceanforderung mehr stellen, die restlichen Clients bleiben intakt. Nachteilig bei diesem hoch fehlertoleranten und damit fehlertransparenten Vorgehen ist die aufwendige Konsistenzhaltung der Datenbasis des Brokers, da jeder einem Client zugeordnete Broker über die gleiche umfangreiche Datenbasis (Adressen aller Server im System) verfügt.

Systeme, bei denen jeder Client einen Broker besitzt, bezeichnen wir mit $(CS_{Br})^+S^+$. Lässt man die Unterscheidung in Client und Server fallen und liegen nur verteilte Prozesse vor und ordnen wir jedem verteilten Prozess einen Broker zu, so entstehen $(\{CS\}S_{Br})^+$-Systeme. Mit solchen Systemen gelingt es nun ein Verteiltes System formal zu definieren:

Ein *Verteiltes System* besteht aus mehreren (mindestens zwei) verteilten Prozessen, von denen jeder einen Broker besitzt. Die formale Notation für eine Verteiltes System lautet: $(\{CS\}S_{Br})(\{CS\}S_{Br})^+$.

Ohne formale Notation und ohne die Erwähnung eines Brokers, ergibt sich die folgende Definition:

Ein *Verteiltes System* besteht aus mehreren (mindestens zwei) verteilten Prozessen, wobei jeder verteilte Prozess alle anderen Prozesse kennt und somit Anfragen an sie stellen kann und dann von ihnen Rückantworten erhält.

2.3.3 Trader

Stehen mehrere Server für ein und denselben Service, jedoch in unterschiedlichen Qualitäten und Charakteristiken zur Verfügung, so kann ein Client, je nachdem in welcher Qualität oder in welcher Charakteristik er den Service wünscht, einen Server auswählen. Die Auswahl eines Services kann natürlich auch einem separaten Server aufgebürdet werden, und dieser Server wird somit zum *Trader* (siehe Abb. 2.14). Der Trader entscheidet dann

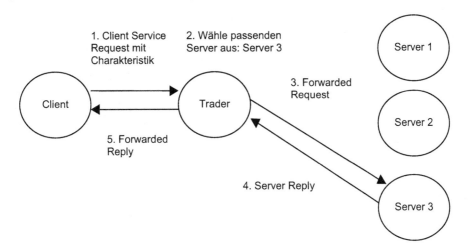

Abb. 2.14 Client-Trader-Server mit forwarding Technik

im Auftrag des Clients, welcher der am besten geeignete Server ist, um seine Anforderung zu befriedigen. $C^+S_TS^+$-Modelle mit einem Trader S_T entsprechen den Broker-Modellen, wobei dem Broker noch die zusätzliche Aufgabe der Bestimmung eines passenden Service aufgebürdet wird.

2.3.4 Filter

Mit einem Filter oder $C^+S_FS^+$-Systemen (siehe Abb. 2.15) ist es möglich, Anfragen zu Servern oder Antworten von Server zu analysieren und zu modifizieren. Die Aufgabe eines Filters ist jedoch nicht, selbst eine Antwort zu generieren. Sie sind vielmehr dazu gedacht, Anfragen vorzubereiten, bevor sie an den Server geschickt werden, bzw. vom Server generierte Antworten nachzubearbeiten, bevor sie an den Client gesendet werden. Je nachdem, ob die Filter Anfragen oder Rückantworten bearbeiten, lassen sie sich in *Vorwärts-Filter* oder *Rückwärts-Filter* klassifizieren. Einzelne Filter können auch hintereinander geschaltet werden und bilden somit *Filter-Ketten*.

Filter ermöglichen es, immer wiederkehrende Tätigkeiten des Servers auszulagern und dies vor der Bearbeitung der Anfrage bzw. vor der Auslieferung der Antwort durchzuführen. Diese ausgelagerten Aufgaben können in Filterketten in beliebiger Kombination ausgeführt werden. Dadurch ergibt sich für Filter ein breites Einsatzgebiet, beispielsweise um eine Verschlüsselung oder eine Datenkomprimierung oder ein Logging der Anfragen bzw. Antworten durchzuführen.

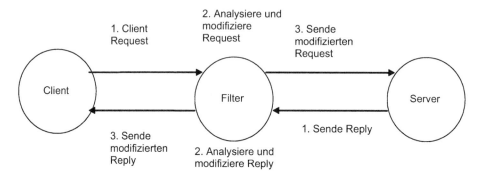

Abb. 2.15 Client-Filter-Server $C^+S_FS^+$

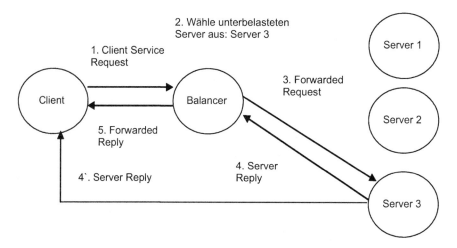

Abb. 2.16 Client-Balancer-Server mit forwarding Technik

2.3.5 Balancer

Zur Erbringung einer großen benötigten Serverleistung stehen mehrere identische und somit replizierte Server zur Verfügung. Ein *Balancer*, siehe Abb. 2.16, verteilt dann die Anforderungen der Clients, so dass alle Server gleichmäßig ausgelastet sind. Der Balancer S_{Ba} in einem $C^+S_{Ba}S^+$-System sorgt dann dafür, dass kein Server unterbelastet und kein Server überlastet ist und mehrere Server die ankommenden Anforderungen der Clients optimal befriedigen.

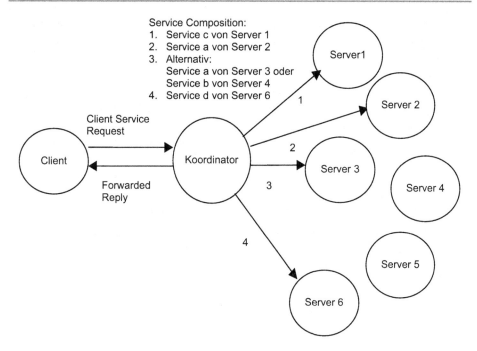

Abb. 2.17 Client-Koordinator-Server

2.3.6 Koordinator

Setzt sich ein Service aus mehreren Einzelservices zusammen, wobei diese in einer bestimmten Reihenfolge und möglicherweise alternativ zu durchlaufen (aufzurufen) sind, so
liegt eine *Service Composition* vor. Nimmt der Client die Aufrufe von mehreren Einzelservices selbst vor, so bläht sich der Client-Code auf und eine Änderung eines Einzelservice
der Service Composition schlägt sich auf die Ebene des Clients durch. Schlankere Clients
ergeben sich, wenn man die Einzelservices zusammenfasst und die einzelnen Aufrufe der
Services einem *Koordinator* überträgt. Der Koordinator in einem $C^+ S_K S^+$-System ruft dann
in einer bestimmten, jedoch möglicherweise alternativen Reihenfolge, die verschiedenen
Einzelservices auf (siehe Abb. 2.17).

Zur Abwicklung der nacheinander durchzuführenden Serviceaufrufen, oder anders gesagt der Abarbeitung der Service Composition, arbeitet der Koordinator wie eine Maschine, die auch *Compostition Engine* heißt.

Mit $C^+ S_K S^+$-Systemen gelingt es, mehrere Services hinter einem Service S_K zu verbergen. Dies ist besonders nützlich, falls zur Erhöhung der Verfügbarkeit mehrere Server repliziert sind. Der Client merkt dann von der Replikation der Server nichts und er sieht nur
einen Server.

Falls mehrere verschiedene komplementäre und sich ergänzende Services zum Erbringen eines Services benötigt werden, so kann dies wieder hinter einem Koordinator verbor-

gen werden. Auch hier sieht der Client wieder nur einen Service, und der Client braucht sich nicht darum zu kümmern, wie dieser Service erbracht wird, diese Aufgabe übernimmt für ihn der Koordinator.

Ist der zu erbringende Service zerlegbar in mehrere Teilservices und die Teilservices sind unabhängig voneinander, so sind diese Teilservices parallel ausführbar. Der Koordinator überwacht dann die parallele Ausführung der Teilservices. Geschieht die parallele Ausführung auf mehreren Rechnern, so geht dies mit einem Performancegewinn einher, dessen Größe natürlich abhängig vom Parallelisierungsgrad des Service ist. Divide and Conquer- oder Master-Slave-Paradigmen führen auf $C^+S_KS^+$-Systeme.

Service Composition besitzt die Eigenschaft, dass der Prozess der Zusammenfassung von Services iterativ durchführbar ist. Dies führt zu anwachsend komplexen Services auf immer höheren Abstraktionsebenen. Diese mehreren Abstraktionsstufen führen zu einer schrittweisen Reduktion der Komplexität, wobei der Service der obersten Stufe die Details der darunterliegenden Services verbirgt. Ein Beispiel dafür sind die in Abschn. 3.4.4 beschriebenen Web Services, welche die Basis und unterste Abstraktionsstufe bilden. Mehrere Web Services lassen sich zusammenfassen und koordiniert aufrufen und bilden somit die zweite Abstraktionsstufe. Zur Festlegung der Ausführungsreihenfolge der Web Services und somit der Aufgabe des Koordinators steht *Web Service Composition Middleware* zur Verfügung Zum Aussehen und Arbeitsweise dieser Middleware sei auf [ACK 03] verwiesen.

2.3.7 Agent

Die Broker Modelle geben Clients Zugriffe auf individuelle Services. Will der Client mehrere Services abwickeln und komplexere Serviceleistung in Anspruch nehmen, so benötigt man einen *Agenten*, der die Anfrage des Clients in verschiedene Serviceanfragen zerlegt, die unterschiedlichen Serviceanfragen dann koordiniert und deren Rückantworten sammelt, und daraus eine einzige Rückantwort zusammenstellt und an den Client zurückschickt (siehe Abb. 2.18). Im Vergleich zum vorher vorgestellten Koordinator bestimmt der Agent selbst, möglicherweise unter Einsatz von Techniken der Künstlichen Intelligenz, die aufzurufenden Services, während sie beim Koordinator durch die Zusammensetzung von mehreren Diensten (Service Composition) fest vorgegeben sind.

Das Protokoll, das zwischen dem Agenten und den Servern vorliegt, kann

- *iterativ* sein (Abb. 2.19a), die Server, die der Agent in Anspruch nimmt, werden in einer bestimmten Reihenfolge und nacheinander aufgerufen, oder
- *parallel* sein (Abb. 2.19b), der Agent fordert parallel durch einen Multicast die verschiedenen Services an und wartet dann auf die Rückantworten der Server.

Bei iterativen Serveranfragen bauen die angeforderten Dienste aufeinander auf und müssen dadurch in einer bestimmten und vorgegebenen Reihenfolge angefordert wer-

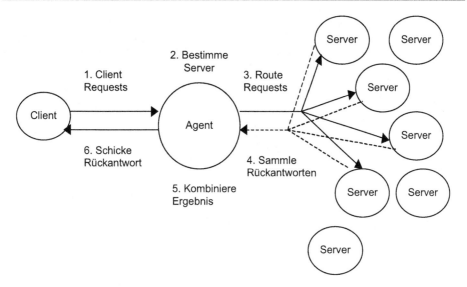

Abb. 2.18 Client-Agent-Server $C^+S_AS^+$

den. Weiterhin kann ein neuer anzufordernder Dienst von der Rückantwort und dem Ergebnis eines vorhergehenden Dienstes abhängen. Der Agent bei iterativen Serveranfragen entspricht dabei einer Maschine, die auch hier *Engine* heißt, zur Abwicklung der nacheinander durchzuführenden und voneinander abhängigen Serveraktionen. Durch das Zusammensetzen und Koordinieren von Diensten kann wesentlich mehr Funktionalität erbracht werden, als wenn nur ein Dienst in Anspruch genommen wird. Falls nur ein Dienst vorhanden ist, müsste dann dieser alle anderen Dienste und mögliche Variationen der Ausführungsreihenfolge der Dienste erbringen. Im Gegensatz dazu sind die Dienste bei parallelen Serveranfragen unabhängig voneinander und können dadurch parallel an alle Server geschickt werden. Parallele Serveranfragen sind dann besonders angebracht, wenn die Server repliziert sind und der Dienst bei allen Servern und seinen Repliken durchgeführt werden muss.

Im $C^+S_AS^+$-Modell wurde vorausgesetzt, dass der Agent die Adressen der Server, die er in Anspruch nimmt, kennt. Ist dies nicht der Fall, so muss die Adresse über einen Broker aufgelöst werden, der nach dem Agent platziert ist. Dies führt dann auf ein $C^+S_AS_{Br}S^+$-System (siehe Abb. 2.20).

2.4 Client-Server-Ketten

Client-Server-Beziehungen können rekursiv sein. Ein Server bestimmt dabei einen Nachfolge-Server zur weiteren Erledigung der an ihn gestellten Anfrage. Im Vergleich zu $C^+S_KS^+$-Systemen existiert dabei kein zentraler Koordinator, sondern die Entscheidung für

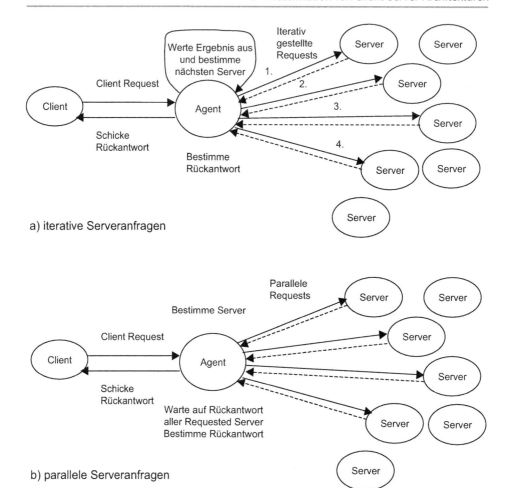

Abb. 2.19 **a** iterative und **b** parallel gestaltete Serveranfragen durch den Agenten

den nächsten Server ist dabei verteilt auf die einzelnen Server. Dadurch werden dann die einzelnen Server zu Clients von nachfolgenden Servern und somit zu verteilten Prozessen (siehe Abschn. 2.2).

Eine *Client-Server-Kette*, bezeichnet mit $C^+\{CS\}\{CS\}^+$, besteht aus:

1. einem oder mehreren Clients.
2. mehreren verteilten Prozessen, wobei jeder verteilte Prozess den Nachfolgeprozess bestimmt.

Die zwischen den verteilten Prozessen vorhandenen Anforderungen und Rückantworten können sein:

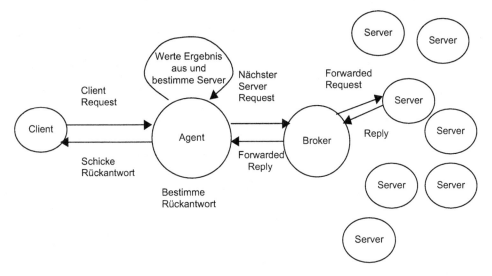

Abb. 2.20 Adressermittlung des Agenten bei einem $C^+S_AS_{Br}S^+$-System mit einem forwarding Broker

- *Rekursiv*, (siehe Abb. 2.21a))wobei die Anforderungen an den nächsten verteilten Prozess der Rekursionsstufe weitergereicht werden und die Rückantworten dann an den verteilten Prozess der vorhergehenden Rekursionsstufe zurückgereicht werden. Der Client bekommt dabei die Rückantwort von dem Prozess zurück, an den er die Anforderung geschickt hat.
- *Transitiv*, wobei die Anforderungen an den nächsten verteilten Prozess der Rekursionsstufe weitergereicht werden, die Rückantwort des rekursionsbeendenden Prozesses jedoch an den Client geleitet wird. Der Client bekommt dabei die Rückantwort nicht von dem Prozess zurück, an den er die Anfrage gestellt hat, sondern von dem rekursionsbeendenden Prozess (siehe Abb. 2.21b)).

Ausprägungen von Client-Server-Ketten sind verteilte Berechnungen, welche eine Struktur von hintereinander liegenden Prozessen haben, welche durch einen Kommunikationskanal oder durch eine Pipe miteinander verbunden sind. Die Ausgabe des vorhergehenden Prozesses bildet dabei die Eingabe für den nachfolgenden Prozess.

Der Client bei transitiven Client-Server-Ketten kann dabei ausarten zu einem verteilten Prozess {CS}, so dass eine geschlossene Kette {CS}$^+$ von verteilten Prozessen entsteht. Die geschlossene Kette heißt dann *Client-Server-Ring* und wird mit *{CS}{CS}*$^+$ bezeichnet. Client-Server-Ringe finden ihren Einsatz bei ring- und token-basierten Algorithmen. Bei token-basierten Algorithmen kreist ein Token auf dem Ring der verteilten Prozesse.

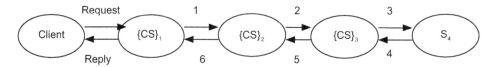

a) rekursive Client-Server-Kette

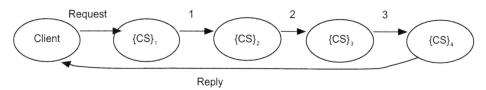

b) transitive Client-Server-Kette

Abb. 2.21 a Rekursive und **b** transitive Client-Server-Kette

2.5   Client-Server-Bäume

Sind bei Client-Server-Ketten die Anzahl der Nachfolgeprozesse größer als eins, so entstehen Client-Server-Bäume (siehe Abb. 2.22). Jeder Prozess in solch einem Baum bestimmt die Nachfolgeprozesse; solch ein Prozess kann als ein Prozess mit integriertem Koordinator betrachtet werden.

Ein *Client-Server-Baum*, bezeichnet mit $C^+(\{CS\}^+)^+$, besteht aus:

1. einem oder mehreren Clients.
2. mehreren verteilten Prozessen, wobei jeder verteilte Prozess mehrere Nachfolgeprozesse bestimmt.

Ein Client-Server-Baum liegt bei verteilten Berechnungen vor, welche die Struktur eines Baumes haben, die Knoten sind dabei die Prozesse, die Anforderung und möglicherweise die Rückantwort sind dabei die Kanten.

Die einzelnen Anforderungsketten innerhalb des Baumes können wie bei Client-Server-Ketten rekursiv oder transitiv sein. Sind die Anfragen transitiv, wird aus dem Client-Server-Baum ein Graph. Der Client kann dabei wieder ausarten zu einem verteilten Prozess $\{CS\}$, so dass der Graph eine geschlossene Kette von verteilten Prozessen enthält.

Bei mehreren Nachfolgeknoten enthält der Prozess $\{CS\}$ einen internen Agenten. Dieser koordiniert die nachfolgenden Serveranfragen, die wieder, wie bei Agenten besprochen (siehe Abschn. 2.3.7), iterativ oder parallel sein können.

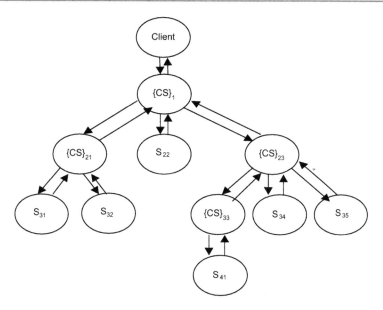

Abb. 2.22 Client-Server -Bäume $C^+(\{CS\}^+)^+$ mit rekursiven Anfragen

Literatur

[A 91] Andrews G. R.: Paradigms for Process Interaction in Distributed Programs. ACM Computing Surveys, Vol. 23, No. 1, March 1991.

[ACK 03] Alonso G.; Casati F.; Kuno H.; Machiraju V.: Web Services. Springer-Verlag 2003.

[B 90] Bengel G.: Betriebssysteme. Hüthig Verlag 1990.

[CD 88] Cooper E.; Draves R.: C Threads. Technical Report; Departement of Computer Science, Carnegie Mellon University, Pittsburgh, Pennsylvania, Oct 1988.

[GYJ 97] Gosling J.; Yellin F.: Java Team: Das Java API , Band 1: Die Basis-pakete [Übers. aus dem Amerikan. von Birgit Kehl]. Addison Wesley Longman Verlag 1997.

[HH 97] Hughes C.; Hughes T.: Object-oriented Multithreading Using C++. John Wiley & Sons, Inc. 1997.

[NBF 98] Nichols B.; Buttlar D.; Farrell J.: Pthreads Programming. O'Reilly & Associates Inc. 1998.

[O 01] Oechsle R.: Parallele Programmierung mit Java Threads. Fachbuchverlag Leipzig im Carl Hnaser Verlag 2001.

[YM 96] Yeager N.J.; McGrath R.E.: Web Server Technology. Morgan Kaufmann Publishers Inc. 1996.

[ZK 93] Zimmermann Ch.; Kraas A.W.: Mach, Konzepte und Programmierung. Springer Verlag 1993.

Kommunikation und Koordination bei verteilter Verarbeitung

3

Das Zusammenspiel von Softwarekomponenten zur Erfüllung einer bestimmten Funktion bezeichnet man als kooperative Verarbeitung. Um kooperieren zu können, müssen die Softwarekomponenten Information austauschen und somit müssen sie miteinander kommunizieren. Für ein reibungsloses Zusammenspiel und einen reibungslosen Informationsaustausch bedarf es der Koordination der einzelnen Softwarekomponenten. Bei unserem Programmiermodell haben wir als Softwarekomponenten *Clients, Server* und *verteilte Prozesse* vorliegen, die miteinander kommunizieren und sich koordinieren müssen.

Für die Kommunikation und Koordination befinden sich die folgenden Verfahren oder Techniken im Einsatz, die wir in nachfolgenden Abschnitten genauer betrachten:

- Nachrichtenübertragung (*Message Passing*),
- entfernte Prozeduraufrufe (*Remote Procedure Call, RPC*),
- entfernte Methodenaufrufe (*Remote Method Call, RMC*) über einen handle-driven Broker oder über einen forwarding Broker,
- Übertragung von Dokumenten und Java-Code über das *Internet* mit web-basierten Methoden,
- Suchen eines Service im Web und Aufruf des Web Service (*Web Service Call, WSC*) und
- entfernte Komponentenaufrufe durch Bereitstellung eines entfernten Interfaces (*Remote Interface Call, RIC*).

3.1 Nachrichten-basierte Kommunikation und Koordination

Die einfachste Interaktion zwischen Clients, Server und verteilten Prozessen ist eine Nachrichtenübertragung. Die Interaktionskoordination kann dabei blockierend oder nicht blockierend sein (siehe Abschn. 2.1.1). Eine asynchrone Nachrichtenübertragung benötigt dabei eine Zwischenspeicherung oder Pufferung der Nachricht zwischen Sender und Empfänger. Zur Zwischenspeicherung verwendet man dabei eine Pipe oder eine Queue. Wem

G. Bengel, *Grundkurs Verteilte Systeme*, DOI 10.1007/978-3-8348-2150-8_3,
© Springer Fachmedien Wiesbaden 2014

man bei auf unterschiedlichen Maschinen ablaufenden Sendern und Empfängern die Pipe oder Queue zuordnet, ist eine Frage des Geschmacks. Die Zwischenspeicherung kann persistent, auf der Platte, oder non-persistent, im Hauptspeicher geschehen. Die persistente Speicherung ist zwar durch den Plattenzugriff langsam, überlebt aber Systemausfälle.

Die Betriebssysteme Netware, OS/2, Windows NT stellen *Named Pipes*, die über Rechnergrenzen gehen, zur Verfügung, und der IBM-LAN-Manager und Windows NT bieten *Mailslots* an.

Über dem Betriebssystem liegende Nachrichtenübertragungssysteme sind die auf dem Internet-Protokoll basierenden *TCP/IP-Sockets*. Sockets erlauben einen einfachen auf `send` und `receive` basierenden synchronen Nachrichtenaustausch.

Zur Realisierung eines asynchronen Nachrichtenaustausches muss die Nachricht zwischengespeichert werden. Die Zwischenspeicherung kann entweder

- zentral auf einem Message-Server, oder
- dezentral bei dem Sender und/oder Empfänger

erfolgen. Als Vertreter der zentralen Speicherung betrachten wir nachfolgend den von Sun spezifizierten *Java Message Service (JMS)*. Als Vertreter des dezentralen und somit verteilten Ansatzes betrachten wir die *Communicating Processes (ComPro)*.

Nachrichten-Systeme mit Zwischenspeicherung der Nachricht, wie beispielsweise JMS und ComPro bezeichnet man als *Message Oriented Middleware (MOM)*. Zu deren Standardisierung wurde 1993 ein Konsortium gegründet, deren Mitglieder hauptsächlich Produktanbieter von Message Oriented Middleware sind.

3.1.1 TCP/IP-Sockets

Für synchrone Nachrichtenübertragung sind Sockets das meist verbreitete und am besten dokumentierte Nachrichtenübertragungssystem. Jedes Betriebssystem bietet Sockets an, und sie sind dadurch der de facto-Standard für Netzwerkapplikationen auf TCP/IP-Netzen. Sockets wurden 1981 im Rahmen eines DARPA (Defense Advanced Research Projects Agency)-Auftrages an der University of California at Berkeley entwickelt und sind dadurch im 4.3BSD (Berkeley Software Distribution) Unix-System enthalten. 1986 führte AT&T das Transport Layer Interface (TLI) ein, das die gleichen Funktionalitäten wie Sockets anbietet, jedoch in einer mehr netzwerkunabhängigen Art. Unix SVR4 enthält beides, Sockets und TLI, aber wie schon erwähnt sind Sockets weiter verbreitet. BSD-Sockets und TLI sowie ihre Programmierung sind bei Stevens [S 92] und Padovano [P 93] beschrieben. Eine Beschreibung der bei den Windows-Betriebssystemen zur Verfügung gestellten Sockets, die so genannten WinSock, ist in [Bo 96] enthalten. Weiterhin besitzt die Programmiersprache Java diverse Klassen zur Socketprogrammierung [J 99].

Sockets ermöglichen die Kommunikation zwischen Prozessen, die auf einem System oder zwei getrennten Systemen ablaufen können. Sockets stellen eine Kommunikations-

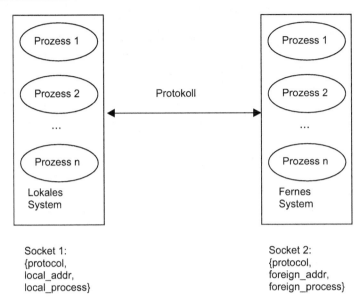

Abb. 3.1 Verbindung zweier Prozesse durch Sockets

verbindung zwischen Prozessen her. Eine solche Verbindung zweier Prozesse ist durch folgendes Fünfertupel erklärt:

protocol, local_addr, local_process, foreign_addr, foreign_process
```
{protocol,local_addr, local_process,
                    foreign_addr, foreign_process}
```

Dabei ist:

```
protocol          das verwendete Protokoll.
local_addr        die Identifikation des lokalen Rechners (Host).
local_process     die Identifikation des lokalen Prozesses.
foreign_addr      die Identifikation des fernen Rechners (Host).
foreign_process   die Identifikation des fernen Prozesses.
```

Ein Socket oder Kommunikationsendpunkt, siehe Abb. 3.1, ist genau eine Hälfte einer solchen durch Fünfertupel dargestellten Verbindung, also entweder

protocol, local_addr, local_process, foreign_addr, foreign_process
```
{protocol, local_addr, local_process} oder
{protocol, foreign_addr, foreign_process}
```

Ein Kommunikationsendpunkt für einen Prozess kann mit dem `socket`-Aufruf erzeugt werden, der dann einen Deskriptor für den Socket zurückgibt. Da mehrere Kommunikationsprotokolle unterstützt werden, benötigt der `socket`-Aufruf das zu verwendende Protokoll. Eine Adresse für den Kommunikationsendpunkt lässt sich dann anschließend mit einem `bind`-Aufruf an den Socket binden. Ein Serverprozess hört dann an einem Socket mit dem `listen`-Aufruf das Netz ab. Clientprozesse kommunizieren mit dem Serverprozess über einen weiteren Socket, das andere Ende eines Kommunikationsweges, das sich auf einem anderen Rechner befinden kann. Der Betriebssystemkern hält intern die Verbindungen aufrecht und leitet die Daten vom Client zum Server. Da der Kommunikationsweg zwischen zwei Sockets in beide Richtungen geht, kann auch der Server Daten an den Client senden. Das Senden und Empfangen von Daten geschieht mit `write`- und `read`-Systemaufrufen.

Domänen und Socketadressen   Das BSD-Unix-System unterstützt verschiedene Kommunikationsnetzwerke, die unterschiedliche Protokolle und verschiedene Adressierungskonventionen benutzen. Sockets, welche die gleiche Protokollfamilie und die gleiche Adressierung benutzen, werden in Domänen (Bereiche) zusammengefasst. BSD-Unix stellt die folgenden Protokollfamilien (Domänen) zur Verfügung:

- *Internet-Domain* mit den Protokollen TCP, UDP und IP,
- *Xerox-XNS-Domain* mit den Protokollen SPP und IDP und
- *Unix-Domain* zur Kommunikation von Prozessen auf dem gleichen Rechner (lokale Kommunikation).

Die Adressierungsstruktur in den einzelnen Domänen sieht folgendermaßen aus:

- *Internet* verwendet eine 32-bit-Adresse, welche die Netz-ID und Host-ID angibt und eine 16-bit-Portnummer, die den Prozess identifiziert.
- *XNS* verwendet eine 32-bit-Netz-ID, eine 48-bit-Host-ID und eine 16-bit-Portnummer für die Prozesse.
- *Unix-Domain* verwendet zur Identifizierung der Prozesse eindeutige Pfadnamen des UNIX-Dateisystems, die eine Länge von bis zu 108 Bytes aufweisen können.

Viele Socket-Systemaufrufe verlangen einen Zeiger auf eine Adressstruktur, wobei sich diese Strukturen nicht nur dem Aufbau nach, sondern auch der Länge nach unterscheiden. Um mit Socket-Adressstrukturen von unterschiedlicher Größe hantieren zu können, wird den Systemaufrufen neben einem Zeiger auf die Struktur auch immer die Größe der Adressstruktur übergeben.

Allgemeine Datentypen wie z. B. `short integer` werden als `u_short` in BSD-Unix verwendet. Diese Vereinbarungen befinden sich in der Header-Datei `<sys/types.h>`, die deshalb stets einzubeziehen ist.

Zu jedem Socket gibt es eine Socket-Adresse `sockaddr`, die folgendermaßen in der Header-Datei `<sys/socket.h>` vereinbart ist:

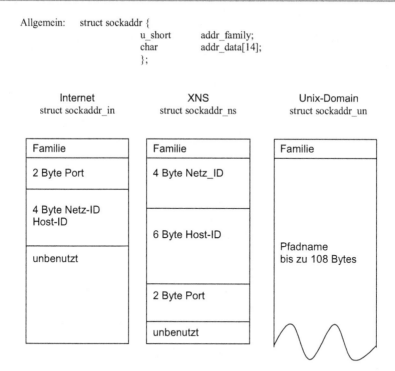

```
Allgemein:    struct sockaddr {
                           u_short        addr_family;
                           char           addr_data[14];
                           };
```

Abb. 3.2 Socket-Adress-strukturen

sys/types.h
```
#include <sys/types.h>
struct sockaddr {u_short sa_family;
                 /* address family: AF_xxx value */
                 char sa_data[14];
                 /* up to 14 bytes of protocol-specific
                 address */
                 };
```

Die Belegung der Socket-Adressstrukturen zeigt Abb. 3.2. Die erste Komponente der Struktur sockaddr, die Adress-Familie, beschreibt die verwendete Domain (Internet, XNS, Unix). Bei Internet steht als Adress-Familie die Konstante AF_INET, bei XNS AF_NS bei Unix AF_UNIX. Der Inhalt der zweiten Komponente der sockaddr-Struktur wird in Abhängigkeit von der verwendeten Domain spezifiziert. Die Belegung erfolgt indirekt über eine weitere jetzt domainspezifische Struktur. Für AF_INET ist sie in der Header-Datei <netinet/in.h> vereinbart:

sys/types.h
```
#include <sys/types.h>
struct sockaddr_in
```

```
{
    short sin_family;   /* AF_INET  */
    /* sa_data[14] of struct sockaddr starts here */
    u_short sin_port;   /* 2 byte Port */
    struct
    {
        u_long s_addr;   /* 4 byte netid/hostid  */
    } sin_addr;
    char sin_zero[8];   /* unused */
};
```

Für AF_NS ist die Adressstruktur entsprechend dem Aufbau für XNS in <netns/ ns.h> definiert, für AF_UNIX ist sie entsprechend dem Aufbau für UNIX in <sys/ un.h> definiert und kann dort nachgelesen werden. Im Nachfolgenden beschränken wir uns auf die Beschreibung von Internet und erläutern daran das prinzipielle Vorgehen.

Die Komponente sin_family ist im Internet stets mit der Konstanten AF_INET zu belegen. In der Adressfamilie Internet gibt es Einschränkungen bezüglich der Wahl der Ports oder Portnummern. Die Ports mit Nummer 1 bis 1023 sind reserviert für den Superuser. Die Ports 1024 bis 5000 teilt das System zu. Dies geschieht beim bind-Aufruf, indem dort für die Portnummer eine Null angegeben wird. Das Programm, das solch einen bind-Aufruf absetzt, bekommt vom System einen freien Port zugeteilt. Portnummern über 5000 sind für die Benutzer verfügbar und unterliegen deren Verantwortung. Die Zuteilung geschieht durch Angabe der Portnummer in dem bind-Aufruf.

Die Internet-Adresse des Hosts belegt die dritte Komponente von sockaddr_in und ist als Struktur vereinbart. Die letzte Komponente sin_zero[8] ist nicht in Gebrauch.

Die Socket-Systemaufrufe arbeiten alle mit der Struktur sockaddr, die sockaddr _in interpretiert. Beispielsweise hat der bind-Systemaufruf unter anderem folgende Parameter:

```
bind (..., struct sockaddr *addr, ...);
```

Mit der Vereinbarung

```
struct sockaddr_in serv_addr;
```

für eine Internet-spezifische Adressstruktur wird nach Belegung der Struktur serv_addr die Funktion bind folgendermaßen aufgerufen:

```
bind (..., (struct sockaddr*) &serv_addr, ...);
```

Die Server-Adressstruktur wird dabei in die allgemeine sockaddr-Struktur umgewandelt. Diese Konstruktion taucht in den folgenden Programmen immer wieder auf.

Nicht alle Computersysteme speichern die einzelnen Bytes von Mehrbytegrößen in derselben Reihenfolge. Entweder wird mit dem niederwertigen Byte an der Startadresse begonnen, was auch als little endian-Anordnung bezeichnet wird, oder man beginnt mit
dem höherwertigen Byte an der Startadresse, was man auch als big endian-Anordnung
bezeichnet. TCP/IP und XNS verwenden das big endian-Format. Zur Transformation der
benutzerbezogenen Darstellung in die Netzwerkdarstellung stehen in <netinet/in.h>
die folgenden Funktionen zur Verfügung:

sys/types.h
```
#include <sys/types.h>
u_long htonl (u_long hostlong);
u_short htons (u_short hostshort);
u_long ntohl (u_long netlong);
u_short ntohs (u_short netshort);
```

Die Buchstaben der Funktionen stehen für die Bedeutung der jeweiligen Funktion. So
steht htonl für host to network long und wandelt einen Long-Integer-Wert aus der
benutzerbezogenen Darstellung in die Netzwerkdarstellung um.

In den verschiedenen Socket-Adressstrukturen (Internet, XNS, UNIX) existieren unterschiedliche Bytefelder, die alle belegt sein müssen. In 4.3 BSD-Unix stehen deshalb drei
Routinen zur Verfügung, die auf benutzerdefinierten Byte-Strings basieren. Unter benut-
zerdefiniert ist zu verstehen, dass es sich um keinen Standardstrings in C handelt, der
bekannterweise mit einem Nullbyte abschließt. Die benutzerdefinierten Byte-Strings können innerhalb des Strings durchaus Nullbytes besitzen. Dies beeinflusst jedoch nicht das
Ende des Strings. Deshalb muss die Länge des Strings als Argument mit übergeben werden.

bcopy kopiert die angegebene Anzahl von Bytes von einem Ursprung zu einem Ziel.

bzero schreibt die angegebene Anzahl von Nullbytes in das Ziel.

Die Funktion bcmp vergleicht zwei beliebige Byte-Strings und liefert null, wenn beide
Strings identisch sind, ansonsten ungleich null.

bcopy, bzero, bcmp
```
bcopy (char *src, char *dest, int nbytes);
bzero (char *dest, int nbytes);
int bcmp (char *ptr1, char *ptr2, int nbytes);
```

Sockettypen Mit jedem Socket assoziiert ist ein Typ, der die Semantik der Kommunikation beschreibt. Der Sockettyp bestimmt die Eigenschaften der Kommunikation, wie Zuverlässigkeit, Ordnung und Duplikation von Nachrichten. Folgende in <sys/socket.h>
definierten Sockettypen gibt es:

SOCK_DGRAM, SOCK_STREAM, SOCK_RAW, SOCK_SEQPACKET

```
#define SOCK_DGRAM     1    /* datagram */
#define SOCK_STREAM    2    /* virtual circuit */
#define SOCK_RAW       3    /* raw socket */
#define SOCK_SEQPACKET 4    /* sequenced packet*/
```

SOCK_DGRAM spezifiziert ein verbindungsloses Protokoll, bei dem jede Nachricht die Information für den Transport enthalten muss. Die übertragenen Nachrichten heißen dabei Datagramme. Ein Datagram-Socket unterstützt den bidirektionalen Fluss der Daten, sie brauchen jedoch nicht in der Reihenfolge anzukommen, in der sie abgesendet wurden, noch müssen sie überhaupt den Empfänger erreichen, noch werden sie mehrmals im Fehlerfalle übertragen. Weiterhin ist die Nachrichtenlänge bei verbindungslosen Protokollen auf eine Maximallänge begrenzt. Dieser Sockettyp wird deshalb benutzt zur Übertragung von kurzen Nachrichten, die keine zuverlässige Übertragung erfordern.

SOCK_STREAM spezifiziert ein verbindungsorientiertes Protokoll, bei dem eine virtuelle Verbindung zwischen zwei Prozessen hergestellt wird. Ein Stream-Socket erlaubt den bidirektionalen zuverlässigen Fluss der Nachrichten, wobei die Nachrichten in der Absenderreihenfolge beim Empfänger ankommen.

SOCK_RAW erlaubt Zugriff auf das Netzwerkprotokoll und seine Schnittstellen. Raw-Sockets erlauben damit einer Anwendung den direkten Zugriff auf die Kommunikationsprotokolle.

SOCK_SEQPACKET stellt einen zuverlässigen Packet-Socket zur Verfügung, bei dem die Pakete in der Absenderreihenfolge ankommen.

Nicht alle Kombinationen von Socket-Familie und Socket-Typ sind möglich. Bei AF_UNIX sind SOCK_DGRAM und SOCK_STREAM erlaubt und bei AF_INET sind SOCK_DGRAM mit dem Protokoll UDP und SOCK_STREAM mit dem Protokoll TCP und SOCK_RAW mit dem Protokoll IP erlaubt.

Im Folgenden beschränken wir uns auf die Betrachtung von Datagram-Sockets (SOCK_DGRAM) und Stream-Sockets (SOCK_STREAM) und das Protokoll AF_INET, d. h. UDP bzw. TCP.

Bei der Vorstellung der Systemaufrufe, die im File <sys/socket.h> definiert sind, stellen wir zunächst die Aufrufe für Datagram-Sockets vor und anschließend die Aufrufe für Stream-Sockets.

3.1.1.1 Datagram-Sockets

Abbildung 3.3 zeigt eine typische Aufrufabfolge für verbindungslose Client-Server-Kommunikation. Zuerst müssen der Server und der Client mit dem Socket-Systemaufruf einen Kommunikationsendpunkt festlegen. Mit dem Socket-Aufruf wird der Typ des Kommunikationsprotokolls festgelegt, in unserem Fall also SOCK_DGRAM. Im bind-Aufruf des Servers registriert der Server seine Adresse im System, so dass alle Nachrichten mit dieser Adresse an ihn weitergeleitet werden. In dem anschließenden sendto-Aufruf gibt der Client die Adresse des Empfängers (Servers) an, an die er Daten senden will; das

Abb. 3.3 Typische Aufrufabfolge für verbindungslose
Kommunikation

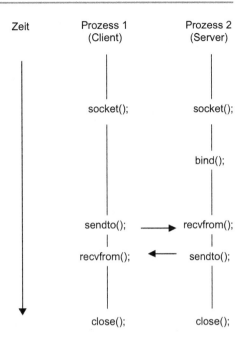

bedeutet der Client kennt die Adresse des Servers. Mit `recvfrom` auf der Server-Seite erhält der Server die Nachricht und die Adresse des Senders, und somit die vom Client abgeschickte Nachricht und dessen Adresse. Neben dieser Aufrufkombination gibt es natürlich noch weitere sinnvolle Kombinationen für verbindungslose Kommunikation.

socket-Systemaufrufe Der erste Systemaufruf eines Prozesses, bevor eine Ein- oder Ausgabe stattfindet, ist der Socketaufruf. Er hat folgendes Aussehen:

socket
```
#include <sys/types.h>
#include <sys/socket.h>
int socket (int family, int type, int protocol);
```

Anstelle von `family` kann stehen:

`AF_INET`	für ein Internet-Protokoll,
`AF_NS`	für ein Xerox NS-Protokoll oder
`AF_UNIX`	für ein Unix-internes-Protokoll.

Anstelle von `type` kann stehen:

`SOCK_DGRAM`	für einen Datagram-Socket (verbindungslos),
`SOCK_STREAM`	für einen Stream-Socket (verbindungsorientiert),

`SOCK_RAW`   für einen RAW-Socket oder
`SOCK_SEQPACKET` für einen Packet-Socket

`protocol` wird benötigt, falls spezielle Protokolle benutzt werden sollen. Die Konstanten für die Protokolle sind in `<netinet/in.h>` oder in `<netns/ns.h>` definiert. In unserer Standardanwendung setzen wir den Wert von `protocol` auf Null.

Der `socket`-Aufruf liefert einen kleinen Integerwert zurück, ähnlich einem Dateideskriptor. Dieser Wert bezeichnet man deshalb als `sd` (socket deskriptor) oder `sockfd` (socket file descriptor).

bind-Systemaufruf Der `bind`-Systemaufruf weist einem noch unbekannten Socket eine Adresse zu.

bind
```
#include <sys/types.h>
#include <sys/socket.h>
int bind (int sockfd,
          struct sockaddr *myaddr,
          int addrlen);
```

`sockfd` ist der Socketdeskriptor aus dem vorhergehenden socket-Systemaufruf.
`myaddr` ist die mit der eigenen Adresse belegte Adressstruktur.
`addrlen` gibt die Länge der Adressstruktur an.

sendto- und recvfrom-Systemaufruf Ein Prozess, der weiß an welche Adresse (Protokoll, Host, Port) und damit an welchen Socket er Daten senden soll, verwendet den `sendto`-Aufruf. Ist der lokale Socket vorher nicht explizit gebunden worden durch `bind`, so führt der `sendto`-Aufruf ein implizites `bind` durch. Dadurch erhält der Socket des Prozesses eine lokale Adresse. Ein `sendto` übermittelt stets mit den Daten implizit seine lokale Adresse, die der Empfänger mit seinem zugehörigen `recvfrom`-Aufruf in einer geeigneten Struktur ablegt. `sendto` und `recvfrom` sind unsymmetrisch in dem Sinne, dass der `sendto`-Aufruf den Empfänger kennen muss, während der `recvfrom`-Aufruf von irgendwoher Daten entgegen nimmt, und anschließend den Sender kennt.

sendto
```
#include <sys/socket.h>
int sendto (int sockfd,
            char *buff,
            int nbytes,
            int flags,
            struct sockaddr *to,
            int addrlen);
```

recvfrom
```
int recvfrom (int sockfd,
              char *buff,
              int nbytes,
              int flags,
              struct sockaddr *from,
              int *addrlen);
```

sockfd ist der Socketdescriptor.

buff ist ein Puffer zur Aufnahme der zu sendenden bzw. empfangenen Daten.

nbytes gibt die Anzahl der Bytes im Puffer an.

flags betrifft das Routing beim sendto und wird auf null gesetzt. Beim recvfrom gestattet der Parameter ein vorausschauendes Lesen, ein Lesen ohne die Daten aus dem Socket zu entfernen. Das bedeutet der nächste recvfrom-Aufruf erhält die gleichen Daten noch einmal und liest sie so, als wären sie zuvor nicht gelesen worden. Dies wird erreicht durch Setzen des Flags mit der Konstanten MSG_PEEK.

to enthält die vorbesetzte Adresse des Empfängers.

from dient zur Aufnahme der Adresse des Senders.

addrlen gibt die Länge der Adressstruktur des Empfängers an, bzw. dient zur Aufnahme der Länge der Adressstruktur des Senders beim Empfänger.

Die Funktionen geben die Länge der Daten zurück, die gesendet oder empfangen wurden.

close-Systemaufruf Der close Systemaufruf schließt einen Socket.

close
```
#include <sys/socket.h>
int close (int sockfd);
```

sockfd ist der Socketdeskriptor.

Netzwerk-Hilfsfunktionen Mit einer ganzen Reihe von Hilfsfunktionen können Informationen über den Host, über Netzwerknamen und über Protokollnamen im Internet eingeholt werden. Diese Funktionen liegen in <netdb.h>, die Datenbasis für diese Funktionen liegen in den Verwaltungsdateien/etc/hosts, /etc/networks und /etc/protocols. Als Beispiel für alle anderen Funktionen betrachten wir im Folgenden die Funktion gethostbyname genauer. gethostbyname liefert für einen Hostnamen eine Struktur zurück, welche die Internet-Adresse enthält.

gethostbyname
```
#include <netdb.h>
struct hostent *gethostbyname (char *host);
struct hostent
```

```
{
    char *h_name;
    char *h_aliases[];
    int h_addrtype;
    int h_length;
    char **h_addr_list;
};
```

```
#define h_addr h_addr_list[0]
```

host   ist der Name des Host.
h_name   ist der offizielle Namen des Host.
h_aliases   enthält alle Aliasnamen des Host.
h_addrtype   ist der Adresstyp des Host (z. B. AF_INET).
h_length   gibt die Länge der Adresse an; bei AF_INET, ist die Adresslänge vier
                Bytes.
h_addr_list   enthält alle Internet-Adressen.
h_addr   ist die erste und meistens auch die einzige Internet-Adresse.

Anwendungsbeispiel echo-serving

Datagram-Sockets dienen nur zum Versenden von kurzen Botschaften (unzuverlässige Datenübertragung). Das folgende Beispiel, das aus dem Buch von Stevens [S 92] entnommen wurde, zeigt deshalb nur, wie eine Nachricht an den Server geschickt wird und der Server die empfangene Nachricht wieder an den Client zurückschickt (echo-serving).

Den Port des Servers haben wir dabei durch eine define-Direktive festgelegt; er hat die Portnummer 7777.

Die Maschinenadresse für den Socket kann irgendeine gültige Netzwerkadresse sein. Besitzt die Maschine mehr als eine Adresse, so kann irgendeine mit der „wildcard"-Adresse INADDR_ANY (Konstante in <netinet/in.h>) gewählt werden. Falls eine „wildcard"-Adresse gewählt wurde, so kann nur von INADRR_ANY, d. h. von irgendeiner Adresse der Maschine empfangen werden, man kann jedoch nicht an irgendeine Adresse etwas senden. Deshalb bestimmt der Sender (Client) in nachfolgendem Beispiel die Adresse des Senders durch die Hilfsfunktion gethostbyname().

Ein Datagram-Server hat dann folgendes Aussehen (Programm 3.1).

Programm 3.1: Datagram-Server
```
/* This program creates a datagram socket,binds a name
   to it, reads from the socket and sends back the
   data, which was read from socket.
*/

#include <stdio.h>
#include <sys/types.h>
```

```c
#include <sys/socket.h>
#include <netinet/in.h>

#define S_PORT 7777    /* server port */

main()
{
   int sd,/* socket descriptor */
   addrlen_client;/* length of address(sender) */

   struct sockaddr_in client, server;

   char buf[1024];/* buffer for receiving and
                      sending data */

   /* Create socket from which to read. */
   sd = socket (AF_INET, SOCK_DGRAM, 0);
   if (sd < 0)
   {
      perror("opening datagram socket");
      exit(1);
   }

   /* Create name with wildcards */
   server.sin_family = AF_INET;
   server.sin_port = htons(S_PORT);
   server.sin_addr.s_addr = htonl(INADDR_ANY);
   if (bind (sd, (struct sockaddr*)&server, sizeof(server)) < 0)
   {
      perror ("binding datagram socket");
      exit(1);
   }

   bzero(buf,sizeof(buf));/* clear buffer */
   addrlen_client = sizeof(client);
      /* set addrlen */

   /* Wait and read from socket. */
   if (recvfrom(sd, buf, sizeof(buf), 0,
                  (struct sockaddr*)&client,
                  &addrlen_client) < 0)
   {
     perror("receiving datagram message ");
     exit(1);
   }
```

```
/* Send data back (echo). */
if (sendto(sd, buf, sizeof(buf), 0,
                (struct sockaddr *)&client,
                sizeof(client)) < 0)
{
  perror("sending datagram message ");
  exit(1);
}

/* Close socket. */
close(sd);
exit(0);
}
```

Ein Client, der Daten an den Server schickt und dann diese Daten wieder vom Server zurückbekommt, hat folgendes Aussehen (Programm 3.2).

Programm 3.2: Client für Datagram-Server

```
/* This program dgramsend sends a datagram to a receiver
   whose name is retrieved from the command line
   argument. The form of the command line is:
   dgramsend hostname portnumber
*/

#include <stdio.h>
#include <sys/types.h>
#include <sys/socket.h>
#include <netinet/in.h>
#include <netdb.h>

#define DATA "Please echo the data ..."

main(argc, argv)
   int argc;
   char *argv[];
{
   int sd,/* socket descriptor */
   addrlen_server;/* length of address (sender) */

   struct sockaddr_in server;
   struct hostent *hp, *gethostbyname();

   char buf[1024];/* buffer for receiving data */
```

```
/* Create socket on which to send. */
sd = socket (AF_INET, SOCK_DGRAM, 0);
if (sd < 0)
{
    perror("opening datagram socket");
    exit(1);
}

/* Construct name with no wildcards, of the socket to
   send to. gethostbyname returns a structure
   including the network address of the specified
   host.
   The port number is taken from the command line.
*/

hp = gethostbyname(argv[1]);
if (hp == 0)
{
    fprintf(stderr, "%s: unknown host\n", argv[1]);
    exit(2);
}

server.sin_family = AF_INET;

/* Copy network address into server address. */

bcopy((char *)hp->h_addr,
        (char *)&server.sin_addr,
        hp->h_length);

/* Get port number from command line argument. */

server.sin_port = htons(atoi(argv[2]));

/* Send data. */
if (sendto( sd, DATA, sizeof(DATA), 0,
            (struct sockaddr *)&server,
            sizeof(server)) < 0)

{
    perror("sending datagram message ");
    exit(1);
}
```

```
    /* Get back data (echo). */

    if (recvfrom( sd, buf, sizeof(buf), 0,
                  (struct sockaddr *)&server,
                  &addrlen_server) < 0)
    {
        perror("receiving datagram message");
        exit(1);
    }
    /* Close socket. */

    close (sd);
    exit(0);
}
```

3.1.1.2   Stream-Sockets

Abbildung 3.4 zeigt einen typischen Ablauf einer verbindungsorientierten Kommunikation. Der Socket-Aufruf legt wieder den Kommunikationsendpunkt fest, jetzt jedoch mit verbindungsorientierter Kommunikation d. h. mit dem Parameter SOCK_STREAM. Damit ein Prozess zum Server wird und mehrere Clients bedienen kann, muss er den listen-Aufruf absetzen. Mit listen wird der Socket zu einem hörenden Socket und kann damit die Verbindungswünsche der Clients abhören.

Bevor Daten zwischen Stream-Sockets austauschbar sind, müssen beide Sockets miteinander verbunden werden. Die Aufrufe accept und connect stellen diese Verbindung her. Beide Aufrufe realisieren ein unsymmetrisches Rendezvous. Unsymmetrisch deshalb, weil es nur stattfindet, wenn der Server zeitlich vor dem Client sein accept startet. Am accept wird der Server dann blockiert und er wartet auf den Client. Dessen connect führt das Rendezvous herbei. Startet der Client sein connect zeitlich vor dem accept des Servers, so kommt kein Rendezvous zustande. Das connect kommt mit einer Fehlermeldung zurück. Steht die Verbindung zwischen Client und Server, können beide mit read und write Daten austauschen. Die Verbindung wird dann aufgelöst, wenn einer der Sockets geschlossen (close) wird.

listen-Systemaufruf   Der listen-Systemaufruf zeigt die Empfangsbereitschaft des Servers bezüglich einer Verbindung an und außerdem wird eine Warteschlange für die Verbindungen von Clients eingerichtet. Er wird gewöhnlich nach dem socket- und bind-Aufruf verwendet und unmittelbar vor den accepts für die Clients.

listen
```
#include <sys/socket.h>
int listen (int sockfd, int backlog);
```

sockfd ist der Socketdeskriptor.

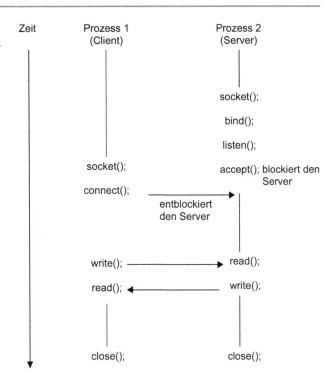

Abb. 3.4 Typische Aufrufabfolge für verbindungsorientier-
te Kommunikation

backlog gibt die Anzahl der möglichen Verbindungsanforderungen wieder, die ma-
ximal in die Warteschlange gestellt werden können. Dieser Wert wird normalerweise mit
fünf angegeben, dem derzeitigen Höchstwert.

accept-Systemaufruf Nachdem der Server den listen-Aufruf ausgeführt hat, wartet
er mit einem accept-Aufruf auf eine aktuelle Verbindung von einigen Clientprozessen.
accept nimmt die erste Anforderung in der Warteschlange, dupliziert den als Parameter
angegebenen Socketdeskriptor und gibt den Socketdeskriptor des Duplikats als Funkti-
onswert zurück. Über diesen neuen Socketdeskriptor wird die Verbindung zum Client
hergestellt. Stehen keine Verbindungsanforderungen mehr an, d. h. ist die Warteschlange
leer, wartet der accept-ausführende Prozess, bis eine Anforderung ankommt.

accept
```
#include <sys/types.h>
#include <sys/sockets.h>
int accept (int sockfd, struct sockaddr *peer,
            int *addrlen);
```

sockfd ist der Socketdeskriptor.
peer dient zur Aufnahme der Adressstruktur des Clients, die beim connect-Aufruf
des Clients gefüllt wird. Mit Hilfe dieses Parameters kann der Server den Namen des Clients

herausfinden. Interessiert sich der Server nicht für den Client und somit für den Namen des Clients, kann man einen Nullpointer für diesen Parameter angeben.

addrlen dient zur Aufnahme der Länge der Adressstruktur des Clients. Ist für den Server der Client uninteressant, kann er ebenfalls hier einen Nullpointer angeben. Normalerweise blockiert das accept den Server, und es wird gewartet, bis die Verbindung hergestellt ist. Es gibt beim accept-Aufruf keine Möglichkeit anzugeben, dass nur bestimmte Verbindungen akzeptiert werden. Dadurch obliegt es dem Servercode, die Verbindung zu analysieren und die Verbindung abzubrechen, falls der Server nicht mit dem Prozess sprechen möchte.

connect-Systemaufruf Mit dem connect-Aufruf kann ein Client eine Verbindung mit einem Server-Socket herstellen. Dazu muss der Client die Adresse (Protokoll, Hostname, Port) des Servers kennen. Kommt die Verbindung nicht zustande, so liefert connect einen Fehlercode zurück. Wird mit einem ungebundenen Socket (vorher wurde kein bind durchgeführt) der connect-Aufruf ausgeführt, so findet durch das connect eine lokale Adressbindung statt (implizites bind) mit anschließender Übertragung dieser Adresse an den Server.

connect
```
#include <sys/types.h>
#include <sys/sockets.h>
int connect(int sockfd, struct sockaddr *servaddr,
            int addrlen);
```

   sockfd ist der Socketdeskriptor.
   servaddr ist die vorbesetzte Adresse des Servers.
   addrlen gibt die Länge der Adressstruktur an.

read- und write-Systemaufruf Steht die Verbindung zwischen einem Server und einem Client, können mit read und write Daten ausgetauscht werden.

read
```
#include <sys/sockets.h>
int read (int sockfd, char *buff, int nbytes);
```

write
```
int write (int sockfd, char *buff, int nbytes);
```

   sockfd ist der Socketdeskriptor.
   buff ist ein Puffer für die zu schreibenden bzw. zu lesenden Daten.
   nbytes gibt die Anzahl der Bytes im Puffer an.

   Zusätzlich zu read und write können die Aufrufe send und recv verwendet werden. Diese Aufrufe unterscheiden sich von read und write durch ein zusätzliches Flag, das gesetzt werden kann. Das Flag hat dabei die gleiche Bedeutung wie beim `sendto` und `recvfrom` für verbindungslose Sockets.

send
```
#include <sys/sockets.h>
int send (int sockfd,char *buff, int nbytes, int flags);
```

recv
```
int recv (int sockfd, char *buff, int nbytes,
          int flags);
```

Anwendungsbeispiel rlogin

Das folgende Beispiel (Programm 3.3), das wieder aus dem Buch von Stevens [S 92] entnommen wurde, zeigt einen Client, der ein remote login auf einer anderen Maschine ausführt. Dabei benutzt er die Netzwerk-Hilfsfunktion `getservbyname`, welche den Servicenamen und optional ein qualifizierendes Protokoll, auf die Struktur `servent` abbildet.

Programm 3.3: remote login Client
```
/* This program rlogin realize a remote login on another
   machine which is retrieved from the command line
   argument. The form of the command line is:
   rlogin hostname
*/

#include <stdio.h>
#include <sys/types.h>
#include <sys/socket.h>
#include <netinet/in.h>
#include <netdb.h>

main(argc, argv)
   int argc;
   char *argv[];
{
   int sd;/* socket descriptor */
   struct sockaddr_in server;
   struct hostent *hp, *gethostbyname();
   struct servent *sp, *getservbyname();

   /* Create socket. */
   sd = socket (AF_INET, SOCK_STREAM, 0);
   if (sd < 0)
   {
      perror("rlogin: socket");
      exit(1);
   }
```

```
/* Get destination host with gethostbyname()call. */
hp = gethostbyname(argv[1])
if (hp == 0)
{
   fprintf(stderr, "%s: unknown host \n", argv[1]);
   exit(2);
}


/* Locate the service definition for a
   remote login with getservbyname() call */

sp = getservbyname("login", "tcp");
if (sp == 0)
{
   fprintf(stderr, "tcp login: unknown service \n");
   exit(3);
}

server.sin_family = AF_INET;

/* Copy network address into server address.   */
bcopy((char *) hp->h_addr,
      (char*)&server.sin_addr,
        hp->h_length);
/* Set port-number of server. */
server.sin_port = sp->s_port;

/* Connect to server; connect does bind for us. */
if (connect(sd, (struct sockaddr *)&server, sizeof(server)) < 0)
{
   perror ("rlogin: connect ");
   exit(4);
}

/* Details of the remote login protocol will
   not be considered here.*/

/* ...
 */

close(sd);
exit(0);


}
```

Ein Server für mehrere remote login Clients hat folgenden Code (Programm 3.4):

Programm 3.4: remote login Server

```
#include <stdio.h>
#include <sys/types.h>
#include <sys/socket.h>
#include <netinet/in.h>
#include <netdb.h>

main()
{
   int sd;/* socket descriptor */
   struct sockaddr_in server, client;
   struct servent * sp, *getservbyname();

   /* Create socket. */
   sd = socket (AF_INET, SOCK_STREAM, 0);
   if (sd < 0)
   {
     perror("rlogin: socket");
     exit(1);
   }

   /* Locate the service definition for a
      remote login with getservbyname() call */
   sp = getservbyname("login", "tcp");
   if (sp == 0)
   {
     fprintf(stderr, "tcp login: unknown service \n");
     exit(2);
   }

   /* Details to disassociate server from
      controlling terminal will not be
      considered here. */

   /* ...
    */

   server.sin_family = AF_INET;
   server.sin_addr.s_addr = htonl(INADDR_ANY);
   server.sin_port = sp->s_port;
```

```
/* Server-Socket gets address. */
if bind(sd, (struct sockaddr*)&server,
        sizeof(server)) < 0)
{
   syslog(LOG_ERR, "rlogin: bind");
   exit(3);
}
listen (sd, 5);
for (;;)
{
  int nsd;/* new socket descriptor for accept */
  int addrlen_client = sizeof(client);
  nsd = accept(sd, (struct sockaddr *) &client,
           &addrlen_client);

if (nsd < 0)
{
  syslog(LOG_ERR, "rlogin: accept ");
  continue;
}
/* Parallel server, create child */
if (fork() == 0)
{
/* child */
close(sd);/* close socket of parent */
doit(nsd, &client);
/* Does details of the remote login protocol. */
}
/* parent */
close(nsd);
}
exit(0);
}
```

3.1.2   Java Message Service (JMS)

Nachteilig bei TCP/IP-Sockets ist der synchrone Nachrichtenaustausch. Ein Client versendet eine Nachricht, daraufhin wird er blockiert, und er muss warten bis eine Rückantwort zurückkommt. Bei asynchroner Kommunikation kann ein Client eine Nachricht an einen *Message Service* (*Message-Server*) senden und sofort in seinem Programmlauf fortfahren, ohne auf die Rückmeldung des Kommunikationspartner warten zu müssen. Ein weiterer Vorteil der asynchronen Nachrichtenübertragung liegt darin, dass Sender und Empfänger durch den dazwischenliegenden Message-Server nur lose gekoppelt sind. Sie brauchen daher nicht die gleiche Technologie zu verwenden. Unterschiedliche Clients senden ihre Nachricht, die mit einen Bestimmungsort versehen ist, an den Message-Server. Der Empfänger bekommt die Nachricht von dem Message-Server und verarbeitet sie.

Der *Java Message Service (JMS)* stellt einen zentralen Message-Server zur Verfügung, dessen Implementierung in der JMS-Spezifikation *JMS Provider* heißt. Eine JMS-Applikation besteht aus vielen JMS-Clients und gewöhnlich einem JMS Provider.

Die Komponenten einer JMS-Applikation heißen:

* *Producer*, für den Clientteil einer Applikation, welcher die Nachricht erzeugt und an das Ziel (Destination) verschickt.
* *Destination,* für ein Objekt, über welches der Client den Bestimmungsort einer Nachricht beim Senden bzw. Empfangen spezifiziert.
* *Consumer*, für den Teil der Applikation, der die Nachricht von ihrem Ziel empfängt und verarbeitet.

JMS stellt zwei Nachrichtenmodelle (siehe Abb. 3.5) zur Verfügung, die in der JMS-Spezifikation *Messaging Domains* genannt werden:

1. *Point-to-Point* Modell (PTP, 1 : 1-Kommunikation)(siehe Abb. 3.5a): Der Erzeuger erzeugt eine Nachricht und verschickt diese über einen virtuellen Kanal, der *Queue* genannt wird. Eine Warteschlange (Queue) kann viele Empfänger haben, aber nur ein Empfänger kann die Nachricht konsumieren. PTP bietet einen `QueueBrowser`, der einem Client erlaubt den Inhalt der Queue zu inspizieren bevor er die Nachricht konsumiert.
2. *Publish/Subscribe* Modell (Pub/Sub, 1 : m-Kommunikation)(siehe Abb. 3.5b): Ein Erzeuger produziert die Nachricht und verschickt diese über einen virtuellen Kanal, der *Topic* genannt wird (*publish*). Ein oder mehrere Empfänger können sich zu einem Topic verbinden (*subscribe*) und die Nachricht erhalten. Jeder zu dem Topic registrierten Empfänger erhält dann eine Kopie der Nachricht.

Das *Application Programming Interface (API)* für den Message-Server ist von Sun Microsystems spezifiziert und die Weiterentwicklung und Versionsverwaltung liegt ebenfalls in den Händen von Sun. Ein Quick Reference Guide für die JMS API ist in Monson-Haefel und Chappel [MC 01] im Anhang enthalten oder kann von Sun Microsystems direkt bezogen werden. Die nachfolgende Beschreibung der JMS API unterteilt sie zunächst in die für Nachrichten (`Message`) zuständige API und dann in einem zweiten Schritt in die API für JMS-Clients (Producer und Consumer).

3.1.2.1 Message API

PTP- oder Pub/Sub-Nachrichten werden in einer Warteschlange (Queue oder Topic) beim Message-Server abgelegt und sind vom Typ `javax.jms.Message`. Eine Nachricht (`Message`) hat drei Teile:

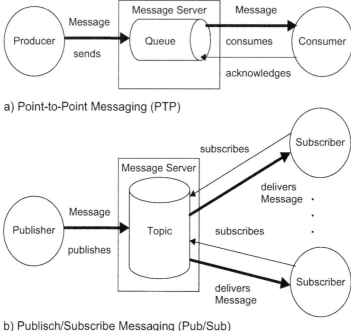

a) Point-to-Point Messaging (PTP)

b) Publisch/Subscribe Messaging (Pub/Sub)

Abb. 3.5 PTP versus Pub/Sub

1. *Nachrichtenkopf* (`header`): Er enthält Daten über den Nachrichten-Erzeuger, wann wurde die Nachricht angelegt, wie lange ist die Nachricht gültig, eindeutiger Identifikator der Nachricht, usw. Ein Nachrichtenkopf, der seinen Wert automatisch vom JMS Provider zugewiesen bekommt, kann von einer Applikation mit `get`-Methoden abgefragt und mit `set`-Methoden gesetzt werden. Automatisch zugewiesene Nachrichtenköpfe sind:
   - `JMSDestination`: Identifiziert das Ziel (`Queue` oder `Topic`).
   - `JMSDeliveryMode`: `PERSISTENT` oder `NON_PERSISTENT` Speicherung der Nachricht; dient zur Unterscheidung der exactly once oder at most once Semantik.
   - `JMSMessageID`: Eindeutige Identifikation der Nachricht.
   - `JMSTimestamp`: Zeitpunkt des Aufrufes der `send`-Methode.
   - `JMSExpiration`: Verfallszeit der Nachricht in Millisekunden; kann mit `set TimeToLive()` gesetzt werden.
   - `JMSRedelivered`: Boolescher Wert für erneutes Senden der Nachricht an den Consumer.
   - `JMSPriority`: Wert von 0–9 zum Setzen der Priorität der Auslieferung der Nachricht an den Consumer.

   Neben den automatisch gesetzten Nachrichtenköpfen gibt es die folgenden Nachrichtenköpfe, die durch den Anwender mit der `set`-Methode explizit zu setzen sind:

- JMSReplyTo: Ziel an das der Consumer eine Rückantwort an den Producer schicken kann.
- JMSCorrelationID: Assoziation der Nachricht mit einer vorhergehenden Nachricht oder einem applikationsspezifischen Identifier.
- JMSType: Dient zur Identifikation der Nachrichtenstruktur und legt den Typ der Nutzdaten fest.

2. *Eigenschaften* (property): Eigenschaften sind zusätzliche Header, die einer Nachricht zugewiesen werden können. Sie liefern genauere Information über eine Nachricht. Mit Zugriffsmethoden (get) können sie gelesen und mit Änderungsoperationen (set, clear) können sie geschrieben werden. Der Wert einer Eigenschaft kann vom Typ String, boolean, byte, double, int, long oder float sein.

3. *Nutzdaten* (payload): Sie können abhängig vom transportierten Inhalt unterschiedlichen Typ haben.

Die sechs Message-Interfaces sind:

- Message ist die einfachste Form einer Nachricht und dient als Basis für die anderen Nachrichtentypen. Die Nachricht enthält keine Nutzdaten und kann somit nur zur Ereignisübermittelung benutzt werden und ein Consumer kann mit OnMessage (Message message) darauf reagieren.
- TextMessage beinhaltet eine einfache Zeichenkette, welche über die Methoden setText(String payload) und String getText() verwaltet wird. Sie dient zur Übertragung von Textnachrichten und auch komplexeren Character-Daten, wie beispielsweise XML-Dokumente.
- ObjectMessage kann serialisierbare Java-Objekte transportieren. Die entsprechenden Zugriffsfunktionen sind setObject(java.io.serializable payload) und java.io.serializable getObject().
- BytesMessage transportiert einen Bytestrom, der typischerweise zum Umverpacken bestehender Nachrichtenformate genutzt wird. Die Methoden des BytesMessage-Interface entsprechen den Methoden in den I/O-Klassen java.io.DataInput Stream und java.io.DataOutputStream.
- StreamMessage arbeitet mit einem Strom primitiver Datentypen (int, double, char, etc.). Die Methoden des StreamMessage-Interface sind write<TYPE>() und read<TYPE>().
- MapMessage kann key-value Paare unterschiedlichen Typs transportieren, welche über ein Schlüssel-Wert-Paar lokalisiert werden. Es existieren Zugriffsmethoden für die meisten Datentypen, wie beispielsweise float getFloat(String key) und setFloat(String key, float value).

3.1.2.2 Producer Consumer API

Neben der oben beschriebenen Message-API ist die restliche JMS-API zweigeteilt für PTP- und Pub/Sub-Kommunikation, wie Abb. 3.6 zeigt. Durchgezogene Pfeile zeigen in der Ab-

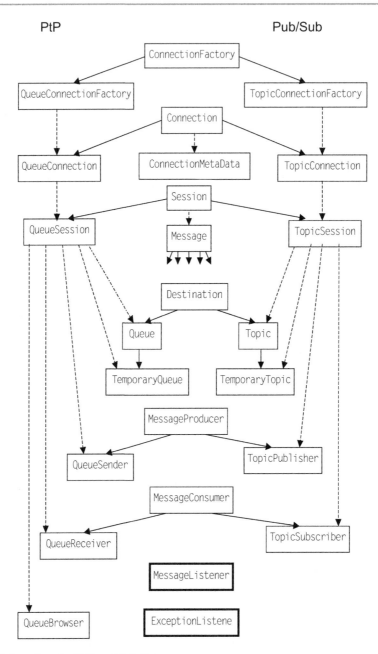

Abb. 3.6 Interfaces für PTP und Pub/Sub

bildung die Erweiterung des Interface an (extends) und die gestrichelten Pfeile zeigen, welches Interface welches Objekt (create-) erzeugt. Die gepunktete und gestrichtelte Linie zeigt an, dass die create-Funktion ein Queue-Objekt zurückgibt. Die dickere Umrandung für den MessageListener und den ExceptionListener zeigen an, dass diese Interfaces durch den Entwickler implementiert werden müssen (implements).

ConnectionFactory, QueueConnectionFactory, TopicConnectionFactory Das Interface ConnectionFactory ist leer und kann von einem JMS Provider unterschiedlich implementiert werden, z. B. für ein spezielles Protokoll das benutzt wird, oder für eine Verbindung, der ein bestimmtes Sicherheitsprotokoll zu Grunde liegt. Connection Factory dient als Basisinterface für QueueConnectionFactory und Topic ConnectionFactory.

QueueConnectionFactory besitzt zwei überlagerte Funktionen

```
QueueConnection createQueueConnection() und
```

createQueueConnection
```
QueueConnection createQueueConnection
                (String username, String password)
```

zum Anlegen einer PTP-Verbindung.

Wie bei PTP-Verbindungen besitzt TopicConnectionFactory die zwei überlagerte Funktionen

CreateTopicConnection
```
TopicConnection createTopicConnection() und
TopicConnection createTopicConnection
                (String username, String password)
```

zum Anlegen einer Pub/Sub-Verbindung.

Connection Ein Connection-Objekt repräsentiert eine physikalische Verbindung einer PTP- (QueueConnection) oder Pub/Sub-Verbindung (TopicConnection). Ein JMS-Client kann viele Verbindungen von einer ConnectionFactory anlegen. Jedoch ist dieses Verfahren aufwendig, da jede Verbindung einen eigenen Socket benötigt, I/O-Streams, Speicher, etc. Es ist effizienter mehrere Session-Objekte vom gleichen Connection-Objekt anzulegen, da eine Sitzung die gleiche Verbindung gemeinsam benutzen kann.

Connection definiert einige allgemeine Methoden, die ein JMS-Client benutzen kann. Unter Anderem die Methoden

GetMetaData, start, stop, close

```
ConnectionMetaData getMetadata(),
void start(),
void stop() und
void close().
```

Mit einer `Connection` lässt sich ein `ExceptionListener` assoziieren. Dazu dienen die folgenden `get`- und `set`-Funktionen

get-, setExceptionListener

```
ExceptionListener getExceptionListener() und
setExceptionListener(ExceptionListener listener).
```

Neben einem `ExceptionListener` kann mit einer `Connection` ein Identifier für den Client mit get- und set-Funktionen assoziiert werden:

get-, setClientID

```
String getClientID() und
setClientID(String ClientID).
```

ConnectionMetaData `ConnectionMetaData` stellt `get`-Methoden zur Gewinnung von Information bereit, welche die JMS Version und den JMS Provider beschreiben. Die Information enthält beispielsweise die Identität des JMS Provider, die unterstützte JMS Version und die JMS Provider Versionsnummer.

QueueConnection `QueueConnection` repräsentiert eine eindeutige Verbindung des Producers zum Message-Server. Die Methode

createQueueSession

```
QueueSession createQueueSession (boolean transacted,
                                 int acknowledgeMode)
```

erzeugt eine `Session` und

createConnectionConsumer

```
ConnectionConsumer createConnectionConsumer
                  (Queue queue,
                   String messageSelector,
                   ServerSessionPool sessionPool,
                   int maxMessages)
```

erzeugt eine Verbindung für den Consumer.

TopicConnection `TopicConnection` repräsentiert eine eindeutige Verbindung zum Message-Server. Die Methode

createTopicSession
```
TopicSession createTopicSession (boolean transacted,
                 int acknowledgeMode)
```

erzeugt eine `TopicSession` und

createConnectionConsumer
```
ConnectionConsumer createConnectionConsumer
                   (Topic topic,
                    String messageSelector,
                    ServerSessionPool sessionPool,
                    int maxMessages)
```

erzeugt eine Verbindung für den Consumer. Zum Anlegen einer dauerhaften Verbindung (überlebt die Lebenszeit des Consumer und wird dauerhaft beim JMS-Server gespeichert) dient:

createDurableConnectionConsumer
```
ConnectionConsumer createDurableConnectionConsumer
                   (Topic topic,
                    String subscriptionsName,
                    String messageSelector,
                    ServerSessionPool sessionPool,
                    int maxMessages)
```

Session Ein `Session`-Objekt ist ein Kontext bestehend aus einem Thread zum Produzieren und zum Konsumieren der Nachricht. `Session` erweitert somit das `java.lang.Runnable`-Interface. `Session` legt `Message`-Objekte für den Consumer und Producer an. Die Methoden umfassen sechs `createMessage()`-Methoden (eine für jeden Typ eines `Message`-Objekts). Im Einzelnen sind das die folgenden Methoden:

Create...Message
```
Message createMessage(),
BytesMessage createBytesMessage(),
MapMessage createMapMessage(),
ObjectMessage createObjectMessage(),
ObjectMessage createObjectMessage(Serializable object),
StreamMessage createStreamMessage(),
TextMessage createTextMessage() und
TextMessage createTextMessage(String Text).
```

Der `Session`-Manager überwacht den Bereich der Transaktionen um die `send`- und `receive`-Operationen mit den Methoden

getTransacted, commit, rollback, close, recover
```
boolean getTransacted(),
void commit(),
void rollback(),
void close() und
void recover().
```

Für asynchrones Empfangen kann eine `Session` ein `MessageListener` aufsetzen mit den Methoden

get-, setMessage-Listener
```
MessageListener getMessageListener() und
setMessageListener(MessageListener listener).
```

Der `Session`-Manager serialisiert dann das Ausliefern der Nachrichten an ein `MessageListener`-Objekt. Bezüglich Serialisieren von Objekten siehe Abschn. 3.3.1.4.

QueueSession Ein Client kann mehrere `QueueSession`-Objekte zur feineren Granularität von Sendern und Empfängern anlegen. `QueueSession` enthält eine Methode zum Inspizieren einer `Queue`

createQueue
```
Queue createQueue(String queueName)
```

und zum Anlegen einer temporären Queue mit

CreateTemporaryQueue
```
TemporaryQueue createTemporaryQueue().
```

Die obige Funktion `createQueue` dient nicht zum Anlegen einer `Queue` beim Message-Server, sondern es wird ein Queue-Objekt, das eine bestehende Queue beim Message-Server repräsentiert, zurückgegeben. Die Queue selbst muss durch ein Verwaltungs-Tool des Providers beim Setup oder Konfigurieren des Message-Server angelegt werden.

Zum Anlegen eines `QueueSender`-Objekts und eines `QueueReceiver`-Objekts stehen die folgenden Methoden bereit:

CreateSender -Receiver
```
QueueSender createSender(Queue queue),
QueueReceiver createReceiver(Queue queue) und
QueueReceiver createReceiver(Queue queue,
                             String messageSelector).
```

Eine Queue kann mit einen Browser inspiziert werden. Die Methoden, welche eine QueueBrowser erzeugen sind:

CreateBrowser
```
QueueBrowser createBrowser(Queue queue) und
QueueBrowser createBrowser(Queue queue,
                           String messageSelector).
```

TopicSession Ein Client kann, wie bei QueueSession, wieder mehrere Topic Session-Objekte anlegen für mehrere Publisher und Subscriber.

Die Methoden zum Anlegen eines Topic sind:

createTopic
```
Topic createTopic(String TopicName)
```

und eines temporären Topic

createTemporaryTopic
```
TemporaryTopic createTemporaryTopic().
```

Zum Anlegen eines TopicPublisher-Objekts dient

CreatePublisher
```
TopicPublisher createPublisher(Topic topic),
```

Die Methoden zum Anlegen eines TopicSubscriber-Objekts sind:

createSubscriber
```
TopicSubscriber createSubscriber(Topic topic),
TopicSubscriber createSubscriber(Topic topic,
                                 String messageSelector,
                                 boolean nolocal)
```

und für dauerhafte Subscriber

createDurableSubscriber
```
TopicSubscriber createDurableSubscriber(Topic topic,
                                        String name) und
```

```
TopicSubscriber createDurableSubscriber(Topic topic,
                              String name,
                              String messageSelector,
                              boolean Nolocal).
```

Mit Unscribe wird das Interesse an der Topic gelöscht.

unscribe
```
void unscribe(String name);
```

Destination, Queue, Topic Destination ist ein leeres Interface, welches durch Queue und Topic erweitert wird. Queue und Topic sind durch den Message-Server verwaltete Objekte. Sie dienen als Handle oder Identifier für eine aktuelle Queue (physical queue, physical topic) beim Message-Server.

Eine Physical Queue ist ein Kanal von dem viele Clients Nachrichten empfangen und senden können. Mehrere Empfänger können sich zu einer Queue verbinden aber eine Nachricht in der Queue kann nur von einem Empfänger konsumiert werden. Nachrichten in der Queue sind geordnet und Consumer erhalten die Nachricht in der vom Message-Server festgelegten Ordnung.

Das Interface Queue besitzt die folgenden beiden Methoden:

getQueueName, toString
```
String getQueueName() und
String toString().
```

Ein Physical Topic ist ein Kanal von dem viele Clients Nachrichten beziehen (subscribe) und sie abonnieren können. Liefert ein Client eine Nachricht beim Topic ab (publish), so erhalten alle Clients die Nachricht, die sie abonniert haben.

Das Interface Topic besitzt die folgenden beiden Methoden:

getTopicName, toString
```
String getTopicName() und
String toString().
```

TemporaryQueue, TemporaryTopic TemporaryQueue und TemporaryTopic sind nur aktiv während eine Session zu ihr verbunden ist, also so lange noch eine Verbindung der Queue oder des Topic zu einem Client besteht. Da eine temporäre Queue oder Topic von einem JMS Client angelegt wird, ist eine Queue bzw. ein Topic nicht für andere JMS Clients verfügbar. Um sie für einen anderen JMS Client verfügbar zu machen, muss er die Identität der Queue oder des Topic im JMSReplyTo Header erhalten.

Die beiden Interfaces TemporayQueue und TemporaryTopic besitzen nur eine Methode

delete
```
void delete()
```

zum Löschen der Queue bzw. des Topic.

MessageProducer   Der MessageProducer sendet eine Nachricht an ein Topic oder eine Queue. Das Interface definiert die folgenden get-Methoden und die dazu korrespondierenden set-Methoden:

get...
```
boolean getDisableMessageID(),
boolean getDisableMessageTimestamp(),
int getDeliveryMode(),
int getPriority(),
long getTimeToLive() und
```

set ...
```
void setDisableMessageID(boolean value),
void setDisableMessageTimestamp(boolean value),
void setDeliveryMode(int deliveryMode),
void setPriority(int defaultPriority),
setTimeToLive(long timetolive).
```

Zum Beenden des Sendens dient

close
```
void close().
```

QueueSender   Nachrichten, die von einem QueueSender an eine Queue gesendet werden, erhält der Client, der mit dieser Queue verbunden ist. Das Interface QueueSender enthält eine Methode:

getQueue
```
Queue getQueue()
```

Weiterhin die folgenden vier überlagerten send-Methoden:

send
```
void send(Message message),
void send(Queue queue, Message message),
void send(Message message,
          int deliveryMode,
          int priority,
          long timeToLive),
```

```
void send(Queue queue,
          Message message,
          int deliveryMode,
          int Priority,
          long timeToLive),
```

TopicPublisher Nachrichten, die von einen `TopicPublisher` an ein `Topic` gesendet werden, werden kopiert und an alle Clients gesendet, die sich mit diesem `Topic` verbunden haben.

Das Interface `TopicPublisher` enthält eine Methode

getTopic
```
Topic getTopic().
```

Weiterhin die folgenden vier überlagerten `publish`-Methoden:

publish
```
void publish(Message message),
void publish(Topic topic, Message message),
void publish(Message message,
             int deliveryMode,
             int priority,
             long timeToLive),
void publish(Topic topic, Message message,
             int deliveryMode,
             int Priority,
             long timeToLive),
```

MessageConsumer `MessageConsumer` können die Nachricht asynchron oder synchron konsumieren. Um sie asynchron zu konsumieren muss ein JMS Client ein `Message Listener`-Objekt zur Verfügung stellen, d. h. er muss das Interface `MessageListener` implementieren.

Mit

getMessageListener
```
MessageListener getMessageListener()
```

kann der Consumer sich den `MessageListener` geben lassen und mit

setMessageListener
```
setMessageListener(MessageListener listener)
```

kann er ihn setzen.

Zum synchronen Konsumieren einer `Message` kann ein JMS-Client einer der Methoden

receive
```
Message receive(),
Message receive(long timeout) oder
Message receiveNoWait()
```

aufrufen.

Zum Beenden des Empfangens dient

close
```
void close().
```

QueueReceiver Jede `Message` in einer Queue wird nur an einen `QueueReceiver` ausgeliefert. Viele Empfänger können sich mit einer Queue verbinden, jedoch kann jede Nachricht in einer Queue nur von einem der Empfänger konsumiert werden. `Queue-Receiver` enthält eine Methode

getQueue
```
Queue getQueue().
```

TopicSubscriber Sobald eine Nachricht vorliegt, wird sie an den `TopSubscriber` ausgeliefert. `TopicSubscriber` enthält die beiden Methoden

getTopic getNoLocal
```
Topic getTopic() und
boolean getNoLocal().
```

MessageListener Der `MessageListener` wird durch ein JMS Client implementiert, d. h. er muss die einzige Methode

onMessage
```
void onMessage (Message message)
```

des `MessageListener` implementieren.

Er empfängt asynchron Nachrichten von einem `QueueReceiver` oder einem `TopicSubscriber`. Die `Session` muss sicherstellen, dass die Nachrichten seriell an den `MessageListener` übergeben werden, so dass sie einzeln bearbeitbar sind. Ein `MessageListener`-Objekt kann von vielen Verbrauchern angelegt werden, jedoch ist die serielle Auslieferung nur garantiert wenn alle Verbraucher von der gleichen `Session` angelegt wurden.

QueueBrowser Der `QueueBrowser` ermöglicht es Nachrichten in einer Queue zu inspizieren ohne sie zu konsumieren. Dazu bietet das Interface die folgenden Funktionen:

getQueue, -MessageSelector, -Enumeration
```
Queue getQueue(),
String getMessageSelector(),
Enumeration getEnumeration().
```

Zum Beenden des Browser dient

close
```
void close().
```

JMSException   Alle Funktionen des JMS API lösen bei Fehlern und Ausnahmen die Ausnahme vom Typ `JMSException` aus. Die Klasse `JMSException` erweitert die Klasse `java.lang.Exception` um die folgenden Prozeduren und Funktionen:

class JMSException
```
JMSException(String reason),
JMSException(String reason, String errorCode),
String getErrorCode(),
Exception getLinkedException() und
void setLinkedException(java.lang.Exception ex).
```

Die JMS API Dokumentation von Sun Microsystems beschreibt noch zwölf weitere Ausnahmen vom Typ `JMSException`. Beispielhaft sei die `MessageEOFException` genannt, die ausgelöst wird, wenn ein Strom unerwartet endet während des Lesens einer `StreamMessage` oder `ByteMessage`.

ExceptionListener   JMS Provider stellen einen `ExceptionListener` zur Verfügung um zusammengebrochene Verbindungen wiederherzustellen und um den JMS Client darüber zu informieren.

Der `ExceptionListener` wird durch ein JMS Client implementiert, d. h. er muss die einzige Methode

onException
```
void onException(JMSException exception)
```

des `ExceptionListener` implementieren.

3.1.2.3   Anwendungsbeispiel Erzeuger-Verbraucher-Problem

Die nachfolgenden Programme 3.5 und 3.6 zeigen eine Point-to-Point-Kommunikation (`QueueConnection`) zwischen einem Erzeuger und einem Verbraucher. Der Erzeuger produziert einfachheitshalber eine einzige Nachricht und schickt diese Nachricht an einen Message-Server. Der Verbraucher konsumiert dann asynchron diese Nachricht.

Die Aufruffolge des Erzeugers befindet sich im Konstruktor des Producers und wird beim Anlegen des Erzeugers (im `main`) durchlaufen. Die Aufruffolge beginnt mit dem Anlegen einer Verbindung zu dem Java Naming and Directory Interface (JNDI) das von dem Message-Server benutzt wird. Durch Anlegen des `javax.naming.InitialContext`-Objekts wird eine solche Verbindung geschaffen. `InitialContext` ist eine Netzwerkverbindung zu dem Namensserver und dient zum Zugriff auf die vom Message-Server verwalteten Objekte.

Mit dem JNDI `InitialContext`-Objekt kann dann nach einer `QueueConnectionFactory` gesucht werden (`lookup`), die dann zum Herstellen einer Verbindung zum Message-Server dient. Die `ConnectionFactory` konfiguriert der Systemadministrator, der zuständig ist für den Message-Server ist, und sie ist unterschiedlich bei verschiedenen Provider implementiert. Beispielsweise kann sie so konfiguriert werden, das die hergestellten Verbindung ein spezielles Protokoll, ein bestimmtes Sicherheitsschema oder irgendeine Clusterstrategie benutzt. Es können sogar mehrere Objekte vom Typ `ConnectionFactory` existieren, wobei jedes ihren eigenen JNDI `lookup`-Namen besitzt.

Mit der `ConnectionFactory` lässt sich dann eine Verbindung (`QueueConnection`) für eine Queue zum Message-Server anlegen. Die Verbindung ist eindeutig für den Message-Server. Jede so angelegte Verbindung benötigt viele Ressourcen, wie beispielsweise ein TCP/IP-Socket-Paar, I/O Streams und Speicher; deshalb sollten die Verbindung mehrfach durch verschiedene Sessions benutzt werden.

Für die Verbindung können beliebig viele `Session`-Objekte angelegt werden, was ressourcenschonender ist, als das Anlegen von weiteren Verbindungen. Das `Session`-Objekt ist eine Factory zum Anlegen einer Nachricht (`Message`-Objekt) und zum Anlegen eines `QueueSender`.

`QeueSender` ist ein vom Message-Server verwaltetes Objekt, wie die `ConnectionFactory` und es wird wieder die `lookup`-Methode von JNDI benutzt um einen Handle auf diese Objekt zu erhalten. Mit dem `QueueSender` lassen sich dann durch `send(Message)` Nachrichten an den Message-Server senden.

Mit `start()`, `stop()` und `close()` lässt sich eine Verbindung manipulieren. Mit `start()` können Clients Nachrichten über die Verbindung geben und beim Message-Server ablegen. `stop()` stoppt die eingehenden Nachrichtenstrom bis die `start()`-Methode wieder aufgerufen wird. `close()` zerstört die Verbindung und löscht alle Objekte (`QueueSession`, `QueueSender`), die mit der Verbindung assoziiert sind.

Programm 3.5: Message Producer

```
import javax.jms.*;
import javax.naming.*;
import java.util.Properties;


public class Producer
   private QueueConnectionFactory qFactory = null;
```

```java
  private QueueConnection qConnect = null;
  private QueueSession qSession = null;
  private Queue sQueue = null;
  private QueueSender qSender = null;

  /* Constructor. Establish the Producer */
  public Producer (String broker, String username,
                          String password) throws Exception{
    //Obtain a JNDI connection
    Properties env = new Properties();
    //... specify the JNDI properties sprecific to the
    //    provider
    InitialContext jndi = new InitialContext(env);

    //Look up a JMS QueueConnectionFactory
    qFactory =
      (QueueConnectionFactory)jndi.lookup(broker);

    //Create a JMS QueueConnection object
    qConnect =
      qFactory.createQueueConnection(username,password);

    //Create one JMS QueueSession object
    qSession = qConnect.createQueueSession
                              (false,
                                Session.AUTO_ACKNOWLEDGE);

    //Look up for a JMS Queue hello
    sQueue = (Queue)jndi.lookup("hello");

    //Create a sender
    qSender = qSession.createSender(sQueue);

    //Start the Connection
    qConnect.start();
  }

/* Create and send message using qSender */
protected void SendMessage() throws JMSException {
  //Create message
  TextMessage message = qSession.createTextMessage();
  //Set payload
  Message.setText(username+" Hello");
  //Send Message
  qSender.send(message);
}
```

```
/* Close the JMS connection */
public void close() throws JMSException {
  qConnect.close();
}

/* Run the Producer */
public static void main(String argv[]) {
  String broker, username, password;
  if (argv.length == 3) {
    broker = argv[0];
    username = argv[1];
    password = argv[2];
  } else {
    return;
  }
  //Create Producer
  Producer producer = new Producer
                        (broker, username, password);
  SendMessage();
  //Close connection
  producer.close();
  }
}
```

Der nachfolgende Verbraucher (Programm 3.6) ist vollständig symmetrisch zum Erzeuger aufgebaut: Über die ConnectionFactory erhält man eine Verbindung (Connection), die von einer Session genutzt wird, und die Session erzeugt dann den Receiver. Da der Verbraucher jedoch die Nachricht asynchron verarbeiten soll, muss der Verbraucher den MessageListener implementieren. Dazu muss die Methode OnMessage implementiert werden und am Ende der Konstruktor-Aufruffolge muss der Empfänger den MessageListener setzen (setMessageListener).

Programm 3.6: Message Consumer
```
import javax.jms.*;
import javax.naming.*;
import java.util.Properties;
import java.io.*;

public class Consumer implements MessageListener {
  private QueueConnectionFactory qFactory = null;
  private QueueConnection qConnect = null;
  private QueueSession qSession = null;
  private Queue rQueue = null;
  private QeueueReceiver qReceiver = null;
```

```java
/* Constructor. Establish the Consumer */
public Consumer (String broker, String username,
                       String password) throws Exception{

  //Obtain a JNDI connection
  Properties env = new Properties();
  //... specify the JNDI properties sprecific to the
  //    provider
  InitialContext jndi = new InitialContext(env);

  //Look up a JMS QueueConnectionFactory
  qFactory =
     (QueueConnectionFactory)jndi.lookup(broker);

  //Create a JMS QueueConnection object
  qConnect =
     qFactory.createQueueConnection(username,password);

  //Create one JMS QueueSession object
  qSession = qConnect.createQueueSession
                       (false,
                        Session.AUTO_ACKNOWLEDGE);

  //Look up for a JMS Queue hello
  rQueue = (Queue)jndi.lookup("hello");

  //Create a receiver
  qReceiver = qSession.createReceiver(rQueue);
  //set a JMS message listener
  qReceiver.setMessageListener(this);

  //Start the Connection
  qConnect.start();
}

/* Receive message from qReceiver */
public void onMessage (Message message){
  try {
    TextMessage textMessage = (TextMessage) message;
    String text = textMessage.getText();
    System.outprintln
       ("Message received - " + text + " from" +
          message.getJMSCorrelationID());
      } catch (java.lang.Exception rte) {
        rte.printStackTrace();
```

```
      }
  }

  /* Close the JMS connection */
  public void close() throws JMSException {
    qConnect.close();
  }

  /* Run the Consumer */
  public static void main(String argv[]) {
    String broker, username, password;
    if (argv.length == 3) {
      broker = argv[0];
      username = argv[1];
      password = argv[2];
    } else {
      return;
    }
    //Create Consumer
    Consumer consumer  = new Consumer
                          (broker, username, password);
    System.out.println ("\Consumer started: \n");
    //Close connection
    consumer.close();
  }
}
```

Für eine Pub/Sub-Kommunikation muss, wie bei der oben beschriebenen PTP-Kommunikation, die entsprechende Topic-Aufruffolge (`TopicConnectionFactory`, `TopicConnection`, `TopicSession`, `lookup Topic`, `Publisher` oder `Subscriber`) durchlaufen werden. Auf ein konkretes Topic-Anwendungsbeispiel verzichten wir hier und verweisen auf Monson-Haefel und Chappel [MC 01], das ein einführendes Chat-Beispiel (der Chat- und damit JMS-Client ist hier gleichzeitig ein Producer und Consumer) enthält und den Unterschied zwischen PTP- und Pub/Sub-Kommunikation an einem Groß/Einzelhandel-Szenario erläutert.

3.1.2.4 JMS Provider

Führendes Produkt bei Enterprise-MOM ist IBM's *MQSeries*. Es wurde 1993 eingeführt, also vor den Zeiten von Java und JMS. Ursprünglich basierte MQSeries auf dem PTP Modell und mit der Version 5 wurde das Pub/Sub Modell eingeführt. MQSeries unterstützt das JMS API und ist somit ein JMS Provider.

Sun Microsystems ist nicht nur für die JMS API verantwortlich, sondern liefert auch mit *Java Message Queue (JMQ)* eine Referenzimplementierung. JMQ entspricht der JMS 1.0.2 Spezifikation. Der Message-Server ist in C geschrieben und läuft auf Solaris-Sparc,

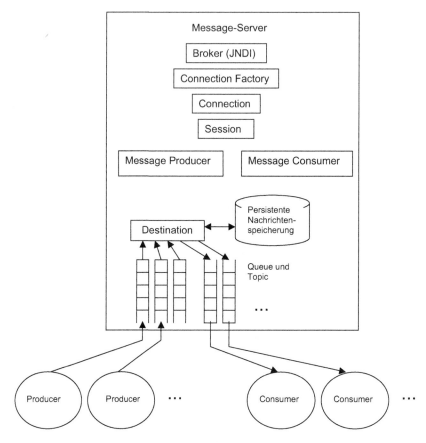

Abb. 3.7 Allgemeiner Aufbau eines Message-Servers

Windows/NT und Windows 2000. Zur Erhöhung der Anzahl der Plattformen wird JMQ in der Version 2.0 in Java implementiert.

JMQ besitzt eine zentrale Architektur wie Abb. 3.7 zeigt. Diese Abbildung zeigt den allgemeinen Aufbau und die Funktionsweise eines Message-Server. Bei JMQ kann der Nachrichten-Broker einen Namensdienst benutzen; speziell hier die API des Java Naming and Directory Interface (JNDI). Zur persistenten Speicherung der Nachrichten kann eine Datenbank eingesetzt werden; speziell bei JMQ die API des optionalen Package Java Database Connectivity (JDBC).

3.1.3 Communicating Processes (ComPro)

Kommunizierende Prozesse (*ComPro – Communicating Processes*) liegt der Gedanke zugrunde, dass das verteilte System aus einer Menge von Prozessen besteht, die auf verschiedenen Maschinen verteilt sind und miteinander kommunizieren. Die Prozesse können dabei Clients, Server oder verteilte Prozesse sein. Die Kommunikationsform zwischen den Prozessen ist ein asynchrones und synchrones Senden und Empfangen von Nachrichten eines bestimmten Typs. ComPro stellt also nur das Point-to-Point-Modell von JMS zur Verfügung.

Zum Anlegen eines Kommunikationsendpunktes eines Prozesses, welcher Nachrichten annehmen oder versenden kann, dient ein `Netinterface`. Das `Netinterface` ordnet dem Kommunikations- oder Serviceendpunkt einen Namen zu. Die Nachricht, die von oder an Serviceendpunkte versendet oder empfangen werden kann, ist vom Typ `string`, `short`, `long` oder ein Feld von diesen Typen. Mit in die Nachricht lässt sich der Serviceendpunkt verpacken, an den sie gesendet wird.

Zum asynchronen Senden von Nachrichten stehen folgende Aufrufe zur Verfügung:

Send (asynchron)
```
Bool Send (NetMsg &msg)
```

Sendet asynchron eine `NetMsg` an den in der Nachricht mit eingepackten Servicepunkt. Der Rückgabewert ist `TRUE`, wenn das Senden erfolgreich war, sonst `FALSE`.

Send
```
Bool Send (NetMsg &msg, Service_String service, short msgtype)
```

Sendet asynchron eine `NetMsg` an den Servicepunkt service. Die Nachricht ist vom Typ `msgtype`. Der Rückgabewert ist `TRUE`, wenn das Senden erfolgreich war, sonst `FALSE`.

Reply
```
Bool Reply (NetMsg &msg)
```

Dient auf der Empfängerseite zum Rücksenden der erfolgreich angekommenen Nachricht an den Sender.

Alle empfangenen Nachrichten werden vom Netinterface gepuffert und können zu einem beliebigen Zeitpunkt von dem Prozess an dem Servicepunkt aus dem Puffer gelesen werden. Es gibt drei Arten, eine Nachricht zu empfangen:

Receive (asynchron)
```
Bool Receive(NetMsg &msg)
```

Dient zum nicht blockierenden Empfangen einer `NetMsg`. Liegt keine Nachricht vor, so ist der Rückgabewert `FALSE`, andernfalls ist der Rückgabewert `TRUE` und `NetMSG` enthält die empfangene Nachricht.

Receive (synchron)
```
Bool Receive(NetMsg &msg, Bool WaitForMsg)
```

Dient zum blockierenden Empfangen einer `NetMsg`. Es wird so lange gewartet, bis die Nachricht eintrifft, die dann in `NetMsg` enthalten ist.

Receive

```
Bool Receive(NetMsg &msg, Bool WaitFor, int TimeOut)
```

Es wird ein Zeitintervall `TimeOut` gewartet, wobei das Zeitintervall in Millisekunden angegeben wird. Wurde innerhalb von `TimeOut` keine `NetMessage` empfangen, so ist der Rückgabewert `FALSE`, sonst ist der Rückgabewert `TRUE` und `NetMsg` enthält die empfangene Nachricht.

Die Ansprache der Serviceendpunkte (`NetInterface`) eines Prozesses ist in ComPro durch ein Verteiltes System ($\{CS\}S_{Br}$)($\{CS\}S_{Br}$)$^+$ implementiert (siehe Abschn. 2.3.2). Dadurch können dynamisch im laufenden Betrieb Serviceendpunkte hinzugefügt und entfernt werden. Weiterhin ist dadurch das System hoch fehlertolerant, da bei Absturz eines Prozesses oder eines Rechners, auf dem der Prozess mit seinen Serviceendpunkten (`Netinterface`) läuft, das Restsystem weiter läuft und zur Verfügung steht.

Im Vergleich zum Java Message Service (JMS) besitzt ComPro keinen zentralen Message-Server und somit haben ComPro-Applikationssysteme auch kein „single point of failure". Abbildung 3.8 zeigt die Organisation von ComPro an Hand von drei verteilten Prozessen {CS}. Weiterhin zeigt die Abbildung, wie der verteilte Prozess 1 asynchron eine Nachricht an den verteilten Prozess 2 schickt. Der verteilte Prozess 2 schickt zur gleichen Zeit eine andere Nachricht an den verteilten Prozess 3.

ComPro steht als Bibliothek zur Verfügung und ist in den Varianten C++ und Java implementiert; es läuft auf den Betriebssystemen Windows NT und den Unix-Derivaten Linux und HP-UX. ComPro wurde an der Fachhochschule Mannheim entwickelt [G 98] und steht als Open Source zur Verfügung. Erstmalig eingesetzt und erprobt wurde ComPro bei der Firma GloBE Technology GmbH.

Beste Erfahrungen mit ComPro wurden bei GloBE Technology GmbH gewonnen bei der Erstellung von Workflow-Management-Systemen, und es zeigte sich, dass im Vergleich zu RPC-, CORBA- oder DCOM-Systemen die Softwareerstellungsphase erheblich reduziert werden konnte. Dies ist vor allem dadurch bedingt, dass durch die verwendete Message-Passing-Technologie die Anwendungen wesentlich eleganter, schlanker und skalierbarer entwickelt werden können.

3.2　Entfernter Prozeduraufruf (Remote Procedure Call)

Die bisher vorgestellten Methoden basierten darauf, dass das verteilte System bereits in Clients, Server oder verteilten Prozessen untergliedert ist und somit schon die verteilte Struktur vorliegt. Diesem Programmiermodell liegt das Senden und Empfangen von Nachrichten zwischen den Prozessen als Basis der Verteilung zugrunde. Es entspricht dadurch weniger der Vorstellung, die vorhandene, nicht verteilte Anwendung auf mehrere Rechner zu verteilen. Eine noch nicht verteilte monolithische Anwendung lässt sich als eine

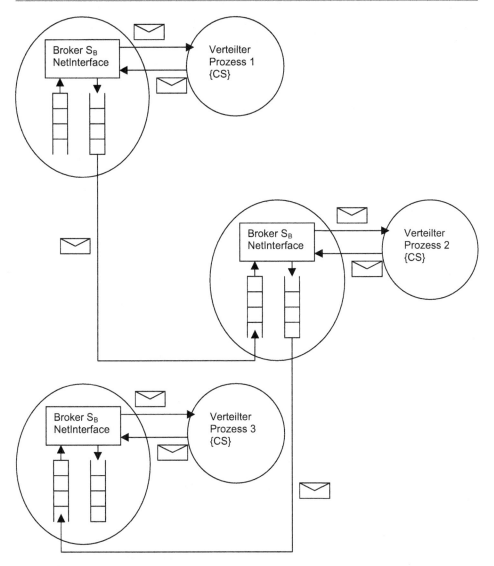

Abb. 3.8 Organisation von ComPro

Ansammlung von Prozeduren betrachten. Diese Ansammlung von Prozeduren teilt man dann in Prozeduraufrufer und damit Clients und die Prozedur selbst, die dadurch zu einem Server wird. Man prägt also nachträglich der monolithischen Struktur eine Client-Server-Struktur auf und verteilt die Prozeduren auf mehrere Rechner. Durch dieses Vorgehen erscheint die verteilte Abarbeitung der Prozeduren wie eine zentralisierte Abwicklung der Prozeduren. Das verteilte System stellt sich dem Benutzer dadurch wie ein zentrales monolithisches System dar. Voraussetzung für dieses Vorgehen ist, dass ein Programm (Pro-

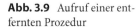

Abb. 3.9 Aufruf einer entfernten Prozedur

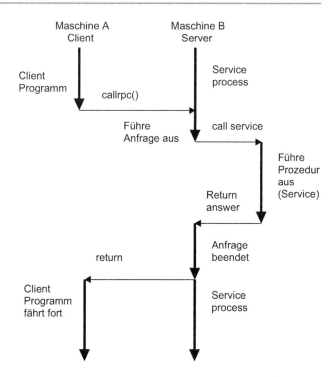

zedur) eine Prozedur auf einer anderen Maschine aufrufen kann; d. h. es müssen entfernte Prozeduraufrufe (Remote Procedure Calls, RPCs) vorliegen.

Abbildung 3.9 zeigt den Ablauf eines entfernten Prozeduraufrufes. Ruft ein Prozess auf einer Maschine A eine Prozedur auf einer Maschine B auf, so wird der aufrufende Prozess suspendiert und die Abarbeitung der aufgerufenen Prozedur findet auf der Maschine B statt. Information vom Aufrufer zum Aufgerufenen kann über die Parameter transportiert werden und Information kann über das Ergebnis der Prozedur zurücktransportiert werden. Durch dieses Vorgehen zeigt ein Remote Procedure Call das vertraute Verhalten von lokalen Prozeduraufrufen.

Mit dem entfernten Prozeduraufruf lassen sich Anwendungen gut in das Client-Server-Modell überführen: Verschiedene Server stellen Schnittstellenprozeduren zur Verfügung, die dann entfernte Clients mit Hilfe von RPCs aufrufen. Das RPC-System übernimmt dabei die Kodierung und Übertragung der Aufrufe einschließlich der Parameter und des Ergebnisses. Teilweise wird auch die Lokalisierung von Servern, die Übertragung komplexer Parameter- und Ergebnisstrukturen, die Behandlung von Übertragungsfehlern und die Behandlung von möglichen Rechnerausfällen durch das System übernommen. Generell lässt sich ein RPC-System, wie in Abb. 3.10 gezeigt, realisieren:

Ein Anwendungsprogramm ruft eine Prozedur auf und blockiert. Die Implementierung der Prozedur steht jedoch nicht lokal zur Verfügung, sondern wird von einem entfernten Server angeboten; dies ist aber für das aufrufende Programm transparent.

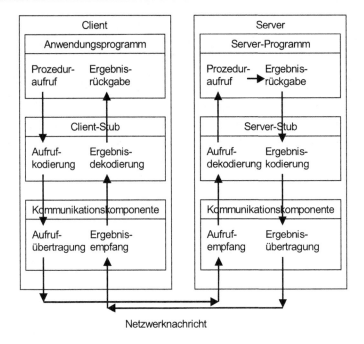

Abb. 3.10 Komponenten und Ablaufstruktur eines RPC-Systems

Das lokale System auf der Seite des Aufrufers transformiert dazu den entfernten Aufruf in den Aufruf einer lokalen Systemprozedur, den so genannten Client-Stub (*Stub – Stummel*). In der Stub-Komponente muss Information vorliegen oder Information beschafft werden, welcher Server die gewünschte Prozedur anbietet; dieser Server kann sich sogar auf dem gleichen physikalischen Rechner befinden. Im Gegensatz zu einer konventionellen Prozedur werden vom Client-Stub nicht die Parameter in Registern oder auf dem Keller abgelegt, sondern die Parameter werden in eine Nachricht verpackt. Der Client-Stub kodiert somit die Spezifikation der aufgerufenen Prozedur, d. h. ordnet ihr eine eindeutige Aufrufkennung zu, bestimmt die Adresse des Zielrechners und verpackt die Parameter in ein vereinbartes Übertragungsformat für Nachrichten. Anschließend beauftragt der Stub eine Kommunikationskomponente mit dem Versenden der Nachricht. Nach dem Senden blockiert der Stub und wartet, bis eine Nachricht zurückkommt.

Die Kommunikationskomponente überträgt den kodierten Aufruf an den Zielrechner. Dabei ist diese Komponente verantwortlich für das Routing, die Quittierung und im Fehlerfalle die Wiederholung von Übertragungspaketen.

Kommt die Nachricht dann bei der Kommunikationskomponente des Servers an, wird sie zu dem *Server-Stub*, der mit dem Server assoziiert ist, weitergeleitet. Typischerweise führt der Server-Stub eine Endlosschleife aus und wartet am Anfang der Schleife auf einkommende Nachrichten. Nach Empfang einer Nachricht entpackt der Server den Aufruf und die Parameter, bestimmt die entsprechende aufzurufende Prozedur des Servers und ruft sie auf. Aus der Sicht des Servers handelt es sich um eine konventionelle Prozedur, die der Client aufgerufen hat. Nach der Prozedurausführung erhält der Server-Stub das Ergebnis der Prozedur. Er verpackt die Rückgabeparameter mit der Aufrufkennung in eine Nachricht und versendet sie mit Hilfe der Kommunikationskomponente des Servers an den Client. Nach dem Versenden geht der Server-Stub wieder an den Anfang der Schleife zurück und wartet auf die nächste Nachricht.

Die Kommunikationskomponente des Clients empfängt die Nachricht, leitet sie an den Client-Stub weiter, der die entsprechende Dekodierung und das Entpacken vornimmt und übergibt das Resultat an das Anwendungsprogramm. Das Anwendungsprogramm deblockiert und setzt seine lokale Programmabarbeitung fort. Aus der Sicht des Anwendungsprogramms sieht dabei die entfernte Prozedurausführung wie eine lokale Prozedurausführung auf dem gleichen Rechner aus.

3.2.1   Parameter- und Ergebnisübertragung

Die Aufgabe des Client-Stub ist die Prozedurparameter zu übernehmen und in eine Nachricht zu verpacken und sie dem Server-Stub zuzusenden. Dieser Vorgang wird *Parameter marshalling* (anordnen, arrangieren) genannt. Zur Betrachtung dieses Vorgangs sehen wir uns zunächst die Parameterübergabe in konventionellen Prozeduren an und wie sie sich auf entfernte Prozeduren übertragen lässt.

In C können die Parameter by value oder by reference übergeben werden. Die Wertübergabe bereitet dabei für einen entfernten Prozeduraufruf keine Schwierigkeit, da der entfernten Prozedur ein Wert übergeben wird. Für die aufgerufene Prozedur ist ein Wertparameter eine initialisierte lokale Variable, die beliebig modifizierbar ist. Die Modifikation des Wertparameters hat dabei keine Auswirkung auf die der Prozedur übergebenen Variablen.

Ein Referenzparameter in C ist ein Zeiger auf eine Variable (Adresse einer Variablen) und kein Wert einer Variablen. Da die entfernte Prozedur in einem anderen Adressraum als die aufrufende Prozedur läuft, kann die Adresse einer Variablen nicht übergeben werden. Eine mögliche, jedoch sehr einschränkende Lösung ist das Verbieten von Pointern und Referenzübergaben. Soll diese einschränkende Lösung nicht gewählt werden, so muss die call by reference Semantik nachgebildet werden, was durch die Parameterübergabeart *call-by-copy/restore* möglich ist. call-by-copy/restore kopiert die Variablen auf den Keller des Aufgerufenen, wie bei call by value. Bei Prozedurrückkehr werden die Parameter zurückkopiert in die Variablen, wodurch die Werte der Variablen des Aufrufes überschrieben werden. Dieses Vorgehen entspricht dann einem call by reference mit der Ausnahme von dem Fall, in dem der gleiche Parameter mehrfach in der Parameterliste auftritt. Dazu betrachte man das folgende Programmbeispiel in C (Programm 3.7):

Programm 3.7: Parameterübergabeart call-by-copy/restore

```
f(int *x, int *y)
{
  *x = *x + 1;
  *y = *y + 1;
}


main()
{
  int a;
  a = 0;
  f(&a, &a);
  printf("%d", a);
}
```

Eine lokale Prozedurabwicklung liefert als Ergebnis den Wert 2, weil die beiden Additionen sequenziell abgewickelt werden. Bei einem Remote Procedure Call wird jedoch zweimal kopiert. Jede Kopie wird unabhängig von der anderen auf eins gesetzt. Am Ende der Prozedur wird a (= 1) zurückkopiert. Das zweite Kopieren überschreibt das Erstkopierte. Dadurch liefert in diesem Fall die call-by-copy/restore-Semantik den Wert von eins und unterscheidet sich dadurch von der call by reference-Semantik.

Effizienter können die Parameter gehandhabt werden, wenn sie wie in der Programmiersprache Ada als *Eingangsparameter* (in) oder *Ausgangsparameter* (out) spezifiziert sind. Liegt ein in-Parameter vor, so kann der Parameter wie bei der Wertübergabe kopiert werden. Liegt ein out-Parameter vor, so braucht der Parameter nicht kopiert zu werden, d. h. der aufgerufenen Prozedur übergeben zu werden. Nach Prozedurausführung wird der Wert des out-Parameters von der Ausführungsumgebung zum Aufrufer transportiert und in der Aufrufumgebung in den Parameter und somit der Variablen kopiert. In-out-Parameter können dann durch call-by-copy/restore behandelt werden.

Obiges beschriebenes Vorgehen behandelt Zeiger auf einfache Felder und Strukturen. Was jedoch nicht abgedeckt ist, sind Zeiger auf komplexe Datenstrukturen, wie beispielsweise Listen, Bäume und Graphen. Manche Systeme versuchen auch diesen Fall abzudecken, indem man einen Zeiger einem Server-Stub übergibt und einen speziellen Code in der Server-Prozedur generiert zur Behandlung von Zugriffen durch Zeiger. Die Adresse (Zeiger) wird dabei in der Serverprozedur abgelegt; falls der Inhalt der Adresse vom Server gewünscht wird, sendet der Server eine Nachricht an den Client zum Lesen der Speicherzelle, auf welcher die Adresse zeigt. Der Client kann dann den Inhalt der Adresse, also den Wert, lesen und an den Server zurückschicken. Diese Methode ist jedoch sehr ineffizient, da bei jedem Zugriff auf eine Speicherzelle über einen Zeiger Botschaften ausgetauscht werden müssen.

Eine andere Möglichkeit besteht darin, die komplette, komplexe Datenstruktur vom Adressraum des Clients in den Adressraum des Servers zu kopieren.

Die entfernte Prozedur läuft im Adressraum des Servers ab. Der Aufruf der Prozedur liegt jedoch im Adressraum des Clients. Deshalb können nur diejenigen Prozeduren auch entfernte Prozeduren sein, die keine Zugriffe auf globale Variablen im Prozedurkörper enthalten.

Mit den obigen beschriebenen Einschränkungen verläuft die Parameterübertragung und Ergebnisübertragung ohne Komplikationen, falls die Clients- und Server-Maschinen identisch sind und somit eine identische Datenrepräsentation benutzen. Ein großes verteiltes System enthält jedoch verschiedene Maschinen. Jede dieser Maschinen benutzt eine andere Repräsentation für Zahlen, Characters und andere Daten. Beispielsweise benutzen IBM-Großrechner EBCDIC-Code zur Darstellung von Characters, während Personal Computer und Minicomputer ASCII-Code verwenden. Ähnliche Probleme treten mit der Darstellung von Ganzzahlen und Gleitkommazahlen auf. Manche Maschinen benutzen für Ganzzahlen das Einerkomplement und manche das Zweierkomplement. Bei Gleitkommazahlen variieren die Größe der Mantisse und des Exponenten von Maschine zu Maschine, falls nicht ein genormtes Format (ANSI/IEEE 754-Gleitkomma-zahlen-Format) verwendet wurde.

Ein weiteres Problem ist durch die Ablage der Bytes im Speicher gegeben. Entweder liegt das niederwertigste Byte auf der niedrigsten Speicheradresse oder umgekehrt, das höchstwertige Byte liegt auf niedrigsten Speicheradresse. Die beiden Byte-Ordnungen heißen *little endian* bzw. *big endian*. Intel-, National Semiconductor Prozessoren und VAXen benutzen das little endian-Format, während Motorola-Prozessoren, die IBM 370 und Sparc-Rechner das big endian-Format benutzen.

Nachrichten werden Byte für Byte über das Netzwerk geschickt. Dadurch ist das erste abgeschickte Byte auch das erste Byte, das ankommt. Sendet eine Maschine mit little endian-Format an eine Maschine mit big endian-Format, so wird das niederwertigste Byte zum höchstwertigen Byte. Beispielsweise wird eine Integerzahl 1 zu 2^{24}, da Bit 0 im little endian-Format zu Bit 24 wird im big endian-Format.

Mit Information über die Typen der einzelnen Parameter, kann von einer Datendarstellung in eine andere Datendarstellung (big endian – little endian, EBCDIC – ASCII, Einerkomplement – Zweierkomplement) gewandelt werden. Dabei muss die zu übertragende Nachricht eine Indikation enthalten, welches Datenformat vorliegt. Der Client-Stub hängt dabei vor die Nachricht die Indikation des verwendeten Formats. Kommt die Nachricht beim Server-Stub an, überprüft er das verwendete Datenformat des Clients. Stimmt das Datenformat des Clients mit seinem eigenen Datenformat überein, braucht nicht gewandelt zu werden.

Liegt keine Übereinstimmung vor, wandelt er die Nachricht vom fremden Datenformat in sein eigenes Datenformat um. Hängen im Netz n verschiedene Maschinen mit verschiedenen Datendarstellungen, sind dafür n × (n−1) Konvertierungsroutinen notwendig. Die Anzahl der Konvertierungsroutinen für einen Datentyp steigt dadurch quadratisch mit der Anzahl n der Maschinen.

Diese Anzahl lässt sich auf 2 × n reduzieren (der Anstieg ist nur linear), falls ein maschinenunabhängiges Netzwerkdatenformat (Transferformat) verwendet wird. Der

Client-Stub wandelt dabei die eigene Datendarstellung in die Netzwerkdatendarstellung. Die Nachricht wird dann in der Netzwerkdatendarstellung übertragen, und der Server-Stub wandelt die Netzwerkdatendarstellung wieder in seine eigene Datendarstellung um. Ein Nachteil dieses Verfahrens ist, dass zwei unnötige Konvertierungen durchgeführt werden, falls beide Maschinen gleich sind und somit die gleiche Datendarstellung benutzen. Außerdem ist die direkte Konvertierung effizienter, da nur ein Konvertierungsvorgang pro Aufruf oder Rückmeldung erforderlich ist, während bei einem maschinenunabhängigen Transferformat zwei Konvertierungen nötig sind.

Dem Xerox Courier RPC-Protokoll unterliegt ein Datenrepräsentationsstandard, den sowohl die Clients als auch der Server verwenden müssen. Es ist die big endian-Reihenfolge. Die maximale Größe irgendeines Feldes beträgt 16 Bit. Zeichen werden in dem *16-Bit-Xerox-NS-Zeichensatz* verschlüsselt. Dieser benutzt 8-Bit-ASCII für normale Zeichen, wobei auf andere spezielle Zeichensätze wie beispielsweise Griechisch ausgewichen werden kann. Der griechische Zeichensatz ist sinnvoll, wenn z. B. ein mathematischer Text an bestimmte Drucker gesendet wird.

Der von Sun RPC verwendete Datenrepräsentationsstandard heißt *eXternal Data Representation (XDR)*. Er besitzt eine big endian-Reihenfolge, und die maximale Größe irgendeines Feldes beträgt 32 Bit.

Anstelle eines einzigen Netz-Standards unterstützt *NDR (Network Data Representation)* mehrere Formate. Dies ermöglicht dem Sender, sein eigenes internes Format zu benutzen, falls es eines der unterstützenden Formate ist. Der Empfänger muss, falls sich sein Format von dem des Senders unterscheidet, dieses in sein eigenes Format umwandeln. Dies wird als die „der Empfänger wird's schon richten"-Methode bezeichnet. Diese Technik besitzt dadurch den Vorteil, dass wenn zwei Systeme mit gleicher Datenrepräsentation miteinander kommunizieren, sie überhaupt keine Daten umzuwandeln brauchen.

XDR und NDR benutzen das so genannte *implizite Typing*. Das bedeutet, dass nur der Wert einer Variablen über das Netz geschickt wird und nicht der Variablentyp. Im Gegensatz dazu verwendet das von der ISO (International Standards Organization) definierte Transferformat (Transfersyntax) das *explizite Typing*. Die dazugehörige Beschreibung von Datenstrukturen ist in der Beschreibungssprache ASN.1 (Abstract Syntax Notation 1) gegeben. ASN.1 überträgt den Typ jedes Datenfeldes (verschlüsselt in einem Byte) zusammen mit dessen Wert in einer Nachricht. Wenn beispielsweise eine 32-Bit-Integer übertragen werden soll, so würde bei impliziten Typing nur der 32-Bit-Wert über das Netz übertragen. Bei expliziten Typing in ASN.1 würde dagegen ein Byte übermittelt, welches angibt, dass der nächste Wert ein Integer ist. Dem folgt ein weiteres Byte, das die Länge des Integer-Feldes in Byte angibt, sowie ein, zwei, drei oder vier Bytes, die den tatsächlichen Wert des Integers enthalten.

3.2.2 Identifikation und Binden der Aufrufpartner

Die Lokalisierung des Servers, der die gewünschte Prozedur anbietet, kann auf folgende Arten geschehen:

1. Durch direkte Angabe der Serveradresse (*statisches Binden*).
2. Durch Umsetzen eines logischen Servernamens in eine physikalische Adresse über einen Broadcast oder über einen Broker (siehe Abschn. 2.3.2) (*dynamisches Binden*).

Im Fall 1 erfolgt das Binden eines Servers zu einem entsprechenden Aufruf statisch bei der Übersetzung des aufrufenden Programms. Falls der Server auf einer anderen Maschine laufen soll oder falls sich die Schnittstelle des Servers ändert, müssen bei diesem Verfahren diejenigen Programme, welche Prozeduren des Servers aufrufen, gefunden und neu übersetzt werden. Die Anwendung ist dadurch von einer konkreten Systemkonfiguration und speziell von den Netzwerkadressen abhängig.

Im Fall 2 kann das Binden dynamisch bei Beginn des Programmablaufs oder gar erst bei der Ausführung des Aufrufes erfolgen. Die Indirektion über einen Broker ermöglicht eine Änderung der Serveradressen, ohne dass Clients davon beeinträchtigt sind. Dadurch können dynamische Systemrekonfigurationen und mobile Server unterstützt werden.

Zum dynamischen Binden muss für Server ein Mechanismus zum Exportieren der angebotenen Prozedurschnittstellen existieren. Das bedeutet, der Server sendet seinen Namen, seine Versionsnummer, eine Identifikation und seine Adresse zu dem Broker, oder wie er auch bei RPCs genannt wird, dem *Binder*.

Die Adresse ist dabei systemabhängig und kann eine Ethernet-Adresse eine IP-Adresse, eine X.500-Adresse oder eine Prozessidentifikation sein. Zusätzlich kann noch weitere Information, welche die Authentifikation betrifft, mitgeschickt werden. Der Binder trägt dann den Namen des Services und seine Adresse in eine Namenstabelle ein. Dieser Vorgang heißt *Registrierung* des Servers. Will ein Server die Prozedur nicht mehr länger zur Verfügung stellen, kann er einen Namenstabelleneintrag durch *Deregistrierung* löschen. Dazu muss der Binder eine bekannte und feste Adresse haben; diese Adresse für den Binder ist bei RPCs immer die Adresse 111. Diesen Sachverhalt zeigt Abb. 3.11.

Der Client muss dann, um eine Prozedur des Servers benutzen zu können, die Prozedurschnittstelle importieren. Ruft ein Client eine entfernte Prozedur zum ersten Mal auf, so sieht der Client-Stub, dass diese Prozedur noch nicht an einen Server gebunden ist. Er sendet dann eine Nachricht an den Binder zum Importieren einer Prozedur mit einer bestimmten Version. Der Binder überprüft mit der Namenstabelle, ob ein Server ein Interface mit diesem Namen und der Version anbietet. Ist dies der Fall, gibt der Binder dem Client die Adresse und die Identifikation zurück.

In Unix-Systemen heißt das Programm des Portmappers *portmap* oder *rpcbind*. Das rpcbind-Programm ist ein Dämon-Prozess, der auf der Server-Maschine läuft.

Abb. 3.11 Aufgaben des Bin-
ders: Registrierung und Aufruf
einer Prozedur

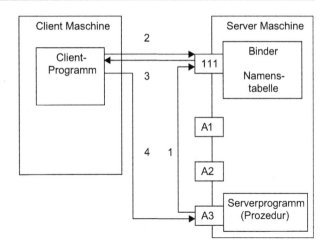

1. Server registriert Prozedur und Version beim Binder
2. Client fragt nach der Serveradresse beim Binder
3. Binder liefert die Serveradresse zurück
4. Client ruft Serverprozedur auf

3.2.3   Beispiele für RPC-Systeme

Im Nachfolgenden werden drei RPC-Systeme und deren Eigenschaften miteinander verglichen. Dieser Vergleich umfasst nur die drei bekanntesten RPC-Systeme aus der Fülle der
bestehenden Systeme.

Xerox Courier RPC   Xerox Courier RPC ist eine der ersten und ältesten Implementierungen von RPCs. Die RPC-Implementierung wurde bei Xerox entwickelt und ist Teil des
Xerox Network Systems (XNS). Die Implementierung umfasst ein Transportprotokoll XNS
SPP sowie einen Datenrepräsentationsstandard. Das System Xerox Courier bietet blockierende RPCs mit der Fehlersemantik at most once an. Der Bindevorgang wird durch den
Directory-Dienst Clearinghouse unterstützt und ist somit dynamisch. Stubs werden automatisch auf der Basis der Schnittstellenbeschreibung in Courier-Notation generiert.

Das Xerox-Courier-System ist heute noch in Gebrauch; das Netzwerkbetriebssystem
Novell's Netware benutzt dieses System.

Das Nachfolgesystem Xerox Cedar verwendet dagegen ein speziell für das System ent-
wickeltes effizienteres Datagram-Protokoll.

Die Stub-Generierung basiert hier auf einer Schnittstellenbeschreibung in der Programmiersprache Mesa. Dieser Ansatz integriert die Schnittstellenbeschreibung direkt in die
Programmiersprache, wodurch Redundanz vermieden wird. Dies bedingt, dass auf allen
Rechnern die Sprache Mesa zur Verfügung steht, während andere RPC-Implementierungen
von der Koexistenz verschiedener Programmiersprachen ausgehen, was vor allem in heterogenen Systemen von Bedeutung ist. Zur Laufzeit können periodisch Testnachrichten

vom Client zum Server geschickt werden, um eventuelle Serverausfälle zu erkennen. Der in Cedar verwendete Directory-Dienst zum Binden ist das System Grapevine.

Sun RPC Das weit verbreitete RPC-System der Firma SUN ist *Open Network Computing (ONC)*. Die Implementierung des Network File Systems (NFS) beruht darauf (siehe Abschn. 5.2.1). Dieses System wird im nachfolgenden Abschnitt zur RPC-Programmierung benutzt und dargestellt. ONC besteht aus Routinen für Remote Procedure Calls und für die externe Datenrepräsentation (eXternal Data Representation (XDR)) [C 91]. Als Transportprotokoll wird UDP oder TCP verwendet. ONC bietet neben blockierenden RPCs auch asynchrone oder nicht blockierende RPCs an. Asynchrone RPCs sind in den Situationen angebracht, bei denen nur ein Ein-Weg-Botschaften-Schema benötigt wird. Bei asynchronen RPCs sendet der Client nur eine Botschaft an den Server und wartet nicht auf eine Rückantwort. Benötigt der Client eine Rückantwort, so muss er den Server zyklisch abfragen oder einen Callback-RPC verwenden. Beim Callback-RPC teilt der Client dem Server die Callback-Prozedur mit, die dann der Server beim Client aufrufen kann. Neben asynchronen RPCs stellt SUN auch Broadcast-RPC zur Verfügung. Beim Broadcast-RPC sendet der Client ein Broadcast-Paket für eine entfernte Prozedur über das Netzwerk und wartet dann auf mehrere Rückantworten.

Der Sun RPC unterstützt sowohl statisches wie auch dynamisches Binden. Beim dynamischen Binden werden die Namen und die Transportadressen der verfügbaren Services in einem Namens-Server, rpcbind genannt, abgespeichert.

DCE RPC Die Network Computing Architecture (NCA) von Appollo ist die dritte Basis, welche RPCs enthält. NCA/RPC beschreibt ein RPC-Protokoll und NDR (Network Data Representation) definiert einen Daten-Repräsentations-Standard. Als Transportprotokoll wird UDP und DDS, ein von Appollo implementiertes Netzprotokoll verwendet. Network Computing System (NCS) 2.0, eine von Digital Equipment und Hewlett-Packard verbesserte Version von NCA, bildet die Basis für RPCs in der Distributed Computing Environment (DCE) von OSF. Der Apollo-RPC ermöglicht blockierende, asynchrone und Broadcast-RPCs. Bei asynchronen RPCs ist jedoch keine Rückantwort möglich. Die Fehlersemantik bei asynchronen RPCs ist Maybe. Die Fehlerklasse Maybe besagt lediglich, dass ein Aufruf nicht oder höchstens einmal durchgeführt wird. Der Client erhält dabei im Fehlerfalle keine Information über den Status des Aufrufes. Die Fehlersemantik bei blockierenden RPCs ist at least once oder at most once. Der Apollo-RPC ermöglicht, wie bei Cedar, das Versenden von Testnachrichten, um Serverausfälle zu erkennen. Das Binden erfolgt dynamisch über den Location Broker. Die Stub-Generierung basiert auf der Network Interface Definition Language (NIDL). Aus der Schnittstellenbeschreibung erzeugt ein NIDL-Compiler C-Code. Als Transportprotokolle können das herstellereigene DDS oder UDP eingesetzt werden.

3.2.4   RPC-Programmierung

Im Folgenden beschränken wir unsere Betrachtungen auf das RPC-Programm-System von Sun [C 91]. Das nachfolgende Programmierbeispiel ist aus dem Buch von Padovano [P 93] entnommen. Zur Einführung in die DCE RPCs, die bei den Windows-Betriebssystemen Verwendung finden, sei das Buch von Peterson [P 95] empfohlen.

Zur Programmierung von RPC-Programmen steht eine RPC-Bibliothek zur Verfügung, die mehrere Interface-Routinen enthält. Diese Bibliothek ist normalerweise zu finden unter `/usr/include/rpc`.

Die Bibliothek enthält unter anderen die folgenden Routinen:

- `clnt_create()` – stellt die Kommunikation her mit der entfernten Prozedur. Dazu tritt sie in Kontakt mit dem Binder, dem rpcbind-Dämon auf der Server-Maschine. Weiterhin findet sie die Adresse des Programms, das die Prozedur anbietet, und stellt die Kommunikation mit diesem Programm her. Die Routine besitzt vier Argumente, den Namen der Server-Maschine, mit der kommuniziert werden soll; die Programm-Nummer; die Versions-Nummer und eine Indikation für den Transport-Provider. Zurückgegeben wird ein „client handle", der für alle entfernt aufzurufenden Prozeduren des Programms benutzt wird. Die `clnt_create`-Routine benutzt die Network Selection Facility zum Finden eines Transport-Providers. Die Routine findet einen Transport-Provider auf der Maschine, indem sie, ausgehend von der NETPATH-Umgebungsvariable, sucht oder den File `/etc/netconfig` sequenziell durchsucht.
Transport-Provider-Spezifikationen basierend auf der NETPATH-Umgebungsvariable sind:
`"netpath"` – Die `clnt_create`-Routine benutzt den ersten Transport-Provider, den sie findet. Der Transport-Provider kann ein verbindungsloser oder verbindungsorientierter Dienst sein.
`"circuit_n"` – Die `clnt_create`-Routine benutzt den ersten verbindungsorientierten Transport-Provider und überspringt alle verbindungslosen Transport-Provider.
`"datagram_n"` – Die `clnt_create`-Routine benutzt den ersten verbindungslosen Transport-Provider und überspringt alle verbindungsorientierten Transport-Provider.
Transport-Provider-Spezifikationen basierend auf der sequenziellen Suche im File `/etc/netconfig` sind:
`"visible"` – Die `clnt_create`-Routine benutzt den ersten sichtbaren Eintrag, den sie in dem File findet. Der Transport-Provider kann ein verbindungsloser oder verbindungsorienter Dienst sein.
`"circuit_v"` – Die `clnt_create`-Routine benutzt den ersten sichtbaren verbindungsorientierten Eintrag, den sie in dem File findet, und überspringt alle verbindungslosen Einträge.
`"datagram_v"` – Die `clnt_create`-Routine benutzt den ersten sichtbaren verbindungslosen Eintrag, den sie in dem File findet und überspringt alle verbindungsorientierten Einträge.

Die Transport-Provider-Spezifikation für das Transmission Control Protocol ist `tcp`
und für das User Datagram Protocol ist `udp`.
- `clnt_pcreate_error()` – diese Routine kann aufgerufen werden, wenn `clnt_create` fehlschlägt. Die Routine gibt den Grund dafür auf `standard error` aus.
- `clnt_perror()` – schlägt eine high level Interface-Routine fehl, so kann diese Routine aufgerufen werden. Die Routine gibt den Grund auf `standard error` aus.
- `clnt_freeres()` – gibt den Speicher für das Ergebnis der Prozedur frei.
- `clnt_destroy()` – gibt den Speicher, der bei `clnt_create` angelegt wurde, für das Client-Handle frei.

Die Interface-Routinen benutzen XDR-Routinen, um die Daten von der maschinenab-
hängigen Form in den XDR-Datenrepräsentationsstandard zu konvertieren und zur umgekehrten Vorgehensweise.

3.2.4.1 RPC-Compiler und RPC-Sprache

Auf der unteren Implementierungsebene können zur Gestaltung der Netzwerkfunktiona-
litäten low-level RPC-Routinen benutzt werden und zur Konversion der Daten von und
zum gemeinsamen Format XDR-Routinen. Es steht jedoch auch ein RPC-Compiler *rpcgen*
zur Verfügung, welcher die low-level RPC-Routinen und XDR-Routinen generiert. Eingabe für den rpcgen ist eine RPC-Spezifikation in der RPC-Definitions-Sprache (RPCL). Aus
dieser Spezifikation generiert der RPC-Compiler mehrere C-Files und Header-Files. Die
C-Files enthalten den Quellcode, welcher die Aufrufe der low-level RPC-Routinen und
XDR-Routinen enthält. Die Header-Files enthalten Strukturdefinitionen, welche von der
entfernten Prozedur benötigt werden. Das Spezifikationsfile ist in einem File mit der Extension `.x` abgelegt. Der wichtigste Teil der RPC-Spezifikation ist die Programmdefinition.

Programmdefinition Die Programmdefinition beschreibt die entfernten Prozeduren. Jede Programmdefinition hat eine Programmnummer, eine Versionsnummer und eine Liste
der entfernten Prozeduren. Die Programmdefinition hat die folgende Form:

Programmdefinition
```
program identifier {
   version_list
} = value;
```

Der `identifier` ist ein String für den Namen des Programms, und `value` ist eine vorzeichenlose Integerzahl. Der Wert der Zahl kann wie in C angegeben werden. Man
kann ein `Ox` zur Repräsentation einer Hexadezimalzahl und ein `O` zur Repräsentation einer
Oktalzahl voranstellen.

Die Programmnummer identifiziert die Prozedurgruppe. Die Programmnummern
müssen eindeutig sein. Die Programmnummern 0–1ffffff sind reserviert für bestehende
Programme und werden von SUN Microsystems verwaltet. Für RPC-Applikationen sollten

diese Nummern nicht benutzt werden, da sie mit bestehenden Programmen korrespondieren. Die Programmnummern 20000000–3ffffff stehen für RPC-Applikationen bereit.
In nachfolgenden Beispielen verwenden wir die Nummer 536870920 (536870920 hat den
hexadezimalen Wert 20000008 und sie liegt in diesem Bereich).

Die Versionsliste ist eine Liste der verschiedenen Programmversionen und enthält mindestens eine Definition der folgenden Form:

Versionsliste
```
version identifier {
   procedure_list
} = value;
```

Jede Version enthält eine Liste von Prozeduren. Die `procedure_list` enthält mindestens eine Definition der folgenden Form:

Prozedurliste
```
data_type procedure_name(data_type) = value;
```

Der `procedure_name` ist der Name der Prozedur und `value` ist eine vorzeichenlose
Integerzahl, welche die Prozedurnummer spezifiziert. `data_type` kann irgendein einfa-
cher C-Datentyp sein, z. B. `int`, `unsigned int`, `void` oder `char`, oder ein komplexer
Datentyp. Liegen komplexe Datentypen vor, so müssen sie im `.x`-File spezifiziert werden.
Man kann Konstanten, Strukturen, Enumerations, Unions und Typedefinitions spezifizie-
ren.

Betrachten Sie beispielsweise die folgende Programmdefinition (Programm 3.8):

Programm 3.8: Programmdefinition in RPCL
```
program TIMEINFO {
   version TIMEVERS {
      unsigned int GETTIME(void) = 1;
      } = 1;
} = 0x20000008;
```

Das Beispiel definiert ein Programm mit Namen `TIMEINFO` und Programmnummer
`0x20000008`. Es existiert eine Version des Programms mit der Nummer 1. Das Programm hat nur eine Prozedur mit dem Namen `GETTIME`. Die Prozedur hat keine Argumente, und sie gibt eine vorzeichenlose Integerzahl zurück.

Der rpcgen-Compiler produziert aus obigem Beispiel einen Header-File mit folgendem
Inhalt:

TIMEINFO, TIMEVERS, GETTIME
```
#define TIMEINFO ((u_long)0x20000008)
#define TIMEVERS ((u_long)1)
```

```
#define GETTIME ((u-long)1)
extern u_int *gettime_1();
```

Benötigt die Prozedur komplizierte Datenstrukturen, so müssen sie im .x-File spezifiziert werden. Es können Konstanten, Strukturen, Aufzählungstypen, Unions und Typdefinitionen spezifiziert werden.

Konstanten

```
const MAX_ENTRIES = 1024;
```

Der rpcgen-Compiler übersetzt Konstantendefinitionen in ein #define-Konstrukt:

```
#define MAX_ENTRIES 1024
```

Strukturen Strukturen sind in der RPC-Definitionssprache wie in C definiert. Der rpcgen-Compiler transferiert Strukturen in einen Header-File und fügt eine korrespondierende typedef-Definition hinzu. Aus der folgenden Struktur

intpair
```
struct intpair {
    int a;
    int b;
};
```

generiert der RPC-Compiler folgenden Header-File:

intpair
```
struct intpair {
    int a;
    int b;
};
typedef struct intpair intpair;
```

Die typedef-Definition erlaubt die Benutzung des Types intpair anstatt struct intpair bei der Deklaration von Variablen im RPC-Programm.

Aufzählungen Wie bei Strukturen sehen RPC-Definitionen für Aufzählungen wie bei C aus. Der RPC-Compiler transferiert die Aufzählung in einen Header-File, gefolgt von einem typedef für die Aufzählung.

Die folgende Aufzählung

trafficlight
```
enum trafficlight {
    RED = 0,
    AMBER = 1,
    GREEN = 2
};
```

wird transformiert in

trafficlight
```
enum trafficlight {
    RED = 0,
    AMBER = 1,
    GREEN = 2
};
typedef enum trafficlight trafficlight;
```

Unions Unions in der RPC-Sprache unterscheiden sich vom Aussehen in der Sprache C. In C sind Unions eine Liste von Komponenten, wobei jede Komponente den gleichen Speicherplatz besitzt. Die RPC-Definition einer `union` definiert die möglichen Datenstrukturen, die eine Prozedur zurückgeben kann. Dazu wird ein `Switch` benutzt, um anzuzeigen, welches Element der Union in welchem Fall zurückgegeben wird. Die Definition einer `Union` hat folgendes Aussehen:

union
```
union identifier Switch (declaration) {
    case_list
};
```

Der `identifier` ist der Name der Union. `declaration` ist eine einfache Deklaration in C.

Abhängig vom Wert der Deklaration, wird ein Element der `case_list` benutzt. Die `case_list` ist eine Liste der folgenden Form:

case value
```
case value: declaration;
```

Die `case_list` kann eine optionale Default-Zeile der folgenden Form besitzen:

default
```
default: declaration;
```

Zur Illustration betrachten wir eine Prozedur; sie soll einen Benutzernamen akzeptieren und falls der Benutzer am Rechner arbeitet, ein Charakterfeld zurückgeben, welches die Zeit, die der Benutzer am Rechner verbracht hat, enthält. Sitzt der Benutzer nicht am Rechner, gibt die Prozedur nichts (`void`) zurück. Falls die Information nicht erhalten werden kann, gibt die Prozedur einen `Integer`, welche den Fehlercode enthält, zurück. Diese drei Fälle lassen sich mit einer `union`-Definition wie folgt angeben:

time_results
```
const MAX_TIME_BUF = 30;
union time_results Switch (int status) {
case 0:
        char timeval [MAX_TIME_BUF];
case 1:
        void;
case 2:
        int reason;
};
```

Der RPC-Compiler generiert die folgende C-Datenstruktur aus dieser Definition:

time_results
```
#define MAX_TIME_BUF 30
struct time_results {
   int status;
   union {
      char timeval [MAX_TIME_BUF];
      int reason;
   };time_results_u;
};
typedef struct time_results time_results;
```

Zur Implementierung des RPC-Programms muss die generierte Struktur verwendet werden. Die RPC-Definition der `union` dient zu informellen Zwecken und definiert die möglichen Datenstrukturen, die eine Prozedur zurückgeben kann.

Bei der Benutzung der generierten Datenstruktur ist Folgendes zu beachten:

- Die Struktur hat den Namen des `Union`-Identifier in der RPC-Definition. Die `Union`-Komponente der Struktur hat den Namen des `Union`-Identifiers erweitert um _u am Ende.
- Die `void`-Deklaration fehlt.
- Das erste Element der Struktur ist das gleiche wie in der RPC-Definition der `union`. Bei der Implementierung der Prozedur muss sichergestellt sein, dass das Element `status` nur die Werte 0, 1 oder 2 besitzt, da die RPC-Definition nur diese Werte enthält.

Typdefinitionen Typdefinitionen in der RPCL haben die gleiche Syntax wie in C. Der RPC-Compiler transferiert sie ungeändert in den generierten File.

Felder Felder fester Länge werden in RPCL definiert wie in C und der RPC-Compiler transformiert sie ungeändert in den generierten Code.

Felder mit variabler Länge haben keine entsprechende Syntax in C, deshalb benutzt RPCL dazu spitze Klammern. Die maximale Größe des Feldes kann dabei zwischen den spitzen Klammern angegeben werden. Die maximale Größe kann auch weggelassen werden, um anzuzeigen, dass das Feld irgendeine Größe hat. Nachfolgendes Beispiel zeigt die beiden Fälle:

heights, widths
```
int heights[12]    /* at most 12 items */
int widths<>;      /* any number of items */
```

Da Felder von variabler Länge in C nicht vorkommen, werden diese RPC-Definitionen in eine Struktur mit einem Längenspezifizierer und einem Zeiger auf das Feld transformiert. Für obige beiden Felder erzeugt der RPC-Compiler folgenden Code:

heights, widths
```
struct {
    u_int heights_len;
    int *heights_val;
} heights;

struct {
    u_int widths_len;
    int *widths_val;
} widths;
```

Die Anzahl der Feldelemente ist in der _len-Komponente und der Zeiger auf das Feld ist in der _val-Komponente gespeichert. Der erste Teil dieser Komponentennamen ist der Name des definierten Feldes.

Zeiger Zeiger in RPCL sind genauso definiert wie in C. Natürlich macht es keinen Sinn, einen Zeiger von einem Rechner über das Netzwerk auf einen anderen Rechner zu transportieren, da ein Zeiger auf einem Rechner eine andere Speicherstelle referenziert als auf einem anderen Rechner. Man kann jedoch Zeiger benutzen zum Aufbau von geketteten Listen und Bäumen. Nachfolgendes Beispiel zeigt eine Liste und die daraus generierte Struktur:

list
```
struct list {
    int data;
```

```
    list *nextp;
};
```

transformiert der rpcgen in:

list
```
struct list {
    int data;
    struct list *nextp;
};
typedef struct list list;
```

Strings Strings werden in RPCL als ein Feld variabler Länge deklariert. Der RPC-Compiler generiert daraus einen `char`-Zeiger. Folgendes Beispiel zeigt zwei String-Definitionen und den daraus generierten C-Code.

```
string name <32>;
string longname <>;
```

transformiert der rpcgen in:

```
char *name;
char *longname;
```

Bei der Implementierung der Prozedur muss dann Speicher reserviert werden zur Aufnahme des Strings.

Booleans C besitzt keinen Datentyp Boolean; RPCL unterstützt boolesche Werte, genannt `bool`. `bool`-Definitionen werden in den `bool_t`-Typ transformiert, welcher in `<rpc/types.h>` definiert ist. `bool`-Definitionen sind nur innerhalb von Strukturen, Typdefinitionen und Unions erlaubt. Folgendes Beispiel zeigt eine `bool`-Definition und den daraus generierten Code:

in_use
```
bool in_use;
```

wird transformiert zu:

in_use
```
bool_t in_use;
```

Dieser Typ ist äquivalent zu:

in_use
```
enum {FALSE = 0, TRUE = 1} in_use;
```

Void In einer void-Deklaration ist die Variable unbenannt. void-Deklarationen können an zwei Stellen auftreten: In union-Definitionen und in Programm-Definitionen als Argumente und als Ergebnis der entfernten Prozedur.

Opaque Daten Opaque Daten dienen zur Beschreibung von untypisierten Daten (Sequenz von beliebigen Bytes). Die Daten können als Felder fester oder variabler Länge deklariert werden. Nachfolgendes Beispiel zeigt eine RPCL opaque-Definition und den daraus generierten C-Code.

diskblock, filedata
```
opaque diskblock[512];
opaque filedata<1024>;
```

wird transformiert in:

diskblock, filedata
```
char diskblock[512];
struct {
    u_int filedata_len;
    char *filedata_val;
}filedata;
```

3.2.4.2 Anwendungsbeispiel für entfernte Prozeduren

Im folgenden Beispiel zeigen wir, wie eine existierende lokale Anwendung in eine verteilte Anwendung überführbar ist. Wir setzen dabei voraus, dass die lokale Anwendung unterteilt ist in Prozeduren, die dann in entfernte Prozeduren gewandelt werden. Um zu zeigen, wie der rpcgen-Compiler arbeitet, starten wir zunächst mit der Betrachtung von drei lokalen Prozeduren. Die drei Prozeduren sind:

1. add(), welche zwei Integerzahlen addiert und deren Summe zurückgibt,
2. multiply(), die zwei Integerzahlen multipliziert und deren Produkt zurückliefert,
3. cube(), welche zu einer Integerzahl deren Kubikzahl zurückliefert.

Der C-Code dieser drei Prozeduren (Programm 3.9) hat folgendes Aussehen:

Programm 3.9: Prozeduren add, multiply und cube
```
struct intpair {
    int a;
    int b;
};


int add(intpair)
    struct intpair intpair;
```

```
{
 return (intpair.a+intpair.b);
}

int multiply(intpair)
   struct intpair intpair;
{
   return (intpair.a*intpair.b);
}

int cube (base)
   int base;
{
   return (base*base*base);
}
```

Ein Hauptprogramm (Programm 3.10), welche die obigen drei Prozeduren aufruft, sieht folgendermaßen aus:

Programm 3.10: Hauptprogramm mit Prozeduraufrufen

```
#include <stdio.h>
main (argc, argv)
int argc;
char *argv[];
{
   struct intpair numbers;
   int result;
   if (argc != 3) {
      fprint(stderr,"%s:usage:%s num1 num2 \n",
                  argv[0], argv[0]);
   exit(1);
   }

   numbers.a = atoi(argv[1]);
   numbers.b = atoi(argv[2]);
   result = add(numbers);
   printf("The add (%d, %d) procedure returned %d\n",
                     numbers.a,numbers.b,result);

   result = multiply(numbers);
   printf("The multiply (%d, %d) procedure
               returned%d\n",numbers.a,
               numbers.b,result);

   result = cube(numbers.a);
```

```
printf("The cube (%d) procedure returned %d\n",
        numbers.a, result);
exit(0);
}
```

Zur Wandlung der Prozeduren `add()`, `multiply()` und `cube()` in entfernte Prozeduren muss ein `.x`-File angelegt werden, der Information über die Prozeduren enthält. Der `.x`-File enthält Code in der RPC-Sprache. In dieser Sprache spezifizieren Sie die Parameter und Rückgabewerte von jeder Prozedur. Weiterhin versehen Sie die Prozeduren mit einer Programmnummer und mit einer Versionsnummer. Das so erstellte `x.`-File (Programm 3.11), genannt `math.x`, sieht folgendermaßen aus:

Programm 3.11: Programmspezifikation

```
/*
math.x
*/

struct intpair {
    int a;
    int b;
};

program MATHPROG {
    version MATHVERS {
        int ADD(intpair) = 1;
        int MULTIPLY(intpair) = 2;
        int CUBE(int) = 3;
    }= 1;
} = 536870920;
```

Diese Spezifikation definiert nun das Protokoll. Eine Anwendung, die diese Prozeduren aufruft, weiß jetzt genau, welche Parameter eine Prozedur hat und welches Ergebnis sie liefert.

Der Programmname, der Versionsname und die Prozeduren im Beispiel sind in Großbuchstaben geschrieben. Dies ist nicht notwendig, folgt jedoch einer Konvention, da der rpcgen-Compiler einen C-Headerfile generiert, der die Namen mit ihren Nummern assoziiert. Die Assoziation geschieht dabei mit `#define`-Anweisungen.

Diesen `math.x`-File übergeben Sie nun dem rpcgen-Compiler, der daraus C-Code generiert, welcher die RPC-Routinen der untersten Ebene enthält.

Jetzt muss noch der Server angelegt werden, welcher die Implementierung der Prozeduren enthält und einen Client, der diese Prozeduren aufruft.

Den C-Code für die drei Prozeduren schreiben wir in einen File `serv.c`. Die Prozeduren haben ähnliches Aussehen wie die lokalen Prozeduren und die nachfolgend (Programm 3.12) angegebene Implementierung:

Programm 3.12: Server für add, multiply und cube

```
#include <rpc/rpc.h>
/* math.h is generated by rpcgen */
#include "math.h"

int* add_1(pair)
 intpair *pair;
{
    static int result;
    result = pair->a + pair->b;
    return(&result);
}

int* multiply_1 (pair)
    intpair *pair;
{
    static int result;
    result = pair->a * pair->b;
    return(&result);
}

int* cube_1 (base)
    int *base;
{
    static int result;

    int baseval = *base;
    result = baseval * baseval * baseval;
    return(&result);
}
```

Die Deklaration von entfernten Prozeduren unterscheidet sich von der Implementierung der lokalen Prozeduren in den folgenden drei Punkten:

1. Jeder Prozedurname ist um eine _1 erweitert. Im Allgemeinen ergibt sich der Name der entfernten Prozedur durch den Prozedurnamen in der RPC-Definition, wobei Großbuchstaben durch Kleinbuchstaben ersetzt werden. Im Anschluss daran wird der Name noch zusätzlich erweitert um einen Unterstrich gefolgt von einer Versionsnummer. In unserem Beispiel haben wir die Version 1 des MATHPROG-Programms, welches drei Prozeduren hat: ADD; MULTIPLY und CUBE. Somit erhalten wir die drei Prozeduren add_1(), multiply_1() und cube_1().
2. Jede Prozedur hat einen Zeiger als Argument, anstatt des aktuellen Datentyps.
3. Jede Prozedur gibt einen Zeiger als Ergebnis zurück.

Nachdem der Server in `serv.c` festgelegt ist, muss nur noch der Client, der die Server-prozeduren aufruft, definiert werden. Dies geschieht im File `client.c` (Programm 3.11). Die Implementierung hat folgendes Aussehen:

Programm 3.13: Client Programm mit Prozeduraufrufen

```c
#include <stdio.h>
#include <rpc/rpc.h>
#include "math.h"

main (argc, argv)
   int argc;
   char *argv[];
{
   CLIENT *c1;   /* client handle */
   intpair numbers;
   int *result;

   if (argc != 4) {
      fprint(stderr,"%s:usage:%s server num1 num2 \n",
               argv[0], argv[0]);
      exit(1);
   }

   c1 = clnt_create(argv[1], MATHPROG, MATHVERS,
                        "netpath");
   if (c1 == NULL) {
     clnt_pcreateerror(argv[1]);
     exit(1);
   }

   numbers.a = atoi(argv[2]);
   numbers.b = atoi(argv[3]);

   result = add_1(&numbers, c1);
   if (result == NULL) {
      clnt_perror(c1, "add_1");
      exit(1);
   }
   printf("The add (%d, %d) procedure returned %d\n",
               numbers.a, numbers.b, *result);

   result = multiply_1(&numbers, c1);
   if (result == NULL) {
      clnt_perror(c1, "multiply_1");
      exit(1);
```

```
    }
    printf("The multiply (%d, %d) procedure returned
               %d\n", numbers.a, numbers.b, *result);

    result = cube_1(&numbers.a, cl);
    if (result == NULL) {
       clnt_perror(cl, "cube_1");
       exit(1);
    }
    printf("The cube (%d) procedure returned  %d\n",
               numbers.a, *result);

  exit(0);
}
```

Bei der Client-Seite des RPC-Programms sind vier Dinge zu beachten:

1. Der Client muss die Kommunikation mit dem Programm auf der Server-Maschine herstellen. Dies geschieht durch den Aufruf von `clnt_create()`, mit der Server-Maschine als erstem, der Programmnummer als zweitem, mit der Versionsnummer als drittem und der Transport-Provider-Spezifikation als viertem Parameter. In unserem Beispiel haben wir irgendeinen verfügbaren Transport-Provider gewählt durch Angabe des Strings `netpath`. Für andere Transport-Provider siehe die Besprechung von `clnt_create` am Beginn des Abschnittes. Die Routine `clnt_create()` gibt einen Client-Handle zurück, der in allen folgenden RPC-Aufrufen benutzt wird.
2. Schlägt der `clnt_create()`-Aufruf fehl, so wird die `clnt_pcreateerr()`-Routine aufgerufen, welche den Grund für das Fehlschlagen ausgibt.
3. Der Client formt den Namen der entfernten Prozedur genauso um wie der Server. Der Name in der RPC-Definition wird von Großbuchstaben in Kleinbuchstaben umgewandelt, ein Unterstrich angehängt und die Versionsnummer hinzugefügt. Im Gegensatz zur Serverseite hat die Prozedur jedoch jetzt zwei Parameter: Ein Zeiger auf das Prozedurargument und den Client-Handle. Die Prozedur gibt einen Zeiger auf das Ergebnis zurück.
4. Schlägt der Aufruf der entfernten Prozedur fehl, so gibt die Prozedur den Wert `NULL` zurück. Die Routine `clnt_perror()` mit dem `Client-Handle` als ersten Parameter und einem `String` mit Namen der Prozedur als zweitem Parameter gibt den Grund des Fehlers dann aus.

Das bisherige Vorgehen und das weitere Vorgehen bis zum ablauffähigen Client- und Server-Programm zeigt Abb. 3.12.

Zuerst wird `math.x` mit dem rpcgen-Compiler übersetzt:

```
$rpcgen math.x
```

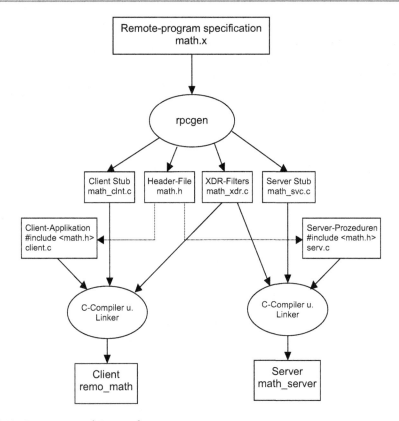

Abb. 3.12 Benutzung und Einsatz des rpcgen

Dies produziert die folgenden vier Files:

1. `math.h` enthält die `#define` Anweisungen für `MATHPROG`, `MATHVERS`, `ADD`, `MULTIPLY` und `CUBE`. Weiterhin enthält er die Definition der `intpair`-Struktur. Der Client und der Server müssen diesen File miteinschließen, um an die Definitionen zu kommen.
2. `math_svc.c` enthält den C-Code mit den lower-level-RPC-Funktionen des Servers. Das File besitzt den Code zur Registrierung des Programms beim rpcbind-Dämon und weiterhin den Code zum Aufruf von `add_1()`, `multiply_1()` und `cube_1()`.
3. `math_clnt.c` enthält den C-Code mit den lower-level-RPC-Funktionen des Clients. Weiterhin den Code, welcher die Client-Seite von `add_1()`, `multiply()` und `cube()` implementiert.
4. `math_xdr.c` enthält alle XDR-Routinen, die benötigt werden zur Konvertierung der Daten in das XDR-Format. In unserem Beispiel die Routinen zur Transformation der intpair-Struktur in das XDR-Format.

Im Allgemeinen gilt: Hat das File, welcher dem rpcgen übergeben wird, den Namen
`any.x`, so werden die folgenden Files produziert: `any.h`, `any_svc.c`, `any_clnt.c`
und `any_xdr.c`.

Nun kann alles compiliert und zusammengebunden werden:

Auf der Server-Maschine muss `math_svx.c`, `math_xdr.c` und das selbstgeschrie-
bene Programm in `serv.c` kompiliert werden:

```
$cc -o math_server math_svc.c math_xdr.c serv.c -lnsl
```

Auf der Client-Maschine muss `math_clnt.c`, `math_xdr.c` und das selbstgeschriebe-
ne Programm in `client.c` kompiliert werden:

```
$cc -o remo_math math_clnt.c math_xdr.c client.c -lnsl
```

Nun kann das Programm auf der Server-Maschine gestartet werden:

```
$math_server&
```

Wenn dieses Programm ausgeführt wird, findet es einen Transport-Provider auf der
Server-Maschine. Für jeden Transport-Provider hängt es sich selbst an eine unbenutzte
Transport-Adresse. Es informiert anschließend das rpcbind-Programm, dass Version 1 des
Programms 536870920 unter der zugewiesenen Transport-Adresse verfügbar ist.

Ein Client und somit das RPC-Programm auf einer Client-Maschine kann nun gestartet
werden:

```
$remo_math farside 3 12
The add (3, 12) procedure returned 15
The multiply (3, 12) procedure returned 36
The cube (3) procedure returned 27
$
```

3.3 Objekt-basiert

Der objekt-basierte Ansatz ermöglicht die Kommunikation und Koordination von Objekten, die auf verschiedenen Rechnern ablaufen. Das entfernte Objekt liegt auf einem entfernten und nicht auf dem lokalen Rechner. Jedes entfernte Objekt spezifiziert ein Interface,
das angibt, welche Methoden durch Clients aufgerufen werden können. Aus Entwurfssicht
können Methoden genau so aufgerufen werden, als lägen sie lokal, also auf dem gleichen
Rechner vor.

Die am häufigsten eingesetzten Systeme zur Realisierung der Objektkommunikation
und -koordination sind:

1. Die auf Java basierende *Remote Method Invocation (RMI)*,
2. die *Common Object Request Broker Architecture (CORBA)* und
3. das Microsofts *Distributed Component Object Model (DCOM)*.

Welches System man in der Praxis einsetzt, hängt größtenteils von der vorliegenden Implementierungsbasis des verteilten Systems und den verfolgten Zielen ab. Wichtige Ziele können Portabilität und Interoperabilität sein, die auf folgenden Abhängigkeiten beruhen:

- die Hardware- oder Prozessorabhängigkeit,
- die Betriebssystemabhängigkeit und
- die Programmiersprachenabhängigkeit.

RPCs sind sprachenunabhängig. Mit einem entsprechenden Generator lassen sich Stubs für beliebige Sprachen generieren. Prozessorabhängigkeiten werden durch Konversion in das maschinenunabhängige XDR-Format vom RPC-System kaschiert. Je nachdem, ob Unix oder ein Microsoft-Betriebssystem vorliegt, kommen dann UNIX-RPC-Systeme oder DCE-RPC-Systeme zum Einsatz.

RMI basiert auf Java, und Java-Programme können durch die Java Virtuelle Maschine (JVM) auf verschiedenen Plattformen laufen. Es lassen sich dadurch nur entfernte Java-Objekte ansprechen, es ist aber nicht möglich, einen in C geschriebenen Server anzusprechen.

CORBA verbirgt die Abhängigkeiten durch den Object Request Broker (ORB). Durch eine sprachunabhängige Interface Definition Language (IDL) lassen sich Stubs und Skeletons für die Sprachen C, C++, Ada, Smalltalk, COBOL, Java u. a. generieren.

DCOM ist eine von Microsoft getragene Entwicklung und an die Microsoft-Betriebssysteme gebunden.

DCOM entwickelte sich aus dem Component Object Model (COM) und dem Object Linking and Embedding (OLE). Zur Spezifikation der Schnittstellen kann die Object Definition Language ODL benutzt werden An weiteren Schnittstellensprachen steht die von DCE-RPCs abgeleitete Interface Definition Language (IDL) zur Verfügung.

DCOM unterstützt nicht das traditionelle Objektmodell, da DCOM-Objekte keinen Zustand besitzen, sondern nur eine Ansammlung von Schnittstellen sind. Ein DCOM-Objekt lässt sich als eine Softwarekomponente auffassen, die wenigstens eine Schnittstelle anbietet. Diese Komponente stellt kein Wissen über einen Zustand bereit.

Folglich könnte man DCOM auch unter den komponentenbasierten Methoden einordnen (siehe nachfolgenden Abschn. 3.5).

DCOM unterstützt weiterhin keine Mehrfachvererbung von Interfaces. Soll ein DCOM-Objekt das Interface eines anderen Objekts erben, so muss es dessen Interface in das eigene Interface einbetten.

Wir beschränken unsere nachfolgenden Betrachtungen von Objekt-basierten Systemen auf RMI und CORBA. Für die detaillierte Programmierung mit DCOM sei auf die Literatur verwiesen [G 97, EE 98].

3.3.1   Remote Method Invocation (RMI)

Remote Method Invocation (RMI) ermöglicht es, Methoden für Java-Objekte aufzurufen, die von einer anderen Java Virtuellen Maschine (JVM) erzeugt und verwaltet werden – wobei diese in der Regel auf einem anderen Rechner laufen. Ein solches Objekt einer anderen JVM nennt man dementsprechend *entferntes Objekt (remote object)*.

RMI ist eine rein Java-basierte Lösung, deshalb muss nicht auf eine eigene Sprache zur Definition der Schnittstelle zurückgegriffen werden. Der Compiler *rmic* generiert den Stub für den Client und den Server direkt aus den existierenden Klassen für das Programm. Der Server-Stub heißt bei Java Skeleton

Die Ansprache eines entfernten Objekts von der Client-Seite aus geschieht über einen Binder oder handle-driven Broker (siehe Abschn. 2.3.2). Alle entfernten Objekte müssen beim Binder registrtiert werden. Der Binder heißt dementsprechend bei RMI-Systemen *Registry*. Die Adresse der Registry ist standardmäßig die Portnummer 1099.

Möchte nun ein Client eine Methode eines entfernten Objekts aufrufen, so muss er zunächst in der Registry nachschauen, ob das entfernte Objekt registriert ist. Ist es registriert, kann der Client anschließend den Stub für die entfernte Methode anfordern. Mit dem erhaltenen Stub kann dann die entfernte Methode aufgerufen werden. Diesen Ablauf zeigt Abb. 3.13.

Zur Implementierung der Ansprache eines entfernten Objekts und damit eines Servers, auf dem das entfernte Objekt liegt, stehen vier Packages zur Verfügung:

`java.rmi`	definiert die Klassen, Interfaces und Ausnahmen, wie sie auf der Seite des Clients (Objekte, welche entfernte Methoden aufrufen) gesehen werden.
`java.rmi.registry`	ist die Registry und definiert die Klassen, Interfaces und Ausnahmen zur Benennung von entfernten Objekten und dient zur Lokalisierung der Objekte.
`java.rmi.server`	definiert die Klassen, Interfaces und Ausnahmen, die auf der Serverseite sichtbar sind.
`java.rmi.dgc`	behandelt die verteilte Speicherbereinigung (distributed garbage collection).

3.3.1.1   Package java.rmi

Clients, welche die entfernte Methode aufrufen, und ebenfalls Server benutzen die Klassen des Packages `java.rmi`, und müssen sie deshalb importieren. Das Package enthält

- das Interface `Remote`,
- die Klasse `rmi.Naming`,
- die Klasse `RMISecurityManager` und
- einige Ausnahmen.

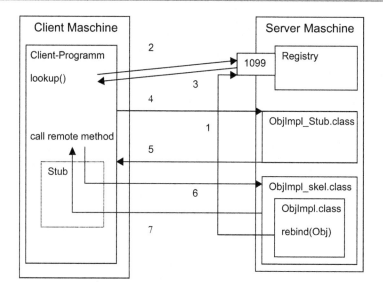

1. Registriere entferntes Objekt in der Registry.
2. Lookup(): wo ist das entfernte Objekt?
3. Entferntes Objekt gefunden.
4. Gib mir den Stub.
5. Hier ist der Stub.
6. Rufe entfernte Methode auf.
   Stub: Verpacke Parameter und sende serialisierten Strom zum Server.
   Skeleton: Entpacke Parameter und rufe Methode auf.
7. Gib Ergebnis zurück.
   Skeleton: Verpacke Parameter und sende serialisierten Strom zum Client.
   Stub: Entpacke Parameter und gib Ergebnis zurück.

Abb. 3.13 Aufruf einer entfernten Methode mit Hilfe der Registry

Interface Remote Zur Festlegung eines entfernten Interfaces dient das Interface Remote aus dem Package java.rmi. Das Interface Remote ist ein kennzeichnendes Interface und deklariert keine Methoden. Auf ein Objekt der Klasse, welche das Interfcae Remote direkt oder indirekt als entferntes Objekt implementiert, kann von jeder Java-virtuellen Maschine zugegriffen werden, die eine Verbindung mit dem Rechner hat, auf der das entfernte Objekt ausgeführt wird.

java.rmi.Naming Die Klasse java.rmi.Naming ist die Implementierung der Registry. Die Registry bildet den Uniform Resource Locator (URL) auf das entfernte Objekt ab. Zur genaueren Beschreibung der Syntax und des Aufbaus des Uniform Resource Locators siehe nachfolgenden Abschn. 3.4.

Jeder Eintrag in die Registry hat einen Namen und eine Objektreferenz. Die Clients geben den URL an und bekommen eine Objektreferenz zurück. Die Klasse Naming implementiert keinen hierarchischen, sondern einen flachen Namensraum (siehe dazu auch Abschn. 5.1 Namensdienste).

Mit der bind()-Methode kann ein Server einen Namen für ein entferntes Objekt eintragen.

bind
```
public static void bind (String url, Remote ro)
   throws RemoteException, AlreadyBoundException,
          AccessException, UnknownHostException;
```

Ist das Binden erfolgreich, so erhält der Client den Namen des entfernten Objekts mit Hilfe der URL.

Ist an die URL schon ein Name gebunden, kann mit rebind ein neuer Name an die URL gebunden werden.

rebind
```
public static void rebind (String url,Remote obj)
   throws RemoteException, AccessException,
          unknownHostException;
```

Zum Entfernen eines Objekts aus der Registry steht die unbind-Methode zur Verfügung.

unbind
```
public static void unbind(String url)
   throws NotBoundException, AccessException;
          unknownHostexception;
```

Der mit einem URL assoziierte Name kann sich ein Client mit der Methode lookup geben lassen:

lookup
```
public static Remote lookup (String url)
   throws RemoteException, NotBoundException,
          AccessException, UnknownHostException;
```

Zum Auflisten aller Namensbindungen an einen URL dient die Methode list.

list
```
public static String[] list (String url)
   throws RemoteException, AccessException,
          UnknownHostException;
```

REGISTRY_PORT Schließlich besitzt das `Naming` Interface neben diesen fünf Methoden noch ein öffentliches, als `final` deklariertes, statisches Feld `REGISTRY_PORT`. Der standardmäßige Port, den die Registry abhört, ist der Port 1099.

RMISecurityManager Ein Client lädt einen Stub von einem möglicherweise nicht vertrauenswürdigem Server. Normalerweise verpackt ein Stub nur die Parameter und sendet sie über das Netz, empfängt die Rückgabewerte und entpackt sie dann wieder. Ein vom rmic-Compiler generierter Stub verhält sich gutmütig, jedoch kann der Stub abgefangen und manipuliert werden, so dass ein Sicherheitsloch entsteht. Weiterhin ist für die Java Virtuelle Maschine der Stub nur eine Klasse mit Methoden, die irgend etwas tun können. Die Java-virtuelle Maschine erlaubt das Herunterladen von Klassen nur, wenn ein Security-Manager zwischengeschaltet ist. Ist kein Security-Manager zwischengeschaltet, so kann eine Stub-Klasse nur von der lokalen Maschine geladen werden.

Der `RMISecurityManager` ist eine Unterklasse von `java.lang.Security Manager` und besitzt einen Konstruktor ohne Argumente.

RMISecurityManager
```
public RMISecurityManager();
```

Zum Setzen des Security-Managers kann die statische Methode `System.setSecurityManager()` eingesetzt werden. Das nachfolgende Programm 3.14 (siehe Abschn. 3.3.1.5) und das nachfolgende Programmfragment zeigen, wie ein neuer Security-Manager innerhalb dieser Methode angelegt wird:

newRMISecurityManager
```
System.setSecurityManager (newRMISecurityManager());
```

3.3.1.2 Package java.rmi.registry

Die Registry für entfernte Objekte wird durch das Package `rmi.registry` verwaltet. Die Clients können durch Anfragen an die Registry herausfinden, welche entfernten Objekte zur Verfügung stehen und erhalten dann eine entfernte Referenz auf diese Objekte.

Eine Implementierung der Registry oder genauer gesagt des Interfaces `java.rmi.registry.Registry`, haben wir bereits kennengelernt, es war die Klasse `java.rmi.Naming` (siehe vorhergehenden Abschnitt). Alle öffentlichen Methoden von `java.rmi.Naming` sind dadurch öffentliche Methoden von `java.rmi.registry.Registry`.

Soll nicht die vorhandene Implementierung der Registry `java.rmi.Naming` benutzt werden, sondern eine eigene Registry geschrieben werden, so steht das Interface `java.rmi.registry.RegistryHandler` zur Verfügung. Es besitzt die Methode

registryStub
```
public abstract Registry registryStub (String Host,
   int port)
      throws RemoteException, UnknownHostException;
```

welche ein Stub-Objekt zurückgibt, das zur Kommunikation mit der Registry auf einem bestimmten Rechner an einem bestimmten Port dient.

Eine weitere Methode

registryImpl
```
public abstract Registry registryImpl (int port)
 throws RemoteException;
```

konstruiert eine Registry an einem bestimmten Port und gibt sie zurück.

Zur Lokalisierung einer Registry für den Client dient eine Klasse `java.rmi.registry.LocateRegistry`. Sie besitzt vier polymorphe Methoden `getRegistry()`.

getRegistry
```
public static Registry getRegistry()
 throws RemoteException;

public static Registry getRegistry(int port)
 throws RemoteException;

public static Registry getRegistry(String host)
 throws RemoteException, UnknownHostException;

public static Registry getRegistry (String host,
 int port)
   throws RemoteException, UnknownHostException;
```

Es ist vollkommen egal, wo die Registry läuft, auf dem lokalen Host und dem standardmäßigen Port 1099, oder auf dem lokalen Host und einem speziellen Port, oder auf einem speziellen Host und dem Port 1099, oder auf einem speziellen Host und einem speziellen Port, in jedem Fall liefert `getRegistry()` die Registry zurück.

Eine weitere und letzte Methode in `java.rmi.registry.LocateRegistry` dient zum Anlegen und Starten der Registry an einem bestimmten Port.

createRegistry
```
public static Registry createRegistry (int port)
 throws RemoteException;
```

3.3.1.3   Package java.rmi.server

Das Package `java.rmi.server` enthält das Gerüst zur Bildung von entfernten Objekten. Neben weiteren Ausnahmen, Interfaces und Klassen, die dieses Package enthält, benötigt man zur Implementierung von entfernten Objekten die folgenden Klassen:

- die Basisklasse `RemoteObject` für entfernte Objekte,
- die Klasse `RemoteServer`, die `RemoteObject` erweitert, und
- die Klasse `UnicastRemoteObject`, die `RemoteServer` erweitert.

Kommt eine Applikation mit einer Unicast-Kommunikation (Eins-zu-eins-Kommunikation basierend auf Sockets) aus, und benötigt sie keine Multicast-Kommunikation (Eins-zu-viele-Kommunikation), so muss man nur die Klasse `UnicastRemoteObject` erweitern und braucht sich nicht um die darüber liegenden Klassen `RemoteServer` und `RemoteObject` zu kümmern.

RemoteObject Die Klasse `RemoteObject` ist eine spezielle Version von der Klasse `java.lang.Object` aus dem Package `java.lang.` `java.lang.Object` ist hier also ausgelegt für entfernte Objekte.

Die Klasse `RemoteObject` bietet die Methoden `equals()`, `toString()` und `hashCode()`.

Die Methode `equals()` dient zum Vergleich von zwei entfernten Objekten.

equals
```
public boolean equals(Object obj);
```

Die Methode `toString()` liefert den Hostnamen, die Portnummer und eine Referenznummer für das entfernte Objekt.

toString
```
public String toString();
```

Die Funktion `hashCode()` liefert einen Hashcode-Wert für das entfernte Objekt.

hashCode
```
public native int hashCode ();
```

RemoteServer Die Klasse `RemoteServer` erweitert die Klasse `RemoteObject`. `RemoteServer` ist eine abstrakte Klasse und dient zur Implementierung von Servern. Ein solcher spezieller Server ist beispielsweise das nachfolgend beschriebene `Unicast RemoteObject`. Das `UnicastRemoteObject` ist die einzige Unterklasse von `RemoteServer`.

Die Klasse `RemoteServer` besitzt eine Methode zur Lokalisierung des Clients, mit dem der Server kommuniziert. `getClientHost` liefert den Hostnamen des Clients, der die gerade laufende Methode aufgerufen hat.

getClientHost
```
public static String getClientHost()
 throws ServerNotActiveException;
```

`getClientPort()` liefert die Portnummer des Clients, der die gerade laufende Methode aufgerufen hat.

getClientPort
```
public int getClientPort ()
 throws ServerNotActiveException;
```

Zu Testzwecken ist es nützlich, die Aufrufe an das entfernte Objekt zu kennen. Übergibt man `setlog` eine Null, anstatt eines Ausgabestroms, so wird das Logging abgeschaltet.

setLog
```
public static void setLog (OutputStream os);
```

Soll dem Ausgabestrom noch mehr Information hinzugefügt werden, so muss der `PrintStream` manipuliert werden.

getLog
```
public static PrintStream getLog();
```

UnicastRemoteObject Zum Anlegen eines entfernten Objekts muss die Klasse `Unicast RemoteObject` in einer eigenen Unterklasse erweitert werden, und die Unterklasse muss eine Unterklasse von `java.rmi.Remote` implementieren:

OwnclassImpl
```
public class OwnclassImpl extends
 UnicastRemoteObject implements Ownclass{ ...
```

Das `UnicastRemoteObject` läuft auf einem Host, und übernimmt das Verpacken und Entpacken der Argumente und Rückgabewerte. Das Versenden der Pakete geschieht dann über TCP-Sockets. Eine Anwendung braucht sich darum jedoch nicht zu kümmern, sie kann einfach die Klasse `UnicastRemoteObject` benutzen.

Die Klasse `UnicastRemoteObject` ist somit ein Rahmenwerk für entfernte Objekte. Benötigt man beispielsweise entfernte Objekte, welche UDP benutzen, oder Objekte, welche die Arbeitslast auf mehrere Server verteilen, so muss die Klasse `RemoteServer` erweitert und es müssen die abstrakten Methoden dieser Klasse implementiert werden. Für gewöhnliche Aufgaben reicht jedoch die Unterklasse `UnicastRemoteObject` aus, und es kann einfach diese Unterklasse benutzt werden.

3.3.1.4   Serialisieren von Objekten

Im Vergleich zu RPCs und dem nachfolgend beschriebenen CORBA erlaubt RMI nicht nur, Parameter, Ausnahmen und Ergebnisse, also irgendwelche primitive Datentypen an Objekte zu versenden, sondern auch ganze Java-Objekte mit deren Methoden. Um die Kopie eines Objekts von einer Maschine auf eine entfernte Maschine zu verschicken, muss das Objekt in einen Strom von Bytes konvertiert werden. Dabei ist zu beachten, dass ein Objekt andere Objekte enthalten kann und diese Objekte ebenfalls in einen Byte-Strom konvertiert werden müssen.

Das Serialisieren von Objekten *(Object Serialization)* ist ein Verfahren, das Objekte in einen Byte-Strom umwandeln und aus dem Byte-Strom wieder das ursprüngliche Objekt rekonstruieren kann. Der Herstellungsprozess erzeugt ein neues Java-Objekt, das identisch ist mit dem ursprünglichen Objekt.

Der Byte-Strom kann dann über das Netz an andere Maschinen geschickt werden, oder er kann in eine Datei geschrieben und zu einem späteren Zeitpunkt wieder von der Datei gelesen werden. Die ermöglicht eine permanente Speicherung des Zustandes eines Objekts.

Aus Sicherheitsgründen besitzt Java Einschränkungen bezüglich der Objekte, die serialisiert werden können. Alle primitiven Typen von Java und entfernte Objekte können serialisiert werden. Nicht entfernte Objekte müssen zum Serialisieren das Interface `java.io.Serializable` implementieren:

Serializiable
```
import java.io.Serializiable;
public class Serial_Class
  implements Serializable { ...
```

3.3.1.5 RMI-Programmierung
Die Erstellung eines RMI-Programms geschieht in folgenden Schritten:

1. Definiere das entfernte Interface (*Interface Definition File*), das die entfernte Methoden beschreibt, welche der Client benutzt, um mit dem entfernten Server in Interaktion zu treten.
2. Definiere die Server-Applikation, welche das entfernte Interface implementiert (*Interface Implementation File*).
3. Aus dem Interface Implementation File kann mit Hilfe des rmic-Compilers der *Stub-Class-File* (Impl_Stub.class) generiert werden.
4. Starte die Registry und den Server.
5. Definiere den Client, der die entfernten Methoden des Servers aufruft und starte den Client.

Dieses Vorgehen illustrieren wir an einem Beispiel, bei dem der Client vom Server und somit von der entfernten Methode einen String „Hello World" zurückbekommt. Das Beispiel ist aus dem Buch über Java Netzwerkprogrammierung [H 97] entnommen.

Interface Definition File Zum Anlegen eines entfernten Objekts muss ein Interface definiert werden, welches das Interface `java.rmi.Remote` erweitert. Die Unterklasse von Remote gibt an, welche Methoden des entfernten Objekts durch einen Client aufgerufen werden können.

In unserem einfachen Beispiel hat das entfernte Objekt nur eine einzige Methode `sayHello()`, welche einen String zurückgibt und möglicherweise eine Ausnahme `RemoteException` auslöst.

Programm 3.14: Interface Hello.java

```
//Hello interface definition
import java.rmi.*;

public interface Hello extends Remote {

 public String sayHello()
   throws RemoteException;
}
```

Interface Implementation File Die Klasse `HelloImpl` implementiert das Remote Interface `Hello` und erweitert die Klasse `UnicastRemoteObject`. Diese Klasse besitzt
einen Konstruktor, eine `main()`-Methode und eine `sayHello()`-Methode. Nur die
`sayHello()`-Methode ist für den Client verfügbar, da nur sie im Hello-Interface definiert ist. Die beiden anderen Methoden `main()` und `HelloImpl()` werden von der
Server-Seite benutzt und sind nicht für den Client benutzbar.

Programm 3.15: HelloImpl. java

```
//HelloImpl definition
import java.rmi.*;
import java.rmi.server.*;
import java.net.*;

public class HelloImpl extends
    UnicastRemoteObject implements Hello {

  public HelloImpl() throws RemoteException {
     super();
  }

  public String sayHello() throwsRemoteException {
     return "Hello World!";
  }

  public static void main(String args[]) {

    try {
       //create server object
       HelloImpl h = new HelloImpl();
       String serverObjectName= "//localhost/hello";
       //bind HelloImpl to the rmi.registry
       Naming.rebind(serverObjectName, h);
       System.out.println (println ("hello Server ready."));
```

```
    }

  catch (RemoteException re) {
    System.out.println ("Exception in
            HelloImpl.Main: " + re);
  }

  catch (malformedURLException e) {
    system.out.println ("MalformedURLException in
            HelloImpl.Main: " + e);
  }

 }

}
```

Der Konstruktor `HelloImpl()` ruft den standardmäßigen Konstruktor der Super-klasse auf.

Die Methode `sayHello()` gibt den String „`Hello World!`" an den Client zurück, der das entfernte Objekt aufgerufen hat. Die Methode unterscheidet sich von der lokalen Methode nur dadurch, dass eine entfernte Methode in einem entfernten Interface deklariert werden muss. Die Methode selber bleibt jedoch davon unberührt und sieht wie im lokalen Fall aus.

Die Methode `main()` enthält den Code für den Server. Der Server kann von der Kommandozeile aus oder durch einen HTTP-Server oder durch einen anderen Prozess gestartet werden.

Da die Methode `main()` statisch ist, wird noch keine Instanz von `HelloImpl` angelegt, wenn `main()` läuft. Deshalb legen wir ein `HelloImpl`-Objekt an und binden den Namen „`hello`" in der Naming Registry an das Objekt. Dies geschieht, indem wir die Methode `rebind` aus dem Package `java.rmi.Naming` benutzen. Normalerweise benutzt man `rebind` anstatt `bind`, da, falls der Name schon vorher gebunden wurde, der neue Name des Objekts dann den alten Namen überschreibt.

Nach der Registrierung gibt der Server auf `System.out` die Nachricht aus, dass er bereit ist und nun entfernte Aufrufe entgegennimmt.

Geht bei der Serverinitialisierung etwas schief, gibt der `catch`-Block eine einfache Fehlermeldung aus.

Generierung des Stub und Skeleton Bis hierhin wurde der Servercode festgelegt. Bevor der Server entfernte Aufrufe entgegennehmen kann, müssen der vom Client benötigte Stub-Code und der vom Server benötigte Skeleton-Code generiert werden. Diese Aufgabe übernimmt der im Java Development Kit (JDK) enthaltene RMI-Compiler `rmic`.

`rmic` muss für jede `UnicastRemoteObject`-Subklasse aufgerufen werden. Die Kommandofolge

```
$javac HelloImpl.java
$rmic HelloImpl
```

compiliert `HelloImpl.java` und anschließend generiert sie die `class`-Dateien `HelloImpl_Stub.class` und `HelloImpl_Skel.class`.

Die `HelloImpl_Stub.class` muss für den Client verfügbar sein (entweder lokal oder durch Download), um eine entfernte Kommunikation mit dem Server-Objekt zu bewerkstelligen.

Verwendet man das Java Software Development Kit in der Version 1.2 (J2SDK), so wird die Skeleton-Class (`HelloImpl_Skel.class`) nicht mehr benötigt und es muss nur noch die Stub-Class angelegt werden. Beim J2SDK kann dies dem rmic-Compiler durch die Option `-v1.2` mitgeteilt werden.

Starten der Registry Läuft im System nicht permanent die RMI-Registry, so muss sie unter Unix gestartet werden durch

```
$rmiregistry&
```

Eine RMI-Registry wird nur einmal gestartet und kann beliebig viele entfernte Objekte verwalten und beliebig viele Clients bedienen. Die RMI-Registry hört standardmäßig den Port 1099 auf der Maschine ab, auf der sie gestartet wurde.

Nachdem dann die RMI-Registry läuft, starten wir den Server:

```
$java HelloImpl&
Hello Server ready
$
```

Nun ist der Server und die RMI-Registry bereit, um entfernte Methodenaufrufe von Clients entgegenzunehmen.

Definition des Clients und dessen Start Das Laden von Stub-Klassen über das Netz ist eine potenziell unsichere Aktivität, die ein `SecurityManager` überwacht. Dazu muss im Client zu Beginn der `main()`-Methode ein derartiger erzeugt werden.

Bevor ein Client eine entfernte Methode aufrufen kann, muss er eine entfernte Referenz auf das Objekt besitzen. Dazu muss er bei der Registry auf der Servermaschine nach dem entfernten Objekt nachfragen. Zum Nachfragen kann er die `Naming`-Methode `lookup()` der Registry benutzen. Um nach einem Objekt auf einem entfernten Host nachzufragen, muss `lookup()` eine rmi-URL mitgegeben werden, beispielsweise „`rmi://minnie.bts.fh-mannheim.de/hello`". Nach dem `look-up()` ruft der Client das entfernte Objekt `sayHello` genau so auf wie ein lokales Objekt. Das Ergebnis des Aufrufes wird im `String message` gespeichert und anschließend auf `System.out` ausgegeben.

Programm 3.16: HelloClient.java
```
//HelloClient definition
import java.rmi.*;

public class HelloClient {

  public static void main (String args[]) {
    System.setSecurityManager(
             new RMISecurityManager());
   try {
    Hello h = (Hello) Naming.lookup
      ("rmi://minnie.bts.fh-mannheim.de/hello");

    //call remote method sayHello
    String message = h.sayHello();
    System.out.println("HelloClient: " + message);
    }
    catch (Exception e) {
    System.out.println("Exception in main:"  + e);
    }
  }
}
```

Damit liegt nun der `HelloClient` für den `HelloServer` vor. Mit dem nachfolgenden Kommando kann der Client nun gestartet werden:

HelloClient
```
$java HelloClient
HelloClient: Hello World!
$
```

3.3.2 Common Object Request Broker Architecture (CORBA)

Einer der eifrigsten und auch recht erfolgreicher Verfechter der objektorientierten Modellierung und ihrer Verbindung mit verteilter Programmierung ist die *Object Management Group (OMG)*. Die OMG wurde 1989 gegründet und ist ein internationales Konsortium, das von ursprünglich acht Mitgliedern auf über 700 Mitglieder (Apple, AT&T, DEC, HP, IBM, NeXT, Siemens Nixdorf, Sun, Xerox und andere) angewachsen ist. Die OMG implementiert keine Produkte, sondern ihre Aufgabe liegt in der Festlegung von Spezifikationen für Schnittstellen und Protokolle. Die Mitglieder reichen Spezifikationen ein, die von der OMG veröffentlicht und mit interessierten Mitgliedern diskutiert werden und anschließend einer Abstimmung durch die OMG unterliegen. Im Zuge dieses Verfahrens hat die

Abb. 3.14 Corbas Objekt
Implementierungsmodell

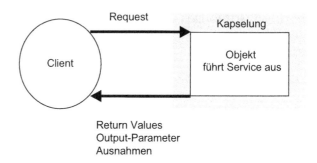

OMG ein abstraktes Objektmodell und eine objektorientierte Referenzarchitektur definiert, die *Object Management Architecture (OMA)*.

Ein wesentlicher Bestandteil dieser Referenzarchitektur ist der *Object Request Broker (ORB)*, woraus sich die geläufigere Bezeichnung *Common Object Request Broker Architecture (CORBA)* für die Architektur ableitet. Der ORB ermöglicht die Kommunikation und Koordination zwischen beliebigen CORBA-Objekten und ist eine Technologie, die bekannt ist unter *Distributed Object Management (DOM)*. Die DOM-Technologie stellt auf hoher Ebene eine objektorientierte Schnittstelle auf Basis von verteilten Services zur Verfügung.

3.3.2.1 Objekt Modell

Im Objektmodell von CORBA sendet der Client eine Anforderung für einen Service an eine Objektimplementierung, welche auch Server genannt wird. Der Server besitzt ein wohldefiniertes Interface, das in der *Interface Definition Language (IDL)* spezifiziert ist. Daraufhin wird der Service ausgeführt und möglicherweise die Parameter des Serviceaufrufes gesetzt. Ist die Serviceausführung nicht erfolgreich verlaufen, so erhält der Client eine Ausnahme zurück.

Das CORBA Objekt Modell (siehe Abb. 3.14) besteht aus:

* *Objekten* – eine gekapselte Einheit, die Services einem Client zur Verfügung stellt.
* *Anforderungen (Requests)* – eine Aktion, die vom Client ausgeht, an ein Zielobjekt geht, Informationen enthält über die durchzuführende Operation und null oder mehrere aktuelle Parameter enthält. Der Operationsaufruf, also seine Signatur, ist folgendermaßen festgelegt:

invoc_semantic, op_type_spec, identifier

```
<invoc_semantic> <op_type_spec> <identifier>
(param1, ..., paraml)
[raises (except1, ..., exceptN)]
[context(name1, ..., nameM)]
```

Abb. 3.15 Typen im CORBA-
Objektmodell

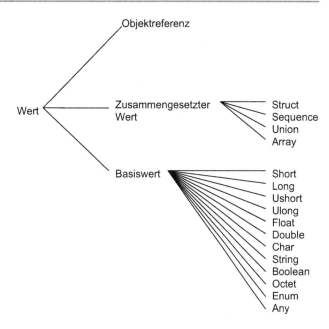

Die einzelnen Komponenten haben die folgende Bedeutung: Die Aufrufsemantik (`invoc_semantic`), den Ergebnistyp (`op_type_spec`), den Operationsnamen (`identifier`), die Ein- Ausgabeparameter (`param1, ..., paraml`), mögliche Ausnahmefälle (`except1, ..., excpetN`) sowie zusätzliche Kontextinformation (`name1, ..., nameM`).

- *Typen* – eine identifizierbare Einheit, die definiert ist über Werte. Die zulässigen Werte zeigt Abb. 3.15. Es handelt sich dabei um natürliche Zahlen und Gleitkommazahlen in unterschiedlicher Genauigkeit (`Short, ..., Double`), um Zeichen (`Char, String`), boolesche Werte (`Boolean`), bei Netzübertragungen von jeglicher Konvertierung verschont und damit unverändert bleibende Werte (`Octet`), Aufzählungstypen (`Enum`) oder in bestimmter Weise und Struktur zusammengesetzte Werte (`Struct, ..., Array`). Eine besondere Rolle spielt der Typ `Any`, der als Platzhalter für jeden beliebigen anderen Typ dienen kann.
- *Interfaces* – die Spezifikation von Operationen, die ein Client von einem Objekt anfordern kann.
- *Operationen* – eine identifizierbare Einheit, die definiert, was ein Client von einem Objekt anfordern kann.

3.3.2.2 Object Management Architecture (OMA)

Die Object Management Architecture (OMA) enthält vier Architekturelemente, die um den Object Request Broker (ORB) gruppiert sind (Abb. 3.16). Der ORB schafft die Kommunikationsinfrastruktur, zum Weiterleiten von Anfragen an andere Architekturkomponen-

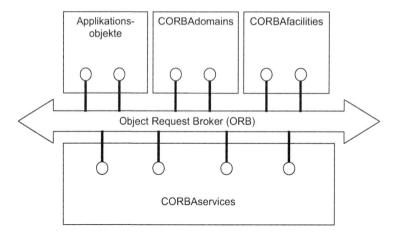

Abb. 3.16 Object Management Architecture

ten und ist somit in Abb. 3.16 als allgemeiner Kommunikationsbus dargestellt. Die Objekte, die Anforderungen versenden und empfangen können, sind durch Kreise repräsentiert.

Das Fundament der Architektur bilden die Objektdienste (*CORBAservices*). Objektdienste sind Services auf Systemebene, die Basisoperationen auf Objekten anbieten. Alle CORBAservices besitzen ein in IDL spezifiziertes Interface. Die folgenden verschiedenen Services wurden zur Standardisierung bei der OMG eingereicht:

- Das *Instanzenmanagement (Lifecycle Services)* von Objekten, wozu z. B. Operationen wie `create`, `delete`, `copy` und `move` zählen.
- *Verwaltung von Objektnamen (Naming Service)*, so dass Komponenten andere Komponenten über ihren Namen lokalisieren können.
- Der *Event Service* erlaubt Komponenten, ihr Interesse an speziellen Ereignissen dynamisch zu registrieren und zu deregistrieren. Der Service definiert einen Ereigniskanal, der Ereignisse sammelt und unter den Komponenten verteilt.
- Der *Concurrency Control Service* stellt einen Lock Manager zur Verfügung (siehe dazu auch Abschn. 5.3)
- Der *Time Service* dient zur Synchronisation der Zeit in verteilten Umgebungen (siehe dazu auch Abschn. 5.4).
- Der *Transaction Service* stellt ein Zwei-Phasen-Commit-Protokoll zur Verfügung (siehe dazu auch Abschn. 5.5).
- Der *Security Service* ist ein Rahmenwerk für verteilte Objektsicherheit (siehe dazu auch Abschn. 5.6).
- Der *Persistence Service* erlaubt die dauerhafte Speicherung von Komponenten auf verschiedenen Speicher-Servern, wie Objekt Datenbanken (ODBMSs), relationale Datenbanken (RDBMSs) oder einfachen Files.

- Der *Relationship Service* speichert die Beziehungen zwischen Objekten und stellt Metadaten über die Objekte bereit.
- Der *Externalization Service* bietet einen Ein-/Ausgabestrom für Komponenten.
- Der *Query Service* ist eine Obermenge von SQL und bietet Datenbankanfragen und -abfragen.
- Mit dem *Properties Service* können zu den Komponenten benannte Werte oder Eigenschaften, wie z. B. Titel oder Datum, assoziiert werden.
- Der *Trader Service* erlaubt Objekten, ihren Service anzubieten und um Kunden für diesen Service zu werben.
- Der *Collection Service* ist ein Interface zum Anlegen und Manipulieren von Kollektion von Objekten.

CORBAfacility sind Kollektionen von in IDL spezifizierten Rahmenwerken, welche Services bieten, die direkt von den Applikationsobjekten benutzt werden können. Die CORBAfacilities können die CORBAservices benutzen, von ihnen erben oder sie erweitern. Die CORBAfacilities befinden sich zurzeit in der Entwicklung und können folgende Facilities umfassen:

- Distributed Document Component Facility.
- System Management Facility.
- Internationalization and Time Operation Facilities.
- Data Interchange Facility.

Die *CORBAdomain* umfasst bereichsspezifische Rahmenwerke. Beispiele für solche sich zur Zeit in Entwicklung befindliche Bereiche sind: Business Object Framework, Manufacturing, Transportation, Finanzen, Gesundheitswesen, Telecombereich.

3.3.2.3 Object Request Broker (ORB)

Der Object Request Broker ist das Herz beim CORBA-Referenzmodell und ermöglicht einem Client das Senden einer Anforderung an eine Objektimplementierung, wobei unter Objektimplementierung der Code und die Daten, welche das aktuelle Objekt implementieren, verstanden wird. Das Interface, welches der Client sieht, ist unabhängig von der Lokalisierung der Objektimplementierung und von der Programmiersprache, in der das Objekt implementiert ist, oder irgendwelchen anderen Aspekten, die nicht durch das Interface spezifiziert sind. Zwischen dem Client und dem Objekt ist bei CORBA ein forwarding Broker (siehe Abschn. 2.3.2) zwischengeschaltet. Der Broker verfolgt folgende Ziele:

- Herstellung von Ortstransparenz.
- Neben dem Kommunikationsservice zwischen Client und Objekt bietet der Broker weitere allgemeine Objektservices an, wie Namensservices oder Sicherheitsservices.
- Abschottung der Anwendung von Spezifika wie Hardwareplattform, dem Betriebssystem, dem Netzwerkprotokoll und der Implementierungssprache.

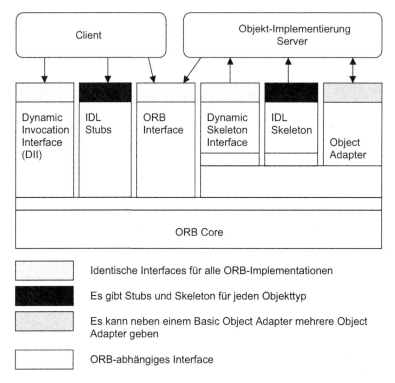

Abb. 3.17 Struktur des CORBA- Interface

Abbildung 3.17 definiert eine Architektur von Interfaces, bestehend aus drei Komponenten:

1. Interface für den Client,
2. Interface für die Objektimplementierung,
3. Interface für das ORB.

Interfaces auf der Seite des Clients Die clientseitige Architektur stellt Clients das folgende Interface zum ORB und zu Serverobjekten zur Verfügung:

1. *IDL Stubs.* Das IDL Stub-Interface enthält Funktionen, die aus einer IDL-Interface-Definition generiert werden, und zum Clientprogramm hinzugebunden werden. Dies ist das statische Interface, das die Sprache des Clients in die ORB-Implementierung abbildet. Das IDL Stub-Interface erlaubt die Interaktion eines Clients mit einem Objekt, das auf einem anderen Rechner liegt, indem die Methoden des Objekts aufgerufen werden, als ob das Objekt lokal vorliegen würde.
2. *Dynamic Invocation Interface (DII).* Das DII–Interface erlaubt das Absetzen einer Anforderung an ein Objekt zur Laufzeit. Dieses Interface ist notwendig, wenn das Interface

des Objekts bei der Konstruktion der Clientsoftware und somit zur Kompilierungszeit nicht bekannt ist; daher kann es auch nicht wie bei IDL-Stubs zum Clientcode hinzugebunden werden. Mit dem DII-Mechanismus kann durch einen Aufruf an das ORB auf ein Objekt zugegriffen werden, das eine Spezifikation für die Methoden und deren Parameter besitzt. Diese Spezifikation ist in einem *Implementation Repository* abgelegt, so dass das ORB die Objektimplementierung lokalisieren und aktivieren kann.

3. *ORB-Interface*. Das ORB-Interface gestattet einen direkten Zugriff durch Client- oder Servercode zu den Funktionen des ORB. In der gegenwärtigen Spezifikation für CORBA enthält dieses Interface nur wenige Operationen, wie beispielsweise die Umwandlung einer Objektreferenz in einen String.

Interfaces auf der Implementierungsseite Das implementierungsseitige Interface besteht aus den folgenden up-call Interfaces, welche Aufrufe vom ORB zu der Objektimplementierung durchführen.

1. *IDL Skeleton*. Das IDL Skeleton-Interface ist das serverseitige Gegenstück zum IDL-Stub-Interface. Das IDL-Skeleton wird aus der IDL-Interface-Definition generiert.
2. *Dynamic Skeleton Interface (DSI)*. Das DSI ist das Gegenstück vom Dynamic Invocation Interface auf der Serverseite. Es bindet zur Laufzeit Anfragen vom ORB zu einer Objektimplementierung. Das Dynamic Skeleton inspiziert dazu die Parameter einer vom ORB eingehenden Anfrage, bestimmt das Zielobjekt und die Methode mit Hilfe des Implementation Repository und nimmt die Rückantwort von der Objektimplementierung entgegen.

   Das DSI ist weiterhin geeignet zum Bau von Brücken zwischen verschiedenen ORBs. Ruft ein Client von einem ORB einen Server eines anderen ORBs auf, so geht die Anfrage an das andere ORB, das es nun mit Hilfe des DSI an den Server weiterleitet.
3. *Object Adapter*. Die eigentliche Kommunikationsanbindung an die Objektimplementierung übernimmt dabei der Object Adapter. Der Object Adapter liefert die Laufzeitumgebung zur Instantiierung von Serverobjekten zum Weiterleiten der Anforderungen an die Serverobjekte und dient zum Abbilden der Objektreferenzen auf die Serverobjekte.

   Der Object Adapter hat drei verschiedene Interfaces:>
   - ein privates Interface zum IDL Skeleton.
   - ein privates Interface zu dem ORB Core.
   - ein public Interface, das durch die Objektimplementierung genutzt wird.

   Durch diese drei Interfaces ist der Adapter von der Objektimplementierung und von dem ORB Core so weit wie möglich isoliert und abgeschottet.

   Der Adapter kann ausgetauscht werden und spezielle Funktionalität anbieten, um zum Beispiel Serverobjekte nicht als Prozesse, sondern als Datenbankobjekte realisieren zu können. Um ein Ausufern bei den Objektadaptern zu vermeiden, spezifiziert CORBA einen Standard-Adapter, den so genannten Basic Object Adapter (BOA). Der BOA muss mit jeder ORB mitgeliefert werden und kann für die meisten CORBA-

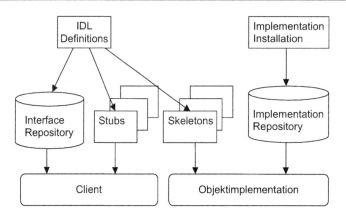

Abb. 3.18 Interface und Implementation Repository

Objekte eingesetzt werden. Der BOA enthält Interfaces zur Generierung von Objekt-
treferenzen, zur Registrierung von Objektimplementierungen, zur Aktivierung von
Objekt-implementierungen und einige sicherheitsrelevante Anfragen, z. B. zur Authentifizierung. Bei der Aktivierung von Objektimplementierungen kann nach der
Methode Shared, Unshared, Per Request oder Persistent Server vorgegangen werden
(siehe Abschn. 2.1.3).

ORB Core Der ORB Core repräsentiert die Objekte und die Anfragen. Er leitet die Anfragen vom Client zu einem Objektadapter, der zu dem Zielobjekt gehört. Da CORBA
ein weites Feld von Objektmechanismen, Objektlebenszeiten, Strategien und Implemen-
tierungssprachen unterstützt, kann der ORB Core kein einzelnes Interface anbieten. Stattdessen wurde der ORB mit Komponenten versehen, die diese Unterschiede dem ORB Core
gegenüber maskieren. Ein Beispiel und die wichtigste Komponente ist dabei der Objektadapter.

Repositories Der Broker-Mechanismus wird unterstützt durch einen Speicher für Schnitt-
stellenbeschreibungen (Interface Repository) und eine Ablage für die dahinterstehende
Implementierung (Implementation Repository). Das Interface Repository ermöglicht den
Zugriff auf Typinformationen einer Schnittstelle zur Laufzeit und kann zur Unterstützung des DII eingesetzt werden. Das Implementation Repository dient dem Broker zur
bedarfsweisen Aktivierung der Objektimplementierung, wenn also ein Aufruf dafür vorliegt. Abbildung 3.18 zeigt, wie Interface und Implementationsinformation den Clients
und der Objektimplementierung zur Verfügung gestellt werden. Das Interface ist definiert in der Interface Definition Language (IDL) oder im Interface Repository; aus der
IDL-Definition wird der Stub des Clients oder das Skeleton der Objektimplementation generiert. Die Information zur Objektimplementierung wird zur Installationszeit aufgebaut
und im Implementation Repository gespeichert; sie dient zur Weiterleitung einer Abfrage
an die Objektimplementierung.

ORB-Interoperabilität CORBA ist ein offener Standard und nur eine Referenzarchitektur und beschreibt nicht irgendwelche Implementierungstechnologien. Verschiedene Anbieter und Organisationen können ihre eigene Version des CORBA-Standards implementieren. Zur Herstellung der Interoperabilität zwischen verschiedenen CORBA-Produkten ist in CORBA das Interface zwischen den Clients und dem ORB beibehalten und die Verantwortung für die Interoperabilität an den ORB delegiert.

Die den verschiedenen ORBs unterliegende Kommunikation und Koordination ist festgelegt durch das General Inter-ORB Protocol (GIOP). Das GIOP definiert eine Transfer-Syntax, die bekannt ist unter Common Data Representation (CDR), und sieben verschiedene Nachrichtentypen. Die Abbildung von GIOP auf TCP/IP ist beschrieben im Internet Inter-ORB Protocol (IIOP). Die interoperable Objektreferenz (IOR) ist der Mechanismus, mit dem auf die Objekte zugegriffen wird, durch das IIOP und zwischen verschiedenen ORB-Anbietern. Die IOR enthält die ORBs-interne Objektreferenz, die Internetadresse und eine Portnummer. Die IOR wird verwaltet durch die ORB und ist nicht sichtbar für einen Anwendungsprogrammierer. Zusätzlich zum IIOP liefert das DCE Environment Specfic Inter-ORB Protocol (DCE ESIOP) Unterstützung für den DCE-RPC-Mechanismus, so dass ein CORBA-System mit DCE-basierten Systemen zusammenarbeiten kann.

3.3.2.4 Interface Definition Language (IDL)

Die Interface Definition Language (IDL) definiert das Interface für Corba-basierte Objekte und ist die universelle Notation zur Beschreibung von Schnittstellen für Applikationsprogramme. Mit IDL definiert man die Schnittstelle zwischen dem Code des Clients und der Objektimplementierung oder dem Service. Das Interface beschränkt sich jedoch hier auf die Spezifikation der Objekte und nicht auf deren Implementierung, das bedeutet, IDL ist eine rein deklarative Sprache. Clients benutzen das IDL-Interface ohne Kenntnis der Details der Objektimplementierung.

IDL ist sprachunabhängig; die darin spezifizierten Methoden können implementiert sein und aufgerufen werden in jeder Sprache, die an CORBA angebunden ist. Die im Moment von CORBA unterstützten Sprachen sind C, C++, Ada, Smalltalk, COBOL und Java.

IDL ist die Basis für jede Spezifikation, welche die OMG annimmt und verabschiedet. Deshalb ist IDL eine stabile Sprache, die kaum noch Änderungen erfährt. Die OMG hat IDL bei der International Standards Organization (ISO) eingereicht, um einen internationalen Standard zu erreichen.

Mit IDL können die Attribute einer Komponenten, die Vaterklasse, von der sie erbt, die Ausnahmen, die ausgelöst werden, die typisierten Ereignisse, welche sie aussendet, und die Methoden, welche sie unterstützt, spezifiziert werden. Die Angabe der Methoden schließt die Parameterangabe, klassifiziert in In-, Out-, InOut-Parameter und deren Typ mit ein. IDL ist eine Untermenge von C++ mit zusätzlichen Schlüsselwörtern für die verteilten Konzepte. IDL unterstützt die C++-Preprocessingfähigkeiten und die Pragmas. Im Folgenden geben wir eine kurze informelle Einführung in die Sprache und erläutern die Sprache an kleinen Beispielen, die teilweise entnommen sind aus [MR 97]. Für eine exakte Definition der Sprache sei auf die OMG-IDL-Spezifikation verwiesen [O 95].

Typdeklarationen Typdeklarationen erfüllen den Zweck der strengen Typprüfung bei den Parametern von Operationen. Typdeklarationen dienen zum Umbenennen von eigentlichen Typen, und zum Anlegen von benutzerdefinierten Typen, die entweder Aufzählungen, Strukturen, Felder, Sequenzen oder Unions sein können. Sequenzen sind Felder von variabler Länge. Zum Durchbrechen der strengen Typprüfung steht ein eigentlicher Typ any zur Verfügung. Typ any wird gebraucht zur Deklaration von wiederverwendbaren Interfaces. Für den zu any gehörigen Typ erzeugt der IDL-Compiler Code; dieser Code dient dann zur Laufzeit zur Typbestimmung. Im Folgenden geben wir für jede Art von Typdeklaration ein Beispiel:

Quelltext
```
typedef unsigned long PhoneNumber;
   //renamed type unsigned long
typedef string GuestName, Address;
   //renamed types of string

//Enumeration Type
enum ChargeCard {MasterCard, Visa, AmericanExpress,
                  Diners, EuroCard};

//Structure Type
struct GuestRecord {
  GuestName name;
  Address address;
  PhoneNumber number;
  ChargeCard card_kind;
  unsigned long card_number, expiration;
};

//Sequence Type
typedef sequence <GuestRecord> GuestList;
//a Further Sequence Type
typedef sequence <long> LongSeq;

//Another Structure Type
//(alternative style definition)
typedef struct EmployeeStruct {
   string name;
   Address address;
   unsigned long social_security_number;
```

```
} EmployeeRecord;

//Array Type
typdef EmployeeRecord Employees [100];

//Union Type
enum PersonKind {A_GUEST, AN_EMPLOYEE, AN_OTHER};

union Person switch (PersonKind) {
  case A_GUEST:
    GuestRecord guest_record;
  case AN_EMPLOYEE:
    EmployeeRecord employee_record;
  default:
    string description;
};

//Any Type
typedef any DynamicallyTypedValue;

//Structure Type with Any Component
struct RunTimeValue {
   string description;
   any run_time_value;
};
```

Module Module schaffen einen separaten Namensraum für IDL-Definitionen. Dies vermeidet Namenskonflikte unter Identifiern aus verschiedenen Namensräumen. Module sind die Basisdefinitionen und enthalten eine oder mehrere IDL-Interfaces.

M1, foo
```
module M1 {
   //...
   interface foo;
};

module M2 {
   //...
};
```

Zum Zugriff auf Komponenten in anderen Modulen benutzt man so genannte scoped names. Scoped names verwenden den :: als Trennzeichen zwischen den qualifizierenden Namen. Zur Konstruktion von hierarchischen Namensräumen können Moduldeklarationen geschachtelt sein.

M1, char

```
module M1 {
   typedef   char A;
};

module M2 {
   typedef M1:: A B;
};
```

Interfaces Ein Interface definiert die Details eines Objekts. Jedes Interface definiert einen neuen Objekttyp. Interfaces enthalten hauptsächlich die Signatur von Operationen. Diese Operationen sind die Eingangspunkte für Serviceanforderungen. Interfaces können von anderen Interfaces erben und es wird mehrfache Vererbung unterstützt. Das nachfolgende Beispiel definiert drei Interfaces: Ein gemeinsames Interface für Account und zwei spezielle Interfaces Checking und Savings. Checking und Savings erben alle Definitionen von dem Interface Account.

Account

```
interface Account {
   //Account definitions goes here
};

interface Checking : Account {
   //inherits all Account definitions
   //add Checking definitions here
};

interface Savings: Account {
   //inherits all Account definitions
   //add Savings definitions here
};
```

Attribute IDL-Definitionen enthalten öffentliche Attribute und Operationen. Private Attribute und Operationen erscheinen nicht in IDL-Definitionen. Mit Attributen lassen sich zu den Objekten Operationen assoziieren. Der IDL-Compiler generiert für ein Attribut eine Setz-Operation (set) zum Setzen des Zustandes und eine Gib-Operation (get) zum Zugreifen auf den Zustand. Das Schlüsselwort attribute ist eine Kurznotation für die get- und set-Operation auf Objekten. Attribute können read-only und read-write spezifiziert werden. Für read-write-Attribute generiert der IDL-Compiler die set- und get-Funktion, für read-only nur die get-Funktion.

CensusData

```
interface CensusData {
   attribute unsigned short age;
```

```
    readonly attribute string birth_date
    attribute string last_name, first_name;

    struct Household {
       string address;
       unsigned short number_of_occupants;
    };
    attribute Household house_hold;
};
```

Ausnahmen CORBA garantiert, wenn ein Client einen Service anfordert, dass er entweder erfolgreich von dem Service zurückkehrt oder eine Ausnahme ausgelöst wird. Ausnahmen definieren Werte, die vom Interface zurückgegeben werden, falls etwas schief geht. Ausnahmen sind ähnlich wie Strukturen definiert:

CardExpired
```
exception CardExpired {
    string expiration_date;};
exception CreditLimtExceeded {
   unsigned long credit_limit;};
exception CardReportedStolen {
   string reporting_instructions;
   unsigned long hotline_phone_number;};
```

Es gibt benutzerdefinierte Ausnahmen und Standardausnahmen, die durch CORBA definiert sind. Standardausnahmen können durch irgendeine CORBA-Operation zurückgegeben werden. Im Nachfolgenden geben wir eine IDL-Definition der Standardausnahmen an:

ex_body
```
#define ex_body {unsigned long minor;
                 completion_status completed;}

enum completion_status {  COMPLETED_YES,
                          COMPLETED_NO,
                          COMPLETED_MAYBE};

enum exception_type {  NO_EXCEPTION,
                       USER_EXCEPTION,
                       SYSTEM_EXCEPTION};

exception UNKNOWN ex_body;
exception BAD_PARAM ex_body;
exception NO_MEMORY ex_body;
```

```
exception IMP_LIMIT ex_body;
exception COMM_FAILURE ex_body;
exception INV_OBJREF ex_body;
exception INTERNAL ex_body;
exception MARSHAL ex_body;
exception INITIALIZE ex_body;
exception NO_IMPLEMENT ex_body;
exception BAD_TYPECODE ex_body;
exception BAD_OPERATION ex_body;
exception NO_RESOURCES ex_body;
exception NO_RESPONSE ex_body;
exception PERSIST_STORE ex_body;
exception BAD_INV_ORDER ex_body;
exception TRANSIENT ex_body;
exception FREE_MEM ex_body;
exception INV_IDENT ex_body;
exception INV_FLAG ex_body;
exception INTF_REPOS ex_body;
exception BAD_CONTEXT ex_body;
exception OBJ_ADAPTER ex_body;
exception DATA_CONVERSION ex_body;
exception OBJECT_NOT_EXIST ex_body;
```

Standardausnahmen liefern den Enumeration-Wert SYSTEM_EXCEPTION zurück.

Operationssignaturen Eine Operationssignatur spezifiziert, wie auf ein Objekt zugegriffen wird. Operationssignaturen enthalten die folgenden Elemente:

- Das Operationsattribut oneway oder kein Operationsattribut. Bei Default sind IDL-Operationen synchron. Das oneway-Schlüsselwort zeigt eine asynchrone Kommunikation an, und die Operation wird at-most-once ausgeführt. Oneway-Operationen geben keine Werte zurück, und deshalb sind nur In-Parameter bei diesen Operationen erlaubt.
- Die Operationstypspezifikation ist der Rückgabewert für die gesamte Operation. Dies kann irgendein IDL-Typ sein oder das Schlüsselwort void, falls nichts zurückgegeben wird. Es ist dabei zu beachten, dass es keine Zeigertypen in IDL gibt.
- Den Operationsnamen mit den Parameterdeklarationen. Die Parameter können In, Out, oder InOut deklariert sein. In sind Eingabeparameter und werden nicht modifiziert. Out sind Ausgabeparameter und werden gesetzt und InOut sind Ein- und Ausgabeparameter.
- Einen optionalen Raise-Ausdruck und einen optionalen context-Ausdruck. Wird eine Ausnahme zurückgegeben, dann ist keiner der Ausgabewerte gültig und der Client kann nicht sicher sein, dass die Operation ausgeführt wurde. Der context-Ausdruck

wird durch den IDL-Compiler in Eigenschaften in Form eines Strings übersetzt und dem Aufruf angehängt und der Objektimplementierung übergeben.

Das folgende Beispiel (Programm 3.17) zeigt einige Beispiele für Operationssignaturen:

Programm 3.17: Interface mit Operationssignaturen

```
interface AirlineReservation {
    typedef unsigned long ConfirmationNumber;
    enum SeatKind { Window, Aisle, Middle};
    exception BadFrequentFlyerNumber {};
    exception SeatNotAvailable {};
    exception BadConfirmationNumber{};

    ConfirmationNumber make_reservation (
        in string passenger_name,
        in unsigned long frequent_flyer_number,
        inout SeatKind seat_kind,
        out string seat_assignment)
        raises (BadFrequentFlyerNumber,SeatNotAvailable)
        context ("TicketAgent", "Agency");

    oneway void cancel_reservation (
        in ConfirmationNumber Number)
            raises (BadConfirmationNumber)
            context ("TicketAgent", "Agency");
```

3.4 Web-basiert

Das *World Wide Web (WWW)* ist ein riesiges Online-Informationslager, das weltweit verteilt ist und in dem Benutzer mit Hilfe eines interaktiven Anwendungsprogramms namens *Browser* „herumschmökern" können. Das Web ist ein verteiltes Hypermedia-System, das den interaktiven Zugriff unterstützt. Ein Hypermedia-System ist eine Erweiterung eines Hypertext-Systems das neben Textinformation, Graphiken, digitalisierten Bildern, Videoanimationen oder Audioclips enthalten kann. Die Informationen sind als eine Folge von Dokumenten gespeichert, die man Pages oder Seiten nennt. Die Hauptseite eines Unternehmens oder einzelner Personen ist die Homepage. Ein Dokument kann einen *Zeiger (Link)* zu anderen Dokumenten der Folge enthalten. Da eine Seite viele Elemente enthalten kann, muss das Format sorgfältig definiert werden, damit der Inhalt von einem Browser interpretiert werden kann. Der Browser muss in der Lage sein, zwischen Text, Graphiken und Links zu anderen Seiten zu unterscheiden. Dazu wird zur Beschreibung einer Seite eine Seitenbeschreibungssprache verwendet. Die Standardbeschreibungssprache für Dokumente heißt *HyperText Markup Language (HTML)* und bietet einem Ersteller einer Seite allgemeine Richtlinien für die Anzeige und Definition des Inhalts einer Web-Seite. Der Begriff Markup bedeutet, dass der Standard keine ausführlichen Formatierungsanweisungen enthält, sondern nur Markierungen.

Eine Seite kann ein einfaches Textdokument sein, das in einer Datei beim Web-Server gespeichert ist. Daneben gibt es noch weitere Dokumentarten. Für eine Unterteilung kann der Zeitpunkt herangezogen werden, zu dem der Inhalt des Dokuments festgelegt wird:

- *Statisch*: Ein statisches Web-Dokument residiert in einer Datei, auf die der Web-Server Zugriff hat. Bei dieser Dokumentart bestimmt der Autor den Inhalt zu dem Zeitpunkt, wenn er das Dokument schreibt. Das Aussehen des Dokuments legt er dabei in einer Beschreibungssprache wie HTML fest, wobei der HTML-Code nur Elemente zur Beschreibung des Layouts des Dokuments enthält. Da sich der Inhalt nicht ändert, führt jede Anforderung nach einem statischem Dokument zu einer identischen Ausgabe. Falls eine Anforderung für das Dokument beim Web-Server vorliegt, sendet er das Dokument an den Browser, der es mit Hilfe eines HTML-Interpreters anzeigt.
- *Dynamisch*: Ein dynamisches Web-Dokument liegt beim Web-Server nicht in vordefinierter Form vor. Vielmehr wird es von einem Web-Server zusammengestellt, wenn ein Browser das Dokument anfordert. Kommt eine Anfrage an, führt der Web-Server ein Anwendungsprogramm aus, welches das dynamische Dokument erstellt. Der Server gibt die Ausgabe des Programms dem anfragenden Browser zurück. Da bei jeder Anfrage ein frisches Dokument erstellt wird, kann sich der Inhalt eines dynamischen Dokuments bei jeder Anfrage ändern.
- *Aktiv*: Ein aktives Dokument besteht aus einem Programm, das weiß, wie die Werte zu berechnen und anzuzeigen sind. Fordert der Browser ein aktives Dokument an, gibt der Server eine Kopie des Programms aus, das der Browser lokal ausführen muss. Dabei kann das Programm mit dem Benutzer interagieren und die Anzeige laufend ändern. Der Inhalt eines aktiven Dokuments ist also nie fest, sondern kann sich ändern, während der Benutzer das Programm zur Ausführung zur Verfügung hat.

Uniform Resource Locator (URL)   Zur Identifizierung von Web-Seiten benutzt der Browser einen so genannten *Uniform Resource Locator (URL)*. Ein Uniform Resource Locator (URL) hat die folgende Syntax:

```
protocol://hostname[:port][/path]  [/filename][#section]
```

Dabei ist `protocol` das Protokoll mit folgenden möglichen Spezifikationen:

FILE   ein File auf der lokalen Platte.
FTP   ein ftp-Server.
HTTP   ein World Wide Web Server.
GOPHER   ein Gopher-Server.
NEWS   eine Usenet Newsgroup.

TELNET eine Verbindung zu einem Telnet-basierten Dienst.

WAIS ein WAIS-Server.

Der `hostname` ist der Name des Servers, der die Ressource zur Verfügung stellt, wie beispielsweise www.vts.hs-mannheim.de. Es kann jedoch auch die IP-Adresse des Servers sein, wie beispielsweise 141.19.143.12.

Die Portnummer `port` ist optional und ist nicht notwendig, falls der Service an seinem Default-Port läuft (Port 80 bei HTTP-Servern).

Dar Pfad `path` zeigt auf ein Verzeichnis auf dem spezifizierten Server. Der Pfad ist relativ zur Wurzel des Dokumentenbaums im Server und nicht zur Wurzel des Filesystems. Sind beispielsweise auf einem Unix-System alle Files öffentlich zugänglich, die in `/var/public/html` liegen, dann ist dieses Verzeichnis die Wurzel des Dokumentenbaums.

Der Filename `filename` zeigt auf einen bestimmten File in dem von `path` spezifiziertem Verzeichnis. Fehlt der Filename, so obliegt es dem Server, was er zurücksendet. Viele Server senden einen Index-File für das Verzeichnis zurück, oft `index.html` genannt, oder eine Welcome-Nachricht (`Welcome.html`) oder eine Liste von Files in dem Verzeichnis oder sogar eine Fehlermeldung.

`section` wird benutzt zur Referenz auf einen benannten Anker im HTML-Dokument (siehe Abschn. 3.4.1) und liefert einen bestimmten Punkt im HTML-Dokument.

Der URL http://www.bts.fh-mannheim.de/skripts/vts bezeichnet das Protokoll `http`, den Computer www.bts.fh-mannheim.de, den Pfad `skripts` und die Datei `vts`.

Speziell beim World Wide Web sind die Schritte, um mit dem URL eine Seite zu holen, die folgenden:

1. Der Client aktiviert ein hervorgehobenes Zeichen oder eine hervorgehobene Textzeile in einer Web-Seite, der Browser bestimmt daraufhin die dazugehörige URL-Information.
2. Mit dem Uniform Resource Locator bestimmt der Browser mit Hilfe des Domain Name Systems (DNS) die dazugehörige IP-Adresse. Die Arbeitsweise des DNS ist in Abschn. 5.1.1 beschrieben.
3. Der Browser baut mit der IP-Adresse eine TCP-Verbindung zum Server auf und schickt die Seitenanforderung dem Web-Server, der darauf die gewünschte Seite dem Browser zuschickt.
4. Die TCP-Verbindung wird gelöst.
5. Der Browser bringt zuerst den Text und anschließend die Bilder zur Anzeige.

HyperText Transfer Protocol (HTTP) Die Interaktion zwischen dem Browser und einem Web-Server erfolgt über das *HyperText Transfer Protocol (HTTP)*. Das Protokoll arbeitet wie RPCs; mit jeder Anfrage des Browsers übergibt es dem Web-Server eine durchzuführende Aktion.

Für einen Web-Client ist es transparent, ob das Dokument in einer Datei abgelegt ist oder dynamisch erzeugt wird. Das Protokoll HTTP macht keine Vorgaben über das Format oder die Semantik der Daten.

HTTP definiert eine Sequenz von vier Schritten für jede Anfrage des Clients beim Server:

1. Herstellung der Verbindung Der Client stellt eine TCP-Verbindung zum Server auf dem Port 80 her; andere Ports können in der URL spezifiziert werden.

2. Senden der Anforderung Der Client sendet eine Nachricht zum Server und fordert die Seite mit der spezifizierten URL an. Eine Anforderung hat typischerweise folgendes Aussehen:

```
GET/index.html HTTP/1.1
```

GET ist ein Schlüsselwort und spezifiziert die durchzuführende Aktion. /index.html ist der Pfad für den File auf dem Server. Es wird angenommen, dass sich das File auf der Maschine befindet, welche die Anforderung erhält, und somit kann die Maschine, wie beispielsweise http://www.bts.fh-mannheim.de, entfallen. HTTP/1.1 ist die Version des Protokolls, das der Client versteht. Zwei Carriage Return/Linefeed Paare terminieren die Anforderung.

Neben der GET-Zeile kann die Anforderung weitere Information einschließen. Diese hat die Form:

```
Keyword: Value
```

Ein gebräuchliches Schlüsselwort ist Accept, welches dem Server mitteilt, welche Daten der Client handhaben kann. Zum Beispiel besagen die nachfolgenden Zeilen, dass der Client vier MIME-Typen akzeptiert und das sind: HTML-Dokumente, plain-Text, GIF und JPEG-Bilder.

```
Accept: text/html
Accept: text/plain
Accept: image/gif
Accept: image/jpeg
```

User-Agent ist ein weiteres Schlüsselwort und zeigt dem Server an, welchen Browser der Client benutzt. Dies erlaubt dem Server den zu sendenden File auf einen speziellen Browser hin zu optimieren.

Neben GET gibt es noch weitere Anforderungen. Folgende Anforderungen stehen neben anderen zur Verfügung:

- POST – Sende Information, die im Server gespeichert wird. Mit GET und POST kön-
  nen beliebige Informationen an ein CGI-Programm übergeben werden (siehe dazu Ab-
  schn. 3.4.2.1).
- HEAD - Gibt nur Information über das Dokument zurück, beispielsweise wie alt ist
  es, jedoch nicht das Dokument selbst. HEAD dient auch zum Test, ob das angegebene
  Dokument existiert.
- PUT – Schicke eine Datei zum Server. PUT kommt nur selten zum Einsatz.
- DELETE – Lösche eine Datei auf dem Server. DELETE kommt ebenfalls nur selten zum
  Einsatz.

3. Die Rückantwort Der Server sendet dann die Rückantwort zum Client. Die Rückantwort beginnt mit dem Antwortcode, gefolgt von MIME-Kopf-Information, anschließend
eine Leerzeile und das angeforderte Dokument oder eine Fehlermeldung. Unter der Annahme, dass das angeforderte Dokument gefunden wurde, hat eine Rückantwort folgendes
typisches Aussehen:

```
HTTP/1.1 200 OK
Server:NCSA/1.4.2
MIME-Version: 1.0
Content-type: text/html
Content-length:107

<HTML>
<HEAD>
<TITLE>
Eine einfache HTML Datei
</TITLE>
</HEAD>
<BODY>
Es folgt der Rest des Dokuments
</BODY>
</HTML>
```

Die erste Zeile enthält das Protokoll, das der Server benutzt (HTTP 1.0), gefolgt von
einem Antwortcode. Einige mögliche Antwortcodes sind:

200 OK	Die Anfrage war erfolgreich. Das angeforderte Doku-ment folgt.
301 Moved Permanently	Das Dokument wurde auf eine neue URL verlagert.
302 Moved Temporarily	Das Dokument wurde temporär auf einer neuen URL abgelagert.

`400 Bad Request`	Die Clientanfrage an den Server hat eine ungültige Syntax.
`401 Unauthorized`	Der Zugriff auf das Dokument ist eingeschränkt. Es kann mit einer gültigen Authorisierung erneut versucht werden.
`402 Payment Required`	Zum Zugriff auf das Dokument muss eine Gebühr bezahlt werden.
`403 Forbidden`	Zugriff auf das Dokument ist verboten.
`404 Not Found`	Das Dokument wurde nicht gefunden oder keine Erlaubnis des Zugriffes.
`500 Server Error`	Der Server liefert einen Fehler.

Statuscodes zwischen 200 und 299 indizieren Erfolg; Statuscodes zwischen 300 und 399 beinhalten eine Umleitung beim Zugriff auf das Dokument; 400 bis 499 indizieren einen Fehler beim Client, und zwischen 500 und 599 indizieren sie einen Server-Fehler.

Die anderen Kopfzeilen geben die Server-Software an (NCSA-Server, Version 1.4.2), die Version des benutzten MIME-Typs und die Länge des zurückgelieferten Dokuments, in unserem Fall 107 Bytes.

4. Schließen der Verbindung Entweder der Client oder der Server oder beide schließen die Verbindung. Dadurch wird für jede Anforderung eine neue Netzwerkverbindung aufgebaut. Wenn sich der Client erneut mit dem Server verbindet, hat der Server keine Kenntnis über vorangegangene Verbindungen und deren Ergebnis. Der Server ist also zustandsinvariant und das dazugehörige Protokoll bezeichnet man als zustandslos.

Multipurpose Internet Mail Extension MIME Zur Mitteilung des Inhaltstyp (content type) vom Server an den Client benutzt HTTP den MIME-Standard. *MIME* steht für Multipurpose Internet Mail Extension und ist ein offener Standard zum Senden von Multimediadaten und wurde, wie der Namen sagt, ursprünglich für E-Mails entworfen. MIME ist eine weit verbreitete Technik zur Beschreibung des Inhalts einer Datei, so dass der Client zwischen den verschiedenen Arten von Daten unterscheiden kann. Zum Beispiel benutzt der Web-Server MIME zum Anzeigen, ob es sich um eine Datei mit einem GIF-Bild handelt oder um eine druckbare Postscript-Datei. MIME unterstützt ungefähr 100 vordefinierte Typen für Inhalte von Dateien. Die Inhaltsbeschreibung besitzt zwei Teile: Typ und Untertyp. Der Typ gibt allgemein an, welche Art von Daten enthalten sind, z. B. ist es ein Bild, ist es ein Text oder ist es ein Video. Der Untertyp bestimmt dann die spezielle Art genauer, z. B. bei einem Bild, ist es ein Bild im GIF-Format, im JPEG-Format oder im TIFF-Format. Eine Inhaltsbeschreibung für eine HTML-Datei ist `text/html`, also vom Typ `text` und vom Untertyp `html`. Die meisten Web-Server kennen die Inhaltsbeschreibungen `text/html` und `text/plain` für ASCII-Text und die zwei Bildformate `image/gif` und `image/jpeg`.

Für weitere zusätzliche, nicht standardisierten Untertypen verwendet MIME den Prefix x-; z. B. hat die Inhaltsbeschreibung `application/x-tex` den Type `application` und den Untertyp `x-tex` für ein TEX-Dokument.

3.4.1 HyperText Markup Language (HTML)

Eine Beschreibung und Einführung in die HyperText Markup Language (HTML) enthalten [MN 98, La 98] oder mit Schwerpunkt auf die CGI-Programmierung [MP 98]. In diesem Abschnitt geben wir eine zusammenfassende, überblickshafte und nur die wichtigsten Sprachelemente umfassende Einführung in HTML.

Web-Dokumente werden angelegt und editiert mit einem Texteditor, einem Textverarbeitungsprogramm oder wie es immer mehr üblich ist, mit einem HTML-Editor, der möglicherweise mit dem WWW-Browser zur Verfügung steht (was der Fall ist beim Composer vom Netscape Communicator). HTML-Dokumente enthalten Tags (Etiketten), mit denen Textteile ausgezeichnet werden. Zwischen den Tags können zur besseren Lesbarkeit Leerzeichen oder Leerzeilen eingefügt werden. In der formatierten Version, die ein Browser anzeigt, hat solcher Leerraum keine Wirkung.

Einige Tags definieren eine Aktion, die sofort wirksam wird, z. B. gehe bei der Anzeige zu einer neuen Zeile. Das Tag wird genau dort eingefügt, wo die Aktion stattfinden soll. Andere Tags werden für Formatierungen benutzt, die sich auf den gesamten Text ab dem Tag auswirken. Solche Tags werden paarweise eingegeben, d. h. ein öffnendes und schließendes Tag.

Tags, zum Bewirken einer sofortigen Aktion oder zum Einleiten einer Formatierung stehen zwischen spitzen Klammern, z. B. `<TAGNAME>`. Das schließende Tag wird in der gleichen Form, jedoch mit einem vorangestellten Schrägstrich geschrieben, z. B. `</TAGNAME>`

Allgemeine Form eines HTML-Dokuments Ein HTML-Dokument beginnt mit dem Tag `<HTML>` und endet mit dem Tag `</HTML>`. Es besteht aus zwei Hauptteilen: Einem optionalen Kopf (Head), der von den Tagpaaren `<HEAD>` und `</HEAD>` umschlossen wird, und einem Rumpf (Body), der durch `<BODY>` und `</BODY>` umschlossen wird. Der Kopf enthält Details über das Dokument, hier steht beispielsweise der Titel des Dokuments. Durch Umschließen mit `<TITLE>` und `</TITLE>` gibt der Browser den Text als Beschriftung in der Titelleiste des Fensters aus. Der Text im Rumpf wird im Hauptbereich des Fensters angezeigt. Nachfolgend zeigen wir die allgemeine Form eines HTML-Dokuments (Programm 3.18).

Programm 3.18: Allgemeine Form eines HTML-Dokuments

```
<HTML>
 <HEAD>
  <TITLE>
```

```
    Dieser Text ist der Dokumenttitel
  </TITLE>
 </HEAD>
 <BODY>
  Der Inhalt (Rumpf) des Dokuments erscheint
  hier.
 </BODY>
</HTML>
```

Formatierung von Text Zahlreiche Tags können Attribute beinhalten. Außer dem Bezeichner des Tags treten dann innerhalb der spitzen Klammern und abgetrennt durch Leerzeichen weitere Namen auf, denen Werte zugeordnet werden können.

Zur Formatierung von Text werden die folgenden Tags benutzt:

` `	BREAK; weist einen Browser an, einen Zeilenumbruch einzufügen.
`<P> </P>`	Paragraph; Absatz darstellen. Mit dem Attribut `ALIGN =LEFT` oder `ALIGN=RIGHT` oder `ALIGN=Center` ist linksbündige, rechtsbündige oder zentrierte Ausrichtung möglich.
`<PRE> </PRE>`	weist den Browser an, den Text so darzustellen wie er ist.
`<H1> </H1>`	Header; Überschrift der Ebene 1
`<H2> </H2>`	Header; Überschrift der Ebene 2
`<H3> </H3>`	Header; Überschrift der Ebene 3
`<H4> </H4>`	Header; Überschrift der Ebene 4
`<H5> </H5>`	Header; Überschrift der Ebene 5
`<H6> </H6>`	Header; Überschrift der Ebene 6.
	Mit dem Attribut `ALIGN=LEFT` oder `ALIGN=RIGHT` oder `ALIGN=Center` ist linksbündige, rechtsbündige oder zentrierte Ausrichtung bei Überschriften möglich.
`<B> </B>`	Bold Text; Fettdruck
`<I> </I>`	Italic Text; Kursivdruck
`<TT> </TT>`	Teletype Text; nicht-proportionale Schrift
`<U> </U>`	Underline; Unterstreichung
`<BLINK> </BLINK>`	Blinkender Text
`<STRIKE> </STRIKE>`	Durchgestrichener Text
`<BIG> </BIG>`	Text größer darstellen
`<FONT SIZE =+1> </FONT>`	gleiche Wirkung wie `BIG`
`<SMALL> </SMALL>`	Text kleiner darstellen
`<FONT SIZE=-1> </FONT>`	gleiche Wirkung wie `SMALL`
`<SUP> </SUP>`	Superscript; hochgestellter Text

`<SUB> </SUB>`	Subscript; tiefgestellter Text.
`<EM> </EM>`	Emphasize; einfache Hervorhebung von Text
`<STRONG> </STRONG>`	Starke Hervorhebung von Text
`<CITE> </CITE>`	Zitierte Werke
`<SAMP> </SAMP>`	Zitate
`<CODE> </CODE>`	Quelltextauszüge
`<KBD> </KBD>`	Keyboard; Tastatureingaben
`<VAR> </VAR>`	Variable; Hervorhebung von Platzhaltern
`<ADDRESS> </ADDRESS>`	Adressangaben

Mit `<! -- Dies ist ein Kommentar -->` kann ein Kommentar eingefügt werden, der Text zwischen beiden Elementen wird dann nicht dargestellt.

Farben, Größe und Schriftart Mit Hilfe der Tags `<BODY>`, `<FONT>` und `<BASEFONT>` lassen sich Größe, Farbe und Schriftart von Textteilen (`<FONT>`) bzw. ganzen Dokumenten (`<BODY>` und `<BASEFONT>`) beeinflussen.

Innerhalb des `<BODY>`-Tags sind die Attribute `BACKGROUND`, `BGCOLOR`, `TEXT`, `LINK`, `ALINK` und `VLINK` erlaubt.

Das Attribut `BACKGROUND` dient zum Einbinden einer Hintergrundgraphik für das Dokument. Als Wert hat es die URL (Uniform Resource Locator) einer Graphik.

`BGCOLOR` (background color), `TEXT` (normale Schriftfarbe), `LINK` (Farbe eines noch nicht besuchten Links), `ALINK` (active link; Farbe eines Links, der gerade aktiviert wird), `VLINK` (visited link; Farbe eines bereits besuchten Links) haben Farbe als Werte. Diese müssen jeweils als hexadezimale Rot-, Grün- und Blauwerte (RGB) angegeben werden. Die allgemeine Form ist `#RRGGBB`, also z. B. `#00FF00` für ein sattes Grün, `#FFFFFF` für Weiß.

Das `<BASEFONT>`-Tag dient zum Setzen einer voreingestellten Schriftgröße für den gesamten nachfolgenden Text (bis zum nächsten `<BASEFONT>`). Dem Attribut `SIZE` wird ein Wert zwischen 1 (kleinste Schrift) und 7 (größte Schrift) zugewiesen. Die Voreinstellung ist 7.

Das `<FONT>`-Tag erlaubt es, Größe (`SIZE`), Farbe (`COLOR`) und durch eine Liste von Schriftarten (`FACE`) die Schriftart von Textteilen zu beeinflussen. Nachfolgender Text wird mit Größe 6, in Rot und in Schriftart Arial oder Helvetica, je nach Verfügbarkeit, dargestellt

FONT SIZE COLOR FACE
```
<FONT SIZE=6 COLOR=#FF0000 FACE="Arial,Helvetica">
Rote Schrift Gr&ouml;&szlig;e 6 in Arial oder Helvetica
</FONT>
```

Listen Eine ungeordnete Liste wird durch das Paar `<UL>` ... `</UL>` gebildet, wobei UL für Unorderded List steht. Ein Listenelement enthält die Markierung `<LI>`, wobei auf das abschließende `</LI>` verzichtet werden kann. Die Einträge in einer ungeordneten Liste können durch Blickfangpunkte, so genannte Bullets, hervorgehoben werden. Dazu steht das Attribut TYPE zur Verfügung, das die Werte SQUARE, CIRCLE oder DISC annehmen kann.

Eine geordnete Liste wird durch <OL> ... </OL> markiert, wobei OL für Ordered List steht. Einzelne Listeneinträge werden wieder durch <LI> gebildet. Den Einträgen in geordneten Listen werden Zahlen oder Buchstaben vorangestellt. Mit welchen Zeichen die Einträge markiert werden, lässt sich mit dem TYPE-Attribut festlegen, das folgende Werte annehmen kann:

A: für Großbuchstaben (wie A, B, C und so weiter),
a: für Kleinbuchstaben (wie a, b, c und so weiter),
I: für große römische Zahlen (wie I, II, III und so weiter),
i: für kleine römische Zahlen (wie ii, ii, iii und so weiter),
1: für arabische Ziffern (welches auch der Defaultwert ist).

Die <DL> und </DL> Tags stehen für Definitionslisten oder Glossare, wobei die Definition mit <DT> versehen wird und der dazugehörige Text mit <DD> markiert wird.

Horizontale Linien Horizontale Linien können mit dem <HR>-Tag eingefügt werden. Folgende Attribute lassen sich angeben:

SIZE=n   die Höhe sei n Pixels
WIDTH=w   die Weite sei w Pixels
ALIGN   =left, =right, =center die Positionierung der Linie
NOSHADE   die Linie ohne Schatten

Tabellen Der Start einer Tabelle wird mit dem <TABLE>-Tag begonnen und das Ende wird mit </TABLE> angezeigt. Dieses Tag-Element kann durch folgende Attribute erweitert werden:

align   = left, right, center die Ausrichtung der Tabelle.
width   Breite der Tabelle in Pixeln oder Prozentwerten.
height   Höhe der Tabelle in Pixeln oder Prozentwerten.
cols   Anzahl der Spalten.
cellpading   Abstand zwischen dem Zelleninhalt und dem Rand in Pixel.
cellspacing Abstand zwischen den Zellen in Pixel.
frame   Linie, welche die Tabelle umgibt.
rules   Linie, welche die Zellen umgibt.

Eine Zeile der Tabelle lässt sich durch die Tags <TR> ...</TR> erzeugen. Innerhalb dieses Paares, das sich unmittelbar an das einleitende <TABLE> anschließt, werden die einzelnen Datenzellen (D wie DATA) mit <TD> ...</TD> erfasst. Die dazugehörigen Überschriften (H wie Heading) werden mit <TH> ...</TH> erfasst.

Tabellen können Überschriften enthalten, was mit Hilfe des Elementes `<CAPTION>` ... `<CAPTION>` angezeigt wird. Die Ausrichtung der Tabellenüberschrift geschieht wieder mit dem Attribut `align`, dessen mögliche Werte sind:

`top`   Die Überschrift steht oberhalb der Tabelle,
`bottom`   unterhalb der Tabelle,
`left`   links davon,
`right`   rechts davon.

Eine Tabelle muss wenigstens eine Reihe an Daten enthalten. Jede dieser Reihen wird in drei Sektionen aufgeteilt: Kopf (head), Textkörper (body) und Fußzeile (foot). Diese drei Bereiche werden durch die Elemente `<THEAD>` ...`</THEAD>`, `<TBODY>`... `</TBODY>` und `<TFOOT>`...`</TFOOT>` gekennzeichnet.

Die Spalten einer Tabelle lassen sich durch `<COLGROUP>` zu Gruppen zusammenfassen. Diesem Tag-Element können dann zwei Attribute zugewiesen werden:

`span`   Anzahl der Spalten, die zu einer Gruppe gehören.
`width`   Breite der Spalten einer Gruppe in Pixeln oder prozentuale Angaben.

Frames Mit Frames bezeichnet man voneinander unabhängige Anzeigebereiche des Browsers; die zusammengehörigen einzelnen Bildschirmbereiche bilden den Frameset. Ein solches Frameset definiert man innerhalb der Elemente `<FRAMESET>` ... `</FRAMESET>`. Die Konstruktion eines Framesets verläuft ähnlich wie die Erstellung von Tabellen. Sie müssen Zeilen und Spalten definieren, die dann die einzelnen Zellen bzw. Frames bilden. Um die Zellen eines Framesets zu definieren, benutzt man die folgenden Attribute:

`rows` Aufteilung in Anzahl der Zeilen; Angabe in Pixeln oder prozentuale Angabe, z. B. `ROWS="30%,30%,40%"`
`cols` Aufteilung in horizontale Abschnitte; Angabe in Pixeln oder prozentuale Angabe. Soll einer Spalte automatisch der verbleibende Platz zugewiesen werden, kann auch das Jokerzeichen * benutzt werden, z. B. `COLS="20%,60%,*"`

Die eigentlichen Frames definieren Sie durch `<FRAME>`... `</FRAME>`. Mit Frames können die folgenden Attribute gesetzt werden:

`src`   zur Angabe eines Namens oder einer URL von einer HTML-Seite, die im Frame angezeigt wird. Zum Beispiel SRC="test.html"
`scrolling` =yes, no, auto yes fordert Scrollbalken, no unterdrückt Scrollbalken, auto Scrollbalken werden nur eingeblendet, wenn dies nötig ist (Framebereich größer als Anzeigebereich).
`noresize`   Größenänderungen eines Frames durch den Benutzer wird verhindert.

`frameborder`	=1 Rahmen um Frames werden angezeigt. Default-Wert. =0 Rahmen um Frames werden unterdrückt.
`marginwidth`	Abstand zwischen rechtem und linkem Framerahmen und Text in Pixeln.
`marginheigth`	Abstand zwischen oberem und unterem Rand und Text in Pixeln.

Mit Inline-Frames `<IFRAME>`...`</IFRAME>` kann ein Frame innerhalb eines Textblockes platziert werden, ohne ein ganzes Frameset konstruieren zu müssen. Zahlreiche Attribute, die auch bei Frames Gültigkeit haben, lassen sich auch auf Inline-Frames anwenden.

Graphiken, Videos und Audio einbinden Eine Graphik kann mit dem Element `<IMG>` in eine Seite integriert werden. Das `<IMG>`-Element versteht eine Vielzahl von Attributen, die wichtigsten sind:

`src`	Angabe des Pfadnamens, wo die Graphik liegt; z. B. `SRC="GRAPHIC1.GIF"` oder bei Ablage in einem anderen Verzeichnis als die HTML-Seite `SRC="FILE://LOCALHOST/C:/GRAPHIC1.GIF"`
`border`	Rahmen, wobei die Rahmendicke in Pixeln angegeben wird.
`align`	`=TOP; =MIDDLE; =BOTTTOM` der die Graphik beschreibende Text steht oben bündig rechts, mittig neben dem Text, unten bündig. `=LEFT, =RIGHT, =TEXTTOP, =ABSMIDDLE, =BASELINE, =ABSBOTTOM;` die Graphik steht am linken Rand der Seite, am rechten Rand der Seite, sie orientiert sich an der obersten Position von Text, Text wird mittig zur Graphik ausgerichtet, am unteren Rand, am äußersten unteren Rand.
`alt`	Alternative, falls die Graphik nicht angezeigt werden kann, ein alternativer Text zur Ausgabe.
`width`	Weite der Graphik in Pixeln.
`height`	Höhe der Graphik in Pixeln.
`hspace`	horizontal space, horizontaler Abstand von der Graphik in Pixeln.
`vspace`	vertical space, vertikaler Abstand von der Graphik in Pixeln.
`title`	Titel der Graphik, überschreibt alt.

Mit dem Microsoft Internet Explorer kann ein Video eingefügt werden mit `<IMG DYNSRC ="tie.avi">`. `DYNSRC` steht für dynamic Ressource. Dem Attribut wird die URL bzw. der Dateiname für die abzuspielende Datei zugewiesen. Zusätzlich kann das Attribut src verwendet werden, das bei der Verwendung eines anderen Browsers dafür sorgt, eine referenzierte Graphik anstelle des Videos zu zeigen.

Beim Internet Explorer besteht noch zusätzlich die Möglichkeit einer Seite Hintergrundmusik zuzuordnen. Dazu dient das neue Element `<BGSOUND>`, dem mit dem src-Attribut dann die Audiodatei zugeordnet wird.

Zur Beschreibung von dreidimensionalen Graphiken wurde eine *Virtual Reality Modelling Language*, kurz *VRML*, entwickelt. Der Quellcode zur Beschreibung solcher Graphiken in VRML ist zwar nicht sehr umfangreich, jedoch erfordern die Berechnung der Figuren und die Umsetzung der Bewegungen in Echtzeit einen leistungsfähigen Prozessor. Mit dem Internet Explorer können solche VRML-Dateien mit Hilfe des <IMG>-Elementes angezeigt werden, bei dem mit Hilfe des VRML-Attributes auf die anzuzeigende Datei verwiesen wird.

Der Netscape Navigator bevorzugt das <EMBED>-Tag mit dem src-Attribut zum Einbinden von Graphiken, Audio und VRML-Dateien. Damit sollen Multimedia-Dateien aller Art in HTML genutzt werden können.

Die Anzeige dieser Multmedia-Dateien bedingt eine Erweiterung des Browsers. Mit Hilfe von so genannten PlugIns, die auch von Drittfirmen angeboten werden, können Multimedia-Dateien innerhalb des Browserfensters angezeigt werden. Voraussetzung ist jedoch, dass der Benutzer das entsprechende PlugIn installiert hat.

PlugIns sind dynamisch ladbare Programme, welche die Funktionalität des Browsers erweitern. Zur graphischen Darstellung steht ihnen innerhalb des Browser-Fensters ein rechteckiger Bereich zu oder das gesamte Fenster zur Verfügung. Sie erlauben beliebige aktive Elemente zur Darstellung verschiedener Medientypen in Dokumente einzubinden. PlugIns brauchen keine graphische Darstellungen zu erzeugen, sondern sie können auch zur Wiedergabe von Audiodaten oder zu Dekomprimierung von Daten genutzt werden. PlugIns ermöglichen sogar die Nutzung der Web-Technologie für existierende Anwendungen, wie z. B. Tabellenkalkulationsprogramme.

Der HTML 4.0 Standard sieht für die Einbettung von beliebigen Medientypen in Dokumente, das durch PlugIns geschieht, das Paar <OBJECT>...</OBJECT> vor. Dementsprechend wurde das <IMG>-Tag vom HTML 3.2 durch das <OBJECT>-Element ersetzt. Ebenfalls durch <OBJECT> ersetzt wurde das Element <EMBED>.

Das <OBJECT>-Tag versteht die ähnlichen Attribute wie das <IMG>-Tag. Weitere Attribute sind:

data	die URL der referierten Datei.
codebase	wo die zu referenzierenden Daten zu finden sind, so dass in data relative Pfade genügen.
codetype oder type	dient zur Ansteuerung des notwendigen PlugIns und muss mit einem MIME-Datentyp besetzt werden.
standby	was beim Laden angezeigt wird und dessen Wert eine Textnachricht ist.

Applets und Javaskripte einbinden Mit dem <Object>-Tag und dem Attribut classid lassen sich Applets (die in nachfolgendem Abschn. 3.4.3.1 behandelt werden) einbinden. Classid wird mit einem dokumentenweiten einmaligen Bezeichner für das auszuführende Programm vorbesetzt. Neben dem Attribut classid muss dann noch das Attribut codetype angegeben werden, das mit dem MIME-Datentyp für binäre Datei besetzt werden muss, in unseren Fall mit application/octet-stream.

Applets können Parameter übergeben werden, dazu verwendet man das Element
`<PARAM>`. Das `<PARAM>`-Tag besitzt die folgenden Attribute:

name   Name des Parameters

value   Wert des Parameters

valuetype   =data, =ref, =object. Data ist die Voreinstellung, und der Wert
                des Parameters ist vom Typ data. Bei ref handelt es sich um eine URL.
                Und bei object kann auf ein anderes Objekt verwiesen werden. Bei Ein-
                bindung von java-Applets spielen ref und object noch keine Rolle.

Programm 3.19: Verwendung des <Object>-Tags
```
<OBJECT CLASSID="java:Beispiel"
CODETYPE="application/octet-stream">
<PARAM NAME="Zahl_a" VALUE="15" VALUETYPE="data">
<PARAM NAME="Zahl_b" VALUE="25" VALUETYPE="data">
</OBJECT>
```

Neben dem `<OBJECT>`-Tag lässt sich mit `<APPLET>` ...`</APPLET>` Java-
Code einfügen. Das `<Applet>`-Tag ähnelt dem `<IMG>`-Tag und besitzt die gleichen
Attribute. Mit dem `<PARAM>`-Tag lassen sich wie bei `<OBJECT>` dem Applet Parameter
übergeben.

Programm 3.20: Verwendung des <Applet>-Tags
```
<APPLET CODE="Beispiel.class"
CODEBASE="http://www.foobar.com/applets"
ALT="Ihr Browser beherrscht kein Java"
ALIGN="LEFT" HEIGTH="300" WIDTH="450">
<PARAM NAME="zahl_1" VALUE="10">
<PARAM NAME="zahl_2" VALUE="20">
</APPLET>
```

Mit `<SCRIPT>`...`</SCRIPT>` und dem Attribut language lassen sich in HTML
Skripte (siehe Abschn. 3.4.3.2) einfügen.

Programm 3.21: Verwendung des <Script>-Tags
```
<SCRIPT LANGUAGE="JavaScript">
document.writeln("This is my first JavaScript");
for (i = 0; i<10;i++)
 document.write ("<CENTER> <FONT SIZE=+1><B>Loop</B>", i);
</SCRIPT>
```

Mit dem Attribut src lässt sich auch auf Javaskripte verweisen, die dann zur Laufzeit
eingebunden werden.

Programm 3.22: JavaScript mit Attribut src

```
<SCRIPT LANGUAGE="JavaScript" SRC="funktion.js">
</SCRIPT>
```

Links und Anker Zum Einfügen eines Links auf ein anderes Dokument oder auf eine andere Stelle im gleichen Dokument dient das Paar <A>...</A>, dabei steht A für Anchor. Mit dem Attribut `name` können innerhalb eines Dokuments Sprungziele definiert werden. Mit dem Attribut `href`, das mit dem Ziel als URL gesetzt wird, stehen die folgenden Dienste zur Auswahl:

- HyperText Transfer Protokoll (HTTP),
- File Transfer Protokoll (FTP),
- Ein Diskussionsforum in den Newsgroups (News),
- Verweis auf eine E-Mail-Adresse (Mail).

Ein Beispiel zum Überspringen eines Abschnittes und das Anbieten von verschiedenen Diensten zeigt das nachfolgende Programm 3.23:

Programm 3.23: Überspringen eines Abschnittes und Anbieten von verschiedenen Diensten

```
<BODY>
<H2> Kapitel 1</H2>
Falls Sie den Abschnitt überspringen möchten
<A HREF="#Abschnitt 2"> Click here </A><BR>
Falls Sie auf den Server des Instituts für
Betriebssysteme zugreifen wollen
<A HREF="http://www.bts.fh-mannheim.de">
 Click here</A><BR>
Falls Sie G. Bengel eine Mail senden wollen
<A HREF="mailto:g.bengel@fh-mannheim.de">
 Click here</A><BR>
Falls Sie auf den ftp-Server des Instituts für
Betriebssysteme zugreifen wollen
<A HREF="ftp://minnie.bts.fh-mannheim.de">
 Click here </A><BR>
Falls Sie auf Ihre eignen HTML-Files verweisen möchten
<A HREF="FILE://LOCALHOST/C:/temp/"Lesers_Datei">
 Click here</A><BR>
<A NAME="Abschnitt 2"> </A>
<H2> Kapitel 2 </H2>
</BODY>
```

Formulare Ein Formular wird durch das Paar <FORM>...</FORM> definiert. Zwischen diesen beiden Elementen wird dann das Layout des Formulars definiert. Mit dem Attribut `method` lässt sich dann die Methode angeben, mit der das Formular weiterverarbeitet wird. An Methoden stehen zur Verfügung:

- POST: Es wird die HTTP-Methode POST verwendet, die den Namen und den Wert eines Feldes auf dem Kanal Stdout dem CGI-Programm übergibt.
- GET: Es wird die HTTP-Methode GET verwendet, welche die Werte von Variablen in Umgebungsvariablen abspeichert. Diese können dann von einem CGI-Skript ausgelesen und weiterverarbeitet werden.

Neben dem method-Attribut gibt es das Attribut action. Der Wert von action gibt an, unter welcher URL sich ein Programm befindet, das die Eingabedaten verarbeiten soll.

Programm 3.24: Formulare und deren Verschickung

```
<BODY>
<FORM ACTION=
"mailto:g.bengel@fh-mannheim.de"METHOD="POST">
Please enter your name:
<INPUT NAME="username" SIZE =40>
<INPUT TYPE=SUBMIT>
</FORM>
<FORM ACTION="/cgi/bin/Form2" METHOD="POST">
Please enter your name:
<INPUT NAME="username" SIZE =40>
<INPUT TYPE=SUBMIT>
</FORM>
</BODY>
```

Eingaben der Benutzer werden durch die Elemente <INPUT> ...</INPUT> abgefragt. Die folgenden Attribute können bei <INPUT> stehen:

name	gibt den Namen des zugehörigen Textfeldes an.
size	Länge des Eingabefeldes in Zeichen.
value	Vorbelegung des Feldes, die beim ersten Aufruf des Formulars sichtbar ist.
maxlength	Anzahl der Zeichen, die höchstens eingegeben werden können.
type	=text Texteingabefeld;
	=password; Text wird nicht im Klartext im Eingabefeld eingetragen; jedoch nicht verschlüsselt vom Browser zum Web-Server übertragen!
	=hidden; versteckte Variablen; werden vom Browser nicht angezeigt; dient zur Übergabe von Parametern einer WWW-Seite an ein CGI-Skript.
	=submit bestätigt die Formulareingabe und übergibt sämtliche Inhalte des FORM-Elementes an die im action Attribut angegebene URL.
	=reset stellt den Ausgangszustand des Formulars her. Der Button des Formulars hat die in value angegebene Beschriftung.
image	integriert Graphik in das Formular. Die URL der Graphik wird dem Attribut SRC entnommen.

radio | Die Eingabe hat die Form eines Radio Buttons. Wird bei einem Button das Attribut checked angegeben, so ist dieser Button als Voreinstellung aktiviert.

checkbox | Die Eingabe hat die Form einer Checkbox.

Mehrzeilige Textfelder werden mit einem eigenen Tag <TEXTAREA> eingeleitet, zu dem im Gegensatz zu <INPUT> auch das Ende-Tag </TEXTAREA> existiert. <TEXTAREA> hat drei Attribute: name gibt wie bei einzeiligen Textfeldern den Namen des Feldes. Rows und cols sind optional und geben Zeilen- bzw. Spaltenanzahl des Feldes in Zeichen an.

Eine Auswahlliste bilden Sie innerhalb der Elemente <SELECT> ...</SELECT>, wobei jeder Listeneintrag durch <OPTION> markiert wird. Wie bei anderen Elementen eines Formulars weisen Sie mit dem Attribut name dem Feld eine spezifische Bezeichnung zu, die für die Weiterverarbeitung benötigt wird. <OPTION SELECTED> aktiviert den zugehörigen Eintrag in der Voreinstellung.

Listen, bei denen das Attribut size den Wert 1 annimmt, werden bei den meisten Browsern als Pop-up-Menues dargestellt.

3.4.2 Dynamische Dokumente

Da der Web-Server für das Erstellen eines bei ihm residierenden dynamischen Dokuments verantwortlich ist, betreffen Änderungen und Erweiterungen, die zur Unterstützung dynamischer Dokumente nötig sind, nur den Web-Server.

3.4.2.1 Common Gateway Interface (CGI)

Die primäre Technik zum Erstellen dynamischer Dokumente heißt Common Gateway Interface (CGI) und dient zur dynamischen Generierung von Web-Seiten; der Browser beauftragt den Web-Server zum Aufruf eines Programms, welches die neue Seite generiert. Diese Webseite kann nun auf Daten des Servers basieren und kann auch die übergebenen Parameter des Clients mit einschließen. Zur Programmierung des CGI-Programms oder CGI-Skripts kann man jede beliebige Programmiersprache benutzen, selbst Unix-Shell-Skripte werden dafür eingesetzt. Unter Unix, Windows oder Macintosh benutzt man in der Regel die Programmiersprachen C oder C++ und bevorzugt die Skriptsprachen Perl oder Tcl. Der Mac-CGI-Programmierer kann daneben noch die Sprache AppleScript benutzen. Unter Windows nimmt man normalerweise Visual Basic, das mit anderen Windows-Anwendungen wie Datenbanken und Spreadsheets kommunizieren kann. Bei der Wahl der Programmiersprache sollte man darauf achten, dass man Texte leicht manipulieren kann, da eine neue HTML-Seite damit erstellt wird, und weiterhin eine Zugriffsmöglichkeit auf Umgebungsvariable hat. Weitere häufig eingesetzte Skriptsprachen besprechen wir in Abschn. 3.4.2.2.

An einem Beispiel wollen wir erläutern, wie ein Browser den Web-Server zum Aufruf eines Perlprogramms benutzen kann und wie man diesem Programm Parameter übergibt. Das nachfolgende HTML-Formular enthält zwei Felder zur Eingabe eines Namens und einer Email-Adresse. Die Werte, welche der Benutzer eingibt, werden an den Server gesendet, wenn der Benutzer den „Submit-Knopf" drückt. Wenn der Web-Server die Daten des Formulars erhält, startet er das Perlskript, welches auf dem Server im relativen Pfad/cgi-bin liegt und register.pl heißt. Das aufzurufende Programm ist im ACTION-Parameter des Formulars angegeben.

Programm 3.25: Aufruf eines CGI-Programms

```
<HTML>
<HEAD>
<TITLE>Sample Form </TITLE>
</HEAD>
<BODY>

<FORM METHOD=GET
    ACTION="cgi-bin/register.pl">
<PRE>
Please enter your name:
 <INPUT NAME="username" SIZE =40>
Please enter your email address
 <INPUT NAME="email" SIZE=40>
<INPUT TYPE="SUBMIT">
</FORM>

</BODY>
</HTML>
```

Nehmen wir an, der Web-Browser hat für das obige Formular für username und email die folgenden Daten eingelesen:

Guenther Bengel
g.bengel@hs-mannheim.de

dann kodiert er sie auf die folgende einfache Art und Weise:

Der Name von jedem Eingabefeld ist getrennt von seinem Wert durch ein Gleichheitszeichen. Verschiedene Felder werden voneinander getrennt durch ein Kaufmannsund (&). Nicht alphanumerische Zeichen werden durch ein Prozentzeichen gefolgt von zwei Hexadezimalzahlen codiert. Die Hexadezimalzahlen sind der ASCII-Wert für dieses Zeichen. Alle Zeichen in der URL des Gateway-Programms werden entsprechend codiert, außer den Buchstaben a bis z und den Großbuchstaben A bis Z sowie dem Unterstrich (_). Leerzeichen werden nicht wie üblich als %20 codiert, sondern als Pluszeichen (+). Das Pluszeichen selbst wird als %2b codiert. Die Daten des obigen Formulars erhalten dadurch die folgende Codierung, die hier aus Platzgründen in zwei Zeilen steht:

```
username=Guenther+Bengel&email=
g%2ebengel%40hs%2dmannheim%2ede
```

Die so codierte Anfragezeichenkette heißt *Query String*.

Zum Senden des Query String an den Server stehen zwei Wege offen: GET oder POST. Falls im Formular die GET-Methode spezifiziert ist, dann hängt der Browser den Query String an die URL an und sendet ihn zum Server. Bei der POST-Methode wird der Query String als Ausgabestrom gesendet.

In unserem Beispiel haben wir GET zur Kommunikation mit dem Server benutzt. Dadurch stellt der Browser eine Verbindung zum Server her und übermittelt ihm die folgende einzeilige Anforderung, die hier nur aus Platzgründen in zwei Zeilen steht:

```
GET/cgi-bin/register.pl? username=Guenther+Bengel
&email=g%2ebengel%40hs%2dmannheim%2ede HTTP/1.0
```

Der Server erkennt, dass die URL den Namen des aufzurufenden CGI-Programms enthält und eine Eingabe enthält für dieses Programm. Er besetzt die Umgebungsvariable QUERY_STRING mit query string und setzt weitere Umgebungsvariable wie beispielsweise REMOTE_ADDR, REMOTE_HOST oder REQUEST_METHOD. Zur Ausführung des CGI-Programms startet er nun einen neuen Prozess. Das CGI-Programm wird ausgeführt, wobei es selbst wieder Anfragen an andere Web-Server und CGI-Programme oder Aufrufe anderer lokaler Programme wie z. B. Anfrage an Datenbanken generieren kann. Nach Erhalt der jeweiligen Antworten von diesen anderen Programmen stellt das CGI-Programm eine Antwort in Form einer HTML-Seite zusammen und schickt diese über die Standardausgabe stdout an den Web-Server, der sie dann an den Web-Browser weiterleitet.

Die Länge der Strings bei Umgebungsvariablen ist beschränkt, deshalb ist die GET-Methode ungeeignet zur Versendung von längeren Zeichenketten, und man sollte dafür die POST-Methode benutzen. Bei dieser Methode sendet der Browser wie gewöhnlich bei Serveranfragen die Kopfinformation, gefolgt von zwei carriage-return/linefeed und anschließend den Query String. Hätten wir in unserem Beispiel POST benutzt, so erhielte der Web-Server Folgendes:

/cgi-bin/register.pl
```
POST/cgi-bin/register.pl HTTP/1.0
Content-type: application/x-www-form-urlencoded
Content-length: 62

username=Guenther+Bengel
&email=g%2ebengel%40hs%2dmannheim%2ede
```

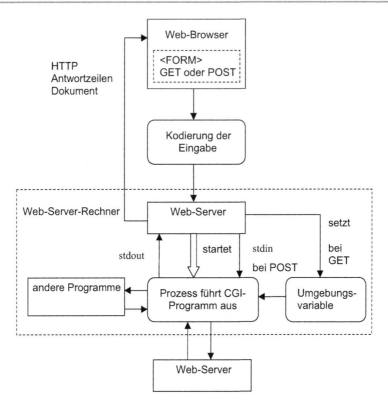

Abb. 3.19 Ablauf eines CGI-Programms

Der obige Query String übergibt der Web-Server dann dem CGI-Programm auf der Standardeingabe `stdin`.

Der obige beschriebene Ablauf bei Aufruf eines CGI-Programms zeigt Abb. 3.19.

3.4.2.2   Aktive Serverseiten

Ein Web-Server hat die Möglichkeit, den Inhalt eines Dokuments vor dem Absenden an den Browser zu verändern. Als *Server Side Includes (SSI)* versteht man, bestimmte Anweisungen im HTML-Dokument einzubetten, die den Web-Server veranlassen, bestimmte Aktionen auszuführen. Diese Technik ermöglicht unter anderem das Einfügen (durch `#include`) von Teildokumenten in andere Dokumente. Dies erleichtert die Pflege und die Wahrung der Konsistenz einer großen Anzahl von Dokumenten. Zur Entlastung des Servers und damit nicht bei jedem Dokument die Auslieferung verzögert wird, muss nicht jedes Dokument auf mögliche auszuführende Aktionen untersucht werden, sondern nur die Dateien mit der Extension .shtml, .shtm oder .sht.

Mit Hilfe von SSI können die Inhalte von Umgebungsvariablen, Informationen über das Dokument bzw. über andere Dokumente (z. B. Dateigröße, Erstellungsdatum), ganze

HTML-Dateien, die Ergebnisse von CGI-Programmen bis hin zu Datenbankabfragen in ein Dokument eingebunden werden.

SSI bilden die einfachste Art von Servererweiterungen, denn es lassen sich nur einzelne Anweisungen einbetten. Komplexere Anwendungen erlauben, wie bereits erwähnt, die Verwendung von vollständigen Programmier- oder Skriptsprachen. Dies bezeichnet man als *serverseitige Skripte* oder auch als *aktive Serverseiten*. Ein Web-Server enthält in diesen Fällen einen Interpreter, welcher in HTML-Dokumente eingebettete Programme interpretiert und deren Ausgaben in das Dokument einfügt.

Als serverseitige Programmiersprachen können alle Programmiersprachen wie z. B. C, C++ oder Pascal und sogar Java eingesetzt werden. Großer Beliebtheit erfreuen sich Skriptsprachen zur Erstellung von serverseitigen Programmen. Die gebräuchlichsten und weit verbreitesten Skriptsprachen aus einer Vielzahl von Sprachen sind:

- *Perl* (Practical Extraction and Report Language) ist eine Vielzwecksprache mit dem Einsatzspektrum, welches der Name verrät – Zusammenfassungen von Programmausgaben zu erzeugen. Perl orientiert sich vor allem an Unix-Shellskripten und der Sprache C. Sie ist vor allem wegen ihrer Stärke in der Textverarbeitung (string concatenation, reguläre Ausdrücke etc.) die Sprache der Wahl für die Benutzung mit CGI. Außerdem verfügt sie über ein Datenbankzugriffsmodul DBI (Database independent interface).
- *PHP* ist die Abkürzung für „Personal Home Page" oder auch „PHP Hypertext Preprocessor". Beide Bezeichnungen zielen auf den Verwendungszweck im World Wide Web hin, nämlich die Produktion von dynamischen Webseiten. Die Syntax von PHP ist an C, Java und Perl angelehnt und PHP arbeitet ähnlich wie JavaScript oder VBScript mit Programmeinbettungen in HTML. Bemerkenswert an PHP ist die breite Unwterstützung für eine ganze Reihe von SQL-Datenbanken wie z. B. MySQL, MS SQL, Oracle, Informix und PostgreSQL. Daneben ist ODBC (Open Database Connectivity)-Unterstützung vorhanden.
- *ASP* (Active Server Pages) setzt an der Programmierschnittstelle ISAPI des Webserver Internet Information Server (IIS) an. Nach ASP-Regeln erstellte und über ihre Dateiendung `.asp` als solche gekennzeichnete Webdokumente werden bei Anforderung zunächst von einer „Scripting Engine" verarbeitet und sodann deren HTML-Produkt an den Anforderer zurückgegeben und dort angezeigt. Die eigentliche Sprache von ASP ist eine Skriptversion von Visual Basic.
- *JSP* (Java Server Pages) erlaubt Java in eine Webseite einzubetten. JSP-Programme werden bei der Ausführung in Servlets kompiliert, wenn sie nicht bereits in kompilierter Form vorliegen.

Das Buch von Dehnhardt [D 01] enthält eine tiefergehende und detaillierte Beschreibung der serverseitigen Skriptsprachen Perl, PHP und ASP, und es behandelt noch zusätzlich die clientseitigen Sprachen VBScript und JavaScript.

3.4.2.3   Servlets

Web-Server erzeugen für jede CGI-Anfrage eine neuen Prozess und belasten dadurch den Server mit dem erheblichen Aufwand der Prozesserzeugung. Eine Möglichkeit, diesen Aufwand zu reduzieren, bieten dynamisch ladbare Bibliotheken. Dabei lädt der Server bei der ersten Anfrage eine solche Bibliothek, und sie verbleibt dann für weitere Anfragen im Speicher. Die Bibliothek arbeitet im gleichen Adressraum wie der Server und kann damit auf die vom Web-Server verwendeten Ressourcen zugreifen. Der Nachteil dabei ist, dass damit Fehler in einer Anwendung, die ladbare Bibliotheken benutzt, den Server zum Absturz bringen können, was jedoch nicht bei CGI-Programmen möglich ist.

Die Kommunikation zwischen dem Web-Server und der Bibliothek beruht auf Funktionsaufrufen und nicht mehr wie bei CGI auf Umgebungsvariablen und der Standardeingabe/-ausgabe, was einen weiteren Gewinn an Effizienz bringt. Solchermaßen zur Verfügung gestellte Bibliotheken erweitern den Server und bilden für den Client eine API, die er zusätzlich neben den Serverfunktionalitäten nutzen kann.

Natürlich sind solche APIs serverabhängig und Sun hat mit Servlets eine in Java realisierte Server-API entwickelt. Servlets sind in Java programmiert und erlauben wie die nachfolgend beschriebenen Applets eine plattformübergreifende Programmausführung über das Netz. Der Code von Servlets kann, wie auch bei Applets möglich, von einem anderen Rechner geladen werden und auf dem Zielrechner (hier der Rechner, auf dem der Web-Server läuft) zur Ausführung gebracht werden. Dies bringt Servlets in die Nähe von Agenten, welche die Web-Seite nach Information durchsuchen können. Dies ermöglicht dann beispielsweise, einen Shopping-Agent zu implementieren, der für ein Produkt den günstigsten Preis aussucht.

Es gibt mehrere Möglichkeiten einen Web-Server zu veranlassen ein Servlet auszuführen:

1. Der Server selbst bildet gewisse URLs auf vordefinierte Lokationen von Servlets ab, welche die Seite dynamisch generieren. Alle zulässigen Abbildungen werden bei der Konfiguration des Web-Servers vom Administrator angegeben.
2. Der Client selber fordert mit der URL einen Servlet-File an, dessen Servlet dann der Server zur Ausführung bringt.
3. Das Servlet ist mit einem `<SERVLET>`-Tag (nicht in HTML 4.0 enthalten) in den HTML-File eingebettet, und es wird die gleiche Technik wie bei aktiven Server-Seiten angewendet.

Ein Servlet implementiert das `Java.servlet.Servlet-Interface`. Der einfachste Weg zur Implementierung dieses Interface ist eine Erweiterung von der Klasse `java.servlet.http.HttpServlet` oder von der Klasse `java.servlet.GenericServlet`. `HttpServlet` ist eine Klasse, von der erwartet wird, dass sie auf einem HTTP-Server läuft. Sie hat Zugriff zu der MIME-Kopfinformation einer HTTP-Anforderung. `GenericServlet` nutzt nicht die speziellen Fähigkeiten eines HTTP-Servers, und sie läuft auf einem servlet-kompatiblen Server.

Ein Server kommuniziert mit einem Servlet durch Aufruf der Methoden von `java.servlet.Servlet`. Die Methoden sind:

- `init()`; der Server ruft `init()`, zur Initialisierung des Servlets auf;
- `service()`; er ruft `service()` auf, wenn das Servlet eine Anforderung bearbeiten soll. Die Anforderung, welche der service-Methode übergeben wird, ist ein Objekt, das durch das `ServletRequest` Interface implementiert ist. Das Servlet antwortet, indem es eine Methode des `ServletResponse`-Objekts aufruft, das ebenfalls in der Methode `service()` mit übergeben wurde.
- `destroy()`; er ruft `destroy` auf zum Entladen eines Servlets;

Der Server führt folgende Aktivitäten beim Aufruf eines Servlets durch:

1. Der Server lädt den Byte-Code von dem angeforderten Servlet.
2. Der Server instantiiert das Servlet-Objekt.
3. Der Server ruft die `init()`-Methode des Servlets auf.
4. Der Server konstruiert ein Request-Objekt aus den Daten der Clientanforderung. Das Request-Objekt implementiert das `ServletRequest`-Interface.
5. Der Server konstruiert ein Response-Objekt. Das Response-Objekt implementiert das `ServletResponse`-Interface.
6. Der Server ruft die service-Methode des Servlets auf (`service (request, vresponse)`).
7. Die Service-Methode bearbeitet den Request und sendet Information zurück an den Client, indem sie Methoden des Response-Objekts aufruft.
8. Gibt es noch weitere Clients-Anfragen, dann gehe zu Schritt vier.
9. Wenn das Servlet nicht mehr vom Server benötigt wird, dann ruft er die Methode `destroy()` des Servlets auf.

Eine praxisorientierte Beschreibung der Servlet-Programmierung, wie Servlets auf Datenbanken zugreifen und wie Kommunikation zwischen Servlets und Applets erreicht wird, ist in Hunter und Crawford [HC 98] enthalten.

3.4.2.4 Extensible Markup Language (XML)

Wie HTML stammt die Extensible Markup Language (XML) von der Urmutter aller Metasprachen, nämlich der *Standard Generalized Markup Language (SGML)* ab. Als Untermenge von SGML ist XML auch eine Metasprache, deren Umfang auf ein Minimum reduziert wurde, um die Erlernbarkeit und damit die Verbreitung zu erleichtern. XML 1.0 wurde 1996 als Diskussionsvorschlag von einer Arbeitsgruppe des World Wide Web-Konsortiums vorgestellt und 1998 als *XML-Standard* [W 98] verabschiedet.

XML wurde für das Web entworfen und beseitigt einen Mangel des Webs und speziell von HTML, der darin besteht, dass in Dokumenten Inhalt und Präsentation unzureichend getrennt sind und eine inhaltliche Charakterisierung nicht möglich ist. HTML bietet nur

Markups zur Präsentation und Darstellung von Dokumenten, jedoch keine Möglichkeit zur inhaltlichen Charakterisierungen, bis auf einige wenige Ausnahmen, z. B. die Markups <ADDRESS>, <CITE> und <CODE> abgesehen.

XML-Daten stehen für sich und sind von ihrem Anwendungs- und Einsatzkontext losgelöst. Es ist jedoch leicht, XML-Daten in folgende spezifische semantische Zusammenhänge zu bringen:

- Durch XML-Tags erhalten Dokumente eine gewisse Struktur, welche dann gezielte Zugriffe erlauben, die erheblich über eine strukturlose Volltextsuche nach einem bestimmten Textmuster hinausgehen.
- In XML formatierte Nachrichten erhalten Strukturinformation, dadurch lassen sich XML-Nachrichten leichter analysieren und weiterverarbeiten.
- Zum Austausch von Daten zwischen verschiedenen Datenbanken und Applikationen benötigt man einen Standard für den Informationsaustausch. XML kann hier der Standard für Electronic Data Interchange (EDI) werden und den EDI-Standard ersetzen.
- XML bietet durch Dokumenttypdefinitionen eine hierarchische Dokumentenstruktur, die es erlaubt, Dokumente in unterschiedliche Teile zu zerlegen. Dies erleichtert dann enorm ein Dokumentenmanagement.
- Durch die Trennung von Inhalt und Layout können XML-Dokumente durch verschiedene Konvertierungs- und Layoutwerkzeuge in die jeweilige Darstellungsform z. B. HTML, SGML, WML, Postscript, Adobe-PDF oder Rich Text Format (RTF), gebracht werden.

XML reduziert Dokumente der realen Welt auf ein computerlesbares, hierarchisches, von allem Beiwerk-befreites Datenschema. Dergestalt reduziert und codiert, können Daten gespeichert, bearbeitet, durchsucht, übertragen, angezeigt und ausgedruckt, d. h. allen möglichen Verfahren und oben beschriebenen möglichen Einsätzen unterworfen werden, die für Dokumente vorgesehen sind.

Dokumente weisen eine hierarchische Struktur auf, d. h. sie können in Komponenten aufgegliedert werden, welche ihrerseits auch wieder aus verschiedenen Komponenten bestehen. So sind z. B. Bücher in Kapitel unterteilt, die sich aus Überschriften, Absätzen, Abbildungen usw. zusammensetzen. In XML nennt man diese logischen Komponenten, in die ein Dokument zerlegt werden kann, *Elemente*. Elemente können entweder andere Elemente enthalten oder den eigentlichen Text des Dokuments, der in XML als *Zeichendaten* bezeichnet wird. Die Elemente sind durch Start- und Ende-Tags oder durch ein leeres Element-Tag begrenzt.

Da dieser hierarchische Aufbau eine baumartige Struktur aufweist, wird das Element, das alle anderen Elemente enthält (z. B. das Buch), als *Wurzelelement* oder *Dokumentelement* bezeichnet. Das Wurzelement enthält Unterelemente, die ihrerseits wieder Unterelemente enthalten (wie z. B. Kapitel), dies bezeichnet man als *Zweig*. Unterelemente, die keine weiteren Unterelemente mehr enthalten (z. B. Überschriften) werden als *Blätter* bezeichnet.

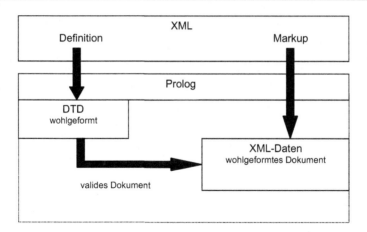

Abb. 3.20 Die beiden Wege der Dokumentendefinition mit XML

Den Elementen können zusätzlich Eigenschaften oder andere charakteristische Information zugeordnet werden, die als *Attribute* bezeichnet werden. Attribute enthalten ergänzende Daten über Elemente oder Elementinhalte. Attribute haben Namen und Werte. Beispielsweise kann ein Attribut für eine Kommunikationsform den Attributnamen Telefon und als Attributwert die Telefonnummer haben.

Allgemeine Form eines XML-Dokuments XML-Dokumente sollten den folgenden Aufbau besitzen:

- einen Prolog,
- eine optionale Dokumenttypdefinition (*document type definition, DTD*), welche die syntaktischen Regeln der nachfolgenden hierarchischen Ordnung der Elemente des Dokuments vorgibt, und
- anschließend die hierarchische Ordnung der Elemente des Dokuments (*XML-Daten*).

Abbildung 3.20 zeigt die beiden möglichen Aussehen und die beiden Wege zur Erstellung von XML-Dokumenten.

Der Prolog enthält

- die XML-Version, zurzeit noch die Version 1.0;
- welcher Zeichensatz in dem Dokument verwendet wird, z. B. ISO-8859-1, d. h. Westeuropa (Latin-1); standardmäßig verwendet XML Unicode (UTF-8 und UTF-16 nach ISO/IEC 10646);
- ob das Dokument für sich selbst steht (`standalone="yes"`) oder ob es über die Definition eines Dokumenttyps syntaktisch festgelegt ist (`standalone="no"`).

Dem Prolog kann ein Kommentar folgen, in dem der Dateiname des Dokuments festgehalten ist.

Liegt ein Standalone-Dokument vor, so folgen in hierarchischer Ordnung die Elemente des Dokuments. Nachfolgendes Programm zeigt dies anhand einer Adresse.

Programm 3.26: Adresse als XML-Dokument

```
<? xml version="1.0" standalone="yes" ?>
<!-- adressegb.xml -- >
<adresse>
  <nachname>Mustermann</nachname>
  <vorname>Hans</vorname>
  <konterfei quelle="bildgb.jpeg"/>
  <anschrift typ="privat">
    <strasse>Musterstrasse 46</strasse>
    <plz>67122</plz><ort>Musterort</ort>
  </anschrift>
  <comm typ="tel">+49-1234-56789</comm>
  <comm typ="email"> h.mustermann@fh-mannheim.de</comm>
</adresse>
```

Das Wurzelelement in Programm 3.26 ist `<adresse>`, die Unterelemente `<konterfei>`, `<anschrift>` und die beiden `<comm>`-Unterelemente sind attributiert.

Ein Dokument, das keine Dokumenttypdefinition hat, wie beispielsweise Programm 3.26, nennt man *wohlgeformt,* wenn es die folgenden Syntaxregeln erfüllt:

- Tags dürfen sich nicht überlappen. Das folgende Beispiel ist somit nicht wohlgeformt: `<a><b></a></b>`.
- Das Dokument darf nur ein Wurzelelement haben.
- Jedes Tag muss beendet werden, wobei zu beachten ist, dass bei den Tag-Namen die Groß- und Kleinschreibung übereinstimmen muss. `<A></a>` ist also nicht wohlgeformt.
- Attribute müssen eine Wert haben; dieser muss in Anführungszeichen gesetzt sein. Weiterhin darf ein Attribut nicht zweimal im gleichen Tag vorkommen.

Die minimalste Voraussetzung für die Wohlgeformtheit eines Dokuments ist die Tatsache, dass es zumindest sowohl einen Prolog als auch ein Element enthält. Dokumente, die nicht wohlgeformt sind, sind auch keine XML-Dokumente.

Document Type Definition (DTD) In XML kann jedes Dokument typisiert werden. In einer Dokumenttypdefinition legt man die Struktur des Dokuments fest. Eine Dokumenttypdefinition ist also das Muster für potenziell beliebig viele verwandte Dokumente.

Die Verwendung einer externen Dokumenttypdefinition geschieht durch:

```
<!DOCTYPE adresse SYSTEM "adresse.dtd">
```

Der Dokumenttyp heißt `adresse` und die Dokumenttypdefinition steht in der separaten Datei `adresse.dtd`. Die Dokumenttypdefinition muss dabei den gleichen Namen haben wie das Wurzelelement. Die externe Einbindung und Verwendung einer Dokumenttypdefinition am Beispiel des Programms 3.26 zeigt nachfolgendes Programm 3.27:

Programm 3.27: Einbindung einer externen Dokumenttypdefinition

```
<? xml version="1.0" standalone="no" ?>
<!- adressegb.xml -->
<!DOCTYPE adresse SYSTEM "adresse.dtd">
<adresse>
  <nachname>Mustermann</nachname>
  <vorname>Hans</vorname>
  <konterfei quelle="bildgb.jpeg"/>
  <anschrift typ="privat">
    <strasse>Musterstrasse 46</strasse>
    <plz>67122</plz><ort>Musterort</ort>
  </anschrift>
  <comm typ="tel">+49-1234-56789</comm>
  <comm typ="email"> h.mustermann@fh-mannheim.de </comm>
</adresse>
```

Bei einer internen Einbindung, und nicht bei der Einbindung als externe Datei, muss anstatt SYSTEM das klammernde [ ]-Zeichenpaar eingefügt werden. Innerhalb des [ ]-Zeichenpaars steht dann die Dokumenttypdefinition.

```
<!DOCTYPE adresse [ Hier steht die DTD ...]>
```

Valide oder gültige Dokumente müssen zunächst wohlgeformt sein und weiterhin müssen sie die in der Dokumenttypdefinition definierten Regeln befolgen. Die Dokumenttypdefinition legt die Syntax der zu modellierenden Daten fest. Ist die Dokumenttypdefinition wohlgeformt, d. h. ist sie konform mit der Syntax von XML, und folgen die XML-Daten, der in der DTD festgelegten Syntax, dann ist das XML-Dokument valide.

Die Komponenten, oder besser gesagt die Definitionen, die in einer Dokumenttypdefinition auftreten können, sind:

`<!ELEMENT ...>` definiert die Baumstruktur des Dokuments.
`<!ATTLIST ...>` definiert die Attribute zu den Elementen.
`<!ENTITY ...>` definiert Textbausteine.
`<!NOTATION ...>` definiert eine Datentypnotation.
`<!-- ... -->` Kommentar.

<!ELEMENT ...> Mit der Elementdefinition werden Elemente bzw. Markups der Art
`<markupmitinhalt>...</markupmitinhalt>` oder
`<leeresmarkup/>`
definiert. Weiterhin legt die Elementdefinition die hierarchische Stellung von Unterelementen in Bezug auf andere Elemente fest. Die Elementdefinition hat die Form:

```
<!ELEMENT name inhalt>
```

name ist der Name des Elements und inhalt sein Inhalt.

Elemente sind entweder leer

```
<!ELEMENT leer EMPTY>
```

oder sie enthalten Daten (PCDATA steht für parsed character data)

```
<!ELEMENT vorname (#PCDATA)>
```

oder sie enthalten eine Sequenz, bestehend aus anderen als Unterelemente auftretende Elemente

```
<!ELEMENT name (nachname, vorname, titel)>.
```

Optionale Elemente können mit einem Fragezeichen gekennzeichnet werden:

```
<!ELEMENT name (nachname, vorname, titel?)>
```

Soll ein einzelnes Element aus einer Liste von Unterelementen gewählt werden, verwendet man die Oder-Klausel (|).

```
<!ELEMENT name ((vorname, nachname) |
(nachname, vorname))>
```

Um Konflikte bei der Präzedenz der Sequenz- und Oder-Operatoren zu vermeiden, verwendet man Klammern zur Gruppierung untergeordneter Ausdrücke.

Der Operator * bedeutet null oder mehrere Elemente, der Operator + hingegen eins und mehr Elemente.

```
<!ELEMENT kontakt (name, email*, telefon+, fax*)>
```

Wird keine strukturelle Festlegung getroffen (dann müssen nur die allgemeinen Regeln für Inhalt erfüllt werden, sonst kann man tun und lassen, was man will), so wird dies mit dem Schlüsselwort ANY ausgedrückt.

```
<!ELEMENT name ANY>
```

<!ATTLIST ...> Für jedes Element können Attribute definiert werden, die zusätzliche Information über das Element speichern. In HTML ist dies eine vertraute Technik. Zum Beispiel die Attribute `ALIGN`, welche die Ausrichtung angeben, oder `WIDTH` und `HEIGHT`, welche die Weite und Höhe angeben. XML verwendet die gleiche Technik.

Von Attributen ist auch in Programm 3.27 und 3.28 Gebrauch gemacht:

```
<comm typ="tel" >+49-1234-56789>/comm>
<comm typ="email">g.bengel@fh-manheim.de>/comm>
```

Die Datentypdefinitionen, die diese Elemente syntaktisch beschreiben, sind:

```
<!ELEMENT comm (#PCDATA)>
<!ATTLIST comm typ (tel | fax | email) "tel">
```

Die ATTLIST-Definition legt ein Attribut `typ` für das Element `comm` fest und gibt die Wertemenge (Auswahlliste) an, aus der das Attribut seine Werte beziehen kann. Als Voreinstellung (Default) ist `"tel"` vorgegeben.

Die allgemeine Form der Attributdefinition ist:

ATTLIST
```
<!ATTLIST elementname
   attributname attributtyp default
   attributname attributtyp default ... >
```

Das Attribut hat den Namen `attributname`. Jeder Attributbenennung `attributname` muss ein Typ `attributtyp` und eine Voreinstellung `default` folgen. In einer Attributliste können ein oder mehrere Attribute definiert werden, die Definition konkreter Attribute kann aber auch ganz unterlassen sein.

Der Attributtyp `attributtyp` kann Folgendes sein:

- Eine Zeichenkette (Character Data, `CDATA`) oder
- eine Zeichenkette, in der nur Ziffern, Buchstaben und einige Zeichen wie Punkt, Doppelpunkt und Bindestrich erlaubt sind (Name Token, `NMTOKEN`) oder eine durch Leerzeichen getrennte Liste von Name Tokens (`NMTOKENS`) oder
- eine Identifikation eines Elements innerhalb des Dokuments (Identification, `ID`) oder
- eine Referenzierung von einer Identifikation (Identification Reference, `IDREF`) oder eine durch Leerzeichen getrennte Liste von Identifictaion References (`IDREFS`) oder
- ein Textbaustein (Entity, `ENTITY`) oder wieder eine durch Leerzeichen getrennte Liste von Entities (`ENTITIES`) oder
- eine mit NOTATION eingeleitete Aufzählung (Auswahlliste) oder
- eine Auswahlliste, wo der Wert aus einer vordefinierten Menge genommen wird. Die einzelnen möglichen Werte werden dabei durch einen senkrechten Strich (`|`) getrennt.

Bei allen Attributtypen lassen sich Voreinstellungen (`default`) angeben. Mögliche Voreinstellungen sind:

`#REQUIRED`	das Attribut muss angegeben werden.
`#IMPLIED`	das Attribut sollte, muss aber nicht angegeben werden.
`#FIXED wert`	der Vorgabewert `wert` muss als Attributwert verwendet werden.
`wert`	wird bei Weglassen des Attributs verwendet; muss ggf. mit dem Wert einer Auswahlliste übereinstimmen.

Mit der Beschreibung von Elementen und Attributen gelingt es nun, eine Dokumenttypdefinition für Programm 3.26 zu schreiben, also die Definitionen festzulegen, die in der Datei `adresse.dtd` stehen.

Programm 3.28: Dokumenttypdefinition adresse

```
<!-- adresse.dtd -->
<!ELEMENT adresse (nachname, vorname,
                   konterfei?, anschrift*, comm+)>
  <!ELEMENT nachname (#PCDATA)>
  <!ELEMENT vorname (#PCDATA)>
  <!ELEMENT konterfei EMPTY>
    <!ATTLIST konterfei quelle CDATA #REQUIRED>
  <!ELEMENT comm (#PCDATA)>
  <!ATTLIST comm typ (tel | fax | email) "tel">
  <!ELEMENT anschrift (strasse, plz, ort)>
    <!ATTLIST anschrift typ (privat | business)
                    "business">
  <!ELEMENT strasse (#PCDATA)>
  <!ELEMENT plz (#PCDATA)>
  <!ELEMENT ort (#PCDATA)>
```

<!ENTITY ...> Entities sind Textbausteine, die vom einzelnen Zeichen bis zum kompletten externen XML-Dokument reichen können.

Entities können ganz unterschiedlichen Zwecken dienen, wie z. B.:

* der Ersetzung von mehrfach vorkommenden Zeichenfolgen.
* der Ersetzung von Sonderzeichen aus anderen Sprachen im Dokument.
* der modularen Zerlegung eines XML-Dokuments.
* der modularen Zerlegung einer Dokumenttypdefinition.

Bei *internen Entities* steht die Ersetzung direkt in der Entity-Definition. Interne Entities sind sowohl im DTD- als auch im Datenteil eines XML-Dokuments verwendbar.

Eine Entity-Definition bezeichnet eine Zeichenfolge und einen Namen für diese. Wird der Entityname durch `&entityname;` zitiert, so wird er durch die damit bezeichnete Zeichenfolge ersetzt. Ein einfaches Beispiel möge dies illustrieren:

ENTITY
```
<!ENTITY gb "Günther Bengel">
...
<signatur> Mit freundlichen Grüßen &gb; </signatur>
```

An Stelle von &gb; wird Günther Bengel eingesetzt, d. h. die Entity wird zur Abkürzung eines Namens verwendet.

Entities können dazu verwendet werden, um Symbole und Sonderzeichen aus anderen Sprachen in das Dokument einzufügen. In der Entity-Definition wird der Name der Entity festgelegt und das Zeichen über seine Nummer im ISO Unicode Standard 10646 angegeben: Das folgende Beispiel definiert ein Entity für das °-Zeichen, um eine Temperatur angeben zu können.

Entity grad
```
<!Entity grad "&#176;">
...
<temperatur> 18 &grad;C</temperatur>
```

Der XML-Standard empfiehlt, die nachfolgenden Zeichen (*Predefined Enities*) durch interne Enitities auszudrücken:

ENTITY
```
<  :   <!ENTITY lt "&#38;#60;">
>  :   <!ENTITY gt "&#62;">
&  :   <!ENTITY amp "&#38;#38;">
'  :   <!ENTITY apos "&#39;">
"  :   <!ENTITY quot "&#34;">
```

Im Gegensatz zu internen Entities, bei denen der Wert gleich in der Definition auftritt, kann der Wert auch aus einer Datei geholt werden. In diesem Fall spricht man von *externen Entities*. Bei externen Entities wird mit dem Schlüsselwort SYSTEM auf eine externe Datei verwiesen, deren Inhalt dann als Ersetzung dient. Ein externes Entity hat beispielsweise folgendes Aussehen:
```
<!ENTITY  gb SYSTEM "gb.txt">
```
Der große Vorteil von externen Entities ist, dass sie eine Aufteilung eines Dokuments in mehrere Dateien erlauben. Dies ermöglicht dann die gleichzeitige Bearbeitung der einzelnen Teile eines Dokuments.

Das folgende Programm 3.29 zeigt am Beispiel eines Buches, das aus drei Kapiteln besteht, die Speicherung der drei Kapitel in drei verschiedenen Dateien. Das Hauptdokument Buch enthält die Dokumenttypdefinition, in der die drei externen Entities definiert sind. Danach können weitere Element- und Attributdefinitionen folgen. An der Dokumentwurzel steht das Element buch, das die Referenzen zu den einzelnen Kapiteln enthält.

Programm 3.29: Modulare Zerlegung eines Buches in drei Dateien

```
<?xml version="1.0" encoding="iso-8859-1"?>
<!DOCTYPE buch [
  <!ENTITY kap1 System "kap1.xml">
  <!ENTITY kap2 System "kap2.xml">
  <!ENTITY kap3 System "kap3.xml">
  <!ELEMENT buch ANY>
  <-- ... -->
] >

<buch>
  &kap1;
  &kap2;
  &kap3;
</buch>
```

Da die einzelnen Kapitel in das Hauptdokument eingefügt werden, können in den Da-teien kap1.xml, kap2.xml und kap3.xml durchaus weitere XML-Elemente vorkommen. Eine Dokumenttypdefinition darf allerdings in der einzufügenden Datei nicht vor-handen sein, da pro Dokument nur eine Dokumenttypdefinition am Anfang erlaubt ist (siehe Abb. 3.16).

Zur modularen Zerlegung von Dokumenttypdefinitionen benutzt man so genannte *Parameter-Entities*. Parameter-Entities können demnach nur in Dokumenttypdefinition auftreten. Dies erlaubt dann, DTD-Teile zu deklarieren, die an mehreren Stellen verwendet werden. Es können dabei keine Namenskonflikte mit allgemeinen Entities auftreten, denn Parameter-Entities werden durch ein Prozentzeichen (%) eingeleitet und auch durch das Prozentzeichen referenziert.

Nachfolgendes XML-Fragment zeigt, wie eine Sequenz (pkw | lkw | motorrad) in einer *internen Parameter-Entity* gespeichert werden kann. Anstatt diese Sequenz in einer Dokumenttypdefinition immer zu wiederholen, kann sie referenziert werden.

ENTITY

```
<!ENTITY % fahrzeug "(pkw | lkw | motorrad)">
<!ELEMENT versicherung (kunde, %fahrzeug, praemie)>
```

Nachfolgendes Programm 3.30 zeigt, wie sich Dokumenttypdefinitionen aus mehre-ren Teile zusammensetzen lassen. Dazu wird die bereits bei externen Entities bekannte Technik, lokale Definitionen mit einer externen Dokumenttypdefinition zu ergänzen, ein-gesetzt. Die Bezeichnung extern bei Entities wird bei Parameter-Entities beibehalten und man bezeichnet sie als *externe Parameter-Entity*. In der in Programm 3.30 gezeigten Do-kumenttypdefinition wird noch eine weitere Dokumenttypdefinition include definiert und anschließend durch Referenzierung eingefügt.

Programm 3.30: externe Parameter-Entity
```
<?xml version=1.0>
<!DOCTYPE wurzel System "general.dtd" [
  <!ENTITY % include System "include.dtd">
  %include;
  <-- ... -->
] >
```

<!NOTATION ...> Entities, deren Ersetzungstext XML ist, können von einem Parser interpretiert werden; sie heißen deshalb *Parsed Enties*. Entities, die kein XML sind, z. B. Bilder, Videos, Grafiken, Textverarbeitungsdokumente, können nicht von einem XML-Parser interpretiert werden und heißen deshalb *Unparsed Entities*. Diesen Entities muss eine Notation zugewiesen werden. Einer XML-Anwendung hilft dies, dann den passenden Prozessor für die jeweilige Notation (Art der Unparsed Entity) zu finden.

Eine Unparsed Entity muss in der Entity-Defintion mit dem Schlüsselwort NDATA angezeigt werden, und ein entsprechendes Format muss angegeben werden. Dieser Formatbezeichner ist in einer so genannten NOTATION definiert. Diese Definition verweist in der Regel auf ein Programm, mit dessen Hilfe die Entities verarbeitet werden können.

Im folgenden XML-Fragment sind die Entity für ein Bild, sowie die Definition ihres Formats in einer Notation dargestellt:

ENTITY
```
<!ENTITY logo SYSTEM "logo.gif" NDATA gif>
<-- ... -->
<!NOTATION gif SYSTEM "image.gif">
```

Namespaces Mit Namespaces können Elementnamen aus unterschiedlichen Namensräumen im XML-Dokument verwendet werden und sie sind dadurch eindeutig. Ein Name eines Namensraumes besteht aus zwei durch Doppelpunkt getrennten Teilen: Dem Präfix, der gleich ist für alle Namen aus dem Namensraum und dem Namen selbst, der eindeutig ist in dem Namensraum. Das Folgende zeigt Namen aus zwei verschiedenen Namensräumen:

costumer, company
```
customer:name
customer:address
company:name
company address
company:phone
```

Ein Namensraum wird immer in einem Element, üblicherweise dem Wurzelelement, definiert und ist für alle untergeordneten Elemente gültig. Die Definition hat die Form eines Attributs und enthält als den reservierten Attribut-Namen xmlns, was für XML

Namespace steht, gefolgt von einem Doppelpunkt und den Namen für den Namensraum. Fehlt der Namen für den Namensraum, dann wird dieser Namensraum zum default-Namensraum und die in dem Dokument verwendeten Namen besitzen dadurch kein Präfix. Ein Dokument kann mehrere Namensräume verwenden und innerhalb dieses Dokuments Elemente aus verschiedenen Namensräumen mischen.

xml version

```
<?xml version "1.0" ?>
<order xmlns:customer="http://www. ...."
       xmlns:company="http://www. ....
       xlmns="http://www. ...>
  <!-- Definition der Namensräume im Wurzelelement -->
  <!-- Weitere Elemente und Unterelemente ... -->
</order>
```

Schema Dokumenttypdefinitionen (DTDs) besitzen die folgenden zwei Einschränkungen:

- Sie benutzen nicht die XML-Syntax und ihre Syntax ist recht unnatürlich.
- Es gibt keine Möglichkeit die Elemente mit einem bestimmten Datentyp zu assoziieren. Es kann lediglich ein Wert angegeben werden. Die Überprüfung, ob dieser Wert sinnvoll ist und einem bestimmten Datentyp entspricht, bleibt dann einer Applikation überlassen.

Diese Nachteile beseitigen XML-Schemas und sie sind der jüngst verabschiedete Kandidat des W3-Konsortiums. Ein Schema ist ein valides XML-Dokument, da die Schemaspezifikation durch eine DTD festgelegt ist. Das XML-Dokument zur Definition eines Schemas betrachtet man als *schema valid*.

Die Festlegung oder Definition eines Schemas heißt *XML Schema Definition (XSD)* und die Verwendung oder der Einsatz dieser Definition in einem XML-Dokument heißt in Anlehnung an die Objekttechnologie *XML Schema Instance (XSI)*.

Um eine Schemadefinition in einem XML-Dokument zu verwenden, muss sie mit dem Dokument verknüpft werden. Zum Verknüpfen eines Dokuments mit einer Schemainstanz muss statt einer `DOCTYPE`-Referenz wie bei DTDs, das `schemalocation`-Attribut auf die URL der Schemadefinition verweisen.

Verknüpfen eines Dokuments mit einem Schema

```
<?xml version="1.0"?>
<offer xmlns:xsi=
        "http://www.w3.org/2001/XMLSchema-instance"
     xsi:schemalocation="offer.xsd">
```

Der Namensraum http://www.w3.org/2001/XMLSchema-Instance definiert einige Attribute. Diesen Namensraum mit den Präfix xsi zu assoziieren folgt den Konventionen, es könnte auch irgend ein anderer Präfix gewählt werden. Das Attribut `schemalocation` kann auch die URLs mehrerer Schemata enthalten; dies ist notwendig, wenn das Dokument Elemente aus verschiedenen Schemata beinhaltet.

Die *XML Schema Definition (XSD)* ist ein XML-Dokument, d. h. sie benutzt die XML-Syntax. Deshalb wird eine Schemadefinition durch das Wurzelelement `<schema>` definiert. Der Namensraum für eine Schemadefinition ist http://www.w3.org/2001/XML Schema, welcher an das Präfix `xsd` gebunden wird.

xsd:schema
```
<xsd:schema xmlns:xsd="http://www.w3.org/2001/XMLSchema">
  <!-- Definition des Wurzelelements -->
  <xsd:element name="Adresse" type="AdressType"/>
  <!-- Deklaration eines Elements -->
  <!-- Weitere Deklarationen und Definitionen .... -->
</xsd:schema>
```

Das `<xsd:schema>`-Wurzelelement kann verschiedene untergeordnete Element-Typen haben:

- `<xsd:element>`. Das Element mit Namen `xsd:element` deklariert ein Element mit einem Typ.
- `<xsd:attribut>`. Das Element mit Namen `xsd:attribut` deklariert ein Attribute mit einem Typ.
- `<xsd:simpleType>`. Das Element mit Namen `xsd:simpleType` definiert einen einfachen Typ.
- `<xsd:complexType>`. Das Element mit Namen `xsd:complexType` definiert einen komplexen Typ.

Bei der obigen Aufzählung wurde zwischen Deklaration und Definition unterschieden. Ein `<element>` und ein `<attribut>` wird mit einem Namen und einem Typ deklariert und kann in einer XML-Instanz benutzt werden. Ein `<simpleType>` und `<ComplexType>` wird definiert und kann einem Element oder einem Attribut in einer Deklaration zugewiesen werden.

XML Schema stellt etliche primitive vordefinierte Datentypen, wie String, Integerzahlen, Boolean, Floatzahlen, ... (built-in type) zur Verfügung. Die Typisierung eines Elements oder Attributs geschieht wie bei einer Programmiersprache, indem bei der Deklaration neben dem Namen ein Typ (built-in type) mit angegeben wird. Beispielsweise haben Deklarationen mit built-in types folgendes Aussehen:

xsd:element
```
<xsd:element name="Softwarefehler" type="xsd:string"/>
<xsd:element name="Nummer" type="xsd:positiveInteger"/>
<xsd:attribute name="bekannt" type="xsd:boolean"/>
```

simpleTypes sind selbst definierte primitive Typen. Diese können sein:

- Eine Liste (list) von Typen. Das Attribut itemType eines list-Elements enthält den Basistyp der Liste.
- Mehrere verschiedene Typen (union). Das Attribut memberTypes eines union-Elementes ist eine Liste von verschiedenen Typen der union.
- Einschränkungen (restriction) von Typen. Das Attribut base eines restriction-Elementes enthält built-in types oder existierende simpleTypes, die eingeschränkt werden sollen.

Einschränkungen besitzen die meisten Möglichkeiten zur Beschreibung des Wertebereichs des neu zu definierenden Typs. Deshalb besprechen wir sie beispielhaft im Folgenden.

Betrachten wir dazu einen Vornamen vom Typ String und dessen Einschränkungen. Ein Vorname beginnt mit einem Großbuchstaben, was der reguläre Ausdruck [A-Z] festlegt, daran anschließend können mehrere Kleinbuchstaben folgen, was durch den regulären Ausdruck [a-z]* festgelegt ist. Weiterhin besteht ein Vorname aus mindestens zwei Buchstaben und besitzt höchstens 20 Buchstaben, was durch minLength bzw. maxLength festgelegt ist. Ein solcher von string abgeleiteter und eingeschränkter Typ hat nun folgendes Aussehen:

xsd:SimpleType
```
<xsd:SimpleType name="vornamenType">
  <xsd:restriction base="xsd:string">
    <xsd:pattern value="[A-Z] [a-z]*"/>
    <xsd:minLenght value="2"/>
    <xsd:maxLenght value="20"/>
  </xsd:restriction>
</xsd:simpleType>
```

Der neue Typ kann nun genau wie ein vordefinierter Typ verwendet werden:

```
<xsd:element name="vorname type="vornamenType"/>
```

Dabei ist zu beachten, dass hier das xsd-Präfix wegfällt, da der neue Typ vornamen Type im selben XML-Schema zu finden ist.

Mit dem enumeration-Konstrukt lassen sich Aufzählungen verschiedener Optionen bewerkstelligen.

xsd:SimpleType
```
<xsd:SimpleType name="anredeType">
  <xsd:restriction base="xsd:string">
    <xsd:enumeration value="Herr"/>
```

```
      <xsd:enumeration value="Frau"/>
    </xsd:restriction>
</xsd:simpleType>
```

`ComplexTypes` sind selbst definierte zusammengesetzte oder mehrwertige Datenty-pen. Diese können sein:

- Eine Sequenz (`sequence`) von Elementen. Die Elemente müssen in der angegebenen Reihenfolge auftauchen.
- Eine Auswahl (`choice`) von Elementen. Genau eines der aufgeführten Elemente kann ausgewählt werden. Eine Auswahl ist eine Disjunktion über die Elemente.
- Alle (`all`) Elemente. Die Elemente müssen alle, jedoch in beliebiger Reihenfolge, auftauchen. Alle (`all`) ist eine Konjunktion über die Elemente.
- Benennungen für Gruppen (`group`). Zur Benennung einer `sequence`-, `choice`- oder `all`- Zusammensetzung dient `group`. Eine solche Gruppe kann innerhalb einer `ComplexType`-Definition mit dem `ref`-Attribut referiert werden.

Einschränkungen in `complexTypes` sind `minOccurs` und `maxOccurs`, welche die Anzahl der Wiederholungen angeben. Fehlen die beiden Arttribute erscheint ein Ele-ment genau einmal. Der Wert des Attributs `maxOccurs` kann `unbound` sein, wenn die Anzahl der Wiederholungen grenzenlos ist.

Im folgenden Beispiel definieren wir eine Sequenz bestehend aus Anrede, die null mal vorkommen kann, Namen und Vornamen:

xsd:complexType
```
<xsd:complexType name="nameType">
  <xsd:sequence>
    <xsd:element "anrede" type="anredeType" minOccurs="0"/>
    <xsd:element "nachname" type="nachnamenType"/>
    <xsd:element "vorname" type="vornamenType"/>
  </xsd:sequence>
</xsd:complexType>
```

Mit dem `extension`-Element können ComplexTypes durch einige neue Elemente er-weitert werden. Folgendes Beispiel erweitert den `nameType` um den `geburtsName`:

xsd:complexType
```
<xsd:complexType name="nameTypeExt">
  <xsd:extension base="nameType">
    <xsd:complexContent>
      <xsd:sequence>
        <xsd:element name="geburtsName"
          type="xsd:string"
```

```
                minOccurs="0"/>
        </xsd:sequence>
      </xsd:complexContent>
    </xsd:extension>
</xsd:complexType>
```

XML-Schema bietet die Möglichkeit die Schema-Definitionen modular zu gestalten. Das `include`-Element ermöglicht es Definitionen einer anderen Schemadatei in ein XML-Schema einzubinden:

include
```
<xsd:include schemaLocation="http://www. ... "/>
```

Mit dem `import`-Element können Definitionen mit dem jeweiligen Namensraum als Typenbibliothek geladen werden:

import
```
<xsd:schema xmlns:xsd="http://www.w3.org/2001/XMLSchema"
            xmlns:addr="hhttp://www.post.de//>
  <!-- ...                            -->
  <xsd:import namespace="http://www.post.de/address"
            schemaLocation="address.xsd"/>
    <!-- ...                            -->
      <xsd:element name="empfänger"
                type="addr:shortaddress"/>
    <!-- ....                           -->
</xsd:schema>
```

3.4.2.5   XML-Werkzeuge

Seit der Verabschiedung des XML-Standards wurde eine große Fülle von XML-Werkzeugen zur Erstellung und Verarbeitung von XML-Dokumenten herausgebracht, und dieses Gebiet befindet sich im Moment in einer rasanten Entwicklung. Die Werkzeugpalette reicht dabei vom

- *XML-Editor*, zur Erstellung und zur Anzeige der hierarchischen Struktur von XML-Dokumenten,
- *XML-Validierer*, welche die Wohlgeformtheit und teilweise die Validität von XML-Dokumenten überprüfen,
- Konvertierungs- oder Transformationswerkzeug, der so genannte *XSL-Prozessor*, der XML-Dokumente in HTML-, RTF-, PDF-, Postscript-Dokumente oder in ein Dokumentenformat, das durchs Internet transportiert werden kann, transformiert, bis zum
- *Parser*, welche bestimmte syntaktische Strukturen des XML-Dokuments erkennen und nach den Regeln einer Anwendung weiterverarbeiten.

Das universellste Werkzeug sind dabei Parser. Da alle anderen oben vorgestellten Werkzeuge ebenfalls syntaktische Strukturen des XML-Dokuments erkennen müssen, enthalten sie ebenfalls einen Parser.

XSL-Prozessor Ein Stylesheet, i.a. ein in *Cascading Stylesheet (CSS)* oder ein in *eXtensible Stylesheet Language (XSL)* definiertes Stylesheet, legt das Layout des Dokuments fest.

Die CSS-Lösung legt bei HTML-Dokumenten das Layout fest, in dem allen Font-Tags eine gemeinsame Produktnamen-Identifikation (ID) zugeordnet wird, ohne das Aussehen tatsächlich festzulegen. Die eigentliche Definition des Aussehens, und somit der ID, befindet sich dann in der CSS-Datei. Dies ermöglicht die einheitliche Gestaltung des Layouts großer HTML-Dokumente.

CSS lässt sich nun für XML verwenden, indem anstatt den IDs den Namen der Elemente des XML-Dokuments ihr Aussehen zugewiesen wird. Für das XML-Dokument von Programm 3.31 könnte zum Beispiel für das `adresse`-Element die Arial-Schriftart gewählt werden. Da sich diese Eigenschaft auf die weiteren Elemente vererbt, erscheinen diese in derselben Schriftart. Die Ausnahme ist das `comm`-Element, für die gezielt die Courier-Schriftart gewählt und somit die Vorgabe des übergeordneten Elements überschrieben wird. Die Anschrift wird dann noch um zehn Punkte eingerückt.

Programm 3.31: Datei adresse.css
```
adresse {display:block; font-family:arial;}
nachname {font-Size:18 pt; font-weight:bold;}
vorname {display:block;}
konterfei {display:block; padding-top:6 pt;};
anschrift {text-indent:10 pt; padding-top:6 pt;}
strasse {display:block;}
plz {display:block;}
comm {display: block; font-family:courier}
```

Um die XML-Datei mit den oben definierten Stilmerkmalen darzustellen, muss nur noch die Referenz zum Stylesheet in Programm 3.31 eingefügt werden:

```
<?xml-stylesheet href="adresse.css" type="text/css"?>
```

CSS wurde hauptsächlich entworfen, um die Detaildarstellung von HTML-Dokumenten zu verbessern. Bei Verwendung von XML ist ein allgemeinerer Ansatz erforderlich, da für XML-Dokumente hinsichtlich der grundlegenden Formatierung nicht dieselben Annahmen zutreffen wie für HTML-Elemente. Eine an XML angepasste Stylesheet-Sprache ist die *eXtensible Stylesheet Language (XSL)*. Da XSL noch nicht standardisiert ist und sich höchstwahrscheinlich noch verändert, gehen wir hier nur auf die Grundzüge ein.

Das XSL-Stylesheet selber ist in XML geschrieben und muss deshalb wohlgeformt sein. Alle Elemente im XSL-Stylesheet, die mit XSL zu tun haben, erhalten den Präfix `xsl:` und

Abb. 3.21 XSL-Prozessor

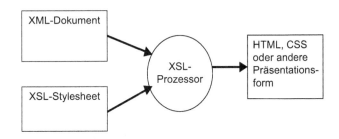

alle Elemente, welche die Formatierung betreffen (Formatierungsobjekte), das Präfix `fo:` und die XSL-Anweisung `<xsl:process-children/>` weist den XSL-Prozessor an, mit dem Kindelement fortzufahren.

Ein XSL-Stylesheet besteht nun aus einer Reihe von Regeln. Eine einzelne Regel hat die folgende Form:

Wenn Element X gefunden wird, dann führe Aktion Y aus.

X wird in einer Regel als *Match* bezeichnet. Elemente können aufgrund ihres Namens, ihrer Attribute und ihrer Position in der Dokumenthierarchie ausgewählt werden. Die *Aktion* Y beinhaltet den bekannten CSS-Attributen ähnelnde Formatierungsattribute, die Schriftart, Farben, Seitenlayout usw. festlegen. Im Folgenden zeigen wir eine XSL-Regel, die auf alle `para`-Elemente eines XML-Dokuments angewandt wird. Die Aktion besteht darin, diese Elemente als Block zu formatieren, den Seitenrand auf 1,5 Zoll und den Abstand auf sechs Punkte einzustellen:

xsl:template
```
<xsl:template match="para">
  <fo:block>
    indent-start="1.5in"
    indent-end="1.5in"
    space-before-optimum="6 pt"
    space-after-optimum="6 pt"
      <xsl:process-children/>
  </fo:block>
</xsl:template>
```

Neben der Formatierung des Dokuments können XSL-Stylesheets angeben, wie XML-Dokumente in beispielsweise HTML-Dokumente umzuwandeln sind. Dies geschieht programmtechnisch dadurch, dass für jedes Element des XML-Dokuments eine Regel erstellt wird, wobei der Match dem XML-Element entspricht. Der Aktionenteil der Regel gibt dann die entsprechenden Start- und Endtags von HTML aus. Ein XSL-Prozessor (siehe Abb. 3.21) interpretiert das XSL-Stylesheet und transformiert so ein XML-Dokument von XML nach HTML.

Parser Eine grundlegende Funktion des XSL-Prozessors ist die syntaktische Analyse von XML-Dokumenten. Den Prozess der syntaktischen Analyse nennt man *parsen* und das Programm bzw. der Programmteil, der solches im Auftrag einer Anwendung leistet, heißt *Parser*. Die gängigsten XML-Parser sind:

- *DOM-basierte Parser*. DOM-Parser bieten den gesamten XML-Baum als Datenstruktur an. Das Document Object Model (DOM) ist ein Application Programming Interface (API) für gültige HTML- und wohlgeformte XML-Dokumente.
- *Ereignis-basierte SAX-Parser*. SAX (Simple API for XML) ist eine Schnittstellenspezifikation für XML-Parser in Java. Trotz der javaspezifischen Bindung ist SAX mittlerweile für die meisten gängigen Programmier- und Scriptsprachen umgesetzt.

DOM-basierte Parser lesen ein XML-Dokument ein, das einfach eine Folge von Unicode-Zeichen ist, die aus einer Datei oder über eine Netzwerkverbindung kommen. Das Ergebnis des Parse-Vorganges ist eine Baumstruktur im Hauptspeicher des Rechners. Im Falle einer Java-Implementierung besteht der Baum aus Knotenobjekten, die wiederum Referenzen zu ihren Unterbäumen haben. Da in der Baumstruktur jeder Teil des Dokuments sofort adressierbar ist, kann in beliebter Ordnung der Baum durchlaufen und auf jedes beliebige Element des XML-Dokuments wahlfrei zugegriffen werden. Die API-Schnittstelle ist einfach gehalten und bietet eine `parse()`-Methode und `getDocument()`-Methode an. Die `parse()`-Methode verarbeitet das Dokument, das durch die angegebene URL identifiziert wird. Die `getDocument()`-Methode übergibt dem aufzurufenden Programm die Datenstruktur in Form der DOM `Document`-Klasse.

parser
```
parser.parse(url);
doc = parser.getDocument();
```

Den Vorgang, der durch die beiden Methodenaufrufe ausgeführt wird, zeigt Abb. 3.22.

SAX-basierte Parser traversieren im Auftrag der Anwendung ein XML-Dokument Schritt für Schritt und liefern der Anwendung die Ergebnisse der Analyse als eine Aufeinanderfolge von Events. Events sind das Auftreten von syntaktischen Einheiten wie Attributen, Marken und Notationen.

Das Anwendungsprogramm muss beim Parser registrieren, welche Event-Typen es verarbeiten möchte und welche Event-Handler es dazu zur Verfügung stellt. Event-Handler sind Funktionen oder Prozeduren im Anwendungsprogramm. Nach dem Registrieren startet es den Parsevorgang für ein XML-Dokument. Erkennt der SAX-Parser eine syntaktische Einheit des XML-Dokuments, so prüft er nach, ob dafür ein Event-Handler registriert ist. Ist dies der Fall, so wird der registrierte Event-Handler aufgerufen. Nach Rückkehr aus dem Handler wird der Vorgang fortgesetzt, und zwar so lange, bis das XML-Dokument vollständig syntaktisch analysiert ist. Dieses Verarbeitungsschema zeigt nachfolgende Abb. 3.23:

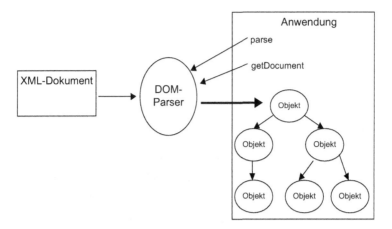

Abb. 3.22 Umwandlung eines XML-Dokuments in einen Objektbaum durch einen DOM-Parser

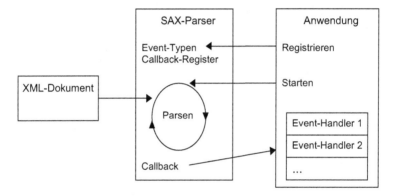

Abb. 3.23 Analyse eines XML-Dokuments durch einen SAX-Parser

3.4.3   Aktive Dokumente

Die in einem dynamischen Dokument enthaltene Information liegt nach dem Laden vom
Server im Browser fest und kann nicht während der Anzeige aktualisiert werden. Das bedeutet, dass sich Graphiken nicht ändern können, um beispielsweise eine Animation zu
unterstützen. Zur kontinuierlichen Aktualisierung der Anzeige des Browsers können zwei
Techniken benutzt werden:

1. Server Push und
2. Aktive Dokumente.

Beim *Server Push* muss der Web-Server periodisch neue Kopien des angezeigten Dokuments erzeugen und an den Browser senden. Diese Technik hat die Nachteile, dass der

Server überlastet ist, wenn viele Clients gleichzeitig Dokumente anfordern, und dass für jeden Server Push eine aktive TCP-Verbindung besteht, über den der Server die Inhalte laufend aktualisiert und somit die Netzwerkverbindung zum Engpass wird.

Statt vom Server die laufende Aktualisierung von Dokumenten für viele Clients abzufordern, überträgt man diese Aufgabe dem Browser. Fordert der Browser ein *aktives Dokument* an, gibt der Server ein Programm zurück, das der Browser lokal ausführen muss. Nach dem Übersenden einer Ausgabe des Dokuments hat der Server für die Ausführung und Aktualisierung der Anzeige keine Zuständigkeit mehr.

3.4.3.1 Applets

Java-Applets sind das Gegenstück auf der Browser-Seite zu Servlets auf der Web-Server-Seite. Wie bei Servlets wird der Quellcode des Java-Programms von einem Compiler in einen Bytecode übersetzt. Dieser wird von einem Interpreter ausgeführt, wobei die verwendeten Klassen dynamisch geladen werden (entweder von der Festplatte oder über das Netzwerk). Zur Steigerung der Ausführungsgeschwindigkeit kommen *just-in-time Compiler* zum Einsatz, welche den Bytecode in Maschinencode übersetzen.

Ein Browser startet für ein Applet, das in eine HTML-Seite eingebettet ist (durch den `<APPLET>`-Tag), einen eigenen Thread. Der Browser stellt die Ausführungsumgebung für das Applet zur Verfügung. Dazu kommuniziert er mit einem Applet durch Aufruf der Methoden der Klasse `APPLET` oder genauer `java.applet.Applet`. Neben anderen Methoden sind folgende Methoden darin enthalten:

- `init()`: teilt dem Applet mit, dass es geladen ist. Eine Unterklasse der Klasse APPLET sollte diese Member-Funktion überschreiben, falls das Applet auf irgendeine Weise initialisiert werden muss. Soll ein Applet mehrere Threads starten, so muss dies in dieser Member-Funktion geschehen. Diese Methode wird vor der `start()`-Methode aufgerufen.
- `start()`: teilt dem Applet mit, dass es mit der Programmausführung beginnen soll. Diese Funktion wird jedes Mal aufgerufen, wenn die Seite sichtbar wird, auf der sich das Applet befindet. Eine Unterklasse der Klasse `APPLET` sollte diese Member-Funktion überschreiben, falls das Applet auf irgendeine Weise initialisiert werden muss. Soll beispielsweise ein Applet eine Animation eines Bildablaufes starten oder anhalten, dann kann das in dieser Member-Funktion geschehen.
- `stop()`: teilt dem Applet mit, dass es mit der Ausführung des Programms anhalten soll. Diese Funktion wird jedes Mal aufgerufen, wenn die Seite, auf der sich das Applet befindet, unsichtbar wird. Diese Methode wird vor der `destroy()`-Methode aufgerufen.
- `destroy()`: teilt dem Applet mit, dass es gelöscht wird und dass es sämtliche angeforderten Betriebsmittel an das Laufzeitsystem zurückgeben soll. Falls das Applet Operationen ausführen soll, bevor es zerstört wird, so muss diese Member-Funktion überschrieben werden. Wenn beispielsweise ein Applet mehrere Threads gestartet hat, so müssen sie in dieser Funktion gelöscht werden.

Normalerweise startet man ein Programm durch Aufruf der main-Routine. Ein Applet-Programm besitzt keine eigene main-Routine, das bedeutet, die Kontrolle über das Programm hat nicht das Programm selbst, sondern eine Umgebung, in der sich das Programm befindet. Ein erstes einfaches Applet-Programm (Programm 3.32) möge dies verdeutlichen:

Programm 3.32: Ein einfaches Applet

```java
import java.applet.Applet;
import java.awt.Graphics;
public class DemoApplet1 extends Applet {
 public void paint(Graphics g) {
   g.drawString(„Hello World", 160, 70);
 }
}
```

Das Applet Programm benutzt Teile der von SUN entwickelten Bibliothek Abstract Window Toolkit (AWT), dies wird dem Compiler per import-Anweisung mitgeteilt. Applets können sich selbst in einer graphischen Umgebung darstellen. Hierzu muss jedes Applet eine spezielle Methode angeben, die Methode paint (Graphics g). Diese Methode wird von der Umgebung des Programms dann aufgerufen, wenn ein Neuzeichnen der zugewiesenen Fläche erforderlich ist, also insbesondere bei Beginn eines Programmlaufes oder bei der Änderung der Größe der Zeichenfläche. Der Parameter Graphics g liefert den Bezug zum graphischen Kontext der Umgebung und wird hier zum Ausgeben des Textes „Hello World" benutzt. Die Graphik bezieht sich auf die dem Applet zugeteilte Teilfläche des Bildschirms. Diese Teilfläche hat eine Breite und Höhe.

So wie das Programm hier aufgeführt ist, ist es nicht lauffähig. Es sind zwar alle nötigen Programmteile vorhanden, aber es fehlt die HTML-Umgebung. Eine dazugehörige HTML-Umgebung hat folgendes Aussehen:

Programm 3.33: HTML-Programm für ein Applet

```html
<APPLET code="DemoApplet1.class"
    width=400
    height=150>
</APPLET>
```

Der Code aus obigem Beispiel liegt in einer Datei mit beliebigen Namen und der Extension .html. Das Programm kann nun in einem beliebigen Java-fähigen Browser aufgerufen werden oder mit den mit Java mitgelieferten Appletviewer.

Dem Applet können natürlich auch vom HTML-Skript aus Parameter mit übergeben werden. Dazu muss das Applet in der Lage sein, aus der HTML-Umgebung Variablen einzulesen. Zu diesem Zweck überschreiben wir zunächst die Methode init() aus dem APPLET-Package.

Programm 3.34: Ein Applet mit Parameter

```java
import java.applet.Applet;
import java.awt.Graphics;
public class DemoApplet2 extends Applet {
   String string;
   int xpos;
   int ypos;
   public void init() {
      string= "Eine neue Nachricht für die Welt";
      xpos = 160;
      ypos = 70;
   }
   public void paint(Graphics g) {
      g.drawString(string, xpos, ypos);
   }
}
```

Natürlich ist es auch möglich auf der HTML-Seite diesen Parameter dynamisch zu besetzen. Dies geschieht wie folgt:

Programm 3.35: Ein Applet mit dynamischen Parametern

```java
import java.applet.Applet;
import java.awt.Graphics;
public class DemoApplet3 extends Applet {
   String string;
   int xpos;
   int ypos;
   public void init() {
      string= getParameter("NEUEMESSAGE");
      xpos = Integer.ParseInt(getParameter ("XPOS"));
      ypos = Integer.ParseInt(getParameter ("YPOS"));
   }
   public void paint(Graphics g) {
      g.drawString(string, xpos, ypos);
   }
}
```

Das dazugehörige HTML-Skript hat folgendes Aussehen:

Programm 3.36: HTML-Skript zum Aufruf des Applets

```html
<APPLET code=DemoApplet3.class
    width=400
    height=150>
<PARAM name="NEUEMESSAGE"
    value="Neue Nachricht von der Welt">
```

```
<PARAM name ="XPOS"   value="160">
<PARAM name ="YPOS"   value="70">
</APPLET>
```

Ein Applet kann auf Ereignisse warten und anschließend reagieren. Ereignisse sind Tastatureingaben, Mausbewegungen oder-Klicks etc. Solche Ereignisse können dann mit Hilfe von Eventhandler abgefangen und bearbeitet werden. Eventhandler sind z. B. die Methoden   `mouseUp()`, `mouseDown()`, `mouseDrag()`, `mouseEnter()`, `mouseExit()`, `KeyDown()` und `action()`.

In Java lassen sich elektronische Formulare erstellen, die dann durch new instantiiert werden und somit ein Element der Klasse ergeben. Damit es dargestellt wird, muss es mit `add()` der Benutzeroberfläche hinzugefügt werden. Im folgenden Beispiel besteht die Benutzoberfläche aus einem Textfeld und einem Button. Wenn der Button angeklickt wird, liest das Applet den Text und gibt ihn in der Statuszeile aus.

Programm 3.37: Applet mit Eventhandler

```
import java.applet.Applet;
import java.awt.Button;
import java.awt.TextField;
import java.awt.ActionListener;
import java.awt.ActionEvent;

public class EventDemo1 extends Applet
 implements ActionListener
{
 Button b;
 TextField t;

 public void init ()
 {
   b = New Button("OK");
   t = new Textfield(40);
   b.addActionListener(this);
   add(b); add(t);
 }

 public void ActionPerformed(ActionEvent e)
 {
   showStatus(t.getText());
 }
}
```

Zur Implementierung von Threads in Java gibt es die Klasse `java.lang.Thread`, die wir im Folgenden kurz als `Thread` bezeichnen. Threads lassen sich auf zwei verschiedene Arten festlegen:

Abb. 3.24 Vererbungshierarchie von Applet

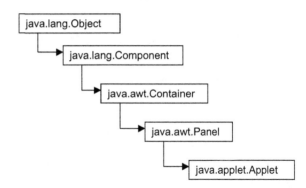

1. Als Unterklasse von `Thread` oder
2. durch Implementierung der `Runnable`-Schnittstelle.

Liegt eine Klasse mit der Eigenschaft die Klasse ist ein `Thread` vor, so sollte man die Klasse als Unterklasse von `Thread` implementieren. Hat man aber ein GUI-Objekt, wie beispielsweise ein `Applet` (siehe nachfolgende Vererbungshierarchie in Abb. 3.24), so kann dies keine Unterklasse von `Thread` sein, denn Java kennt keine Mehrfachvererbung. `Applet` müsste in diesem Fall von `java.awt.panel` und von `Thread` erben.

Da ein Applet nicht noch zusätzlich von `Thread` erben kann, sich aber wie ein `Thread` verhält, kann es nur die `Runnable`-Schnittstelle implementieren. Das `Runnable` Interface ist wie folgt definiert:

public interface Runnable
```
public interface Runnable {
    public abstract void run();
}
```

Ein kleines Beispiel soll diesen Sachverhalt und das entsprechende Vorgehen erläutern. Das nachfolgende Beispiel wurde aus [OW 99] entnommen und zeigt, wie ein Applet einen neuen, separaten Thread startet.

Programm 3.38: Applet, das einen Thread startet
```
import java.applet.Applet;
public class OurApplet extends Applet
    implements Runnable {

    public void init()
    {
        Thread th = new Thread (this);
        th.start();//Starts the thread
    }

    public void run ()
```

```
  {
    //implements the run method of runnable
    for (int i = 0, i < 10; i++) {
      System.out.println(
        „ Hello, from another thread");
    }
  }
}
```

Applets können Netzwerkverbindungen nur zu dem Server herstellen, von dem sie geladen wurden. Auf diese Art lässt sich die Zustandslosigkeit des Protokolls HTTP überwinden. Dies erlaubt dann, beliebig lange Transaktionen unter Nutzung von zweiphasigen commit-Protokollen zu realisieren (siehe Abschn. 5.4). Lediglich der Code des Applets wird mittels HTTP übertragen, der weiteren Kommunikation mit Anwendungen auf dem Web-Server liegen die folgenden Kommunikationsmethoden zugrunde:

- TCP/IP-Sockets, wozu eine socket-Klasse im `java.net`-Package zur Verfügung steht,
- Aufruf von entfernten Methoden mit Registrierung der Methoden (RMI – Remote Method Invocation), wozu dass `java.rmi`-Package benutzt wird,
- mit einem Java Object Request Broker (Java ORB) kann ein Applet mit dem Internet Inter-ORB Protocol (IIOP) Kontakt zu einer CORBA-Implementation aufnehmen.

Die Prinzipien dieser Kommunikationsmethoden wurden in den vorangegangen Abschnitten ausführlich besprochen. Zur Übertragung dieser Methoden auf Java-basierte Programme sei auf die Literatur verwiesen [OH 98, H 97, F 98, J 99, PP 99].

Wie mit Hilfe dieser Kommunikationsmethoden Zwei- oder Dreiebenen-Architekturen zu realisieren sind, zeigt Abb. 3.25 [T 99]. Die Dreiebenen-Architektur erlaubt eine Aufteilung in Präsentationslogik, Anwendungslogik und die Datenhaltung. Dabei ist dann die Präsentationslogik als Applet implementiert.

3.4.3.2 Skripte

Die Skripte clientseitiger Anwendungen können sowohl in HTML-Dokumente eingebettet als auch separat übertragen werden. Ein Web-Browser führt ein Skript entweder direkt beim Laden des Dokuments oder aufgrund eines vom Browser erzeugten Ereignisses aus.

Die von Skripten nutzbaren Ereignisse und deren Erzeugung sind:

onload	beim Laden des Dokuments
onunload	beim Entladen des Dokuments
onclick	beim Klicken der Maus über einem Element
onfocus	das Element erhält den Fokus des Fenstersystems
onsubmit	beim Abschicken von Formulareingaben
onselect	beim Auswählen von Text in einem Textfeld
onchange	beim Entzug des Fokus eines geänderten Elementes
onkeypress	beim Drücken einer Taste über einem Element

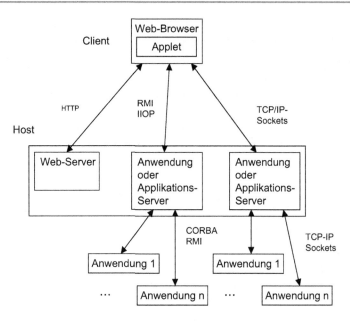

Abb. 3.25 Realisierung von Zwei- oder Dreiebenen-Architekturen bei Applets

Durch diese Ereignisse und die entsprechenden Ereignisbehandlungsroutinen ist eine Aufgabe der Skripte die Überprüfung und Validierung von Benutzereingaben in Form-Elementen. Das folgende JavaScript überprüft, ob in einem Textfeld eine nicht negative Zahl eingegeben wurde:

Programm 3.39: JavaScript zur Überprüfung der Eingabe
```
<SCRIPT language ="JavaScript">
    function pruefen(item) {
        if (parseInt(item.value) < 0 {
            alert ("Bitte eine nicht negative" + item.name
                                        + "eingeben");
            return false;
        }
        return true;
    }
</SCRIPT>
<INPUT type="text" name="Anzahl"
        onchange="pruefen(this)">
```

Die Möglichkeiten von Skriptsprachen gehen aber viel weiter als nur bis zur Überprüfung der Gültigkeit von Eingaben. Sie können den Inhalt und die Präsentation von Dokumenten dynamisch verändern. Die Grundlage hierfür bildet ein Dokumentobjektmodell. Zurzeit arbeitet das W3 C-Konsortium an einem Standard für ein solches Modell dem Document Object Model. Da das Modell unabhängig von einer Skriptsprache ist, wird es in der Interface Definition Language (IDL) der OMG (siehe Abschn. 3.3.1.4) festgelegt.

Das Modell der Sprache JavaScript ist hierarchisch aufgebaut. An der Spitze der Hierarchie steht das `Windows`-Objekt mit den Unterobjekten `Frame`, `Document`, `Location` und `History`. Das Objekt `Document` hat wiederum mehrere Unterobjekte, so zum Beispiel für `Bilder`, `Verweise` oder `Form`-Elemente. Auf diese Unterobjekte kann dann durch Punktnotation zugegriffen werden, z. B. bezeichnet `document.forms [3].elements[0]` das erste `Element` im vierten `Form`-Element, das beispielsweise ein `Textfeld` sein kann. Die einzelnen Objekte haben veränderbare Eigenschaften, und es gibt eine Schnittstelle mit Methoden zur Manipulation dieser Objekte. Das Objekt `document` hat z. B. die Eigenschaft `title`, `fgColor`, `bgColor`. Das Objekt `Window` versteht z. B. die Methoden `prompt`, `scrollto`, `close`.

Beim Laden eines Dokuments erzeugt ein JavaScipt-fähiger Browser zunächst die Objekte, welches das Dokument repräsentiert, und er löst das `onload`-Ereignis aus. Sind mit diesem Ereignis Aktionen verknüpft, so wird der dazugehörige Code vom Interpreter ausgeführt. Weitere Ereignisse ergeben sich dann durch die Benutzerinteraktionen. Beispielsweise kann beim Abschicken der Daten eines `Form`-Elementes (`onsubmit`) ein neues Dokument geladen oder das `Form`-Element neu gestaltet werden.

Beim Zusammenspiel von Skript-Sprachen und einem Dokumentobjektmodell spricht man auch von *Dynamic HTML (DHTML)*. Durch das dynamische Positionieren von Elementen mittels Skripten lassen sich einfache Animationen realisieren.

JavaScript [K 98] ist eine einfache objektorientierte Sprache, basierend auf Prototypen. Wie bei Applets ist es nicht möglich, auf lokale Dateien zuzugreifen. Im Gegensatz zu Applets können bei JavaScript keine Netzwerkverbindungen aufgebaut werden. Neben JavaScript befinden sich noch VB-Script und Tcl im Einsatz. Entweder sind dann die dazugehörigen Interpreter im Browser integriert oder die entsprechenden PlugIns müssen installiert werden.

3.4.4   Web Services

In den vorangegangenen Abschnitten haben wir das Internet dafür benutzt, um mit Hilfe eines Browsers den Zugriff auf die Dokumente eines Web-Servers, oder mit CGI oder Servlets, den Zugriff auf verschiedene Informationen und Applikationen zu ermöglichen. Ersetzt man nun den Browser durch einen Client, so kann er auf die Dienste einer hinter dem Web-Server liegenden Applikation automatisiert und maschinell zugreifen. Derartige *Web-Dienste* oder *Web Services* sind eine über das Internet zugängliche Schnittstelle zu Anwendungsfunktionen, die mit Hilfe von Standardtechniken des Web realisiert wird. Dabei findet die Kommunikation zwischen einer Anwendung (Client) und dem Web Service auf dem Protokoll HTTP statt.

Die in vorangegangenen Abschnitten beschriebenen Dienstarchitekturen CORBA oder CGI könnte man als Web Services betrachten; der grundsätzliche Unterschied zu diesen

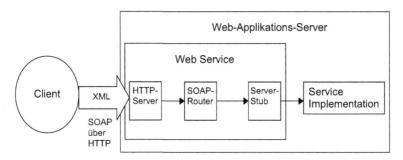

Abb. 3.26 Aufbau eines Web-Applikations-Servers

Technologien besteht darin, dass Web Services auf XML basieren und nicht auf einem proprietären Standard. Zur Übertragung der XML-Daten steht ein textbasiertes *Simple Object Access Protocol (SOAP)* zur Verfügung, das an die Stelle des komplizierteren Internet Inter-ORB Protocol (IIOP) bei CORBA tritt.

Wie Abb. 3.26 zeigt, besteht ein Web Service aus folgenden Komponenten:

- Dem HTTP-Server, der die eingehende Anfrage entgegennimmt und und den Inhalt der HTTP-Nachricht an den SOAP-Parser weiterleitet.
- Dem SOAP-Router, der die XML-Nachricht analysiert (XML-Parser), den dazu passenden Stub identifiziert und ihm dann die analysierte Nachricht übergibt.
- Dem Stub, der die lokale Prozedur der Service-Implementierung aufruft.

In den beiden letzten Jahren sind Web Services zum Hype geworden, besonders in Web-Kreisen und im Bereich der Enterprise Application Integration (EAI). Für die Entwicklung von Web Services stehen die .NET-Architektur von Microsoft, sowie Sun ONE (Open Net Environment) von Sun Microsystems zur Verfügung. Während .NET ein konkretes implementiertes Produkt darstellt, stützt sich SUN ONE auf die Java 2 Enterprise Edition (J2EE) ab. Daneben sind die von IBM entwickelten Werkzeuge wie den WebSphere Studio Application Developer (WSAD) und WebSphere Application Server zu erwähnen, die aus der WebSphere-Produktfamilie [SS 02] stammen. Neben Webquellen des W3 C und der WS-I (Web Services Interoperability Organisation), die größtenteils nur Spezifikationen von XML, SOAP und WSDL sind, seien hier auch zwei Bücher [CJ 03] und [EF 03] angegeben, die Web Services mehr auf eine didaktische und programmiertechnische Art und Weise betrachten. Besonders sei [ACK 03] empfohlen der auf Service-Oriented Architectures (SOA) eingeht. Bei SOA ist den Web Services noch eine Koordinierungsschicht darauf gesetzt, so dass mehrere Web Services koordiniert und somit in einer bestimmten Reihenfolge aufgerufen und abgearbeitet werden können.

3.4.4.1 Simple Object Access Protocol (SOAP)

Microsoft startete 1998 die Entwicklung von SOAP (Simple Object Access Protocol), an der sich dann später weitere Firmen wie IBM und SAP beteiligten. Im Jahr 2000 formierte

Abb. 3.27 Aufbau einer
SOAP-Nachricht

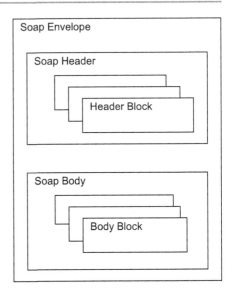

sich eine W3 C-Arbeitsgruppe, die sich der Weiterentwicklung von SOAP annahm. SOAP
liegt als W3 C-Note (http://www.w3.org/TR/SOAP) in der Version 1.1 vor. Die Version 1.2
wird derzeit vorbereitet (http://www.w3.org/2002/wshttp://www.w3.org/2003/ws).

SOAP ist ein XML-basiertes Protokoll, mit dem Daten verpackt und über ein Transport-
protokoll (wie HTTP oder SMTP) verschickt werden können. SOAP arbeitet nach dem
Request/Response-Prinzip. Eine Applikation sendet eine SOAP-Nachricht an eine ande-
re Applikation als *Request*. Die Applikation antwortet dann mit einer SOAP-Nachricht als
Response. Dies entspricht genau dem HTTP-Protokoll, und ist ein Grund HTTP für den
Transport von SOAP-Nachrichten einzusetzen.

Aufbau einer SOAP-Nachricht

Eine SOAP-Nachricht besteht aus einem

- *Envelope*-Element, dem optional ein
- *Header*-Element und danach ein zwingend erforderliches
- *Body*-Element folgt.

Abbildung 3.27 zeigt den schematischen Aufbau einer SOAP-Nachricht.

Jede SOAP-Nachricht ist in einen Briefumschlag eingebettet und enthält verbindlich als
oberstes Element den Umschlag (Envelope). Zum Verstehen von Client und Server untereinander, müssen sie das gleiche Vokabular oder den gleichen Namensraum benutzen. Der
Umschlag enthält deshalb Deklarationen von Namensräumen für alle Elemente und Attribute. Zum Verarbeiten von eingehenden SOAP-Nachrichten muss eine Applikation in
der Lage sein, alle Elemente aus dem Namensraum zu erkennen und gegebenenfalls Nach-

richten mit inkorrekten Namen zu verwerfen. SOAP definiert den folgenden abrufbaren Namensraum:

```
http://schemas.xmlsoap.org/soap/envelope
```

Eine SOAP-Nachricht enthält Angaben die entsprechende Datentypen darstellen. Die Umwandlung dieser Datentypen in einen Bytestrom, wobei die Bytes dann einzelnen übertragen werden, bezeichnet man als SOAP encoding. Ein Umwandlungs- oder Codierungsschema ist in

```
http://schemas.xmlsoap.org/soap/encoding
```

spezifiziert.

Die Einträge des Headers bieten die Möglichkeit, zusätzliche Verarbeitungsinformation für die Nachricht, ohne vorhergehende Absprache zwischen Client und Server, auszutauschen. Üblicherweise werden Authentifizierung-, Autorisierung-, Transaktions- oder auch spezielle Information, wie beispielsweise Zahlungsinformation, in Kopfeinträgen übertragen.

Der verbindliche Body enthält die eigentliche Nachricht für den Empfänger. SOAP unterscheidet zwei Nachrichtenarten:

- *Dokument-basierte Nachrichten* (document-style interaction) zur Übertragung von XML-Dokumenten und
- *RPC-Nachrichten* (RPC-style interaction) mit denen sich entfernte Prozedur- bzw. Methodenaufrufe realisieren lassen. Der Prozedurname, die Parameter und die RPC-Antwort sind als XML-Dokument zu übermitteln. Dabei wird der Prozeduraufruf als Struktur dargestellt, welche den Namen der aufzurufenden Prozedur trägt. Diese Struktur ist als einziges Element in den Body einzufügen. Jeder Eingabeparameter ist dann ein Kind von dieser Struktur. Die Reihenfolge der Kindelemente muss dann mit der Reihenfolge, der für den Aufruf der Prozedur benötigten Eingabeparameter, übereinstimmen. Die Antwort ist wieder ein einziges Element und im ersten Kindelement steht der Rückgabewert der Prozedur. Namen sind dafür nicht streng vorgegeben; es hat sich jedoch eingebürgert, sie nach der aufgerufenen Prozedur zu benennen und ein `Response` anzuhängen.

Tritt bei der Bearbeitung des Aufrufs ein Fehler auf, so gibt es dafür das Element `SOAP-ENV:Fault`. Die vier definierten Unterelemente davon sind:

- `<faultcode>` identifiziert den Typ des aufgetretenen Fehlers. Der Namensraum http://schemas.xmlsoap.org/soap/envelope definiert die folgenden vier Fehler: `VersionMismatch`, `Mustunderstand`, `Server` und `Client`.
- `<faultstring>` erklärt den Fehler.
- `<faultactor>` ist der Uniform Resource Locator der Fehlerquelle.
- `<details>` erläutert den Fehler genauer.

Nachfolgendes Programm 3.40 zeigt alle Komponenten einer dokumentbasierten Nachricht. Das oberste Element ist der Umschlag `<SOAP-ENV:Envelope>`, der die Nachricht enthält. Dem folgt der optionale Header `<SOAP-ENV:Header>`, der zusätzlich Informationsblöcke darüber enthält, wie die im Body stehende Nutzlast verarbeitet werden soll. Am Ende steht dann das vorgeschriebene Element `<SOAP-ENV:Body>`, das die eigentliche Nachricht enthält, die verarbeitet werden soll.

Programm 3.40: Dokumenten-basierte SOAP-Nachricht Warenbestellung
```
<?xml version="1.0" encoding="UTF-8" ?>
<SOAP-ENV:Envelope
  xmlns:SOAP-ENV=
      "http://schemas.xmlsoap.org/soap/envelope/"
    <SOAP-ENV:Header
      <t:Transaction xmlns:t="soap-transaction"
                     SOAP-ENV:mustUnderstand="1">
         <transactionID>1234</transactionID>
      </t:Transaction>
    </SOAP-ENV:Header>
  <SOAP-ENV:Body>
    <ns1:purchaseOrder xmlns:n="urn:OrderService">
      <from><person>Günther Bengel</person></from>
      <article>Java-Magazine</article>
    </ns1:purchaseOrder>
  </SOAP-ENV:Body>
</SOAP-ENV:Envelope>
```

Für ein Programm, das auf RPC-Nachrichten basiert, stellen Sie sich vor, dass ein Server die folgende Funktion, welche einen Temperaturwert zurückliefert, als Web Service anbietet.
```
public Float getTemp(String city);
```

Programm 3.41: RPC-Nachricht getTemp
```
<?xml version="1.0" encoding="UTF-8" ?>
<SOAP-ENV:Envelope
  xmlns:SOAP-ENV=
      "http://schemas.xmlsoap.org/soap/envelope/">
  <SOAP-ENV:Body>
    <ns1:getTemp xmlns:n="urn:TempService">
            SOAP-ENV:encodingStyle=
              "http://schemas.xmlsoap.org/soap/encoding">
      <city xsi:type="xsd:String">
        Mannheim
      </city>
    </ns1:getTemp>
```

```
  </SOAP-ENV:Body>
</SOAP-ENV:Envelope>
```

Nachfolgendes Programm 3.42 zeigt eine mögliche Antwort, welche die Funktion, auf die geantwortet wird, und die gewünschte Temperatur als Element enthält.

Programm 3.42: RPC-Response von GetTemp
```
<?xml version="1.0" encoding="UTF-8" ?>
<SOAP-ENV:Envelope
  xmlns:SOAP-ENV=
      "http://schemas.xmlsoap.org/soap/envelope/">
  <SOAP-ENV:Body>
    <ns1:getTempResponse   xmlns:n="urn:TempService">
      SOAP-ENV;encodingStyle=
        "http://schemas.xmlsoap.org/soap/encoding">
       <value xsi:type="xsd:float">
          26.5
       </value>
    </ns1:getTempResponse>
  </SOAP-ENV:Body>
</SOAP-ENV:Envelope>
```

Transport von SOAP über HTTP

Da das HTTP-Protokoll auf der Grundlage von Anfrage und Antwort basiert, passt es auf natürliche Weise zu den RPC-Interaktionen (Request und Response) von SOAP. Die SOAP-Spezifikation schreibt deshalb die Bindung von SOAP an HTTP deshalb auch explizit vor. Eine Nachricht, die eine SOAP-Nachricht enthält wird mit HTTP-POST an den HTTP-Server gesendet. Nachfolgendes Programm 3.43 zeigt die zu Programm 3.41 gehörende HTTP-Anfrage, die eine SOAP-Nachricht transportieren:

Programm 3.43: HTTP-Anfrage mit SOAP-Nachricht
```
POST/getTemp HTTP/1.1
Content-Type: text/xml
Content-Length ...
SOAPAction: "urn:tempService#getTemp"

<?xml version="1.0" encoding="UTF-8" ?>
<SOAP-ENV:Envelope
  xmlns:SOAP-ENV=
      "http://schemas.xmlsoap.org/soap/envelope/">
      ...
  </SOAP-ENV:Body>
</SOAP-ENV:Envelope>
```

Programm 3.44 zeigt die zu Programm 3.42 korrespondierende HTTP-Rückantwort:

Programm 3.44: HTTP-Antwort mit SOAP-Nachricht

```
HTTP/1.1 200 OK
Content-Type: text/xml
Content-Length: ...

<?xml version="1.0" encoding="UTF-8" ?>
<SOAP-ENV:Envelope
  xmlns:SOAP-ENV=
      "http://schemas.xmlsoap.org/soap/envelope/">
  <SOAP-ENV:Body>
     ...
  </SOAP-ENV:Body>
</SOAP-ENV:Envelope>
```

3.4.4.2   Web Services Architektur

Bei den bisher erläuterteten Web Services ist die Bindung zwischen Dienstbenutzer (Web Service-Client) und Dienstanbieter (Web Service) fest vorgegeben und beide sind somit eng miteinander gekoppelt. Auf Änderungen, Erweiterungen und Integration weiterer Dienste, lässt sich dadurch unflexibel reagieren. Ein vorteilhafteres Vorgehen ist Dienstnutzer und -anbieter nur lose zu koppeln. Dabei geht man konzeptionell denselben Weg, wie wir ihn bei RPCs durch den Binder oder bei CORBA durch den ORB oder bei RMI durch die Registry kennengelernt haben, indem ein Namensdienst oder handle driven Broker, hier *Service Registry* genannt, verwendet wird. Die Kommunikation des Dienstbenutzers und -anbieters mit der Registry erfolgt über SOAP und SOAP-Nachrichten sind XML-Dokumente.

Um nun eine einheitliche Entwicklung der Web Services zu erreichen und die Interoperabilität zwischen verschiedenen Softwarehersteller zu erreichen hat das W3 Konsortium eine Web Services Architektur (beschrieben in Abb. 3.28) festgelegt, die folgende Komponenten enthält:

- *Dienstanbieter (Service Provider)* stellt den Dienst bereit und publiziert ihn bei der Service Registry.
- *Service Registry* stellt Beschreibungen für Dienste bereit.
  Die Beschreibungssprache der Schnittstelle für einen Web Service in XML ist die *Web Service Description Language (WSDL)*. WSDL nimmt eine ähnliche Rolle bei Web Services ein wie die die Interface Definition Language (IDL) bei CORBA. Allerdings erfolgt bei IDL von CORBA eine Bindung an eine Programmiersprache; dagegen ist WSDL an das SOAP-Protokoll gebunden.
  Eine Spezifikation für eine weltweite web-basierte Registrierungsstelle von Web Services ist die *Universal Descripton Discovery and Integration (UDDI)*. Die UDDI-Spezifikation beschreibt eine Vorgehensweise, um Information über Web Services zu publizieren und zu finden. Der Zugriff kann dabei entweder über einen Web-Browser oder programmgesteuert über SOAP erfolgen

- *Dienstbenutzer (Service Requestor)* nutzt den Web Service. Ein Dienstbenutzer eines Web Service ist eine Anwendung, auch Web Service-Client genannt. Die Nutzung eines Web Service geschieht in folgenden Schritten:
  1. Ein Benutzer sucht mit Hilfe eines Web-Browsers einen gewünschten Dienst bei der UDDI-Service Registry. Von dieser bekommt er die URL des dort registrierten Dienstes zurück.
  2. Der Web Service-Client ruft bei der UDDI-Service Registry die Schnittstelle des Web Service ab. Hierfür sendet der Client einen SOAP-Request mit der URL an die UDDI-Service Registry.
  3. Die gewünschte Spezifikation der Schnittstelle des Web Service wird als WSDL-Datei an den Web Service-Client in einem SOAP-Response übermittelt. Ein WSDL-Compiler generiert aus dieser WSDL-Datei einen passenden Stub. Dieser Stub wird an den Web Service-Client angebunden.
  4. Der Web Service Client ruft nun den Web Service beim Dienstanbieter auf. Hierfür sendet er ein SOAP-Request mit den entsprechenden Angaben im XML an den Dienstanbieter.
  5. Der Web Service wird beim Dienstanbieter ausgeführt.
  6. Das Ergebnis des Web Service wird als SOAP-Response in XML an den Web Service-Client übermittelt.

Web Service Description Language (WSDL)

Die Web Service Description Language (WSDL) ist ein auf XML basierender Standard zur vollständigen Beschreibung der Schnittstelle eines Web Service. Ein WSDL-Dokument gibt Antwort auf die Fragen Was, Wie und Wo:

- *Was*? Um welchen Web Service handelt es sich, d. h. welche Funktion wird von ihm erbracht. Dies geschieht im Element `<portType>`.
- *Wie*? Um auf einen Web Service zuzugreifen, kommen mehrere Protokolle (HTTP, SMTP, ...) in Frage. In der Regel wird HTTP verwendet. Das Element `<binding>` gibt das Protokoll an.
- *Wo*? Um einen Web Service, d. h. seine Funktion nutzen zu können, benötigt man seine Lokation, d. h. seine Adresse. Im Element `<service>` wird die URL für die Funktion angegeben. Erbringt ein Web Service mehrere Funktionen so müssen mehrere `<service>`-Elemente im WSDL-Dokument enthalten sein.

Genauer hat ein WSDL-Dokument folgenden Aufbau (Abb. 3.29) und besteht aus folgenden Elementen:

- `<definitions>` ist der Container für eine Dienstbeschreibung und somit das Wurzelelement eines WSDL-Dokuments. In dem Element werden globale Deklarationen von Namensräumen untergebracht, die im gesamten Dokument sichtbar sind.
- `<types>` ist ein Container zur Definition von neuen Datentypen und XML-Schemas, für in Schema definierte Typen.

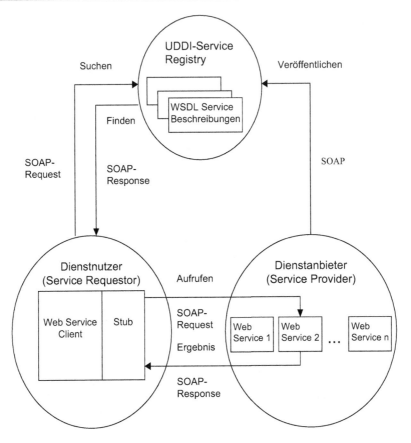

Abb. 3.28 Web Service Architektur

- `<message>` beschreibt die Nachrichten. Für jede Nachricht, die an einen Port übermittelt oder von einem Port abgeschickt wird, liegt ein `<message>`-Element vor. Ein `<message>`-Element kann eine Anfrage, eine Antwort oder ein Fault sein. Das `<part>`-Subelement enthält den Namen und das `<types>`-Subelement den Typ, der entweder aus einem Schema stammt oder aus dem `<types>`-Element.
- `<portType>` gibt an, welche Funktion über einen Port erbracht wird. Eine Funktion (Operation) wird durch das `<operation>`-Subelement gekennzeichnet. Eine Operation kann eingehende und ausgehende Nachrichten haben, die in den Subelementen `<input>` bzw. `<output>` angegeben werden d. h. sie referenzieren `<message>`-Elemente.
- `<binding>` ist ein konkretes Transportprotokoll, meistens HTTP. Einem `<portType>` können auch mehrere Bindungen zugeordnet werden, um beispielsweise den Dienst über mehrere Protokolle erreichbar zu machen.
- `<service>` spezifiziert die Adresse (URL), des bereits mit einem Zugriffsprotokoll gebundenen Ports an.

Abb. 3.29 Aufbau eines
WSDL-Dokuments

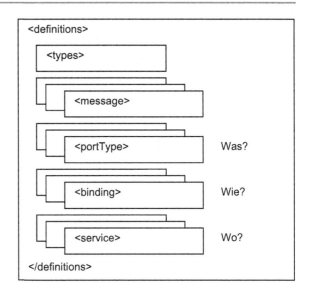

Es reicht zu wissen, was die einzelnen Inhalte eines WSDL-Dokuments bedeuten. Die
Fähigkeit WSDL-Dokumente selbst zu schreiben benötigt man nicht, da es dafür Werkzeu-
ge innerhalb von Entwicklungsumgebungen für Web Services gibt; z. B. den WSAD von
IBM WebSphere.

Universal Description Discovery and Integration (UDDI)

Was bei RPC der Binder rpcbind, bei CORBA der ORB oder bei RMI die Registry ist, ist
bei Web Services der Verzeichnisdienst UDDI (Universal Description and Discovery and
Integration). Damit ist UDDI eine Spezifikation für verteilte, web-basierte Registrierungsstellen für Web Services. Die Spezifikation wird nicht vom W3 C herausgegeben, sondern
ist eine Initiative von zwischenzeitlich mehrerer Hunderte von Unternehmen, wie IBM,
Microsoft, SAP, Oracle.

Es existieren bereits mehrere öffentliche (*public*) UDDI-Registrierungsstellen (UDDI-
Server), die von den Firmen IBM, Microsoft, SAP und NTT-Com betrieben werden. Die
Registrierungsstellen synchronisieren sich regelmäßig, so dass Informationen, die bei IBM
eingegeben werden, ebenso bei Microsoft, SAP und NTT-Com zu finden sind, und umgekehrt. Eine private (*private*) UDDI-Registrierungsstelle ist intern und liegt hinter einem
Firewall für eine Intranet-Applikation. Eine gemeinsame (*semi-private*) Registrierungsstelle findet ihren Einsatz zwischen verschiedenen vertrauenswürdigen Partnern.

Ein UDDI-Server stellt einen Datenbank-Server dar, der Einträge verschiedener Unternehmen mit den Beschreibungen der angebotenen Web Sevices enthält. UDDI unterscheidet die folgenden drei verschiedenen Arten (Pages) von Metadaten für einen Web Service:

1. *White Pages* enthalten Adressen, Ansprechpartner und weitere Information über das
   Unternehmen. Diese Information sind in *Business Entity* Einträgen abgespeichert.

2. *Yellow Pages* entsprechen einem Branchenbuch und erlauben eine Suche nach Web Services nach bestimmten Kategorien. Die Kategorisierungsinformationen sind in *Business Services* Einträgen abgespeichert.

3. *Green Pages* enthalten die genaue technische Spezifikation der Web Services bzw. Verweise auf diese. Die technische Spezifikation sind in *Binding Template* Einträgen abgespeichert.

Ein Eintrag eines Unternehmens in der UDDI-Registry setzt sich nun aus vier Basistypen (dargestellt in Abb. 3.30) zusammen:

- *Business Entity* repräsentiert das Unternehmen, das Web Services anbietet. Es enthält Information zu dem Unternehmen, wie z. B. Name, Adresse, Kontaktpersonen, einen eindeutigen Identifikator, und Kategorieinformation. Eine Business Entity kann mehrere Business Services anbieten.
- *Business Services* repräsentiert einen Web Service. Er enthält nicht technische Beschreibungen und Kategorisierungsinformation. Ein Business Service enthält mehrere Binding Templates (analog zu WSDL, wo ein Service-Element mehrere `port`-Elemente enthalten kann).
- *Binding Template* ist eine technische Beschreibung eines Teils eines Web Service. Dies sind Zugriffspunkte (Access Points) auf Web Services, in der Regel eine URL auf die Beschreibung einer Implementierung eines Web Service und Verweise auf ein oder mehrer tModels.
- *tModel* sind Beschreibungen über konkrete Aufruf und Rückgabemodalitäten, also der exakten Signatur des Web Service. Zusätzlich zu der Signatur enthält es Metainformation (textuelle Beschreibung und Kategorisierungsinformation) zu dieser. Es enthält nicht selbst die Signatur, sondern eine URL, der auf eine formale Spezifikation der Signatur zeigt (z. B. eine WSDL-Datei). Die Datei mit der formalen Spezifikation ist jedoch nicht mehr Teil von UDDI.

UDDI ist prinzipiell unabhängig von WSDL und beide definieren ihre eigene Begriffswelt. UDDI und WSDL ergänzen sich jedoch, und eine WSDL-Beschreibung eines Web Service lässt sich auf die UDDI-Datenstruktur abbilden. Abbildung 3.31 zeigt die Abbildung von WSDL auf UDDI.

Zur Veröffentlichung eines Web Service gibt es am Markt mehrere Werkzeuge, z. B. von IBM das OpenSource Package UDDI4 J (UDDI for Java) oder der UDDI-Explorer, der im WSAD von WebSphere enthalten ist. Die Veröffentlichung eines Web Service, der in WSDL beschrieben ist und dessen Schnittstelle als `tModel` vorliegt, erfolgt dann in folgenden Schritten:

1. Suchen einer UDDI-Registry, kontaktieren und sich dort anmelden.
2. Publizieren der Business Enity (falls bei der gewählten UDDI-Registry noch keine vorhanden ist).

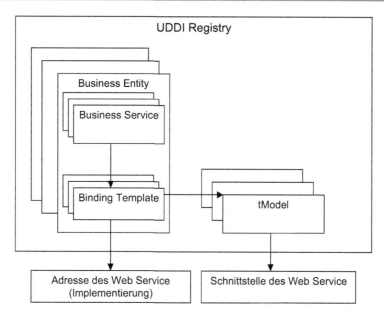

Abb. 3.30 Aufbau der UDDI Registry

3. Angabe der Kategorien und Bezeichner, die auf diesen Business-Entity Eintrag passen.
4. Publizieren eines Web Service, dabei den URL, unter dem die WSDL-Datei liegt als
   Servicedaten eingeben.

Zum Finden eines Web Service lassen sich der

- *statische Zugriff* auf die UDDI-Registry von dem
- *dynamischen Zugriff* auf dieselbe unterscheiden.

Im statischen Fall erfolgt die Suche mit Hilfe eines UDDI-Browsers. Über den Browser wird die Beschreibung des Web Service als WSDL-Datei heruntergeladen. Nach der Stub-Erzeugung kann der Service-Aufruf programmiert, und danach das ganze Projekt kompiliert und zusammengebunden werden. Der Web Service kann nun benutzt werden, ohne erneut die UDDI-Registry zu gebrauchen.

Im dynamischen Fall sucht die Anwendung (Web Service Client) zur Laufzeit den Web Service. Die Anwendung muss somit in der Lage sein, den Stub zum Aufruf des Web Service aus dessen WSDL-Datei zu generieren, anschließend zu kompilieren und zu binden.

Neben den oben beschriebenen Werkzeugen können Dienstanbieter und -benutzer direkt auf die UDDI-Registry zugreifen. Dies geschieht typischerweise über SOAP-Nachrichten. Der UDDI-Standard spezifiziert dazu den möglichen Nachrichtenaustausch mit Requests und Responses. Daneben legt der Standard die Struktur der XML-Dokumente fest, die mit in der Nachricht enthalten ist. Auf die UDDI-Registry können Dienstanbieter,

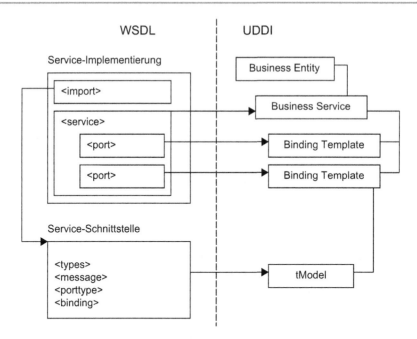

Abb. 3.31 Abbildung von WSDL auf UDDI

Dienstbenutzer und andere UDDI-Registries zum Informationsaustausch zugreifen. Dazu stehen sechs verschiedene Schnittstellen oder Application Programming Interfaces (APIs) zur Verfügung:

- Die *UDDI Inquiry API* enthält Operationen zum Auffinden der Einträge in der Registry und geben einen Überblick über diese (find_business, find_service, find_binding, find-tModel). Weiterhin Operationen die Details liefern über spezielle Einträge (get_businessDetail, get-serviceDetail, get_bindingDetail, get_tModelDetail). Diese API wird vom UDDI-Browser benutzt und von Web Service-Clients für dynamisches Binden.
- Die *UDDI Publishers API* steht Dienstanbietern zur Verfügung. Sie können damit Einträge in der Registry hinzufügen (save_business, save_service, save_binding, savetModel) und löschen (delete_business, delete_service, delete_binding, delete_tModel).
- Die *UDDI Security API* ermöglicht einen Authentifizierungs-Token, das in zukünftigen Kommunikationen mit der Registry benutzt wird. get_authToken besorgt einen Authentifizierungs-Token und discard_authToken teilt der Registry mit, dass der Authentifizierungs-Token nicht mehr akzeptiert werden muss.
- Die *UDDI Custody and Ownership Transfer API* ermöglicht Registries untereinader Information auszutauschen (transfer_entities, transfer_custody). Mit

`get_transfer`-Token kann der Besitz an diesen Strukturen von einem Dienstanbieter an einen anderen Dienstanbieter übergeben werden.

- Die *UDDI Subscripton API* dient zum Überwachen der Änderungen (neue, modifizierte und gelöschte Einträge) in der Registry durch das Abonnement durch andere Registries (`get_subscription`, `save_subscriptions`, `get_subscription Results`, `delete_subscriptions`).
- Die *UDDI Replication API* unterstützt die Replikation von Information zwischen Registries, so dass die Registries immer aktuell sind.

3.5 Komponenten-basiert

Komponenten verpacken Objekte in die nächst höherer abstrakterer Form. Die Komposition von einem oder mehreren Objekten liegt in einem Behälter (Container), dessen Funktionalität über ein Interface zur Verfügung gestellt wird. Das Interface ist die Schnittstellenbeschreibung für die Komponente, und es bietet Interaktionspunkte bei verteilter Verarbeitung.

An Komponententechnologie basierend auf Java stehen

- auf der Clientseite (Präsentationsseite) *JavaBeans* und
- auf der Serverseite *Enterprise JavaBeans (EJB)*

zur Verfügung.

JavaBeans sind lokal und nicht verteilt und laufen auf einem einzelnen Prozessor. Es ist eine Komponententechnologie zum Erzeugen von generischen Java-Komponenten, die mit Applets und Java-Applikationen zusammenarbeiten können. Zum Erzeugen besitzen JavaBeans ein Properties Interface, welches einem Erzeuger-Werkzeug (Builder Tool) erlaubt die Funktionalität der JavaBean festzustellen. Sie besitzen eine Informationsklasse `BeanInfo`, Editoren zur Festlegung der Eigenschaften der Bean und Customizer, welche die Anpassungen an bestimmte Erfordernisse durchführen.

Auf der Serverseite sind *Enterprise JavaBeans (EJB)* Komponenten für die Implementierung größerer Anwendungssysteme einer EDV-Unternehmensstruktur. Sie enthalten Methoden für Geschäftslogik (business logic). Einem Anwendungsentwickler erlauben EJB die Konzentration auf die Geschäftslogik, und er braucht sich beispielsweise nicht um das Transaktions-Handling, Anschlüsse an die Datenbank, die entfernte Ausführung oder das Threading zu kümmern. Diese Aufgaben sind an den Server delegiert, der für die Ausführung der EJB sorgt.

Der Begriff Enterprise JavaBeans steht einmal

- für die Architektur (Rahmenwerk, Framework) einer komponententenbasierten, verteilten Anwendung, und andererseits
- für die Komponenten (*Enterprise Beans*) verteilter, transaktionsorientierter Geschäftsanwendungen.

Tab. 3.1 Gegenüberstellung der verschiedenen Arten von EJBs

Charakteristik	SessionBean	Entity Bean	Message Driven Bean
Identität	nein	ja	nein
Transaktionen	ja	ja	ja
Clientzugriff	exklusiv	gemeinsam	indirekt
Kommunikation	synchron	synchron	asynchron
Persistenz	nein	ja	nein
Lebensdauer	kurz	lang	kurz

Enterprise JavaBeans ist kein Produkt, sondern lediglich eine Spezifikation von Sun Microsystems Inc. [S 03], die zur Zeit in der Version 2.1 vorliegt. Mehrere Hersteller haben zwischenzeitlich eine Implementierung der Enterprise JavaBeans Spezifikation auf den Markt gebracht (für Herstellerlisten, siehe in [V 99]). Die weit verbreitete und meist genutzte Implementierung dürfte der *IBM WebSphere Application Server* sein. Sun selbst stellt eine Implementierung der Enterprise Beans zur Verfügung, den Sun ONE Application Server.

Enterprise JavaBeans sind Komponenten, die vielen Clients auf einem Server ihre Dienste zur Verfügung stellen. Es gibt drei unterschiedliche Ausprägungen für Enterprise Java-Beans:

1. *Session Beans* – serverseitige Komponenten für eine Sitzung des Clients,
2. *Entity Beans* – zur Modellierung der Geschäftslogik; sie betreffen hauptsächlich die Datenhaltung und –verwaltung und
3. *Message Driven Beans* – Empfänger von asynchron eintreffenden Nachrichten von einem Client, von einer anderen Enterprise Bean, einem Servlet oder auch von einer Java Message Service-Applikation.

Die Charakteristiken der verschiedenen Typen beschreibt gegenüberstellend die nachfolgende Tab. 3.1.

3.5.1 Enterprise JavaBeans-Architektur

In der Java2 Enterprise Edition (J2EE) ist mit der J2EE-Architektur eine physikalische Struktur eines EJB-Systems vorgegeben, die aus vier Schichten besteht (four tier model). Siehe dazu Abschn. 1.3.1. Die vier Schichten beschreibt Abb. 3.32 und sie sind:

1. mehrere *Clients*, auf denen möglicherweise ein Web-Browser läuft,
2. ein Web-Server,
3. ein *Enterprise JavaServer* oder auch *Applikations-Server* genannt, der einen Web-Container und/oder einen oder mehrere EJB-Container verwaltet. Der Web-Container stellt die Laufzeitumgebung für Servlets und Java Server Pages (JSP) zur Verfügung

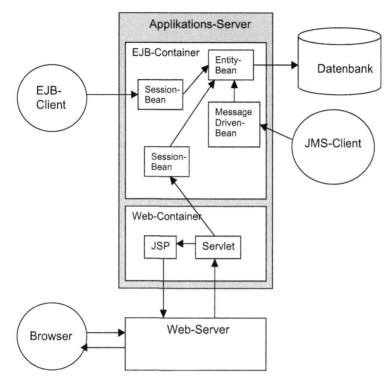

Abb. 3.32 Physikalische Architektur eines EJB-Systems

(siehe vorhergehender Abschn. 3.4.2.2 und 3.4.2.3). Analog ist der EJB-Container die Laufzeitumgebung in der die EJB-Komponenten eingebettet sind;

4. eine *Datenbasis*, auf die entweder von den Enterprise Beans zugegriffen wird, mittels Java Database Connectivity (JDBC), oder auf die der Container im Auftrag der Enterprise Bean zugreift.

EJBs Software-Architektur Ein Client einer Enterprise JavaBean kann sein:

- Ein *lokaler Client (local client)*: Der Client läuft auf der gleichen Java Virtuellen Maschine (JVM) wie die Session- oder Entity Bean selbst. Die Schnittstellen realisiert ein lokales Java-Objekt, auf die mit normalen Methodenaufrufen zugegriffen wird.
- Ein *entfernter Client (remote client)*: Der Client läuft entweder auf der gleichen JVM oder auf einer anderen JVM wie die Session oder Entity Bean selbst. Die Schnittstelle realisiert ein entferntes Java Objekt, auf die über die RMI-Schnittstelle (siehe Abschn. 3.3.1) zugegriffen wird.
- Ein *Web Service Client*: Ein Web Service Client greift entfernt auf eine zustandslose Session Bean zu. Die Schnittstelle realisiert die JAX-RPC API, welche ein XML-basiertes

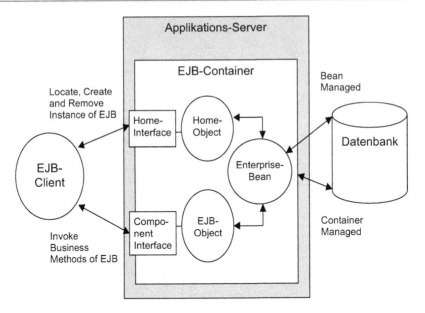

Abb. 3.33 Enterprise JavaBeans-Architektur

Protokoll (SOAP) über dem HTTP-Protokoll benutzt. Der Service, den die zustandslose Session Bean realisiert, ist aus Client-Sicht und in WSDL beschrieben.

- Ein *Java Message Service Client*: Ein JMS-Client sendet einer Message Driven Bean eine Nachricht aus einer Queue oder einem abonnierten Topic zu. Die Message Driven Bean agiert als einfacher Empfänger und verarbeitet die Nachricht (siehe dazu auch Abschn. 3.1.2).

Abbildung 3.33 zeigt die Software-Architektur von Session- und Entity Beans, wobei nicht zwischen lokalem Client und entfernter Client unterschieden wird. Die EJB Software Architektur besteht aus:

- Einem *Enterprise Java-Server*, der die Ausführungsumgebung für den EJB-Container zur Verfügung stellt.
- Einem *EJB-Container*, der auf dem Enterprise Java-Server läuft und eine Abstraktion ist, welche eine oder mehrere EJB-Klassen verwaltet. Ein Client kommuniziert nicht direkt mit einer Enterprise Bean, sondern durch das *Home Interface* und *Object Interface*, das von dem EJB-Container zur Verfügung gestellt wird. Ausnahmen bilden hier Message Driven Beans, die kein Home und Component Interface besitzen.
- Für jede Session und Entity Bean ein *Home Interface*. Das Home Interface definiert die Lebenszyklus-Methoden (Methoden zum Anlegen, Entfernen und Finden einer Enterprise Bean). Ein Bean-Entwickler stellt das Home Interface zur Verfügung. Ein lokales Home Interface, für einen lokalen Client, muss von `javax.ejb.EJBLocalHome`

abgeleitet werden. Ein entferntes Home Interface, für einen entfernten Client, erweitert die Schnittstelle `javax.ejb.EJBHome`.

- Für jede Session- und Entity Bean ein *Home Object*. Das Home Object implementiert das Home Interface.

- Für jede Session- und Entity Bean ein *Component Interface*. Das Component Interface definiert die Methoden, die von einer Enterprise Bean nach außen hin angeboten werden. Analog zum Home Interface wird ein entferntes Component Interface von der Schnittstelle `javax.ejb.EJBObject` abgeleitet. Diese Schnittstelle definiert bereits Methoden mittels derer ein Client die Objektidentität oder bei zustandsspeichernden Session Beans einen persistenten Handle des Objekts beziehen kann. Ein lokales Component Interface muss von der Schnittstelle `javax.ejb.EJBLocalObject` abgeleitet werden.

- Für jede Session- und Entity Bean ein *EJBObject*. Das EJBObject implementiert das Component Interface. Jedes EJBObjekt besitzt eine eindeutige *Objektidentität*, die der Container erzeugt und zunächst nur er besitzt. Bei Session Beans kann der Client über Objektreferenzen überprüfen, ob zwei Referenzen zur gleichen Instanz der Session Bean gehören. Bei Entity Beans gibt der Beanentwickler der Entity Bean einen Primärschlüssel mit, über den der Container das Entity Objekt identifiziert. Ein Client kann den Primärschlüssel über die Schnittstelle `javax.ejb.EJBObject` bzw. `javax.ejb.EJBLocalObject` beziehen.

- Einem oder mehreren *Enterprise Beans*. Auf die Methoden der Enterprise Beans kann nicht direkt zugegriffen werden, sondern nur über das dazugehörige Home Interface und das Component Interface, die der Container zur Verfügung stellt.

- Einem oder mehreren *EJB-Clients*. Ein Client benutzt das Home Object zur Lokalisierung, zum Anlegen oder zum Zerstören einer Enterprise Bean. Anschließend benutzt er das EJBObject, um die Methoden einer Bean-Instanz aufzurufen.

3.5.2 EJB-Container

Der EJB-Container stellt den Enterprise Beans eine Laufzeitumgebung zur Verfügung. Man könnte auch sagen der Container ist das *Betriebssystem* auf dem die Enterprise Beans ablaufen. Neben der Laufzeitumgebung hält der Applikations-Server noch einen Namensdienst, Transaktionsdienst und verschiedene Sicherheitsdienste für die EJBs bereit.

Die Spezifikation der Enterprise JavaBeans 2.1 [S 03] verpflichtet den Container, den Enterprise Beans mindestens folgende Programmierschnittstellen zugänglich zu machen:

- Das API (Application Programming Interface) der Java2-Plattform, *JDK 1.3* (Java Development Kit). Eine EJB kann die Programmierschnittstelle der Java2-Plattform nutzen.
- Das API des *JNDI 1.2* (Java Naming and Directory Interface). JNDI ist ein Namens- und Verzeichnisdienst, den der Applikations-Server zur Verfügung stellt. Bei ihm werden alle zur Verfügung stehenden EJBs registriert mit `bind()` oder `rebind()`. Ein Client,

der eine EJB benutzen möchte, kann zur Laufzeit über deren Namen mit `lookup()` die entsprechende EJB in dem verteilten System lokalisieren.

- Das UserTransaction-API aus *JTA 1.0.1* (Java Transaction API). Eine EJB kann ihre eigene Transaktionssteuerung durchführen, falls die vom Container vorgegebene Transaktionssteuerung nicht gewünscht ist. Solche explizit gestarteten Transaktionen werden, ebenso wie die vom EJB-Container gestarteten Transaktionen, über die JTA-API angesprochen.
- Das API der *JDBC-2.0-*Erweiterung (Java Database Connectivity). Je nach Typ der EJB wird ihr Zustand mit den Inhalten einer Datenbank synchronisiert. Diese Synchronisierung erfolgt mittels JDBC. Neben ihrem Zustand kann eine EJB beliebige Information aus einer Datenbank lesen, schreiben und ändern.
- Das API von *Java Mail 1.1.* Dient zum Erstellen von nachrichtenbasierten Applikationen.
- Das API von *JMS 1.0.2* (Java Message Service). Der PTP- und Pub/sub-Nachrichtendienst des Java Message Service ermöglicht asynchronen Nachrichtenaustausch. Siehe dazu Abschn. 3.1.2.
- Das API von *JAXP 1.0* (Java API for XML Processing). Diese API dient zur Analyse und Transformation von XML-Dokumenten.

Neben diesen Java-Standarddiensten können Anbietern von Applikations-Server noch weitere zusätzliche Dienste anbieten.

Über den oben genannten (statischen) Diensten stellt der Container zur Laufzeit der Enterprise Bean folgende Dienste bereit:

- Transaktionsdienst,
- Verwaltung von Bean-Instanzen,
- Persistenzunterstützung und
- Sicherheitsdienste.

Transaktionsdienst Bei EJBs gibt es zwei unterschiedliche Arten von Transaktionssteuerungen:

- *Implizite Transaktionssteuerung*: Der Container steuert aufgrund der Einstellungen im Deployment-Deskriptor die Transaktionen (Container-Managed Transaction Demarcation).
- *Explizite Transaktionsteuerung*: Im Quelltext des Clients (Client-Managed Transaction Demarcation) oder der Bean (Bean-Managed Transaction Demarcation) sind Aufrufe zur Steuerung der Transaktion enthalten.

Zur *expliziten Transaktionssteuerung* dient das Interface `javax.transaction.UserTransaction`. Es umfasst Methoden zum Abwickeln von Transaktionen:

begin, commit und rollback. Weiterhin eine Methode getStatus() zum Abfragen des Transaktionszustandes, eine Methode setRollbackOnly() zum Erzwin-
gen des Rollbacks vor Abschluss der Transaktion und eine Methode setTransaction
Timeout() zum Setzen eines Zeitwertes in Sekunden bis der Transaktionsmanager die
Transaktion zurücksetzt.

Bei *impliziter Transaktionssteuerung* stellt der Container eine Transaktionssteuerung
zur Verfügung. Zur Steuerung der Transaktionen benutzt man ein *deklaratives Transaktionsmanagement*. Das bedeutet, der Autor einer Bean deklariert in einem *Deployment-
Deskriptor* welche Transaktionsunterstützung die Bean benötigt. Kommt dann die Bean
zum Laufen, liest der Container den der Bean zugeordneten Deployment-Deskriptor. Die
einzelnen Methoden können innerhalb des Deployment-Deskriptors mit folgenden Trans-
aktionseinstellungen versehen werden:

- NotSupported bedeutet, dass die Methode keine Transaktion unterstützt und sie
  auch nicht innerhalb einer Transaktion benutzt werden kann.
- Required besagt, hat ein Client beim Aufruf der Methode der Bean eine Transaktion
  offen, so läuft die Methode im Kontext der Transaktion des Clients. Hat der Client keine
  Transaktion offen, dann startet der Container eine neue Transaktion.
- Supports bedeutet, hat ein Client eine Transaktion laufen, so wird diese Transaktion
  benutzt, andernfalls soll keine neue Transaktion gestartet werden.
- Bei RequiresNew startet die Bean immer eine neue Transaktion, sogar wenn schon
  eine Transaktion läuft.
- Mandatory fordert, dass der Client eine Transaktion offen hat, bevor der Client die
  Methode benutzt. Läuft der Client beim Aufruf der Methode nicht innerhalb einer
  Transaktion ab, so generiert der Container eine entsprechende Ausnahme.
- Bei Never darf die Methode niemals innerhalb einer Transaktion ausgeführt werden.
  Läuft die Methode bei Never innerhalb einer Transaktion, so löst der Container eine
  Ausnahme aus. Im Gegensatz dazu, löst die Einstellung NotSupported keine Aus-
  nahme aus.

Verwaltung von Bean-Instanzen   Enterprise Beans-Klassen sind einzelne Klassen, die aus
einem Prozess bestehen, welche nur von einem Client benutzt werden. Dies gilt für zustandslose Session Beans; andere Arten von Beans (Entity Beans) können konkurrent von
vielen Clients benutzt werden. Der Container muss dabei die Clientanfragen in zeitgerech-
ter Art bedienen und diesen parallelen Server effizient implementieren.

Dazu müssen im Hintergrund die folgenden Aufgaben erledigt und damit die folgenden
Optimierungen vorgenommen werden:

- Bean-Instanzen-Passivierung,
- Bean-Instanzen-Pooling,
- Datenbank-Verbindungs-Pooling und
- Instanzen-Coaching.

Die Spezifikation der Enterprise Beans [S 98] schreibt nur vor, dass der Container die Bean-Instanzen-Passivierung implementieren sollte; die restlichen obigen Optimierungen werden nicht gefordert. Allerdings ist in der Spezifikation erwähnt, dass Instanzen-Pooling eine gute Idee ist. Nichtsdestotrotz kann ein Container-Vendor die restlichen Optimierungen anbieten.

Bean-Instanzen-Passivierung ist das temporäre Auslagern von Enterprise Beans-Instanzen aus dem Hauptspeicher. Benötigt der Container weitere Hauptspeicherressourcen, so kann er Enterprise Beans-Instanzen auswählen und auf die Platte auslagern. Bei Session Beans dient der Vorgang dazu, die Hauptspeicherresourcen zu schonen, und bei Entity Beans wird noch zusätzlich der Zustand der Enterprise Bean mit der externen Datenhaltung abgeglichen und auf den neuesten Stand gebracht.

Mehrere Clients können sich im Container eine Bean-Instanz teilen. Zur Befriedigung einer Anfrage von einem Client braucht der Container dadurch weniger Instanzen anzulegen und das *Instanzen-Pooling* trägt damit zur Effizienz des Containers bei. Das Instanzen-Pooling ist nicht für alle Enterprise Beans anwendbar; bei zustandsspeichernden Session Beans (siehe nachfolgenden Abschn. 3.5.3.3) liegt deren Zustand in den Instanzenvariablen vor. Sie benötigen deshalb für jeden Client ein neue Instanz. Die Instanz kann nicht für mehrere Clients zuständig sein.

Möchte eine Enterprise Bean auf eine Datenbank zugreifen, so muss eine Verbindung zur Datenbank eingerichtet werden. Hält man mehrere verfügbare *Datenbankverbindungen in einem Pool* vor, so kann bei einer Datenbankanfrage eine schon bestehende Verbindung genommen werden, und die Einrichtung einer neuen Verbindung erübrigt sich.

Der Zustand von mehreren Enterprise Beans kann in einem *Cache* vorgehalten werden. Wird nun eine Enterprise Bean erneut angelegt, so braucht deren Zustandsinformation nicht aus der Datenbank geholt zu werden, sondern kann aus dem Cache entnommen werden.

Persistenzunterstützung Der Zustand von Entity Beans kann in einem File oder einer Datenbank (persistenter Speicher) gespeichert werden. Dies erlaubt dann ein Einlesen des Objektes zu einem späteren Zeitpunkt, anstatt es dann wieder neu anlegen zu müssen. Zum Abspeichern und damit zum Umwandeln in einen Byte-Strom wird das *Serialisieren* von Objekten verwendet (siehe Abschn. 3.3.1.4). Der umgekehrte Vorgang, aus dem Byte-Strom das ursprüngliche Java-Objekt zu rekonstruieren, heißt *Deserialisieren*.

Sicherheitsdienst Der Mechanismus der Zugriffskontrolle definiert zunächst verschiedene logische Sicherheitsrollen. Diese Sicherheitsrollen werden den entsprechenden Methoden der EJBs zugeordnet. Die logischen Sicherheitsrollen selbst werden vor Inbetriebnahme der EJB auf entsprechende Benutzer oder Gruppen abgebildet.

Zusätzlich zur Zugriffskontrolle sollte ein Container noch Authentifizierungsdienste (siehe dazu Abschn. 5.6.2) und sichere Kommunikation bieten, z. B. durch den Einsatz von Secure-Sockets.

Wie beim deklarativen Transaktionsmanagement wird die Zugriffskontrolle nicht durch den Anwender implementiert, sondern vielmehr durch entsprechende Einstellungen im Deployment-Deskriptor deklariert (*deklaratives Sicherheitsmanagement*).

3.5.3 Enterprise Beans

Zu einer Enterprise Bean gehören folgende Bestandteile:

- Ein Home Interface,
- ein Component Interface,
- eine Enterprise Bean-Implementierungsklasse,
- ein Primärschlüssel bzw. die Primärschlüsselklasse und
- ein Deployment-Deskriptor.

Das Home Interface ist der Einstiegspunkt für einen Client. Nachdem ein Client einen Namensdienst, speziell die *Java Naming and Directory Interface (JNDI)* – die im Container enthalten ist – für eine Enterprise Bean konsultiert hat, gibt ihm dieser eine Referenz auf ein Home Object zurück.

Das Component-Interface enthält die eigentlichen Methoden für die Enterprise Bean.

Die Enterprise Bean-Implementierungsklasse implementiert die Methoden, die im Home- und im Component-Interface deklariert werden. Die Signaturen der Methoden des Component- und Home Interfaces müssen mit den entsprechenden Methoden in der Enterprise-Bean-Klasse übereinstimmen.

Der Primärschlüssel ist nur bei Entity Beans relevant. Er dient dazu, eine Entity eines bestimmten Typs eindeutig zu identifizieren.

Der Deployment-Deskriptor ist eine Datei in XML und beschreibt eine oder mehrere Enterprise Beans. Der Deployment-Deskriptor teilt dem Container mit, wie er die Enterprise Bean zur Laufzeit zu behandeln hat.

3.5.3.1 Home Interface

Alle Erweiterungen und Implementierungen des *entfernten Home Interface* müssen das EJBHome-Interface erweitern.

EJBHome
```
public interface javax.ejb.EJBHome
  extends java.rmi.Remote
{
  public abstract HomeHandle getHomeHandle();
  public abstract EJBMetaData getEJBMetaData();
  public abstract void remove (Handle handle);
  public abstract void remove (Object primaryKey);
}
```

`getHomeHandle()` liefert ein Handle auf das Home Object.

`getEJBMetaData()` liefert Metadaten des Home Objects und ist eine Referenz auf ein Objekt, welches das `EJBMetaData` Interface implementiert.

EJBMetaData
```
public interface javax.ejb.EJBMetaData
{
  public abstract EJBHome getEJBHome();
  public abstract class getHomeInterfaceClass();
  public abstract class getRemoteInterfaceClass();
  public abstract boolean is_Session();
}
```

Die beiden Methoden `remove` entfernen ein `EJBObject` einmal mit einem Handle auf eine Bean und einmal über einen Primärschlüssel (nur Entity Beans besitzen einen Primärschlüssel, Session Beans und Message Driven Beans besitzen einen Handle).

Im lokalen Fall müssen alle Erweiterungen und Implementierungen des *lokalen Home Interface* das `EJBLocalHome` Interface erweitern. Dieses Interface besitzt nur eine Methode `remove` für Entity-Objekte.

EJBLocalHome
```
public interface javax.ejb.EJBLocalHome
{
  public abstract void remove (Object primaryKey);
}
```

Die Interfaces `EJBHome` und `EJBLocalHome` bieten keine Methoden an zum Anlegen einer Enterprise Bean oder zum Nachschauen nach bestehenden Methoden für die Enterprise Bean. Für diese Aufgaben muss der Enterprise-Bean-Entwickler eine oder mehrere `create()`-Methoden im Home Interface definieren und die `ejbCreate()`-Methode in der Bean-Klasse implementieren. Die Signaturen der Methoden im Home Interface und in der Bean-Klasse müssen identisch sein.

Ruft ein Client die `create()`-Methode des Home Interfaces auf, so legt der Container ein Objekt vom entsprechenden Typ an. Anschließend ruft er dann die Methode der Bean-Klasse `ejb-Create()` auf, welche die Aufgabe hat, die Bean-Instanz zu initialisieren.

3.5.3.2   Component Interface

Alle Erweiterungen und Implementierungen des *entfernten Component Interface* müssen das `EJBObject`-Interface erweitern:

EJBObject
```
public interface javax.ejb.EJBObject
  extends java.rmi.Remote
```

```
{
  public abstract EJBHome getEJBHome();
  public abstract Handle getHandle();
  public abstract Object getPrimaryKey();
  public abstract boolean isIdentical (EJBObject obj);
  public abstract void remove();
}
```

getEJBHome() liefert eine Referenz auf ein EJBObject.

getHandle() liefert ein Handle auf das EJBObject.

getPrimaryKey() liefert den Primärschlüssel und ist nur sinnvoll für Entity Beans, da Session Beans keinen Primärschlüssel besitzen.

isIdentical() testet, ob zwei EJBObject-Referenzen das gleiche Objekt referieren. Diese Funktion ist hauptsächlich wieder einsetzbar für Entity Beans. Zwei Entity-Beans sind identisch, wenn sie das gleiche Home Interface und den gleichen Primärschlüssel besitzen. Der Container kann beliebig viele Instanzen einer Entity Bean erzeugen. Deshalb können Entity Beans identisch sein, die Referenzen darauf brauchen jedoch nicht auf den gleichen Speicherplatz zu zeigen.

remove() entfernt das EJBObject.

Alle Erweiterungen und Implementierungen des *lokalen Component Interface* müssen das EJBLocalObject-Interface erweitern. Dieses Interface entspricht dem entfernten Component Interface, bis auf den Wegfall von getHandle(), da lokale Objekte kein Handle besitzen.

EJBLocalObject

```
public interface javax.ejb.EJBLocalObject
{
  public abstract EJBHome getEJBLocalHome();
  public abstract Object getPrimaryKey();
  public abstract boolean isIdentical
                  (EJBLocalObject obj);
  public abstract void remove();
}
```

Ein Enterprise-Bean-Entwickler muss zum Anlegen eines Remote Interface für eine Enterprise Bean ein Interface anlegen, das von EJBObject bzw. EJBLocalObject erbt. Diesem Interface kann er dann die spezifischen Methoden für die Enterprise Bean hinzufügen.

3.5.3.3 Enterprise-Bean-Interface

Oberste Ebene der EJB-Klassen-Hierarchie ist das Enterprise-Bean-Interface:

EnterpriseBean

```
public interface javax.ejb.EnterpriseBean
  extends java.io.Serializable
{
}
```

Dieses Interface ist leer und dient nur dazu, einen gemeinsamen Vorfahren für Session-, Entity- und Message Driven Beans zu haben. Weiterhin fordert es, dass die Erweiterungen serialisierbar sind.

Session Beans

Wie der Name schon andeutet, sind Session Beans an die Lebenszeit einer Sitzung des Clients gebunden. Sie sind somit relativ kurzlebig und werden auf Anforderungen eines Clients angelegt, kommunizieren dann mit dem Client und werden beendet, wenn sie der Client nicht mehr benötigt. Session Beans können entweder

- *zustandslos* oder
- *zustandsspeichernd* sein.

Zur Unterscheidung der beiden Arten von Session Beans siehe die Ausführungen in Abschn. 2.1.3.

Wird eine zustandsspeicherende Session Bean erzeugt, muss ihr Zustand initialisiert werden. Dazu bietet sie eine oder mehrere `create()`-Methoden an, denen als Parameter die nötigen Daten vom Client übergeben werden. Eine zustandslose Session Bean muss keinen Zustand initialisieren. Deshalb hat sie immer nur eine `create()`-Methode ohne Parameter. Für jede Session Bean definiert der dazugehörige Deployment-Deskriptor, ob sie zustandslos oder zustandsspeichernd ist und welche Methoden sie anbietet.

Der Client unterscheidet nicht zwischen zustandslosen und zustandsspeichernden Session Beans. Diese Unterscheidung ist nur für den Container relevant, da er damit folgendermaßen eine effizientere Verwaltung der Bean-Instanzen durchführen kann:

- Die Instanz einer zustandslosen Session Bean kann der Container nach jedem Methodenaufruf für einen anderen Client verwenden.
- Die Instanz einer zustandsspeichernden Session Bean steht für die Dauer einer Sitzung immer nur einem Client zur Verfügung, und der Container muss eine Aktivierung und Passivierung für jede Sitzung durchführen.

Eine Instanz einer zustandslosen Session Bean kann zwei unterschiedliche Zustände annehmen:

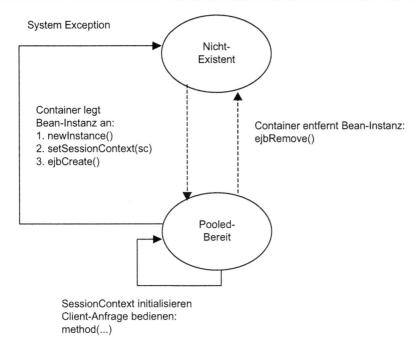

Abb. 3.34 Lebenszyklus einer zustandslosen Session-Bean-Instanz

- *Nicht-Existent*: Die Instanz existiert nicht.
- *Pooled-Bereit*: Die Instanz existiert und steht für Methodenaufrufe zur Verfügung.

Die Abb. 3.34 zeigt den Lebenszyklus einer zustandslosen Session-Bean-Instanz. Die Abbildung unterscheidet, ob der Container oder der Client einen Zustandsübergang veranlasst.

Der Container verwaltet die Bean-Instanzen. Benötigt er eine neue Instanz, so erzeugt er zunächst mit NewInstance() eine Instanz der entsprechenden Bean-Klasse. Dann ruft er die Methode setSessionContext() auf und macht der Instanz damit ihren Session-Kontext bekannt. Dann ruft der Container die Methode ejbCreate() auf, welche die Instanz in den Pooled-Bereit-Zustand überführt. In diesem Zustand ist eine Bean-Instanz bereit, Client-Anfragen zu bedienen. Die zustandslosen Session Bean-Instanzen sind nur während der Laufzeit einer Methode einem bestimmten EJB-Objekt zugeordnet. Die Bean-Instanzen gehen zum Nicht-Existent-Zustand über, wenn der Container sie nicht mehr benötigt oder wenn er die Anzahl der Bean-Instanzen reduzieren muss, um Speicher freizugeben.

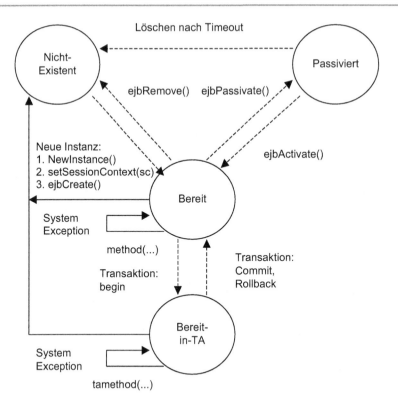

Abb. 3.35 Lebenszyklus einer zustandsspeichernden Session-Bean-Instanz

Zustandsspeichernde Session Beans besitzen vier Zustände:

- *Nicht-Existent*: Die Instanz existiert nicht.
- *Bereit*: Die Instanz existiert und wurde einem Client zugeordnet und steht somit für Methodenaufrufe zur Verfügung. Die Instanz kann vom Container in diesem Zustand jederzeit in den Zustand Passiviert übergeführt werden.
- *Bereit-in-TA*: Die Instanz befindet sich in einer Transaktion und wartet auf Methoden-aufrufe des Clients. Der Container darf Instanzen, die sich in Transaktionen befinden, nicht passivieren.
- *Passiviert*: Die Instanz wurde zeitweilig aus dem Arbeitsspeicher ausgelagert, ist aber noch einem Client zugeteilt. Möchte der Client wieder eine Methode ausführen, so muss der Container die Instanz zuerst wieder aktivieren.

Die Abb. 3.35 stellt den Lebenszyklus einer zustandsspeichernden Session Bean-Instanz dar. Wir unterscheiden in dieser Abbildung wieder, ob der Container oder der Client einen Zustandsübergang veranlasst.

Für jeden Client, der eine zustandsspeichernde Session Bean verwendet, benötigt man eine eigene Bean-Instanz. Zur Begrenzung der Anzahl der Bean-Instanzen im Arbeitsspeicher kann mit `ejbPassivate()` eine Bean ausgelagert und mit `ejbActivate()` wieder eingelagert werden.

Wird eine Bean-Instanz nicht mehr benötigt oder ging die Verbindung zum Client verloren (was durch Timeout überprüft wird), dann geht sie in den Zustand Nicht-Existent über.

Nachdem der Client eine Session Bean erhalten hat, kann er über das EBJ-Objekt auf die Bean-Instanz zugreifen. Die Methodenaufrufe gibt der Container an die Bean-Instanz weiter.

Eine Methode kann in einer Transaktion ausgeführt werden. Normalerweise startet der Container für jeden Methodenaufruf eine Transaktion. Es ist jedoch möglich, dass mehrere Methodenaufrufe in einer Transaktion zusammengefasst werden. Dieser Fall ist in dem Zustand Bereit-in-TA berücksichtigt.

Eine Session Bean implementiert das `javax.ejb.SessionBean`-Interface:

SessionBean
```
public interface javax.ejb.SessionBean
  extends javax.ejb.EnterpriseBean
{
  public abstract void ejbActivate();
  public abstract void ejbPassivate();
  public abstract void ejbRemove();
  public abstract void setSessionContext
      (SessionContext ctx);
}
```

`ejbActivate()` ruft der Container auf, nachdem er eine passivierte Bean-Instanz zurück in den Arbeitsspeicher geladen hat.

`ejbPassivate()` ruft der Container auf, bevor er eine zustandsspeichernde Session Bean passiviert. Zustandslose Session Beans benötigen diese Methode nicht und lassen die Implementierung leer. Passivierung einer Session Bean kann durch das Serialisieren oder eine eigene Methode, welche die gleiche Semantik besitzt, durchgeführt werden.

`ejbRemove()` ruft der Container auf, wenn ein Client die `remove()`-Methode des Home- oder Remote Interfaces der Session Bean aufruft.

`setSessionContext(SessionContext ctx)` ruft der Container nach dem Erzeugen der Bean-Instanz auf. Der Container übergibt der Session Bean ihren Session-Kontext. Die Implementierung dieser Methode hat die Aufgabe, den Session-Kontext zu speichern. Die Session Bean speichert dieses Objekt in einer Objekt-Variablen. Die Session Bean benutzt dann den Session-Kontext zur Interaktion mit den Diensten des Containers, wie beispielsweise Transaktionsdienst und Sicherheitsdienst.

Das Session-Kontext-Interface erbt von dem `EJBContext`-Interface. Das `EJBContext`-Interface ist das Eltern-Interface von Session-Kontext und Entity-Kontext.

EJBContext
```
public interface javax.ejb.EJBContext
{
  public abstract Principal getCallerPrincipal();
  public abstract EJBHome getEJBHome();
  public abstract EJBLocalHome getEJBLocalHome();
  public abstract boolean getRollBackOnly();
  public abstract UserTransaction
    getUserTransaction();
  public abstract boolean isCallerInRole
    (String roleName);
  public abstract void setRollbackOnly();
}
```

`getCallerPrincipal()` erlaubt es der Bean-Instanz den Client zu bestimmen, der sich am Server angemeldet hat. Der Rückgabewert ist ein Objekt der Klasse `java.security.Principal`.

`getEJBHome()` ermöglicht der Bean-Instanz den Zugriff auf ihr eigenes entferntes Home Interface.

`getEJBLocalHome()` ermöglicht der Bean-Instanz den Zugriff auf ihr eigenes lokales Home Interface.

`getRollBackOnly()` überprüft, ob es noch möglich ist, die aktive Transaktion mit `commit()` zu beenden. Nur EJBs mit impliziter Transaktionssteuerung dürfen diese Funktion aufrufen.

`UserTransaction getUserTransaction()` benötigt eine Bean-Instanz, wenn sie die Transaktionssteuerung selbst übernehmen möchte (explizite Transaktionssteuerung). Der Rückgabewert ist ein Objekt der Klasse `java.transaction.User Transaction`, das einen Zugriff auf den Transaktionskontext ermöglicht.

`boolean isCallerInRole (String roleName)` überprüft, ob der angemeldete Benutzer eine bestimmte Rolle im Sicherheitskonzept hat. Die möglichen Rollen werden im Deployment-Deskriptor definiert.

`SetRollbackOnly()` markiert die Transaktion für einen Rollback. Nur EJBs mit impliziter Transaktionssteuerung dürfen diesen Aufruf benutzen.

Da das `EBJContext`-Interface schon eine Fülle von Funktionen bereit stellt, benötigt das `SessionContext`-Interface nur eine weitere Methode `getEJBObject()`.

SessionContext
```
public interface javbax.ejb.SessionContext
  extends javax.ejb.EJBContext
{
  public abstract EJBObject getEJBObject();
}
```

`getEJBObject()` liefert eine Referenz für das `EJBObject`. Diese Referenz (auf sich selbst) kann dann die Session Bean einer anderen Session Bean mitteilen.

Das Interface `SessionSynchronisation` erlaubt einer Session Bean sich über den Ablauf einer Transaktion beim Container zu informieren. Es ist nicht erforderlich, dass eine Session Bean-Klasse dieses Interface implementiert.

SessionSynchronisation
```
public interface SessionSynchronisation
{
   public abstract void afterBegin();
   public abstract void afterCompletion
      (boolean committed);
   public abstract void beforeCompletion();
}
```

`afterBegin()` zeigt einer Session Bean-Instanz an, dass eine neue Transaktion startet und die folgenden Geschäftsmethoden innerhalb einer Transaktion ausgeführt werden.

`afterCompletion (boolean committed)` informiert eine Session Bean-Instanz, dass das Commit der Transaktion ausgeführt wurde.

`beforeCompletion()` informiert eine Session Bean-Instanz, dass eine Transaktion noch nicht das Commit ausgeführt hat.

Entity Beans
Entity Beans sind langlebig und existieren über Client-Sitzungen hinaus. Sie ermöglichen mehreren Clients den parallelen Zugriff auf transaktionsgesicherte Daten. Eine Entity Bean ist ein Objekt, das typischerweise Daten aus einer Datenbank repräsentiert. Eine Anwendung benutzt Entity Beans, wenn Information über mehrere Programmläufe hinweg gespeichert werden soll. Die Daten von Entity Beans überleben den Neustart des Servers oder sogar Server-Abstürze.

Die Entity Bean-Klasse definiert

- *Methoden,*
- *Attribute* und einen
- *Primärschlüssel* bzw. die Primärschlüsselklasse.

Wie bei den Session Beans realisieren die Methoden die Funktionalität der Bean und bestimmen damit das Verhalten.

Die Attribute legen die Daten und damit den Zustand der Entity Bean fest. Man unterscheidet zwischen

- *persistenten,* der Zustand bleibt erhalten, bis die Bean gelöscht wird, und
- *transienten,* der Zustand bleibt nur erhalten, solange die Bean im Arbeitsspeicher liegt,

Attributen.

Um ein Attribut zu speichern, wird das *Serialisieren* (Umwandlung in einen Byte-Strom) verwendet. Das Serialisieren berücksichtigt nur die persistenten Attribute eines Objekts. Die transienten Attribute entfallen im Byte-Strom und werden bei dem Deserialisieren mit ihrem Initialwert belegt. Um zwischen persistenten und transienten Attributen unterscheiden zu können, verwendet Java das Schlüsselwort `transient` in der Deklaration von Variablen. Alle Attribute, die dieses Schlüsselwort nicht besitzen, sind automatisch persistent.

Um eine Entity Bean-Instanz zu speichern (persistent zu machen), müssen alle persistenten Attribute gespeichert werden. Benötigt man die Bean wieder, so kann mit den gespeicherten Attributen die Entity Bean-Instanz in ihrem ursprünglichen Zustand wiederhergestellt werden.

Das Serialisieren und Deserialisieren kann entweder der Container vornehmen oder die Bean selbst realisieren. Dementsprechend unterscheidet man in

- *bean-managed-persistence*: Eine Entity Bean kann selbst die persistente Ablage ihrer Attribute realisieren.
- *container-managed-persistence*: Die Verantwortung für die persistente Ablage der Attribute einer Entity Bean übernimmt der Container.

Jede Entity Bean ist mit einer eindeutigen Identität versehen. Analog zur Identität eines Datensatzes in einer Tabelle einer Datenbank besitzt eine Entity Bean-Klasse einen *Primärschlüssel*. Der Primärschlüssel besteht aus einem oder mehreren persistenten Attributen der Entity Bean. Jede Instanz einer Entity Bean muss eine andere Wertkombination in den Attributen des Primärschlüssels besitzen. Die Attribute der Entity Bean, die Bestandteil des Primärschlüssels sind, werden zusätzlich in einer eigenen Klasse, der Primärschlüsselklasse, zusammengefasst. In dieser Klasse haben die Attribute den gleichen Namen und den gleichen Datentyp wie in der Entity Bean-Klasse. Die Primärschlüsselklasse wird dem Container im Deployment-Deskriptor bekannt gegeben. Der Container nutzt den Primärschlüssel als eindeutiges Kennzeichen, um jede Entity in der Datenbank wiederzufinden. Auch der Client verwendet den Primärschlüssel, um nach der bestimmten Entity Bean zu suchen. Deshalb wird die Primärschlüsselklasse normalerweise mit dem Home- und Remote Interface der Entity Bean in einem eigenen Package veröffentlicht. Das Home-Objekt und der Wert des Primärschlüssels bilden zusammen die Entity Bean-Identität.

Entity Beans besitzen drei Zustände. Zum besseren Verständnis der Arbeitsweise des Containers ist der Zustand „Bereit" in drei Unterzustände aufgeteilt:

- *Nicht-Existent*: Die Entity Bean-Instanz existiert nicht.
- *Pooled*: Die Instanz existiert, sie besitzt jedoch noch keine Entity Bean-Identität. Ein Client kann nur Zugriffe auf das HomeInterface ausführen. Der Primärschlüssel hat noch keinen Wert.
- *Bereit*: Die Instanz hat eine Entity Bean-Identität und kann vom Client verwendet werden. Der Zustand „Bereit" besitzt drei Unterzustände:

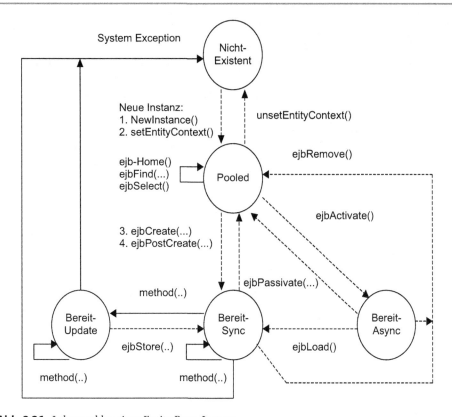

Abb. 3.36 Lebenszyklus einer Entity Bean-Instanz

- *Bereit-Async:* Die Attributwerte sind evtl. nicht mit dem aktuellen Datenbankinhalt abgeglichen. Entweder wurden die Attribute noch nicht initialisiert oder der Datenbankinhalt wurde durch einen parallelen Zugriff geändert.
- *Bereit-Sync*: Die Attributwerte haben den aktuellen Inhalt.
- *Bereit-Update*: Der Client ändert die Attribute der Entity Bean. Normalerweise befindet sich die Entity Bean in einer Transaktion. Die neuen Werte wurden noch nicht oder nur teilweise in die Datenbank geschrieben.

Die Abb. 3.36 zeigt den Lebenszyklus einer Entity Bean. Wir unterscheiden wieder, ob der Container oder der Client einen Zustandsübergang bewirken.

Für jede Entity Bean-Klasse hat der Container einen Pool, in dem er die Instanzen verwaltet. Die Instanzen aus dem Pool verwendet der Container nacheinander für unterschiedliche Bean-Identitäten. Da eine Instanz nur eine Bean-Identität zu einem Zeitpunkt haben kann, muss der Pool mindestens so viele Instanzen enthalten, wie unterschiedliche Bean-Identitäten parallel benutzt werden.

Sucht ein Client ein Entity Bean-Objekt mit der findByPrimaryKey()-Methode des Home Interface, so leitet der Container den Aufruf an eine beliebige Entity Bean-Instanz weiter. Als Ergebnis erhält der Client das Remote Interface des gefundenen Bean-Objektes. Alle Bean-Instanzen, die gerade nicht von einem Client benutzt werden und die sich nicht in einer Transaktion befinden, können vom Container für andere Bean-Identitäten wieder verwendet werden.

Zum Erzeugen einer neuen Bean-Identität ruft der Client die Methode create() des Home Interface auf. Der Container leitet diesen Aufruf an die entsprechende Methode ejbCreate() einer Bean-Instanz im Zustand „Pooled" weiter. Die Methode wertet die Parameter aus und setzt die Attributwerte der Bean-Instanz entsprechend. Danach führt der Container die Methode ejbPostCreate() mit den gleichen Parameter aus. Im Unterschied zu ejbCreate steht der Methode ejbPostCreate() die Bean-Identität im Bean-Kontext zur Verfügung. Damit kann ejbPostCreate() weitere Initialisierungsschritte ausführen.

Wie bei Session Beans, die das Session Beans-Interface implementieren, müssen Entity Beans das Entity Beans-Interface implementieren.

EntityBean
```
public interface javax.ejb.EntityBean
   extends javax.ejb.EnterpriseBean
{
    public abstract void ejbActivate();
    public abstract void ejbPassivate();
    public abstract void ejbLoad();
    public abstract void ejbStore();
    public abstract void ejbRemove();
    public abstract void setEntityContext
          (EntityContext ctx);
    public abstract void unsetEntityContext();
}
```

ejbActivate() und ejbPassivate() sind analog zu den gleichnamigen Methoden im Session Bean-Interface.

ejbLoad() und ejbStore() erlauben die Synchronisation ihres Zustandes mit der Datenbank.

ejbRemove() ist wie bei den Session Beans mit dem Unterschied, dass die Entity Bean-Instanz an den Pool der Instanzen zurückgegeben wird und nicht in den Zustand Nicht-Existent übergeht.

SetEntityContext() entspricht der Funktion SetSessionContext() und übergibt ein Objekt, das von EJBContext erbt an die EJB-Instanz.

UnsetEntityContext() wird bei Entity Beans zusätzlich benötigt, um die Entity Bean Instanz aus dem Pool entfernen zu können.

EntityContext

```
public interface javax.ejb.EntityContext
  extends javax.ejb.EJBContext
{
  public abstract EJBObject getEJBObject();
  public abstract Object getPrimaryKey();
}
```

getEJBObject() ist ähnlich zu der gleichnamigen Funktion im SessionContext. getPrimaryKey() liefert den Primärschlüssel für die Entity Bean.

Zusätzlich zu den Methoden einer Entity Bean muss ein Entwickler von Entity Beans noch die Methode ejbFindbyPrimaryKey() implementieren, falls bean-managed-persistence gewünscht wird. Die Implementierung dieser Methode entfällt bei container-managed-persistence. Bei bean-managed-persistence benötigt der Container diese Methode und er ruft sie auf, wenn ein Client mit findByPrimaryKey() eine Entity Bean über den Primärschlüssel sucht.

Zusätzlich muss ein Entity Bean-Entwickler noch die Methode ejbCreate() implementieren, falls er eine neue Entity Bean anlegen will. Dies ist nicht nötig, falls ein Entity Bean-Entwickler eine Entity Bean wählt, die ein Objekt repräsentiert, das in der Datenbank schon vorhanden ist. Hat ein Entity Bean-Entwickler jedoch ejbCreate() implementiert, so muss er auch die Methode ejbPostCreate() implementieren, welche die gleiche Anzahl und Typen von Argumenten hat wie die korrespondierende ejbCreate()-Methode.

Message Driven Beans

Völlig neu im EJB-Standard 2.0 sind die Message Driven Beans. Message Driven Beans reagieren auf asynchrone Nachrichten, deren Verarbeitung typischerweise eine längere Laufzeit besitzen und deren Ergebnisse unmittelbar für den weiteren Ablauf benötigt werden. Die Nachricht kann dabei von einer anderen Enterprise Bean, von einem Client, einem Servlet einer JMS-Applikation oder von einer Applikation, die nicht die Java-Technologie einsetzt, kommen.

Eine Message Driven Bean besitzt im Vergleich zu Session- oder Entity Beans kein Remote Interface, da sie niemals über das Java-RMI-API angesprochen werden kann, sondern nur auf asynchrone Nachrichten reagieren kann. Sie besitzt auch kein Home Interface, da sie nicht von einem Client erzeugt wird, sondern stets direkt vom EJB-Container.

Eine Instanz einer Message Driven Bean hat wie Session- oder Entity Beans einen fest definierten Lebenszyklus. Dieser Lebenszyklus ist einfach gehalten und umfasst, wie bei zustandslosen Session Beans, lediglich zwei Zustände (siehe Abb. 3.37):

- *Nicht-Existent:* Die Instanz wurde noch nicht erzeugt.
- *Pooled-Bereit:* Die Instanz existiert und steht zur Ausführung ihrer Methode onMessage() bereit.

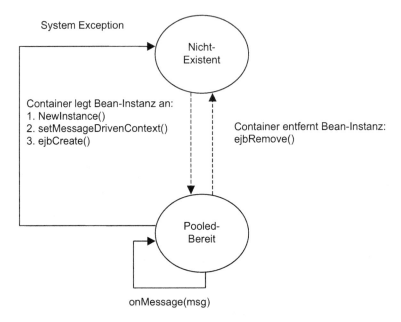

Abb. 3.37 Lebenszyklus einer Message Driven Bean Instanz

Mit der Methode NewInstance() erzeugt der Container eine neue Instanz einer Message Driven Bean. Um zur Laufzeit auf die unterschiedlichen angebotenen Dienste des Containers zugreifen zu können, legt er dann durch Aufruf der Methode setMessage DrivenContext() den Kontext der Message Driven Bean fest. Mit dem abschließenden Aufruf der Methode ejbCreate() werden eventuell weitere Ressourcen für den Betrieb (Datenbankverbindungen etc.) reserviert.

Nach dieser Initialisierung befindet sich die Instanz im Zustand Pooled-Bereit und wartet auf eintreffende Nachrichten. Es liegt in der Verantwortung des Containers, bei anstehenden Nachrichten in der Warteschlange, die Bearbeitung der Nachrichten mittels der Methode OnMessage() anzustoßen.

Mit der Methode ejbRemove() führt der Container die Message Driven Bean in den Zustand Nicht-Existent über. Dabei gibt der Container, die durch die Methode ejbCreate() angeforderten Ressourcen, wieder ordnungsgemäß frei.

Eine Message Driven Bean implementiert das javax.ejb.MessageDrivenBean-Interface:

MessageDrivenBean
```
public interface javax.ejb.MessageDrivenBean
  extends javax.ejb.EnterpriseBean
{
  public abstract void ejbRemove;
  public abstract void setMessageDrivenContext
```

```
(MessageDrivenContext ctx);
}
```

`ejbRemove` ruft der Container auf, um eine Message Driven Bean aus dem Speicher zu löschen.

`SetMessageDrivenContext(MessageDrivenContext ctx)` setzt den Kontext der Message Driven Bean.

`java.ejb.MessageDrivenContext` erbt lediglich von der schon bekannten Schnittstelle `javax.ejb.EJBContext` und fügt keine neuen Methoden hinzu.

Eine Message Driven besitzt kein Component Interface, da sie nicht über das Java-RMI-Api angesprochen wird, sondern nur auf asynchrone Nachrichten reagieren kann. Ein Message-Bean-Entwickler muss das Interface `MessageDrivenBean` implementieren und zusätzlich die Methode `ejbCreate()` hinzufügen. `ejbCreate()` ruft der EJB-Container auf, zur abschließenden Initialisierung der Message Driven Bean. Da eine Message Driven Bean, analog zu zustandslosen Session Beans, keinen internen Zustand besitzt, dürfen `ejbCreate()` keine Parameter mit übergeben werden.

Neben der Implementierungsklasse `MessageDrivenBean` muss ein Message-Bean-Entwickler das Interface `javax.jms.MessageListener` implementieren. Dieses Interface enthält nur eine einzige zu implementierende Methode `OnMessage(Message msg);` siehe dazu auch Abschn. 3.1.2.

3.5.4 Entwickeln und Installieren einer Enterprise JavaBean

Eine Session- oder Entity Bean muss drei Klassen zur Verfügung stellen:

- Die Enterprise-Bean-Implementierungsklasse,
- das Home Interface und
- das Component Interface.

Bei Message Driven Beans entfallen das Home- und Component Interface und sie stellen stattdessen die Implementierung des Interface `MessageListener` zur Verfügung.

Damit die Enterprise JavaBean von einem Client angesprochen werden kann, muss sie im Container installiert werden (*Deployment*). Dazu werden im Deployment-Deskriptor in XML-Syntax (siehe Abschn. 3.4.2.4.) Informationen über die Enterprise Bean zusammengestellt. Die GUI-Tools enthalten dazu normalerweise eine Benutzeroberfläche zum Editieren eines vorgegebenen XML-Files.

Im Deployment-Deskriptor werden nur Angaben gemacht, die der Container nicht mittels der Untersuchung der Klassen (*introspection*) selbst ermitteln kann.

Der *Deployment-Deskriptor* enthält die nachfolgend aufgeführten allgemeinen Elemente. Nicht mit aufgeführt sind die Elemente für das deklarative Transaktionsmanagement und des deklarativen Sicherheitsmanagement.

- `<ejb-jar>` ist das Wurzelelement und von ihm gehen alle Beschreibungen der Enterprise JavaBean aus.
- `<enterprise-beans>` ist ein Containerelement für die Aufnahme der Deklaration von einer oder mehreren EJBs.
- Handelt es sich um eine Session Bean (`<session>`), um eine Entity Bean (`<entity>`) oder um eine Message Driven Bean (`<message-driven>`)
- Der eindeutige Name (`<ejb-name>`) der Bean, unter dem sie in allen anderen Teilen des Deployment-Deskriptors angesprochen wird. Dieser Name ist unabhängig vom JNDI-Namen der EJB.
- Bei Session- und Entity Beans der Klassenname der benötigten Implementierungsklasse der Bean (`<ejb-class>`),
- den Klassenamen des Home Interface (`<home>`) bzw. `<local-home>` des lokalen Home Interfaces und
- den Namen des Remote Interface (`<remote>`) bzw. `<local>` des lokalen Interfaces.
- Message Driven Beans besitzen kein Home- und Component Interface, deshalb wird nur der vollständige Klassename der benötigten Implementierungsklasse der Bean (`<ejb-class>`) angegeben.
- Bei allen Beans, wer die Transaktion verwaltet (`<transaction-type>`), entweder container-managed (`Container`) oder bean-managed (`Bean`).
- Bei Session Beans, ob es sich um eine zustandslose oder zustandsspeichernde Bean handelt (`session-type: Stateful/Stateless`) und
- bei Entity Beans, wer die Persistenz (`<persistence-type>`) realisiert, die Bean selber oder der Container. Bei container-managed-persistence die persistenten Attribute des Containers (`cmp-field`); außerdem noch die Klasse des Primärschlüssels (`prim-key-class`) und ob die Bean-Instanz im single-threaded Modus läuft oder nicht (`reentrant`).
- Referenziert die Bean eine Methode der entfernten Schnittstelle einer anderen EJB (`<ejb-ref>`) mit Unterelementen `<ejb-ref-name>`, `<ejb-ref-type>`, `<home>`, `<remote>` und `<ejb-link>`.
- Referenziert die Bean eine Methode der lokalen Schnittstelle einer anderen EJB (`<ejb-local-ref>`) mit Unterelementen `<ejb-ref-name>`, `<ejb-ref-type>`, `<local-home>`, `<local>` und `<ejb-link>`.
- Die Art der referenzierten EJB (`<ejb-ref-type>`) mit möglichen Werten `Entity` oder `Session`.
- Bei Entity Beans die Referenz der benötigten Datenbank (`<resource-ref>`) und deren logischen Namen (`res-ref-name`).
- Die Sicherheitsstrategie mit der Access Control List (ACL) und den autorisierten Benutzer für jede Klasse und Methode.

Nach dem Erstellen des Deployment-Deskriptor schreibt der Enterprise-Bean-Entwickler die Entwicklung der Enterprise Bean in einem Archiv-File, dem *ejb-jar-File*, fest. Das ejb-jar-File ist das Medium, in dem die Enterprise Beans ausgeliefert und verteilt werden und mit dem die Enterprise Bean im Container installiert wird.

Zum Anlegen des ejb-jar-Files kann das *jar-Utility* benutzt werden, welches Bestandteil des Java 2, Standard Edition Development Kit ist. Ein ejb-jar-File enthält:

- den Deployment-Deskriptor,
- die Enterprise-Bean-Implementierungsklasse,
- das Remote- und Home Interface oder den MessageListener,
- bei Entity Beans die Primärschlüsselklasse und
- weitere abhängige Klassen und Interfaces.

3.5.5 EJB-Programmierung

Zusammenfassend wollen wir das Vorgehen bei der Erstellung und die Programmierung von Session- und Entity- und Message Driven Beans beschreiben.

Die Erstellung von Enterprise-Beans erfolgt in folgenden Schritten:

1. Definiere das Remote bzw. Local Interface für die Enterprise Bean (entfällt bei Message Driven Beans).
2. Definiere das Home bzw. Local Interface für die Enterprise Bean (entfällt bei Message Driven Beans und stattdessen implementiere den MessageListener).
3. Definiere die Primärschlüsselklasse (nur bei Entity Beans).
4. Implementiere die Implementations-Klasse der Enterprise Bean.
5. Kompiliere das Remote Interface, das Home Interface und die Implementations-Klasse.
6. Erstelle den Deployment-Deskriptor.
7. Lege das ejb-jar-File an.
8. Installiere den ejb-jar-File im Container.
9. Implementiere einen Client.
10. Kompiliere und starte den Client.

Bei den obigen Schritten wird natürlich vorausgesetzt, dass auf dem Server der EJB-Server des Server-Vendors läuft.

Wir haben hier nur das Konzept von EJB vorgestellt, für konkrete Programmbeispiele für zustandsspeichernde und zustandslose Session Beans und für Entity Beans mit bean-managed-persistence und container-managed-persistence sei auf die Literatur verwiesen [DB 00, [M 00] Bitte überprüfen Sie diese Angabe; sie ist nicht im Literaturverzeichnis., V 99]. Besonders sei auf das Buch von Denninger und Peters [DB 00] hingewiesen, in dem, in der Einführung, die Programmierung einer einfachen Enterprise Bean für ein Bankkonto beschrieben ist. Message Driven Beans sind erst ab der Version 2.0 der Enterprise JavaBeans Specification [S 03] verfügbar. Hierzu existiert zurzeit kaum Literatur und wir verweisen hier auf das Nachfolgewerk von Monson-Haefel und Chappel [MCa 01] hin.

3.6   Service orientierte Architektur (SOA)

Eine konsequente Weiterführung des Serverkonzeptes und seine Ausrichtung auf Verteilung und damit der Elimination des zentralen Servers führt auf die *Service-orientierten
Architektur (SOA)*. Dabei sind nur die Services die elementaren und abstrakten Einheiten
(Grundelemente) eines SOA-Systems. Die Services sind nicht auf einem Server konzentriert, sondern auf die unterschiedlichen Rechner im Netz möglichst gleichmäßig verteilt.
Die SOA-Architekturen sind dadurch symmetrisch und arbeiten auf Gleichberechtigungsbasis gemäß des *End-to-End-* oder *Peer-to-Peer*-Konzeptes miteinander zusammen.

Service Provider sind Organisationen, die einen Service und dessen Implementierung
bereitstellen, die Service-Beschreibung publizieren bei einem Service Broker und den technischen und kaufmännischen Support für einen Service zur Verfügung stellen [L 07]. Der
Service Consumer oder *Service Requestor* sucht einen gemäß einer Servicebeschreibung
passenden Service und nimmt den gefundenen Service in Anspruch. Zum Suchen und
Finden eines Service benutzt er dabei einen *Service Broker* (siehe Abschn. 2.3.2).

3.6.1   Bestandteile eines Service

Ein Service ist eine selbst-beschreibende und offene Softwarekomponente mit folgenden
Bestandteilen [L 07] [PG 03] [PTDL 07]:

1. *Service*: Der Service selbst muss einen Namen haben, und falls er unternehmensweit
   zugänglich sein soll, muss dieser Name eindeutig sein.
2. *Service Interfaces*: Über die Service-Schnittstelle bekommen die Anwendungskomponenten oder -logik Zugang oder Zugriff zu den Services. Ein und derselbe Service kann
   dabei verschiedene Schnittstellen aufweisen. Das Service Interface beschreibt die Signatur des Service (seine Eingabe, Ausgabe- und Fehlerparameter und Nachrichtentypen).
3. *Service Contract (Service Description)*: Er beschreibt die Semantik des Service, also
   die Fähigkeiten des Service (*Capability*) und sein Verhalten zur Laufzeit (*Behaviour*).
   Desweiteren enthält der Service Contract die *Quality of Service (QoS)*-Beschreibung.
   Sie enthält funktionale Attribute und nicht-funktionale Qualitäts-Attribute. Qualitäts-
   Attribute sind beispielsweise Fähigkeitsumfang und die jeweiligen Kosten des Service,
   Festlegung des Nachrichten-Protokolls und Austauschformats, Leistungsmaße des
   Service, wie z. B. die Antwortzeit, Sicherheitsattribute oder -richtlinien, Festlegung
   der Verschlüsselungs- und/oder Komprimierungsverfahren, transaktionale Integrität,
   Zuverlässigkeit, Skalierbarkeit und Verfügbarkeit. Eine algebraische Umsetzung des
   Verhaltens von Services beschreiben Meridith und Bjorg [MB 03].
4. *Service Implementation*: Die technische Realisierung und somit Implementierung des
   Service.

Abbildung 3.38 [L 07] zeigt die Bestandteile eines Service.

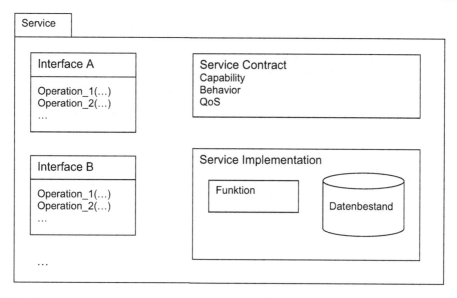

Abb. 3.38 Bestandteile eines Service

3.6.2   Eigenschaften eines Service

Die technischen Merkmale und Eigenschaften eines Service, teilweise im Vergleich zu Objekten und Komponenten [E 07] [M 08], sind Folgende:

- Objekte, Komponenten und Services besitzen eine *unterschiedliche Philosophie* und Ausgangsbasis [E 07]:
  - *Objekte*: Wiederverwendbarkeit und Wartbarkeit wird erreicht durch Kapselung der Daten und ihrer Funktionen darauf in einer Klasse. Änderungen der internen Details einer Klasse haben keine Auswirkung auf das Gesamtsystem. Die Zusammenarbeit der Objekte über Rechnergrenzen hinweg geschieht nach dem Client-Server-Prinzip und ist mit dem Request-Reply-Protokoll meist synchron. Zur Abbildung der entfernten Methodenaufrufe auf nachrichtenbasierte Abwicklung müssen vor der Laufzeit die entsprechenden Stubs auf der Clientseite und das Skeleton auf der Serverseite aus einer Interfacebeschreibung generiert werden. Für genauere Details siehe dazu auch Abschn. 3.2.
  - *Komponenten*: Die Idee der komponentenbasierten Entwicklung ist, die Anwendung aus vorgefertigten wiederverwendbaren Software-Komponenten zusammenzusetzen. Die Komponenten laufen dazu in einer betriebssystemunabhängigen Laufzeitumgebung, dem *Container*, ab und müssen vorher im Container installiert werden. Die rechnerübergreifende Kooperation und Kommunikation geschieht durch nachrichtenbasierte Kommunikation oder durch entfernte Methodenaufrufe mit Stubs und Skeleton.

– *Services*: Die logische Trennung von dem, was benötigt wird von dem Mechanismus, der das Benötigte bereitstellt, ist das Herzstück des Service-Modells. Ein Service Consumer ist nur an dem Ergebnis oder Resultat interessiert und nicht daran, wie das Ergebnis oder Resultat zustande kommt. Ein Service ist folgendermaßen definiert: Irgendeine Handlung oder Leistung, die eine Seite einer anderen anbieten kann. Die Handlung oder Leistung ist dabei im Wesentlichen immateriell und beruht nicht auf dem Besitz von irgendetwas.

- *Lose Koppelung*: Ein Service bietet jedem anderen über das Interface eine Handlung oder Leistung an. Der Service kann dabei mit anderen Services kooperieren (*Service Composition*). Das beim Client-Server-Konzept verwendete Request-Reply-Protokoll koppelt den Client eng an den Server. Der Client ist an den einen Server gebunden. Services arbeiten autonom, unabhängig und gleichberechtigt miteinander und minimieren die Abhängigkeiten untereinander. Die Koppelung und Kommunikation untereinander trifft nur wenige Annahmen über das Netzwerk oder basiert auf Nachrichtenaustausch, der meist asynchron abläuft.

  Der Vorteil der losen Koppelung erleichtert die Integration neuer Services, und Services können ohne großen Aufwand in einem anderen Kontext verwendet und aufgerufen werden. Lose Koppelung fördert die Unabhängigkeit und damit die Wartbarkeit und Austauschbarkeit von Komponenten einer Anwendungslandschaft.

- *Interaktionsmechanismen* [HHV 06]: Der Grad der Koppelung von Services (von eng nach lose) nimmt nachfolgend bei verschiedenen Interaktionsformen von oben nach unten ab:

  – *Prozesskommunikation auf einem Rechner*: Services rufen sich mit Prozess- bzw. Threadsynchronisations- und -kommunikationsverfahren synchron auf.

  – *Request-Reply synchron*: Services rufen sich synchron auf. Siewhe für die verschiedenen Verfahren die unter den in Abschn. 3.2, 3.3, 3.4 und 3.5 vorgestellten Verfahren.

  – *Nachrichten asynchron*: Services rufen sich asynchron durch Zusenden von Nachrichten auf. Realisierung des Nachrichtenaustausches geschieht dabei mit Message-orientierter Middleware (MOM). Siehe dazu auch Abschn. 3.1.2 Java Message Service (JMS).

  – *Publish/Subscribe (Pub/Sub)*: Die Kommunikation kann dabei mit dem Pub/Sub-Modell asynchron vonstatten gehen. Aufrufende Services und aufgerufene Services sind über einen Registrierungsmechanismus entkoppelt. Alle registrierten Services erhalten asynchron die Nachricht. Siehe zum Pub/Sub-Modell den Abschn. 3.1.2.

- *Services sind zustandslos*: Services sollten sich aus verschiedenen Ablaufkontexten heraus mehrfach und wiederholt aufrufen lassen. Dies bedingt, dass die Services keinen Zustand halten und sich auch keine Zustandsinformation beschaffen auf den dann die unterschiedlichen Aufrufe ausgehen können. Bei einer Zustandsspeicherung könnten die Services von einem Zustand ausgehen und bei jedem Aufruf anders verhalten und ein anderes Ergebnis zurückliefern. Die Serviceaufrufe sind also *idempotent*, und ein mehrmaliger Aufruf mit denselben Parametern hat denselben Effekt wie der einmalige.

- *Dynamische Komposition* [E 07]: Zum flexiblen Ändern oder Wechseln des Service-Providers erlauben die Services ein flexibles Binden und somit eine Auswahl des Service-Providers erst zur Laufzeit. Dies erlaubt auf der Serviceseite eine Änderungen der Fähigkeiten, des Verhaltens und der Quality of Service über die Zeit vorzunehmen. Im Gegensatz dazu ist bei komponentenbasierter Software schon vor der Laufzeit exakt festgelegt, welche Komponenten ein Aufrufer kontaktieren muss.
- *Lastverteilung*: Durch Mehrfachinstanzen desselben Services in einem System lässt sich die Last auf diese mehrfach vorhandenen Instanzen verteilen.

3.6.3   Servicekomposition, -management und -überwachung

Aus bestehenden Services oder Basisservices lassen sich neue und komplexe Services durch *Servicekomposition* zusammensetzen. Die Services [M 07] lassen sich dynamisch, zur Laufzeit, zu neuen semantischen Services zusammensetzen, oder statisch zusammensetzen, vor dem Ablauf, durch

- *Orchestrierung*. Die Orchestrierung schafft einen neuen Service dadurch, dass vorhandene Services durch einen zentralen Koordinator (orchestrator) gesteuert werden. Der Orchestrator nimmt die Aufrufe von außerhalb entgegen und verteilt die Aufgaben an die einzelnen Services.
- *Choreographie*. Choreographie besitzt keinen zentralen Koordinator. Es wird dabei die Kommunikation zwischen den einzelnen Services festgelegt und beschrieben. Der Gesamtservice resultiert aus einer Reihe von End-to-End-Interaktionen (P2P-Interaktionen) zwischen den (Sub-) Services.

Erhaltene Servicekompositionen können als Basisservices für weitere Servicekompositionen dienen oder können als Komplettlösung und -applikation den Service-Consumern angeboten werden. Liegt eine geschichtete Struktur des SOA-Systems vor, dann setzt sich typischerweise eine Servicekomposition aus Services der gleichen oder der direkt darunterliegenden Schicht zusammen.

Ein *Service Aggregator* führt die Aufgaben der Servicekompostion durch und wird damit zum Service Provider, indem er die Servicebeschreibung der neuen Servicekomposition beim Service Broker veröffentlicht. Der Aggregator

- legt die Aufrufreihenfolge (Koordinationsreihenfolge) (*Coordination*) der einzelnen Services in der Servicekomposition fest;
- stellt die Integrität der Servicekomposition (*Conformance*) her, indem er die Parametertypen der Servicekomposition mit den Parametertypen der einzelnen Services abgleicht und eingrenzt. Er verschmilzt möglicherweise die Daten und führt zur Erhaltung der Integrität der Daten-Transaktionen (*Transaction*) ein;

- evaluiert, aggregiert und bündelt die einzelnen Quality of Services und leitet daraus eine
  für die Komposition gemeinsame *Quality of Services* (*QoS*) ab.

Zum Überwachen und Management von kritischen Applikationen und der lose gekoppelten und verteilten SOA-Lösungen benötigt man eine weitere Schicht. Ein *Service
Operator* führt diese Aufgaben aus und wird damit wieder zum Service Provider, indem
er die Servicebeschreibung der Arbeiten, die er durchführt, beim Service Broker veröffentlicht. Der Operator

- führt Statistiken und macht eine Feinabstimmung über die durchgeführten Aktivitäten
  der Services (*Metrics*);
- überwacht die Zustände (Running, Suspended, Aborted oder Completed) einer jeden
  Instanz eines Services. Die Serviceinstanzen kann er suspendieren, die Arbeit wieder
  aufnehmen lassen oder terminieren (*State Management*);
- führt bei Ausfällen, Systemfehlverhalten oder geänderten Umgebungen, Reaktionen
  und Änderungen durch (*Change Management*);
- führt eine Kapazitätsplanung und Leistungsmessung durch und veranlasst Leistungs-
  verbesserungen (*Load Balancing*).

Die Arbeiten des Operators sollte dieser autonom und selbstständig durchführen und
sie sollten die Selbst-Eigenschaften besitzen. Die Selbst-Eigenschaften des Operators sind
zukünftiger Forschungsschwerpunkte. Diese umfassen [PTDL 07]

- die *Selbst-Konfiguration*, welche für unterschiedliche Umgebungen und für den speziellen Einsatz das SOA-System automatisch konfiguriert und anpasst;
- die *Selbst-Anpassung*, welche dynamisch sich selbst an geänderte Umgebungen und
  Märkte anpasst;
- die *Selbst-Heilung*, die bei Fehler, Selbstzerstörung und Ausfällen den laufenden Betrieb
  weiter aufrecht erhält;
- die *Selbst-Optimierung*, welche die Ressourcen überwacht und automatisch das SOA-
  System an Endbenutzer- oder Geschäftsbedürfnisse abstimmt und darauf hin optimiert;
- den *Selbst-Schutz*, der verhindert, entdeckt, identifiziert und schützt vor Eindringlingen
  und Angriffen.

Zusammenfassend zeigt die nachfolgende SOA-Pyramide [PTDL 07], [PG 03] (Abb.
3.39) die erweiterte Service-orientierte Architektur: Die drei Serviceschichten, ihre Funktionalitäten und Rollen.

Web Services sind zurzeit die Erfolg versprechende Service Oriented Computing (SOC)-
Technologie. Web-Services benutzten das Internet als Kommunikationsmedium mit dem
auf HTTP aufsitzenden *Simple Object Access Protocol* (*SOAP*) zur Übertragung von XML-
Daten und der *Web Services Description Language* (*WSDL*) zur Festlegung der Services. Die
Universal Description, Discovery and Integration (*UDDI*) realisiert den Service Broker. Zur

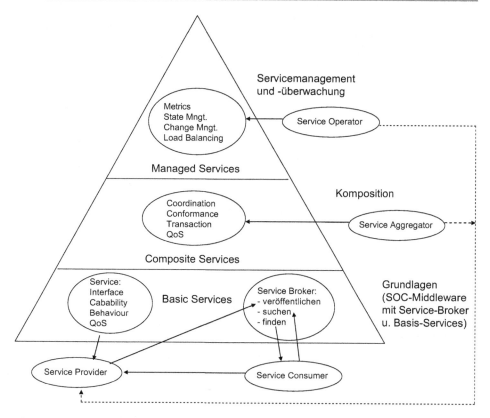

Abb. 3.39 SOA-Pyramide

Orchestrierung von Services steht die *Business Process Execution Language for Web Services* (*BPEL4WS*) [BPEL 07] zur Verfügung. Die Sprache *Web Services Choreography Description Language* (*WS-CDL*) [WSC 05] dient zur Choreographie von Services. Die Web-Service-Technologie ist in Abschn. 3.4.4 beschrieben.

3.6.4   Enterprise Service Bus (ESB)

Zum Verbinden von diversen Applikationen und Technologien mit Service-orientierter Architektur benötigt man einen einheitlichen Aufrufmechanismus von Services, der die diversen Anwendungsbausteine plattformunabhängig miteinander verbindet und alle technischen Details der Kommunikation verbirgt. Solch ein auf offenen Standard basierenden Nachrichtenbus ist der *Enterprise Service Bus* (*ESB*) [C 04]. Abbildung 3.40 zeigt die Komponenten des ESB. Der ESB selbst unterstützt Services, einen Service Broker, Nachrichtenaustausch, ereignisbasierte Interaktionen mit den dazugehörigen Serviceebenen und Management-Werkzeugen. Vereinfachend ist der ESB eine Integrationsbasis von einer Viel-

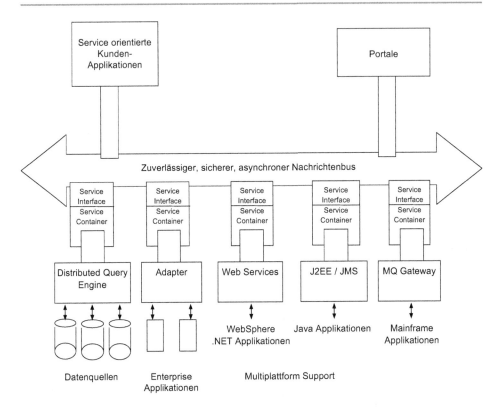

Abb. 3.40 Enterprise Service Bus

zahl von verschiednen Technologien und somit in dieser Technologie implementierten Applikationen, wie

- Daten-Services, wie der Distributed Query Engine basierend auf XQuery oder der Abfragesprache Structured Query Langugage (SQL),
- Enterprise-Applikationen mit den dazugehörigen Enterprise Adapters,
- Web-Services-Applikationen implementiert mit WebSphere oder als .NET-Applikation,
- Java- oder J2EE-Applikationen, welche den Java Message Service (JMS) zur Kommunikation benutzen,
- Mainframe-Applikation mit dem MQ Gateway.

Der ESB basiert, wie die Komponententechnologie, auf dem Container-Modell, hier übertragen auf Services. Der Container stellt die Laufzeitumgebung für die Services-Funktionalitäten und nicht funktionalen Eigenschaften dem externen Benutzer zur Verfügung.

Mit den oben vorgestellten verschiedenen Technologien lassen sich dann folgende Applikation aufbauen:

- Service-orientierte Kunden-Applikationen mit Orchestrierung als Servicekomposition.
- Portale, welche die Verknüpfung und den Datenaustausch zwischen heterogenen Anwendungen über ein Portal vornehmen. Ein Portal stellt Funktionen zur Personalisierung, Sicherheit, Navigation und Benutzerverwaltung bereit und dient zur Suche und Präsentation von Informationen.

Literatur

[ACK 03] Alonso G.; Casati F.; Kuno H.; Machiraju V.: Web Services. Springer-Verlag 2003.

[Bo 96] Bonner P.: Network Programming with Windows Sockets. Prentice-Hall Inc. 1996.

[C 04] Chappell D.: Enterprise Service Bus. O' Reilly Media, 2004.

[CJ 03] Chappel D.A; Jewell T.: Java Web Services. O'Reilly Associates 2003.

[C 91] Corbin J. R.: The Art of Distributed Applications, Programming Techniques for Remote Procedure Calls. Springer Verlag 1991.

[D 01] Dehnhardt W.: Scriptsprachen für dynamische Webauftritte. Carl Hanser Verlag 2001.

[DP 00] Denninger S.; Peters I.: Enterprise Java Beans. Addison-Wesley Verlag 2000.

[EF 03] Eberhardt A.; Fischer S.: Web Services. Carl Hanser Verlag 2003.

[EE 98] Eddon G.; Eddon H.: Inside Distributed COM. Microsoft Press 1998.

[E 07] Elfatatry A.: Dealing with Change: Components versus Services. Communications of the ACM, Vol. 50, No. 8, August 2007.

[F 98] Farley J.: Java Distributed Computing. O'Reilly Associates 1998.

[G 97] Grimes R.: DCOM Programming. Wrox Press Ltd. 1997.

[G 98] Gutfleisch R.: Implementierung und Validierung von Netobjects; Konzeption einer Netzwerkschnittstelle für verteilte Anwendungen. Diplomarbeit an der Fachhochschule Mannheim 1998.

[H 97] Harold E.R.: Java Network Programming. O'Reilly & Associates Inc. 1997.

[HHV 06] Hess A., Humm B., Voß M.: Regeln für serviceorientierte Architekturen hoher Qualität. Informatik Spektrum, Band 29, Heft 6, Dezember 2006.

[HC 98] Hunter J.; Crawford W.: Java Servlet Programming. O'Reilly & Associates, Inc. 1998.

[BPEL 07] IBM: Business Process Execution Language for Web Services version 1.1. http://www.ibm.com/developerworks/library/specification/ws-bpel/,

[J 99] Jobst F.: Programmieren in Java, 2., aktualisierte und erweiterte Auflage. Carl Hanser Verlag 1999.

[K 98] Koch S.: JavaScript, Einführung, Programmierung und Referenz. Dpunkt.verlag 1998.

[La 98] Lamprecht S.: HTML 4.0 für Profis. Carl Hanser Verlag 1998.

[L 07] Liebhart D.: SOA goes real. Service-orientierte Architekturen erfolgreich planen und einführen. Carl Hanser Verlag 2007.

[M 07] Masak D.: SOA? Serviceorientierung in Business und Software. Springer Verlag 2007.

[M 08] Mathas C.: SOA intern. Praxiswissen zu serviceorientierten IT-Systemen. Carl Hanser Verlag 2008.

[MP 98] Maurer R.; Paukstadt O.: HTML und CGI Programmierung. Dpunkt.Verlag 1998.

[MB 03] Meredith L.G., Bjorg S.: Contracts and Types. Commmunicatons of the ACM, Vol. 46, No. 10, Oct. 2003.

[MC 01] Monson-Haefel R.; Chappell D.A.: Java Message Service. O'Reilly & Associates Inc. 2001.

[MCa 01] Monson-Haefel R., Chappel D.A.: Enterprise JavaBeans. 3rd Edition. O'Reilly & Associates Inc. 2001.

[MR 97] Mowbray T.J.; Ruh W.A.: Inside CORBA, Distributed Object Standards and Applications. Addison Wesley Longman, Inc 1997.

[MN 98] Münz S.; Nefzger W.: HTML 4.0 Handbuch. Franzis Verlag 1998.

[OW 99] Oaks S.; Wong H.: Java Threads, Second Edition. O'Reilly Associates Inc. 1999.

[O 95] Object Management Group: Common Object Request Broker Architecture and Specification (CORBA), Revision 2, John Wiley & Sons Inc. 1995.

[OH 98] Orfali R.; Harkey D.: Client/Server Programming with JAVA and CORBA, Second Edition. John Wiley & Sons, Inc. 1998.

[P 93] Padovano M.: Networking Applications on Unix System V Release 4. Prentice-Hall Inc. 1993.

[PG 03] Papazoglou M. P., Georgakopoulus D.: Service-Oriented Computing. Communications of the ACM, Vol. 46, No. 10, Oct. 2003.

[PTDL 07] Papazoglou M.P. Traverso P. Dustdar S. Leymann F.: Service-Oriented Computing: State of the Art and Research Challenges. IEEE Computer Vol. 40, No. 11, Nov. 2007.

[P 95] Peterson M.T.: DCE, A Guide to Developing portable Applications. McGraw-Hill Inc. 1995.

[PP 99] Pew J.; Pew S.G.: Instant Java (3 rd ed.). Prentice Hall 1999.

[SS 02] Schäffler S.; Schilder W.; et al: Enterprise Java mit IBM WebSphere. Addison-Wesley 2002.

[S 92] Stevens W.R.: Programmieren von Unix-Netzen. Coedition Carl Hanser Verlag, Prentice Hall International Inc. 1992.

[S 03] Sun Microsystems: Enterprise JavaBeans Specification Version 2.1, Proposed Final Draft 2, 2003. http://www.java.sun.com/products/ejb.

[T 99] Turau V.: Techniken zur Realisierung Web-basierter Anwendungen. Informatik Spektrum, Band 22, Heft 1, Febr. 1999.

[V 99] Valesky T.: Enterprise JavaBeans. Developing Component-Based Distributed Applications. Addison Wesley Longman Inc. 1999.

[WSC 05] W3C: Web Services Choreography Description Language Version 1.0. http://www.w3.org/TR/ws-cdl-10/, 2005.

[W 98] Weber M.: Verteilte Systeme. Spektrum Akademischer Verlag 1998.

Fundamentale verteilte Algorithmen

4

Ein Verteiltes System unterscheidet sich von einem zentralisierten (Einprozessor-) System in den nachfolgend diskutierten drei Punkten:

1. Das Nichtvorhandensein eines globalen Zustandes
   Bei einem zentralisierten Algorithmus werden Entscheidungen getroffen, die auf der bisherigen Beobachtung des Zustandes des Systems basieren. Nicht der komplette Zustand der Maschine wird in einer Maschinenoperation herangezogen, sondern die Variablen werden nacheinander betrachtet. Nachdem alle relevante Information vorliegt, wird eine Entscheidung gefällt. Zwischen der Inspektion und der Entscheidung werden keine Daten modifiziert, was die Integrität der Entscheidung garantiert.
   Knoten in einem verteilten System haben nur Zugriff auf ihren eigenen Zustand und nicht auf den globalen Zustand des Gesamtsystems. Demzufolge ist es nicht möglich, eine Entscheidung zu treffen, die auf dem globalen Zustand des Gesamtsystems basiert. Man könnte nun davon ausgehen, dass ein Knoten Information über den Zustand der anderen Knoten einholt und dann eine Entscheidung darauf basierend gefällt wird. Im Gegensatz zu zentralisierten Systemen kann sich jedoch bei einem verteilten System der Zustand der anderen Maschinen geändert haben vor dem Eintreffen der Rückantworten von den anderen Maschinen. Die Konsequenz daraus ist, dass die gefällte Entscheidung auf alten und somit ungültigen Daten beruht.
   Eine nachfolgende anschauliche Überlegung zeigt und erläutert an Abb. 4.1, dass ein globaler Zustand bei einem verteilten System nicht erreichbar ist.
   Nehmen Sie an, x sei eine Variable, die auf einer Maschine B vorliegt. Ein Prozess auf Maschine A liest x zum Zeitpunkt T_1. Dazu sendet Maschine A eine Anforderungsnachricht für x zu Maschine B. Kurze Zeit später zum Zeitpunkt T_2 schreibt ein Prozess auf Maschine B in die Variable x. Die Herstellung eines globalen Zustandes erfordert nun, dass das Lesen auf der Maschine A den alten Wert von x liest, unabhängig davon, wie weit die Maschinen A und B örtlich auseinander liegen und wie eng T_2 und T_1 zeitlich zusammen liegen.

G. Bengel, *Grundkurs Verteilte Systeme*, DOI 10.1007/978-3-8348-2150-8_4,
© Springer Fachmedien Wiesbaden 2014

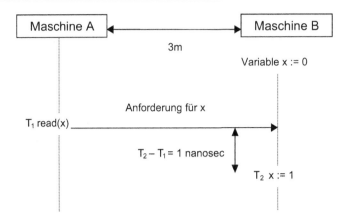

Abb. 4.1 Überlegungen, zur Nichterreichung eines globalen Systemzustandes

Nehmen wir nun folgende Werte an: $T_2 - T_1$ sei eine Nanosekunde (10^{-9} sec) und die Maschinen stehen 3 m entfernt voneinander; die Lichtgeschwindigkeit ist 3×10^8 m/sec. Damit nun die Anforderung für x von der Maschine A vor dem Setzen der Variablen x auf 1 bei der Maschine B ankommt (in der Zeit $T_2 - T_1 = 10^{-9}$ sec), benötigt man eine Signalgeschwindigkeit von 3×10^9 m/sec. Dies entspricht der zehnfachen Lichtgeschwindigkeit und ist nach Einsteins Relativitätstheorie unmöglich.

2. Das Nichtvorhandensein eines globalen Zeitrahmens

   Die Ereignisse, welche mit der Ausführung eines zentralisierten Algorithmus assoziiert sind, sind total geordnet durch ihre zeitliche Reihenfolge; für jedes Paar von Ereignissen gilt: Ein Ereignis ist früher oder später als ein anderes Ereignis. Die Zeitrelation der Ereignisse eines verteilten Algorithmus sind nicht total; für Ereignisse auf der gleichen Maschine kann entschieden werden, dass ein Ereignis vor einem anderen liegt. Bei Ereignissen auf zwei verschiedenen Maschinen, die nicht in einer Ursache-Wirkungsrelation zueinander stehen, kann nicht entschieden werden, ob ein Ereignis vor einem anderen eintrat. Diese Ereignisse lassen sich auch nicht in eine Ursache-Wirkungsrelation bringen durch ein Senden und Empfangen von Nachrichten, wo die Wirkung des Empfangens der Nachricht der Ursache des Sendens der Nachricht vorausgeht. Dann könnte die Ausführung wieder als eine Folge von globalen Zuständen betrachtet werden, und es läge die unter 1. beschriebene Problemstellung für die Plausibilitätsbetrachtung vor.

3. Das nicht deterministische Verhalten

   Bei einem zentralisierten System ist die Berechnung basierend auf Eingabewerten eindeutig; bei einem gegebenen Programm und einer Eingabe ist nur eine Berechnung möglich. Im Gegensatz dazu ist bei einem verteilten System, mit Ausnahme von Synchronisationsoperationen, die globale Reihenfolge der Ereignisse nicht deterministisch. Jeder Programmlauf hat die Möglichkeit, eine andere Reihenfolge der Ereignisse zu liefern als seine Vorgänger und Nachfolger. Dennoch muss jeder korrekte Programmlauf das gleiche Ergebnis liefern.

Betrachten Sie dazu die Situation, in der ein Server-Prozess viele Anfragen von einer unbekannten Anzahl von Clients erhält. Der Server kann die Bearbeitung der Anfragen nicht aussetzen, bis alle Anfragen eingetroffen sind, und sie dann in einer bestimmten Reihenfolge bearbeiten, da für ihn unbekannt ist, wie viel Anfragen er bekommt. Die Konsequenz daraus ist, er muss jede Anfrage sofort bearbeiten und die Reihenfolge, in der er sie bearbeitet, ist die Reihenfolge, in der die Anfragen eintreffen. Die Reihenfolge, in welcher die Clients ihre Abfragen senden, sei bekannt, da jedoch die Übertragungszeiten unterschiedlich sind, können die Abfragen in einer anderen Reihenfolge eintreffen.

Diese Unüberschaubarkeiten führen bei der Programmierung von verteilten Systemen zu fehlerhaften Anwendungen der Kommunikationsdienste. Hierunter fallen neben fehlerhaftem Inhalt der transformierten Information vor allem das Vergessen nötiger Synchronisationspunkte oder eine Anwendung der falschen Reihenfolge derselben. Zur Entdeckung derselben ist ein Monitorsystem nützlich, das die zeitliche Reihenfolge der Aktionen oder Ereignisse widerspiegelt.

4.1 Logische Ordnung von Ereignissen

4.1.1 Lamport-Zeit

Für viele Zwecke ist es ausreichend, dass alle Maschinen sich auf eine gemeinsame Zeit einigen, wobei diese Zeit nicht mit der realen Zeit übereinstimmen muss. Das heisst. die Zeit auf allen Maschinen ist intern konsistent und braucht nicht mit der externen realen Zeit übereinzustimmen. In diesem Fall sprechen wir von logischen Uhren (*logical clocks*). Wird neben der Konsistenz der internen Uhren zusätzlich noch gefordert, dass sich die Uhren nur um eine gewisse kleine Zeitdifferenz von der realen Uhrzeit unterscheiden, so sprechen wir von physikalischen Uhren (*physical clocks*).

Zur logischen Uhrensynchronisation brauchen sich nicht alle Prozesse auf eine gemeinsame feste Zeit zu einigen, sondern es reicht die Bestimmung, in welcher zeitlichen Relation zwei Ereignisse miteinander stehen. Bei zwei Ereignissen a und b muss also bestimmt werden, liegt Ereignis a zeitlich vor Ereignis b oder umgekehrt. Dazu definieren wir eine Relation →, genannt liegt-vor (*happens before*). Der Ausdruck a → b bedeutet, dass alle Prozesse übereinstimmen, dass erst Ereignis a, dann das Ereignis b auftritt. Die liegt-vor-Relation kann in folgenden beiden Situationen beobachtet werden:

1. Sind a und b Ereignisse des gleichen Prozesses und a tritt vor b auf, dann gilt die Relation a → b.

2. Ist a das Ereignis des Sendens einer Botschaft von einem Prozess und b das Ereignis des Empfangens der Botschaft von einem anderen Prozess, so gilt a → b. Eine Nachricht kann nicht empfangen werden, bevor sie abgeschickt wurde oder kann nicht zur gleichen Zeit empfangen werden, zu der sie abgeschickt wurde, da sie eine endliche Zeit braucht, bis sie ankommt.

Liegt-vor ist eine transitive Relation; aus a → b und b → c folgt a → c. Da ein Ereignis nicht vor sich selbst liegen kann, hat die Relation → eine irreflexive, partielle Ordnung.

Falls zwei Ereignisse a und b in verschiedenen Prozessen liegen und kein Nachrichtenaustausch vorliegt (sogar indirekt über einen dritten Prozess), dann stehen a und b nicht miteinander in der liegt-vor-Relation (es gilt weder a → b noch b → a). Man sagt, diese Ereignisse sind **konkurrent,** was bedeutet, dass nichts ausgesagt werden kann, aber auch nichts ausgesagt werden muss, wann die Ereignisse aufgetreten sind und welches Ereignis zuerst aufgetreten ist.

Um zu bestimmen, ob ein Ereignis a vor einem Ereignis b liegt, brauchen wir keine gemeinsame Uhr oder eine Menge von perfekt synchronisierten Uhren. Die Bestimmung der liegt-vor- Relation kann folgendermaßen ohne eine physikalische Uhr vorgenommen werden:

Mit jedem Ereignis a assoziieren wir einen *Zeitstempel* oder *Zeitwert* $C(a)$. Für jedes Paar von Ereignissen a und b, für das a → b gilt, muss der Zeitstempel von a kleiner sein als der Zeitstempel von b ($C(a) < C(b)$). Sind also a und b Ereignisse des gleichen Prozesses und a liegt vor b, so muss $C(a) < C(b)$ sein. Falls a das Senden einer Nachricht ist und b das Empfangen einer Nachricht durch einen anderen Prozess, so muss gelten $C(a) < C(b)$. Zusätzlich gilt, der Zeitstempel C muss immer anwachsen und kann nicht dekrementiert werden. Zeitkorrekturen können nur durch Addition von positiven Werten vorgenommen werden und nicht durch Subtraktion.

Um nun den einzelnen Ereignissen Zeiten zuzuordnen, ordnen wir jedem Prozess P_i eine *logische Uhr* C_i zu. Die logische Uhr kann als einfacher Zähler implementiert werden, der bei jedem Ereignis in Prozess P_i um eins inkrementiert wird. Da die logische Uhr monoton ansteigende Werte erhält, wird jedem Ereignis in Prozess P_i eine eindeutige Zahl zugeordnet.

Liegt Ereignis a vor Ereignis b, so gilt $C_i(a) < C_i(b)$.

Der Zeitstempel C für ein Ereignis ist dann der Wert der logischen Uhr C_i. Die Ereignisse innerhalb eines Prozesses P_i besitzen damit eine *globale Ordnung*.

Die globale Ordnung gilt jedoch noch nicht für mehrere Prozesse. Um das zu zeigen, betrachten wir zwei Prozesse P_1 und P_2, die miteinander kommunizieren. Nehmen wir an, P_1 sendet eine Nachricht an P_2 (Ereignis a) zur Zeit $C_1(a) = 200$. P_2 erhält die Nachricht (Ereignis b) zur Zeit $C_2(b) = 195$. Diese Situation verletzt unsere Bedingung, dass bei a → b der Zeitstempel von a kleiner sein muss als der Zeitstempel von b.

Zur Einhaltung der kleiner-Relation zwischen zwei Zeitstempeln, stellen wir die logische Uhr des empfangenen Prozesses vor, wenn der Zeitstempel der Nachricht größer ist als der Zeitstempel des Prozesses. Erhält ein Prozess P_i eine Nachricht (Ereignis b) mit

Abb. 4.2 Ereignisse mit Zeitstempel

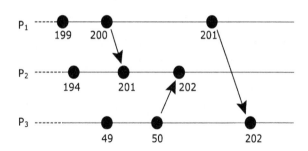

Zeitstempel t und es gilt

$$C_i(b) < t \, ,$$

so stellen wir die Uhr des Prozesses P_i vor, so dass

$$C_i(b) = t + 1 \, .$$

In unserem obigen Beispiel in Abb. 3.2 wird also beim Empfang der Nachricht von Prozess P_1 (Ereignis b) die Uhr C_2 des Prozesses P_2 vorgestellt auf

$$C_2(b) = 200 + 1 = 201 \, .$$

Um die partielle Ordnung der Ereignisse ($\rightarrow$) auf eine totale Ordnung zu erweitern, können wir eine totale Ordnung $\rightarrow$ folgendermaßen definieren:
Ist a ein Ereignis in Prozess P_i und b ein Ereignis in Prozess P_j, dann gilt a $\rightarrow$ b wenn

(i) $C_i(a) < C_j(b)$ oder

(ii) $C_i(a) = C_j(b)$ und $P_i < P_j$.

Die Umkehrung gilt nicht (siehe nachfolgenden Abschn. 4.1.2). Dies ist bedingt durch die Bedingung (ii). Die Bedingung (ii) behandelt dabei den Fall, dass die Zeitstempel von zwei Ereignissen a und b gleich sind, d. h. die beiden Ereignisse sind konkurrent. In diesem Fall benutzen wir die Identifikationsnummer der Prozesse, um eine totale Ordnung festzulegen.

Durch dieses Verfahren haben wir allen Ereignissen in einem verteilten System eine Zeit zugeordnet, welche die folgenden Bedingungen erfüllt:

1. Liegt ein Ereignis a vor einem Ereignis b im gleichen Prozess, so gilt $C(a) < C(b)$.
2. Ist a das Ereignis des Sendens einer Nachricht und b das Ereignis des Empfangens einer Nachricht, so gilt $C(a) < C(b)$.

3. Für alle Ereignisse a und b gilt $C(a) \neq C(b)$.

Dieser Algorithmus stammt von Lamport [L 78] und liefert eine totale Ordnung aller Ereignisse eines verteilten Systems.

Einsatz findet der Lamport-Algorithmus bei der Generierung von Zeitstempeln und falls die Zeitstempel eindeutig sein müssen. Damit bildet dieser Algorithmus die Basis für ein Monitor- und Debuggingsystem für verteilte Systeme. Weiterhin findet der Algorithmus seinen Einsatz bei der Lösung des Konkurrenzproblems bei Transaktionen (siehe Abschn. 5.3) und bei einem verteilten Algorithmus für den wechselseitigen Ausschluss (siehe Abschn. 5.4.2).

4.1.2   Vektoruhren

Die *Lamport-Zeit* hat einen gravierenden Nachteil, nämlich die Tatsache, dass aus $C(a) < C(b)$ nicht auf $a \rightarrow b$ geschlossen werden kann [PF 06]. Dies liegt an den konkurrenten Ereignissen, die beide den gleichen Zeistempel besitzen und bei der Totalordnung über den Index des Prozesses gegangen wird.

Zur Umgehung dieses Nachteils hat Mattern [M 89] die *Vektoruhren* entwickelt. Dabei besitzt jeder Prozess P_i eine einfache lokale Uhr C_i. Ein idealisierter externer Beobachter, der Zugriff hat auf alle lokalen Uhren, weiß damit die lokale Zeit von allen Prozessen. Diese Zeiten für alle Prozesse lassen sich zu einem Vektor mit der lokalen Zeit für jeden Prozess zu einer sogenannten Vektoruhr V zusammenfassen. Die Vektoruhren der Prozesse repräsentieren somit die lokale Zeit des Prozesses und eine Abschätzung der lokalen Zeiten der anderen Prozesse. Bei n Prozessen gelten für die Vektoruhren die folgende Regeln:

1. Jedes Ereignis von P_i dekrementiert die lokale Uhr C_i um eins und damit das i-te Element des Vektors V_i ($V_i[i]$):

$$
V_i = \begin{pmatrix} V_i[1] \\ \vdots \\ V_i[i-1] \\ V_i[i]+1 \\ V_i[i+1] \\ \vdots \\ V_i[n] \end{pmatrix}
$$

2. Sendet ein Prozess P_i eine Nachricht an den Prozess P_j, so inkrementiert P_i seine lokale Uhr C_i ($V_i[i]+1$). Er sendet dann die Nachricht und zusätzlich den Stand seiner lokalen Uhren $V_i[1]$ bis $V_i[n]$. Empfängt P_j die Nachricht, so setzt er seine Uhr V_j auf folgende

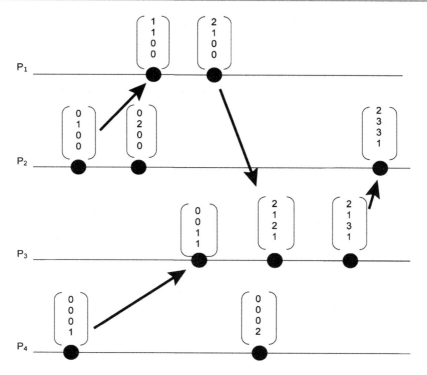

Abb. 4.3 Fortschalten der Vektoruhren

Werte:

$$V_i = \begin{pmatrix} \max(V_j[1], V_i[1]) \\ \vdots \\ \max(V_j[j-1], V_i[j-1]) \\ \max(V_j[j+1], V_i[j+1]) \\ V_i[i+1] \\ \vdots \\ \max(V_j[n], V_i[n]) \end{pmatrix}$$

Abbildung 4.3 erläutert an einem Beispiel das Fortschalten der Uhren.

Wie beim Lamport-Algorithmus kann nun eine Ordnung der Ereignisse durch die Vektoruhren angegeben werden. Dazu vergleicht man die Zeitstempel der Vektoruhren miteinander:

1. $V_1 = V_2 \Leftrightarrow V_1[i] = V_2[i], \forall\, i = 1, \ldots, n$
2. $V_1 \leq V_2 \Leftrightarrow V_1[i] \leq V_2[i], \forall\, i = 1, \ldots, n$
3. $V_1 < V_2 \Leftrightarrow V_1 \leq V_2 \wedge V_1 \neq V_2$

Für zwei Ereignisse a und b gilt bei Vektoruhren das gleiche wie bei Lamportuhren:

1. $a \rightarrow b \Rightarrow V(a) < V(b)$
2. $\neg\,(V(a) < V(b)) \wedge \neg\,(V(b) < V(a)) \Rightarrow$ a und b sind konkurrent.

   Im Gegensatz zu Lamportuhren gilt aber für Vektoruhren auch die folgende Implikation:
3. $V(a) < V(b) \Rightarrow a \rightarrow b$

Die Realisierung der Vektoruhren benötigen mehr Speicher- und verursachen mehr Netzlast als die Lamportuhren. Im Gegensatz zu den Lamportuhren lassen sich mit Vektoruhren von zwei Ereignissen feststellen, ob diese gleichzeitig und somit parallel aufgetreten sind. Für Monitor- und Debugsysteme sind sie somit besser einsetzbar.

4.2 Auswahlalgorithmen

Viele verteilte Algorithmen sind so angelegt, dass ein zentraler Server (-prozess) vorhanden ist und die restlichen Prozesse nur Clients von diesem Server sind. Fällt dann dieser zentrale Server aus, so ist das System lahm gelegt. Deshalb repliziert man gerne den Server, so dass bei Ausfall des Servers ein anderer Server dessen Funktion übernehmen kann. Dazu muss jedoch der Ausfall erkannt werden, und es muss aus den Replikaten ein neuer Server bestimmt werden. Deshalb benötigen wir Verfahren, die bei Ausfall eines zentralen Servers einen neuen Server bestimmen. Voraussetzung hierfür ist, dass auf n Rechnern eine Kopie des Server-Algorithmus läuft. Von den n Prozessen ist jedoch nur ein Prozess tätig, der so genannte Master; alle restlichen Prozesse dienen als Reserve und leiten die Nachrichten an den Master weiter. Der Ausfall des Masters wird durch Timeout-Kontrolle von den untergeordneten Prozessen bemerkt. Verfahren, die dann einen neuen Master bestimmen oder wählen, heißen *Auswahlalgorithmen*, da nach der Wahl alle Prozesse übereinstimmen, wer der neue Master ist.

Bully-Algorithmus Ein verteilter Auswahlalgorithmus, der so genannte Bully-Algorithmus [G 82], wählt von n Prozessen $P_1, P_2, \ldots, P_n$, stets denjenigen Prozess mit dem höchsten Index als Master aus, d. h. der Master ist

$$P_m \text{ mit } m = \max\{i \mid 1 \le i \le n\,, P_i \text{ ist aktiv}\}\,.$$

Der Index bestimmt damit den bulligsten Prozess.

Bemerkt ein Prozess P_i, dass der Master ausgefallen ist, dann wird eine Wahl und somit der Bully-Algorithmus gestartet:

1. P_i schickt eine Wahlnachricht an alle P_j mit $j > i$ und wartet ein Zeitintervall T auf eine Antwort. Die Wahlnachricht wird auch an den alten Master geschickt, um ausgefallene Prozesse von überlasteten Prozessen zu unterscheiden.

2. Erhält ein Prozess P_j eine Wahlnachricht von P_i, wobei $j > i$ ist, schickt er eine Rückantwort an P_i, um P_i zu beruhigen und startet seinen eigenen Auswahlalgorithmus (Schritt 1).

3a. Erhält P_i innerhalb des Zeitintervalls T keine Rückantwort, so bestimmt sich P_i zum neuen Master und setzt davon alle Prozesse P_j, $j < i$, in Kenntnis, d. h. er sendet ihnen eine Koordinatornachricht. Damit wird sichergestellt, dass immer derjenige Prozess mit dem größten Index Master wird. Der stärkste, bulligste Prozess gewinnt, daher der Name Bully-Algorithmus.

3b. Erhält Prozess P_i mindestens eine Rückantwort innerhalb von T, so wartet er ein weiteres Zeitintervall T' auf die Bestätigung, dass ein Prozess P_j, $j > i$ neuer Master ist. Ist innerhalb von T' ein neuer Koordinator gefunden, dann ist die Auswahl beendet. Trifft innerhalb von T' keine Rückantwort ein, so wird wieder mit dem Auswahlalgorithmus bei Schritt 1 begonnen.

Wird ein ausgefallener Prozess, welcher vor dem Ausfall der Master war, wieder gestartet, so hält er eine Wahl ab und sendet dann an alle Prozesse eine Koordinatornachricht. Er wird wieder zum Master, falls er die höchste Nummer von allen zu diesem Zeitpunkt ausgeführten Prozessen besitzt.

Abbildung 4.4 zeigt die Arbeitsweise des Bully-Algorithmus an sieben Prozessen, die von eins bis sieben durchnummeriert sind. Zuerst ist Prozess sieben der Koordinator, der gerade ausgefallen ist. Dieser Ausfall wird als erstes von Prozess vier bemerkt, der daraufhin den Auswahlalgorithmus startet.

Der Bully-Algorithmus erhöht zwar die Fehlertoleranz des zentralen Ansatzes, jedoch muss dieser Vorteil mit einem hohen Kommunikationsaufwand bezahlt werden. Bei n Prozessen liegt der Kommunikationsaufwand im schlechtesten Falle bei $O(n^2)$. Dieser Aufwand berechnet sich wie folgt:

Die größtmögliche Anzahl von Nachrichten wird verschickt, wenn Prozess P_n ausfällt und dies von Prozess P_1 bemerkt wird. In diesem Fall verschickt P_1 an die Prozesse P_2, P_3, .. P_n eine Wahlnachricht, also insgesamt n – 1 Stück. Dadurch startet jeder der Prozesse P_2, P_3, .. P_{n-1} erneut den Auswahlalgorithmus, und jeder Prozess P_i versendet (n – i) Auswahlnachrichten. Die Summe der Auswahlnachrichten ergibt somit:

$$\sum_{i=1}^{n-1} n - i \, .$$

Nach Empfang der Auswahlnachricht versendet jeder Prozess P_i noch (i – 1) Rückantworten: Die Summe der Rückantworten ergibt somit:

$$\sum_{i=1}^{n-1} i - 1 \, .$$

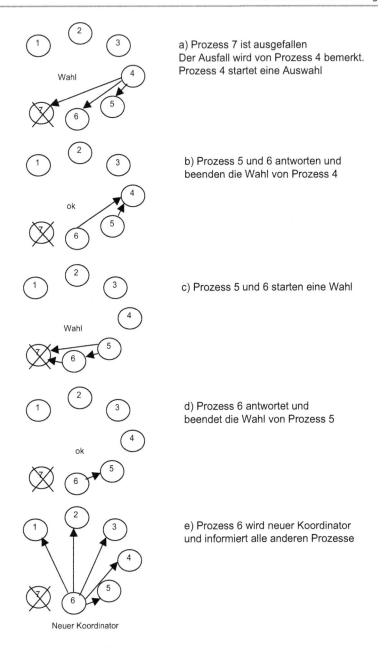

a) Prozess 7 ist ausgefallen
Der Ausfall wird von Prozess 4 bemerkt.
Prozess 4 startet eine Auswahl

b) Prozess 5 und 6 antworten und
beenden die Wahl von Prozess 4

c) Prozess 5 und 6 starten eine Wahl

d) Prozess 6 antwortet und
beendet die Wahl von Prozess 5

e) Prozess 6 wird neuer Koordinator
und informiert alle anderen Prozesse

Abb. 4.4 Arbeitsweise des Bully-Algorithmus

Die Summe der Auswahlnachrichten und Rückantworten ergibt somit:

$$\sum_{i=1}^{n-1} n - i + \sum_{i=1}^{n-1} i - 1 = \sum_{i=1}^{n-1} n - 1 = (n-1)^2 .$$

Der neue Koordinator P_{n-1} verschickt zusätzlich noch Benachrichtigungen, dass er der neue Koordinator ist, an die Prozesse $P_1, P_2, \ldots P_{n-2}$, insgesamt also $n - 2$ Nachrichten. Die Gesamtanzahl der Nachrichten ergibt sich zu:

$$(n-1)^2 + (n-2) = n^2 - n - 1 = O(n^2) .$$

Dieser hohe Nachrichtenaufwand für den Bully-Algorithmus ist nur vertretbar unter der Voraussetzung, dass der Algorithmus nur in seltenen Fehlerfällen aufgerufen wird.

Ring-Algorithmus Der folgende Auswahlalgorithmus basiert auf einem logischen Ring von zusammengeschlossenen Prozesse. Der Ring der Prozesse ist in eine Richtung ausgelegt; die Nachrichten des Auswahlalgorithmus werden immer nur in eine Richtung gesendet. Jeder Prozess im Ring kennt seine möglichen Nachfolger, an den er eine Nachricht schicken muss. Ist der Nachfolgeprozess ausgefallen, kann der Sender übergehen zu dessen Nachfolger und falls dieser ausgefallen ist, auf dessen Nachfolger, und so weiter, bis er einen nicht ausgefallenen Nachfolger vorfindet.

Bemerkt ein Prozess P_i, dass der Master ausgefallen ist, dann startet er die Wahl:

1. Prozess P_i legt eine Aktivenliste an und trägt sich selbst als aktiver Prozess mit seinem Index in diese Liste ein. Er sendet anschließend die Liste der aktiven Prozesse an seinen Nachfolger.
2. Erhält ein Prozess P_j von seinem Vorgänger die Aktivenliste, so sind zwei Fälle zu unterscheiden:
   a) Prozess P_j erhält zum ersten Mal die Aktivenliste, und er selbst befindet sich noch nicht in der Aktivenliste. Er trägt sich in die Aktivenliste ein (möglicherweise auch nur seinen Index) und sendet die Aktivenliste an seinen Nachfolger.
   b) Prozess P_j ist in der Aktivenliste, und er selbst steht am Kopf der Liste. Der Prozess weiß jetzt, dass die Liste einmal im Ring zirkuliert ist und im Moment alle aktiven Prozesse enthält. Er kann die Wahl beenden und er kann einen bestimmten Prozess wählen (bei Indizes denjenigen Prozess mit dem größten Index) und ihn als neuen Koordinator bestimmen. Er nimmt die Aktivenliste vom Ring und sendet stattdessen die Nachricht mit dem neuen Koordinator an seinen Nachfolger.
3. Ist die Koordinatornachricht einmal im Ring zirkuliert, kennt jeder Prozess im Ring den neuen Koordinator. Erhält der Prozess zum zweiten Mal die Koordinatornachricht, so kann er sie vom Ring nehmen, und er braucht sie nicht mehr an seinen Nachfolger zu senden.

Im Vergleich zum Bully-Algorithmus, dessen Zeitaufwand $O(n^2)$ war, benötigt der Ring-Algorithmus nur 2n Nachrichten: n Nachrichten zum Versenden der Wahlnachricht im Ring und n Nachrichten zum Versenden der Koordinatornachricht.

4.3   Übereinstimmungsalgorithmen

Für ein Verteiltes System benötigen wir einen Mechanismus, der es einer Menge von Prozessen erlaubt, dass sie über einen „gemeinsamen Wert" übereinstimmen. Solche Übereinstimmungen sind leicht zu erreichen, und sie sind per se gegeben, wenn von Fehlerfreiheit des Kommunikationsmediums und des Prozesses oder des Prozessors, auf dem der Prozess läuft, ausgegangen wird. Kommt keine Übereinstimmung zustande, dann liegt das an mehreren Gründen:

1. Das Kommunikationsmedium kann fehlerhaft sein und es können Nachrichten verloren gehen oder die Nachricht ist korrumpiert.
2. Die Prozesse selber können fehlerhaft sein, das dann ein unvorhersehbares Prozessverhalten hervorruft. Im besten Fall können die Prozesse ein „fail-stop failure" aufweisen. Bei diesem Fehler stoppt der Prozess und der Fehler kann entdeckt werden. Im schlechtesten Fall weist der Prozess ein „byzantine failure" auf, wo der Prozess weiter arbeitet, aber ein fehlerhaftes Ergebnis liefert. In diesem Fall kann der Prozess inkorrekte Nachrichten an andere Prozesse schicken, oder noch schlimmer, er kann mit anderen ausgefallen Prozessen kooperieren und versuchen, die Integrität des Systems zu zerstören.

Diese Fehlerfälle lassen sich durch das „Byzantine Generals Problem" [LSP 82] veranschaulichen:

Mehrere Divisionen der byzantischen Armee umgeben ein feindliches Lager. Ein General kommandiert je eine dieser Divisionen. Die Generäle müssen zu einer gemeinsamen Übereinstimmung kommen, ob im Morgengrauen der Feind angegriffen wird oder nicht. Es ist wichtig, dass alle Generäle übereinstimmen, da ein Angriff von nur einigen Divisionen zu einer Niederlage führt. Die verschiedenen Divisionen sind geographisch zerstreut und die Generäle können nur miteinander kommunizieren durch Botschafter, die von einem Lager zum anderen laufen. Zwei Gründe können eine Übereinstimmung der Generäle verhindern und nicht zustande kommen lassen:

1. Botschafter können vom Feind gefangen genommen werden und damit ist ein Überbringen der Botschaft nicht möglich. Dieser Fall korrespondiert zu einer unzuverlässigen Kommunikation in einem verteilten System. Wir behandeln diesen Fall nachfolgend unter unzuverlässige Kommunikation.
2. Unter den Generälen können Verräter sein, die eine Übereinstimmung verhindern wollen. Diese Situation korrespondiert mit fehlerhaften Prozessen in einem verteilten System. Wir behandeln diesen Fall unter dem Punkt byzantinische fehlerhafte Prozesse.

Unzuverlässige Kommunikation Wir nehmen an, wenn ein Prozess ausfällt, dass er stoppt und nicht mehr weiter arbeitet (fail-stop failure), und wir setzen eine unzuverlässige Kommunikation zwischen den Prozessen voraus.

Nehmen wir an, ein Prozess P_i auf einer Maschine A sendet eine Nachricht an Prozess P_j auf einer Maschine B. P_i auf der Maschine A möchte wissen, ob seine Nachricht bei P_j angekommen ist. Dieses Wissen ist notwendig, so dass Prozess P_i mit seiner weiteren Verarbeitung fortfahren kann. Beispielsweise entscheidet sich P_i für die Ausführung einer Funktion Success, falls die Nachricht angekommen ist und für eine Funktion Failure, falls die Nachricht nicht angekommen ist.

Zur Entdeckung von Übertragungsfehlern können wir ein time-out-Schema auf folgende Weise benutzen: Mit der Nachricht setzt der Prozess P_i ein Zeitintervall, in dem er bereit ist, die Quittierung der Nachricht anzunehmen. Wenn P_j die Nachricht empfängt, sendet er sofort eine Quittierungsnachricht an P_i. Erreicht P_i die Quittierungsnachricht innerhalb des Zeitintervalls, so ist P_i sich sicher, dass seine Nachricht empfangen wurde, tritt jedoch ein TimeOut auf, so überträgt P_i die Nachricht erneut und er wartet wieder auf die Quittierungsnachricht. Dies führt der Prozess P_i so lange aus, bis er entweder die Quittierungsnachricht erhält oder von dem System auf der Maschine B informiert wird, dass der Prozess P_j nicht mehr läuft. Im ersten Fall führt er die Funktion Success aus und im zweiten Fall die Funktion Failure. Da Prozess P_i sich nur für einen der beiden Fälle entscheiden kann, muss er so lange die Nachricht übertragen, bis eine der beiden Fälle aufgetreten ist.

Nehmen wir nun noch zusätzlich an, dass Prozess P_j ebenfalls wissen möchte, ob seine Quittierungsnachricht angekommen ist. Dieses Wissen braucht P_j zum gleichen Zweck wie P_i, um nämlich entscheiden zu können, wie er mit seiner Bearbeitung fortfährt. Zum Beispiel möchte P_j eine Funktion Success aufrufen, wenn er sicher ist, dass die Quittierungsnachricht angekommen ist. Mit anderen Worten formuliert, beide Prozesse P_i und P_j möchten eine Funktion Success aufrufen, genau dann, wenn sie darüber übereinstimmen. Es wird sich zeigen, dass bei unzuverlässiger Kommunikation diese Aufgabe nicht zu bewerkstelligen ist. Dazu formulieren wir die Problemstellung allgemeiner: Bei einer verteilten Umgebung mit unzuverlässiger Kommunikation ist es nicht möglich für Prozesse P_i und P_j, dass sie über ihre gegenwärtigen Zustände übereinstimmen.

Zum Beweis der obigen Behauptung nehmen wir an, dass eine minimale Sequenz von Nachrichtenaustauschen existiert, so dass nach dem Nachrichtenaustausch beide Prozesse übereinstimmen, dass sie die Funktion Success ausführen. Sei m' die letzte Nachricht, die P_i an P_j sendet. Da P_i nicht weiß, ob seine Nachricht bei P_j ankommt (da die Nachricht verloren gehen kann), führt P_i die Funktion Success aus, unabhängig vom Ergebnis des Nachrichtenversandes. Somit kann m' aus der Nachrichtensequenz gestrichen werden, ohne die Entscheidungsprozedur zu beeinflussen. Damit ist die ursprüngliche Sequenz nicht minimal gewesen, und wir kommen zu einem Widerspruch der Annahme. Es existiert also keine solche Sequenz von Nachrichten, und beide Prozesse kommen niemals zur Übereinstimmung der Ausführung der Funktion Success.

Byzantinische fehlerhafte Prozesse Nehmen wir nun an, dass das Kommunikationssystem zuverlässig ist, jedoch die Prozesse fehlerhaft und mit unvorhersehbarem Verhalten arbeiten (Byzantine Failure). Betrachten wir ein System von n Prozessen, bei denen nicht mehr als f Prozesse fehlerhaft sind. Jeder der Prozesse P_i besitzt einen privaten Wert V_i. Wir benötigen nun einen Algorithmus, der für jeden nicht fehlerhaften Prozess P_i einen Vektor $X_i = (A_{i,1}, A_{i,2}, \ldots, A_{i,n})$ konstruiert mit den beiden folgenden Eigenschaften:

1. Ist P_i ein fehlerfreier Prozess, so ist $A_{i,j} = V_j$.
2. Sind P_i und P_j fehlerfreie Prozesse, so gilt $X_i = X_j$.

Für dieses Problem gibt es mehrere Lösungen [L 96]. Alle Lösungen besitzen jedoch die folgenden Eigenschaften:

1. Ein Lösungsalgorithmus zur Übereinstimmung kann nur gefunden werden, wenn $n \geq 3 \times f + 1$ ist; oder anders ausgedrückt, es gibt keine Lösung zur Übereinstimmung, wenn $2 \leq n \leq 3\,f$.
2. Die Anzahl der Kommunikationsrunden zur Erreichung einer Übereinstimmung ist proportional zu $f + 1$.
3. Die Anzahl der zu versenden Nachrichten zur Erreichung der Übereinstimmung ist hoch. Keinem einzelnen Prozess kann vertraut werden, so dass alle Prozesse die gesamte Information sammeln müssen, um eine eigene Entscheidung zu treffen.

Anstelle eines allgemeinen und zu komplexen Algorithmus zur Lösung der Übereinstimmung stellen wir einen Lösungsalgorithmus für den einfachen Fall vor, bei dem $f = 1$ und $n = 4$ ist. Der Algorithmus benötigt zwei Kommunikationsrunden:

1. Jeder Prozess sendet seinen eigenen Wert zu allen anderen Prozessen.
2. Jeder Prozess sendet seine in der ersten Runde erhaltenen Informationen zu allen anderen Prozessen.

Ein fehlerhafter Prozess kann das Senden einer Nachricht verweigern. In diesem Fall kann ein fehlerfreier Prozess irgendeinen willkürlichen Wert wählen und annehmen, dass dieser Wert von dem fehlerhaften Prozess gesendet wurde.

Nach Beendigung der zwei Runden kann ein fehlerfreier Prozess P_i seinen Vektor $X_i = (A_{i,1}, A_{i,2}, A_{i,3}, A_{i,4})$ wie folgt konstruieren:

1. $A_{i,i} = V_i$.
2. Für $j \neq i$ gehen wir wie folgt vor: Wenn wenigstens zwei von den drei von Prozess P_j gesendeten Werte (in zwei Kommunikationsrunden) übereinstimmen, dann wird die Majorität der zwei Werte genommen und $A_{i,j}$ auf diesen Wert gesetzt. Im anderen Fall wird ein default-Wert genommen, z. B. nil, und $A_{i,j}$ auf diesen Wert gesetzt.

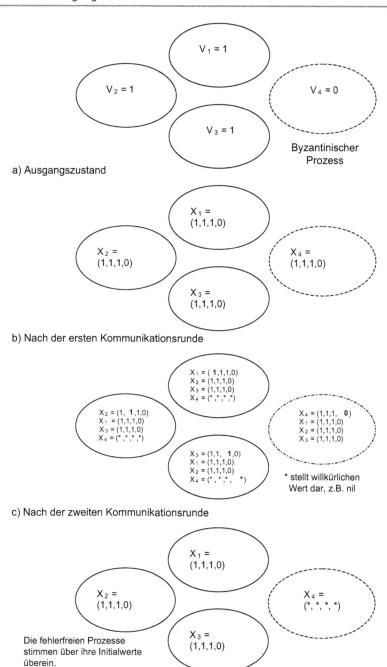

a) Ausgangszustand

b) Nach der ersten Kommunikationsrunde

c) Nach der zweiten Kommunikationsrunde

d) Konstruktion des Übereinstimmungsvektors

Abb. 4.5 Arbeitsweise des Übereinstimmungsalgorithmus

Zur Erreichung einer Übereinstimmung benötigt man mindestens vier Prozesse, bei denen einer byzantinisches Verhalten zeigen kann. Bei drei Prozessen mit einem byzantinischen Prozess ist keine Übereinstimmung zu erreichen. Dies bedeutet, dass bei der Fehlertoleranztechnik *triple-modular redundancy,* mit dreifach redundanten Prozessen und einer Entscheidung über die Majorität, keine Übereinstimmung zu erreichen ist, falls ein byzantinisch fehlerhafter Prozess darunter ist.

Abbildung 4.5 zeigt die Arbeitsweise des Übereinstimmungsalgorithmus für vier Prozesse P_1, P_2, P_3, P_4, wobei Prozess P_4 ein Prozess mit byzantinischem Verhalten ist. Der private Wert 1 kann dabei die Entscheidung Angriff repräsentieren und der Wert 0 die Entscheidung kein Angriff.

Literatur

[G 82] Garcia-Molina H.: Elections in Distributed Computing Systems. IEEE Transactions on Computers, Vol 31., No. 1, 1982.

[L 78] Lamport L.: Time, clocks and the ordering of events in a distributed system. Communications of the ACM, Vol. 21, No. 7, 1978.

[LSP 82] Lamport L.; Shostak R.; Pease M.: The Byzantine Generals Problem. ACM Transaction on Programming Languages and Systems, Vol. 4, No. 3, 1982.

[L 96] Lynn N. A.: Distributed Algorithms. Morgan Kaufmann Publishers, Inc. 1996.

[M 89] Mattern, F.:Virtual Time and Global States of Distributed Systems. In: Cosnard M., Robert Y, Quinton P., Raynal M. (EDs.): Parallel & Distributed Algorithms. Proceedings of the International Workshop on Parallel & Distributed Algorithms, Elsevier Sciene Publisher B.V. 1989.

[PF 06] [PF 06] Peschel-Findeisen T.: Nebenläufige und verteilte Systeme. Theorie und Praxis. Mitp-Verlag 2006.

Dienste

Eine verteilte Anwendung benötigt allgemeine, oft wiederkehrende Dienste oder Services. Diese allgemeinen Dienste bilden eine Basis wie bei CORBA (siehe Abschn. 3.3.1) und können standardisiert werden oder lassen sich auch als ein Betriebssystem für verteilte Anwendungen betrachten. Da diese Dienste auf einem Netz von Rechnerknoten ablaufen und somit verteilt programmiert sein sollten, spricht man auch von verteilten Betriebssystemen (Distributed Operating Systems) oder von einer Distributed Computing Environment (DCE) (siehe Abschn. 1.3.2.1). Vorlage und Ausgangspunkt für diesen Abschnitt sind deshalb die didaktisch hervorragend gestalteten Bücher über verteilte Betriebssysteme von Sinha [S 97] und Tanenbaum [T 95].

An nützlichen und allgemein einsetzbaren Diensten, und deshalb von verteilten Anwendungen gefordert, kristallisieren sich die folgenden Dienste heraus:

- *Namensdienst*, der einen Zugriff über einen systemweiten Namen und nicht über die physikalische Adresse erlaubt.
- *Filedienst*, welcher ein Filesystem für verteilte Anwendungen bietet.
- Für verteilte Datenbanken einen *Transaktionsdienst*.
- Zur Realisierung eines wechselseitigen Ausschlusses bei verteilten Prozessen einen *Konkurrenzdienst*.
- Zum Zugriff auf eine physikalische Zeit eine Synchronisation der verteilten physikalischen Uhren und somit einen *Zeitdienst*.
- Zur Befriedung von Sicherheitsanforderungen einen *Sicherheitsdienst*.

5.1 Namensdienst

Zur Verwaltung von Namensräumen setzt man Namens-Server ein. Namens-Server bilden den Namen eines Objekts auf seine Eigenschaften wie seine physikalische Lokation ab. Den Prozess der Abbildung des Namens auf seine physikalische Lokation bezeichnet man mit

G. Bengel, *Grundkurs Verteilte Systeme*, DOI 10.1007/978-3-8348-2150-8_5,
© Springer Fachmedien Wiesbaden 2014

Namensresolution. Für ein Namenssystem sind Konventionen festgelegt, um Namen einem Objekt zuzuweisen. Die syntaktische Repräsentation des Namens sowie seine semantische Interpretation hängt von der benutzten Namenskonvention für die Namen ab. Die Menge der Namen, die mit Hilfe einer Namenskonvention gebildet werden können, formen den Namensraum.

Der einfachste Namensraum ist ein flacher Namensraum, dessen Namen einfache Zeichenketten sind, und somit keine Struktur besitzen. Namen, die in einem flachen Namensraum definiert sind, heißen primitive oder flache Namen. Flache Namensräume besitzen keine Struktur und sind dadurch nur geeignet für Namensräume, die nur einige Objekte besitzen oder für systemorientierte Namen, die nicht durch den Benutzer interpretiert werden müssen. Die in vorhergehenden Abschnitten behandelten Broker (Abschn. 2.3.2 und 3.3.1.3) benutzen zum Zugriff auf Objekte solche flachen Namensräume.

Sollen eindeutige und bedeutungsvolle Namen einer großen Menge von Objekten zugeordnet werden, so zerlegt man den Namensraum in disjunkte Klassen. Jeder Bereich eines verteilten Namensraumes heißt Domäne (*Domain*). Jede Domäne kann betrachtet werden als ein flacher Namensraum; die darin definierten Namen müssen eindeutig sein, jedoch können zwei Namen in unterschiedlichen Domänen gleich sein. Ein Name, der in einer Domäne definiert ist, heißt einfacher Name. In einem verteilten Namensraum können nicht alle Objekte eindeutig mit einem einfachen Namen identifiziert werden und man benutzt dafür zusammengesetzte Namen. Ein zusammengesetzter Name besteht aus einem oder mehreren einfachen Namen, die durch ein Begrenzungszeichen wie /, $, @, %, oder Punkt voneinander getrennt sind. Zum Beispiel ist /a/b/c ein zusammengesetzter Name, der aus drei einfachen Namen a, b und c besteht.

Häufig benutzt man für unterteilte Namensräume hierarchische Namensräume, bei denen der Namensraum in mehrere Schichten unterteilt ist und die als Bäume strukturiert sind. Jeder Knoten des Baumes korrespondiert dabei mit einer Domäne des Namensraumes.

Eine hierarchische Untergliederung des Namensraumes und die Arbeitsweise von Namens-Servern erläutern wir nachfolgend an zwei in der Praxis weit verbreiteten Namens-Servern, am DARPA Internet Domain Name System (DNS) und am DCE Directory Service.

5.1.1   Domain Name System (DNS)

Das Domain Name System bietet eine Konvertierung von Computernamen in IP-Adressen und umgekehrt. Wie der Name DNS andeutet, ist der Namensraum des Netzes in Bereiche (Domains) aufgeteilt. Die Bereiche sind in Baumform angeordnet, d. h. es existiert eine Wurzel und davon ausgehend sog. Toplevel Domains, die wiederum in weitere Unterbereiche aufgeteilt sind.

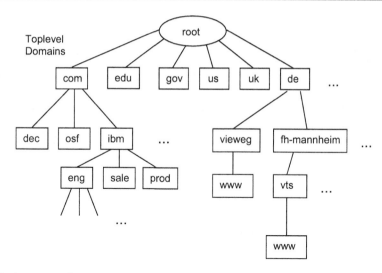

Abb. 5.1 Auszug aus dem Domain Namensraum

Namenskonvention Der Internet DNS Namensraum (siehe Abb. 5.1) ist unterteilt gemäß der Geographie und nach Organisationen. Er unterteilt die Welt in *Toplevel Domains*, bestehend aus Ländernamen wie us (United States), dies ist die Toplevel Domain; uk steht für United Kingdom, fr für France, jp für Japan und de für Deutschland. Neben den geographischen Domains erlaubt der DNS Namensraum eine Unterteilung in organisatorische Einheiten. Beispiele für organisatorische Domänen sind com (commercial organisation), edu (educational instution), gov (government agencies), mil (military organisations), net (network support centers), org (organisations) und int (international organisation).

Die Domänen besitzen wieder ihre eigenen Unterdomänen oder *Segmente*, die ihrerseits wieder Unterdomänen haben können und so weiter. Der DNS Namensraum gibt keine genaue Anzahl von Segmenten für Namen vor oder was die einzelnen Segmente darstellen. Vielmehr kann jede Organisation die Anzahl der Segmente und deren Bedeutung für ihre Computer selbst wählen.

Um eine Domain zu beantragen, muss sich eine Organisation bei der zuständigen Internetbehörde registrieren lassen. Jeder von ihr vergebener Name wird nur einmal vergeben und ist somit eindeutig. Nach der Zuteilung einer bestimmten Domain kann die Organisation selbst entscheiden, wie und bis zu welcher Tiefe es die hierarchische Namensstruktur erweitern möchte.

Der DNS-Name besteht aus mehreren Zeichenketten, die Labels heißen, und durch Punkte voneinander getrennt sind. Die Labels auf der linken Seite der Zeichenkette beginnen mit der untersten Domäne, wobei die Toplevel Domain dann rechts steht.

DNS-Server DNS-Server sind in einer Hierarchie angeordnet, die der Namenshierarchie entspricht. Die DNS-Server verwalten so genannte Zonen. Eine Zone beginnt an einem

Knoten im DNS-Baum und enthält jeweils alle darunter liegenden Knoten. Ein Namens-Server kann nun die Verantwortung (Authority) über eine Unterzone an einen weiteren Namens-Server delegieren. In jeder Zone gibt es aus Ausfalltoleranz- und Performanz-gründen zwei aktive Namens-Server (primary und secondary), die jedoch beide dieselbe Information liefern.

Die Verteilung der Namens-Server und die Lokation der Namens-Server sind für die Clients eines DNS-Server transparent.

Diese Transparenz wird durch Agenten, die bei DNS *Resolver* heißen, erreicht. Die Agenten führen für die Clients die Anfrage beim Namens-Server durch. Jeder Agent kennt die Adresse eines lokalen DNS-Server (dies wird bei der Konfiguration des Agenten festgelegt). Stellt ein Client eine Anfrage an einen Namens-Server, dann transferiert der Agent die Anfrage an den dafür zuständigen DNS-Server. Dieser kann, falls er den Namen nicht auflösen kann, die weitere Verfolgung durchführen. Nachdem der Agent die Antwort vom Server erhalten hat, transferiert er die Antwort zum Client zurück. Dadurch entstehen dann rekursive Client-Server-Ketten (siehe Abschn. 2.4). Die von den Anwendungsprogrammen aufgerufenen Resolver arbeiten immer nach dem Prinzip der rekursiven Namensresolution, weil sie die vollständige Namensauflösung anfordern. Die Antwort ist entweder die zu dem gesuchten Namen gehörende Internet-Adresse oder der Hinweis, dass der gesuchte Namen nicht existiert.

Jeder DNS-Server besitzt Information über verantwortliche oder autorisierte (Authority) Namens-Server. Kann ein DNS-Server den Namen nicht auflösen, so gibt er dem Agenten die Adressen von diesen autorisierten Namens-Servern zurück. Dies erlaubt dann dem Agenten iterative Anfragen bei diesen autorisierten Namens-Servern durchzuführen. Der Agent wird dadurch zum Agenten, mit iterativen Anfragen bei Servern (siehe Abschn. 2.3.5). Die iterative Namensauflösung wird nur angewandt, wenn ein Server einen Namen auflösen muss.

Aus Performanzgründen besitzt ein Agent einen Cache zum Speichern der ermittelten Adresse, um sie bei weiteren gleichartigen Anfragen ohne Kommunikation mit dem Namens-Server liefern zu können.

Eine weitere Performanzerhöhung wird durch die Replikation des Root-Servers erreicht. Das bedeutet, dass von einem Root-Server viele Exemplare auf der Welt existieren. Bindet sich eine neue Site an das Internet an, konfiguriert die Site ihren lokalen DNS-Server mit mehreren Root-Servern. Der Site-Server benutzt den Root-Server, der zu einem gegebenen Zeitpunkt am schnellsten reagiert. Das ist normalerweise der geographisch am nächsten liegende Server.

Unix stellt Resolver-Software als Bilbliotheksroutine zur Verfügung und dies ist die Bibliotheksroutine `gethostbyname` (siehe Abschn. 3.1.1.1 Netzwerk-Hilfsfunktionen). Das Argument der Routine ist eine Zeichenkette für den zu suchenden Domain-Name und im Erfolgsfall gibt die Routine eine Liste mit einer oder mehreren Internet-Adressen zu dem gesuchten Namen zurück.

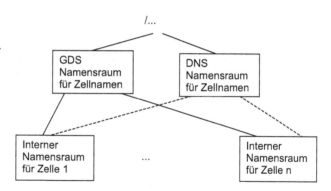

Abb. 5.2 Der Namensraum eines DCE-Systems mit *n* Zellen, die in X.500-Notation oder in DNS-Notation angesprochen werden

5.1.2 DCE Directory Service

Wie schon in der Einführung in Abschn. 1.3.2.1 erwähnt, sind beim DCE-System Benutzer, Maschinen und andere Ressourcen in Zellen gruppiert. Der DCE Directory Service benutzt folgende beiden Komponenten zur Namensresolution innerhalb und außerhalb von Zellen:

1. *Cell Directory Service (CDS)*, welcher die Namensumgebung innerhalb einer Zelle verwaltet. Jede Zelle besitzt wenigstens einen CDS-Server.
2. *Global Directory Service (GDS)*, welcher die globale Namensumgebung außerhalb und zwischen den Zellen kontrolliert. Er verbindet die Zellen untereinander, so dass irgendeine Zelle von irgendeiner anderen Zelle lokalisiert werden kann.

Da viele DCE-Benutzer ebenfalls das Internet benutzen, unterstützt DCE zur Benennung von Zellen auch das Domain Name System (DNS) (siehe Abb. 5.2). Die Zellen in DCE können dadurch auch in DNS-Notation spezifiziert werden.

Namensnotation Der DCE-Namensraum ist eine weltweite Struktur mit einer globalen Wurzel, die durch/... gekennzeichnet wird. Unter dieser Wurzel erscheint der GDS-Namensraum zur Benennung von Zellen. Der Namen der Zelle kann in X.500-Notation oder in DNS-Notation angegeben werden. Jede Zelle besitzt ihren eigenen internen Namensraum beginnend mit der Wurzel der Zelle.

Jedes Objekt in DCE hat einen eindeutigen Namen, bestehend gemäß Abb. 5.3 aus den folgenden Teilen. Die einzelnen Teile sind dabei durch einen Schrägstrich voneinander getrennt.

1. *Präfix*: Dieser Teil gibt an, ob ein Name lokal zu einer Zelle ist oder global im gesamten DCE-Namensraum. Der Präfix /.: deutet lokale Namen an, während der Präfix /... für globale Namen steht.
2. *Zellname*: Dieser Teil ist optional und muss nur angegeben werden, falls im Präfix /... benutzt wurde. Dieser Teil kann in X.500 Notation oder in DNS-Notation spezifiziert

Abb. 5.3 DCE Namenskonvention

Präfix	Zellname	lokaler Name
/... bedeutet global /.: bedeutet lokal	In X.500-Notation oder in DNS-Notation	Hierarchischer Unix Filename

Objektname = /Präfix/Zellname/lokaler Name

werden. Bei globalen Name muss der Zellname vorhanden sein, der bei lokalen Namen entfällt.

3. *Lokaler Name*: Der lokale Namen identifiziert eindeutig ein Objekt innerhalb einer Zelle. Das Unix File-Benennungsschema wird dazu verwandt.

Die X.500-Notation ist ein ISO/OSI-Standard zur Benennung von Leuten, Computern, Ressourcen oder irgendetwas, das einen eindeutigen Namen benötigt. Sie benutzt ein hierarchisches, attributbasiertes Namensschema. Ein Name in X.500 wird dargestellt durch eine Menge von Attributen, die durch Schrägstrich voneinander getrennt sind. Jedes Attribut besitzt einen Attributtyp und eine oder mehrere Werte. Typ und Wert sind dabei durch ein Gleichheitszeichen getrennt. Ein typischer X.500-Name hat folgendes Aussehen:

```
/Country=US/OrgType=COM/OrgName=IBM/dept=ENG/Person=Jenny/
```

Der X.500 Name identifiziert eindeutig eine Person Jenny, die in der Engineering Abteilung von IBM in USA arbeitet.

Cell Directory Server (CDS) Der Cell Directory Server verwaltet die Verzeichnisse (Directories) einer Zelle. Die Verzeichnisse sind in einer hierarchischen Baumstruktur organisiert. Die Verzeichnisse in ihrer Gesamtheit enthalten die Namen und Attribute von allen Objekten in der Zelle. Jeder Verzeichniseintrag besteht aus einem Namen und einer Menge von Attributen. Zum Beispiel enthält ein Verzeichniseintrag für einen Drucker seinen Namen, seine Lokation und seine Charakteristiken wie Typ und Geschwindigkeit. Daneben besitzt ein Verzeichniseintrag noch Schutzinformation, die festlegt, welcher Benutzer welche Zugriffsrechte (Read, Delete) an dem Eintrag hat. Die Rechte auf Zugriff auf einen Verzeichniseintrag erlauben jedoch noch nicht den Zugriff auf das Objekt selbst. Schutzinformation für das Objekt selbst verwaltet der Server, der für das Objekt zuständig ist. Dadurch weiß der Server, welche Benutzer welche Zugriffsrechte für das Objekt haben.

Eine Ansammlung von Verzeichnissen heißt bei DCE *Clearinghouse* und ist eine Datenbank, welche durch einen CDS-Server verwaltet wird. Jeder CDS-Server kann eine Datenbank oder mehrere dieser Datenbanken verwalten. Jede Zelle besitzt mindestens einen oder aus Zuverlässigkeits- und Performanzgründen mehrere CDS-Server. Replikationen von Verzeichnissen liegen dann in unterschiedlichen Datenbanken (Clearinghouse). Das

Wurzelverzeichnis wird in allen Datenbanken repliziert, so dass die Suche bei irgendeinem CDS-Server begonnen werden kann.

Die Replikation des CDS-Server ist für einen Client wieder transparent, was wieder durch Agenten erreicht wird. Die Agenten heißen bei CDS *Clerks*. Ein CDS-Server läuft auf einer Maschine und verwaltet ein oder mehrere Clearinghouses. Er behandelt Anfragen zum Anlegen, Modifizieren, Inspektion oder Namensauflösung von Verzeichniseinträgen in seinem lokalen Clearinghouse. Ein Agent oder Clerk läuft auf jeder Maschine, die den CDS-Server benutzt. Ein Agent erhält die Anfragen von einem Client, er fragt dann einen oder iterativ mehrere CDS-Server ab, und gibt dann die zusammengestellte Information an den Client zurück. Es liegt also hier wieder ein Agent mit iterativen Anfragen vor (siehe Abschn. 2.3.4).

Ein Clerk unterhält weiterhin einen Cache zur Ablage der Ergebnisse einer Anfrage, so dass eine zukünftige gleiche Namensanfrage aus dem Cache entnommen werden kann. Der Cacheinhalt wird in periodischen Zeitabständen auf die Platte gesichert und überlebt so einen Neustart des Systems oder einer Anwendung.

Eine Namensresolution, genannt *Lookup*, verläuft dann wie nachfolgend beschrieben. Die Schritte in dieser Beschreibung korrespondieren mit den Nummern in Abb. 5.4, welches die Namensauflösung zeigt.

1. Ein Client sendet eine Lookup-Anfrage an seinen lokalen CDS-Clerk und benutzt dazu eine RPC-Botschaft.
2. Der Clerk schaut in seinen Cache nach, ob er einen Eintrag für den Namen findet. Ist dies der Fall, gibt der Clerk an den Client eine Rückantwort, und die Namensauflösung endet (Schritt 9).
3. Befindet sich der gesuchte Namen nicht im Cache, sendet der Clerk eine RPC-Anfrage an einen ihm bekannten CDS-Server.
4. Mit den im Clearinghouse vorhandenen Verzeichnissen versucht der CDS-Server den Namen soweit wie möglich aufzulösen.
5. Kann der Name komplett aufgelöst werden, so gibt der CDS-Server das Ergebnis an den CDS-Clerk.
6. Kann der Name nur teilweise aufgelöst werden (eine teilweise Namensauflösung ist möglich, da das Wurzelverzeichnis in jedem Clearinghouse repliziert ist), so gibt der CDS-Server die Adresse eines anderen CDS-Server an den Clerk zurück. Gehe zu Schritt 8.
7. Der CDS-Clerk speichert die Information in seinem Cache für zukünftige Anfragen.
8. Der CDS-Clerk fragt iterativ zur weiteren Namensauflösung den nächsten CDS-Server ab. Die Schritte 4, 6 und 8 werden so lange durchgeführt, bis der Name komplett aufgelöst ist. Der CDS-Clerk ist ein Agent mit iterativer Abfrage!
9. Der CDS-Clerk gibt das Ergebnis an den Client zurück und die Namensauflösung endet.

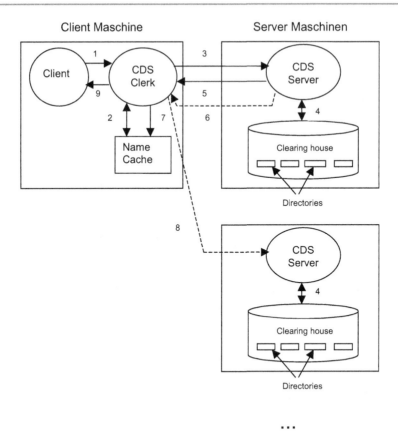

Abb. 5.4 Durchzuführende Schritte bei einer Namensauflösung in DCE

CDS führt bei den obigen Schritten nur die Namensresolution durch. Zum Zugriff auf das benannte Objekt muss der Server kontaktiert werden, der das benannte Objekt verwaltet.

Global Directory Server (GDS) Zum Zugriff eines Clients auf ein Objekt in einer anderen Zelle dient ein Global Directory Server (GDS). Zusätzlich zum GDS-Namensraum in X.500-Notation existiert ein DNS-Namensraum in DNS-Notation. Diese beiden Namensräume bilden einen Zellnamen auf einen CDS-Server für die Zelle ab. Zum Auffinden eines CDS-Servers in einer anderen Zelle benutzt man wieder die Agententechnologie, und für jede Zelle existiert eine Komponente, der so genannte Global Directory Agent (GDA).

Der GDA kann auf der gleichen Maschine wie der CDS liegen oder auf einer anderen unabhängigen Maschine. Zur Erhöhung der Verfügbarkeit und Zuverlässigkeit kann jede Zelle mehr als ein GDA-Agenten besitzen. Jeder CDS-Server einer Zelle besitzt Information über die Lokation des lokalen GDA.

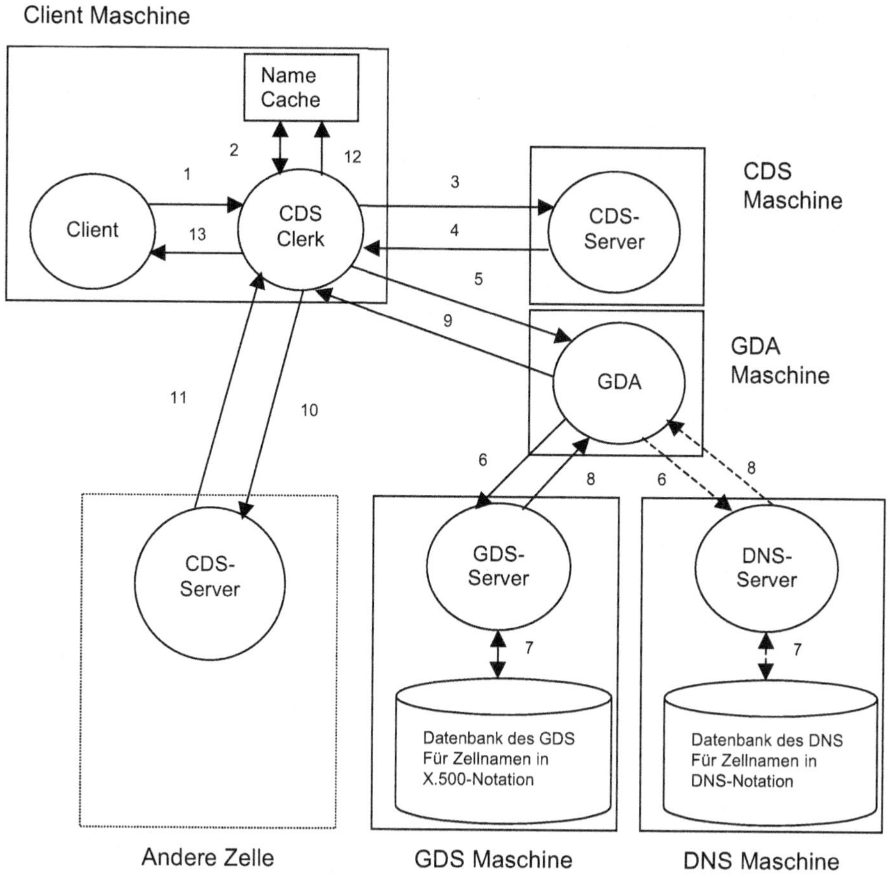

Client Maschine

Abb. 5.5 Namensauflösung über Zellen hinweg bei DCE

Zur Namensauflösung eines Namens, der in einer anderen Zelle liegt, sind die nachfolgend beschriebenen Schritte notwendig. Die Nummern der einzelnen Schritte korrespondieren dabei mit den Nummern in Abb. 5.5.

1. Ein Client sendet eine Lookup-Anfrage an seinen lokalen CDS-Clerk.
2. Der Clerk schaut in seinem lokalen Cache nach, ob ein Eintrag für den Namen existiert. Findet er einen Eintrag, so gibt er ihn an den Client zurück und die Namensauflösung ist beendet (Schritt 13).
3. Ist kein Cacheeintrag vorhanden, so fragt der CDS-Clerk den CDS-Server nach der Adresse des GDA. Dabei ist zu beachten, dass ein globaler Name ein Zellname besitzen muss während ein lokaler Name kein Zellname besitzt. Dadurch erkennt der CDS-Server, dass es sich um einen globalen Namen handeln muss und der GDA kontaktiert werden muss.

4. Der CDS-Clerk bekommt vom CDS-Server die Adresse des GDA.

5. Der CDS-Clerk sendet den Zellnamen in seinem Namen dem GDA zu.

6. Der GDA überprüft, welche der beiden Notationen für den Namen benutzt wurde (DNS- oder X.500-Notation?). Wurde die X.500-Notation verwendet, so sendet er eine Anfrage an den GDS-Server, andernfalls bei der DNS-Notation sendet er die Anfrage an den DNS-Server.

7. Der GDS- oder der DNS-Server schauen in ihrer Datenbasis nach dem Zellnamen.

8. Der GDS- oder der DNS-Server übergeben dem GDA die Adresse von dem CDS-Server von der benannten Zelle.

9. Der GDA leitet die Adresse des CDS-Servers an den CDS-Clerk weiter.

10. Der CDS-Clerk benutzt nun diese Adresse und sendet seine Anfrage zum CDS-Server der Zelle, zu dem der Namen gehört. Der CDS-Server versucht, den Namen mit Hilfe der Directories in seinem Clearinghouse aufzulösen. Kann er den Namen nur teilweise auflösen, so kontaktiert er iterativ andere CDS-Server von dieser entfernten Zelle, bis der Name komplett aufgelöst ist.

11. Der entfernte CDS-Server gibt das Ergebnis der Namensresolution an den CDS-Clerk.

12. Der CDS-Clerk schreibt das Ergebnis der Namensresolution in seinen Cache, zu einen möglicherweise späteren Gebrauch.

13. Der CDS-Clerk gibt schließlich und endlich eine Antwort an den Client zurück und die Namensresolution endet.

5.2   Filedienst

Zur Beschreibung von verteilten Dateisystemen orientieren wir uns an konkreten verteilten Filesystemen wie dem Network File System (NFS) und dem Andrew File System (AFS) und seiner kommerziellen Implementierung in der Distributed Computing Environment (DCE), bekannt unter Distributed File System (DFS). Am Ende des Abschnitts zeigen wir dann, wie ein File-Server aus Fehlertoleranz- oder Performanzgründen repliziert wird.

5.2.1   Network File System (NFS)

Das derzeit am weitesten verbreitete verteilte Dateisystem unter Unix ist das Network File System (NFS) der Firma Sun. NFS wird hier und in anderen Quellen als verteiltes Dateisystem bezeichnet, was sachlich falsch ist: Bei NFS wird kein Dateisystem im Netz verteilt, sondern es werden die lokalen Zugriffe auf entfernte Dateien in Aufträge an einem oder mehrere Server umgesetzt. Korrekt ist somit die wörtliche Übersetzung des Namens NFS in Netzwerk-Dateisystem.

Das NFS-Konzept beruht darauf, dass File-Server-Maschinen ein physikalisches Dateisystem anderen Maschinen transparent zur Verfügung stellen. Jeder File-Server exportiert eine oder mehrere von seinen Verzeichnissen zum Zugriff von Clients. Mit dem Verzeichnis werden auch alle Unterverzeichnisse und somit ganze Verzeichnisbäume exportiert. Die Liste von zu exportierenden Verzeichnissen steht im File `/etc/exports` und wird vom Systemmanager erstellt. Zusätzlich enthalten die Einträge im File `/etc/exports` noch Angaben derjenigen Clients, die diese Verzeichnisse importieren können. Der Import der vom Server exportierten Verzeichnisse geschieht durch den *Mount*-Mechanismus. Führt ein Client das `mount`-Kommando auf einem Verzeichnis des File-Servers aus, so wird das Verzeichnis des Servers in seine eigene Verzeichnishierarchie eingehängt. Dabei kann jede Maschine sowohl Client als auch Server sein, d. h. eine Maschine kann sowohl Teile ihres Dateisystems anderen zur Verfügung stellen, und somit exportieren, als auch selber Teile von anderen File-Servern importieren. Somit gibt es kein globales Dateisystem, das auf allen Maschinen gleich aussieht, sondern ein Benutzer sieht auf einer speziellen Maschine folglich nur, was explizit durch das `mount`-Kommando in den lokalen Verzeichnisbaum eingehängt wurde.

Hängen zwei Clients durch das `mount`-Kommando zur gleichen Zeit das gleiche Verzeichnis des Servers in ihren Verzeichnisbaum, so können sie über einen gemeinsamen File in dem Verzeichnis miteinander kommunizieren. Ein Programm auf einem Client kann einen File anlegen und beschreiben, der von einem Programm auf einem anderen Client gelesen wird. Allerdings ist zu beachten, dass von solch einem verteilten Programm, bei dem die Arbeit über eine gemeinsame Datei übergeben wird, die verschiedenen Clients auf die Datei unter verschiedenen Pfadnamen zugreifen.

Der Ablauf der `mount`-Operation erläutert Abb. 5.6. Ein Client sendet bei der `mount`-Operation einen Pfadnamen für das Directory an den Server (an den Mount-Dämon mount, der auf dem Server läuft). Ist der Pfadname legal und kann das spezifizierte Directory exportiert werden (Eintrag in `etc/exports` ist vorhanden), so liefert der Server einen Filehandle zurück. Der Filehandle enthält einen eindeutigen Identifier, der das Dateisystem kennzeichnet und eine Inode. Nachfolgende Aufrufe mit Directory und Filezugriffen benutzen dann diesen Filehandle. Bedingt durch diesen Filehandle ist die `mount`-Operation nicht transitiv; d. h. wird auf Rechner A ein Dateisystem X eines Rechners B eingehängt und auf Rechner B unter dem Dateisystem X ein Dateisystem Y des Rechners C eingehängt, so sieht Rechner A nicht das von Rechner B eingehängte Dateisystem Y des Rechners C.

An Directory- und Fileoperationen stehen Manipulation der Directory, das Lesen und das Schreiben eines Files und Zugriffe auf die Fileattribute wie Filemodus, Größe und letztes Modifikationsdatum zur Verfügung. Diese Operationen sind zugriffstransparent, da die gleichen Systemaufrufe wie für lokale Dateien benutzt werden.

NFS benutzt den Schutzmechanismus von Unix, mit rwx-Bits für Owner, Group und Others. Jede Anforderungsnachricht muss deshalb die User- und Group-Id des Aufrufers enthalten. Der NFS-Server überprüft dann die Gültigkeit des Zugriffs auf den File.

NFS bietet die üblichen Fileoperationen an, jedoch nicht das Open und Close auf Files. Dies ist dadurch bedingt, dass der NFS-Server ein zustandsloser Server ist, und somit keine Information über den Filezustand eines geöffneten Files besitzt. Deshalb muss beispielsweise ein Client bei einem Read neben dem Filehandle, den Offset innerhalb des

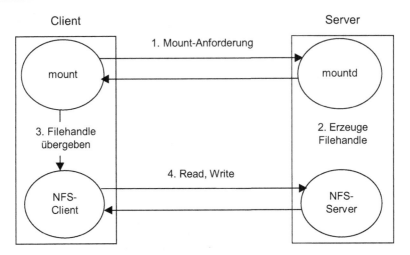

Abb. 5.6 Ablauf der Mount-Operation

Files und die Anzahl der gewünschten Bytes dem Server übermitteln, d. h. die komplette Zustandsinformation über den File muss dem Server bei jeder Fileoperation mitgeteilt werden. Da bei einem zustandslosen Server keine Zustandsinformation über den File vorliegt, kann beim Absturz des Servers auch keine Zustandsinformation verloren gehen (siehe Abschn. 2.1.4).

Nachteilig ist jedoch, dass der Server auch keine Tabellen über die gesetzten Sperren (Locks) besitzt. Damit können die Lockoperationen auf dem File nicht beim Server angesiedelt werden, sondern die Lockoperationen müssen parallel dazu mit einem zusätzlichen Server abgewickelt werden. Die Tabellen zur Speicherung der Locks sind dabei in dem *Lock-Dämon* `lockd` untergebracht. Jede Lock-Operation wird an den `lockd`-Dämon gemeldet, der dann darüber entscheidet, ob die Lockoperation an einen weiteren Lock-Dämon gesendet werden muss, falls das File nicht lokal vorliegt, oder ob es sich um eine Lockoperation auf einem lokalen File handelt. Das bedeutet, dass auf jeder Maschine ein Lock-Dämon läuft, der entweder die Locks auf lokalen Files behandelt oder die Lockoperation weitersendet an einen Lock-Dämon auf einem anderen Rechner. Um die durch abgestürzte Server gesetzten Locks wieder freigeben zu können, benötigt man noch zusätzlich auf jeder Maschine einen Statusmonitor (Dämon `statd`), der die Aktivitäten von Rechnern überwacht.

Aus Effizienzgründen umfasst der Transfer zwischen dem Client und dem Server 8 K Bytes, sogar wenn nur einige Bytes zu transferieren sind. Hat der Client den 8 K großen Block erhalten, so fordert er automatisch den nächsten 8 K großen Block beim Server an. Diese Technik des vorausschauenden Lesen wird *read ahead* genannt. Das Schreiben verwendet die gleiche Technik: Liefert ein write-Aufruf weniger als 8 K Bytes, so wird gewartet, bis der 8 K große Block gefüllt ist, und erst dann wird er dem Server zugesandt.

NFS benutzt Cache-Speicher fester Größe, der im Hauptspeicher des Clients liegt (siehe Abschn. 2.1.5). Der Cache-Speicher ist dabei zweigeteilt in einen

- File-Attribute-Cache und in einen
- File-Block-Cache.

Wenn viele Rechner mit NFS miteinander verbunden sind, müssen die Zugriffsrechte auf die Dateien sorgfältig verwaltet werden. Zur Vereinfachung dieser Aufgabe hat Sun ein System Yellow Pages entwickelt, das dann erweitert und in *Network Information Services (NIS)* umbenannt wurde. Bei der Datei- und Benutzerverwaltung behandelt NIS die gesamte Rechnergruppe und das Netz als einzigen logischen Computer.

5.2.2 Distributed File System (DFS)

Im Gegensatz zu NFS, trifft der Begriff verteiltes Dateisystem auf das Distributed File System (DFS) zu, und eine Maschine kann

- ein DFS-Client,
- ein DFS-Server oder
- beides sein.

Ein DFS-Client ist ein Maschine, die auf Files in einem Fileset eines DFS-Servers zugreift. Ein DFS-Server verwaltet die Files eines Filesets und bearbeitet die Anfragen von DFS-Clients nach Files in dem Fileset. Eine Maschine, die gleichzeitig ein DFS-Server und DFS-Client ist, besitzt ein lokales Filesystem zur Verwaltung der benutzerspezifischen Daten, die nicht für die Allgemeinheit sichtbar sein sollen, und daneben allen Benutzern gemeinsame Daten, auf die auch von anderen DFS-Clients zugegriffen werden kann.

DFS benutzt Blöcke der Größe 64 K Bytes zum Transfer zwischen Server und Client. Dies ermöglicht in den meisten Fällen den Transfer von kompletten Files und das Filecaching von kompletten Files und benötigt nicht den read ahead Mechanismus von NFS.

Der File-Server bei DFS ist ein paralleler Server (siehe Abschn. 2.1.2) und multithreaded, damit kann er mehrere Anfragen der Clients gleichzeitig abarbeiten.

Zur Reduktion der Zugriffe beim DFS-Server besitzt der DFS-Client einen Cache, der auf der lokalen Platte liegt. Beim diskless-Betrieb eines DFS-Clients wird dafür der lokale Hauptspeicher benutzt.

Wie bereits bei NFS erwähnt, ist NFS ein zustandsloser Server, während ein DFS-Server ein zustandsspeichernder Server ist (siehe Abschn. 2.1.4). Die Speicherung der Filezustände beim Server bringen bei DFS vor allem Vorteile

1. bei der Filesemantik und
2. bei der Konsistenzhaltung des File-Caches beim Client.

Unix-File Semantik DFS unterstützt die Unix-File Semantik und nicht die abgeschwächte
Session Semantik. Die Unix-File Semantik besagt, dass jede Leseoperation auf einem File
die Effekte von vorher durchgeführten Schreiboperationen auf dem File sieht. Zur Realisierung der Unix-File Semantik besitzt jeder DFS-Server einen so genannten Token-Manager.
Die Aufgabe des Token-Managers ist es den Clients bei Fileanforderungen Token zuzu-
teilen und die Überwachung, welche Clients welche Token für welche Files besitzen. Ein
Client kann erst die gewünschte Fileoperation durchführen, wenn er das dazugehörige Token besitzt.

Der Einsatz des Token-Verfahren zur Herstellung der Unix-File Semantik sei an einem
Beispiel erläutert. Zur Vereinfachung nehmen wir an, dass es im Beispiel nur eine Art von
Token gibt für alle Arten von Filezugriffsoperationen.

Abbildung 5.7a zeigt den Initialzustand eines DFS-File-Servers und zweier Clients-
Maschinen. Client A stellt dann anschließend eine Anfrage an den File-Server zum Zugriff
zum File F. Der File-Server überprüft die vorliegende Zustandsinformation und überprüft,
ob irgendein anderer Client das Token für den File F besitzt. Da dies im Moment nicht der
Fall ist, teilt er dem Client A das Token zu, und er notiert sich den neuen Tokenbesitzer.
Client A legt den File F in seinem Cache ab und beginnt mit der Bearbeitung des Files F.
Abbildung 5.7b zeigt diesen Zustand, bei dem Client A das Token und den File F erhalten
hat.

Nach einer gewissen Zeit stellt ein Client B eine Anfrage an den Server für den File F.
Der File-Server sieht, dass das Token im Moment nicht frei ist und im Besitz von Client A
ist. Deshalb sendet er nicht sofort das Token und den File F an den Client B. Er entzieht
deshalb zunächst das Token für den File F dem Client A. Nachdem Client A die Entzugsmeldung erhalten hat, gibt er den möglicherweise geänderten File und das Token an den
Server zurück. Weiterhin invalidiert er den Cacheeintrag für den File F. Der File-Server
ändert dann möglicherweise (falls Änderungen an dem File vorgenommen wurden) seine
lokale Kopie und teilt das Token und den geänderten File F dem Client B zu. Client B legt
den File in seinem Cache ab und beginnt mit der Bearbeitung von File F. Abbildung 5.7c
zeigt diesen Zustand, nachdem Client B den File erhalten hat.

Auf diese Art erreicht man die Unix-File Semantik, da der Server das Token für den File
zu einer Zeit nur einem Client zuteilt. Derjenige Client, der das Token besitzt, hat damit
immer exklusiven Zugriff auf den File. Damit wird ein wechselseitiger Ausschluss beim
Filezugriff erreicht (siehe nachfolgenden Abschn. 5.4.2).

Zur Performanzsteigerung durch Erhöhung der Parallelität bei Filezugriffen der Clients
setzt DFS die beiden folgenden Techniken ein:

1. *Operationsspezifische Tokens.* Wollen mehrere Clients nur den File lesen und keiner will
   schreiben, so stehen sie nicht miteinander in Konflikt. Greift ein Client im read-only
   Mode auf einen File zu, so kann anderen Clients, die ebenfalls nur lesend auf den File zugreifen, das read-only Token zugeteilt werden. Anstatt ein Token für alle mögliche Zu-
   griffsoperationen zu benutzen, existieren Tokens für das Open-, Read-, Write-, Lock-,
   Check-File-Status- und Update-File-Status-Operationen. Der Server kennt dann die

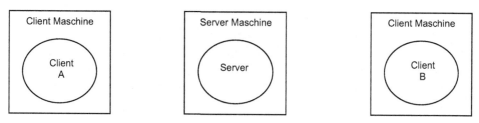

a) Initialzustand der Servermaschine mit zwei Clientsmaschinen

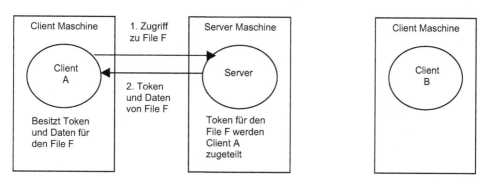

b) Zustand nachdem Client A das Token und die Daten von File F erhalten hat

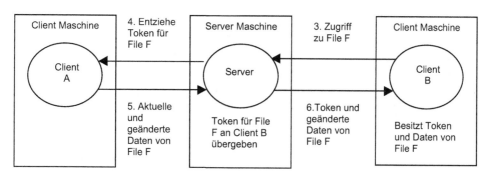

c) Zustand nachdem Client B das Token und die Daten von File F erhalten hat

Abb. 5.7 Token-basierter Ansatz zur Implementierung der Unix-File Semantik und der Cachekonsistenz

Regeln, wenn er die verschiedenen Tokens zuteilen darf und kann parallel den verschiedenen Clients mehrere Tokens zuteilen.

2. *Fein granulierte Tokens.* Tokens für Operationen, die in Konflikt stehen, betreffen nur einen Teil eines Files und nicht den kompletten File. Tokens für Open-, Check-, File-Status- und Update-File-Status-Operationen betreffen den gesamten File, während Tokens für read- write- und lock-Operationen kleine Teile eines Files betreffen.

Zur Umgehung von Clientausfällen und eines damit verbundenen Tokenverlustes hat jedes Token eine Verfallszeit von zwei Minuten. Reagiert ein Client (wegen eines Crashes oder aus sonst irgendeinem Grund) nicht auf eine Tokenentzugsmeldung vom Server, dann wartet der Server zwei Minuten, und wenn das Token nicht innerhalb der zwei Minuten zurückkommt, geht der Server davon aus, dass der Client nicht mehr aktiv ist und dass er das Token zurückerhalten hat.

File-Caching Schema Wie in Abb. 5.7 gezeigt, werden die am File vorgenommen Modifikationen nur dem File-Server gemeldet, wenn der Client eine Entzugsmeldung für den File erhält. Das gleiche Schema wird verwandt zur Konsistenzhaltung der Daten im Cache des Clients. Die Daten im Clientcache werden erst ungültig, wenn der Client eine Entzugsmeldung vom Server erhält. Solange der Client das Token für eine spezielle Operation auf dem File besitzt, sind die Daten im Cache gültig, und der Client kann die spezielle Operation auf den Daten im Cache durchführen. Der Ansatz zur Überwachung der Konsistenz des Clientcaches ist also zentral und geht vom Server aus (siehe dazu auch Abschn. 2.1.5)

Bei zustandsspeichernden Servern wie DFS lässt sich eine benutzertransparente Filemigration und -replikationen leichter realisieren als bei zustandslosen File-Servern wie NFS. Sie sind aus Fehlertoleranzgründen ein Muss bei zustandsspeichernden Servern. Deshalb bietet DFS auch diese Fähigkeit an. Gründe für die Replikation von Files und dazu eingesetzten Verfahren der Filereplikation beschreiben wir in nachfolgendem Abschnitt.

5.2.3 Filereplikationen

Ein replizierter File wird repräsentiert durch eine Vielzahl von Kopien eines Files, wobei jede Kopie in einem anderen File-Server liegt. Wir bezeichnen jede Kopie eines Files als ein Repräsentant des replizierten Files. Die Hauptgründe, einen File zu replizieren sind:

1. Erhöhung der Zuverlässigkeit und Verfügbarkeit: Stehen mehrere unabhängige Kopien eines Files zur Verfügung, so bleibt bei einem Datenverlust, einem Ausfall eines Servers, oder einem Kommunikationsausfall das Filesystem verfügbar.
2. Erhöhung des Systemdurchsatzes und der Antwortzeit: Durch die Replikation des Files können mehrere Clients, die auf den gleichen File zugreifen, parallel durch verschiedene Server bedient werden. Weiterhin erreicht man eine Reduktion der Antwortzeit des Clients, falls den Clients lokale Kopien des Files zur Verfügung gestellt werden.

Um Replikationen von Files zu erhalten, gibt es drei Vorgehensweisen:

1. Der Programmierer selbst legt die Replikationen an und verwaltet sie: Erzeugt ein Prozess einen neuen File, so wird das File auf einem speziellen vom Programmierer festgelegten Server angelegt. Zusätzlich kann dann das File, falls es gewünscht ist, auf weitere Server kopiert werden. Die explizite Replikation des Files liegt dabei in der Hand des

Programmierers und ebenfalls das Nachvollziehen von Änderungen an den vorhandenen Kopien des Files. Diese Art der Replikation ist somit nicht transparent (keine Replikationstransparenz) für den Programmierer (siehe Abb. 5.8a)).

2. Die Replikation und Verwaltung der replizierten Files übernimmt ein File-Server. Hierbei wird zunächst ein File auf dem Server (Master) angelegt. Der Server legt dann später, von sich aus, weitere Kopien auf anderen Servern (Slaves) an (lazy replication). Änderungen von Clients an dem File werden zunächst am Master vollzogen und der Server teilt dann diese Änderungen den anderen Servern (Slaves) mit. Dabei besteht natürlich die Möglichkeit, dass der Master-Server die Änderung am Masterfile vollzogen hat und die Kopien (Slaves) noch nicht abgeändert sind. Der Client merkt dabei von den Filereplikation nichts, und die Filereplikation ist dadurch für ihn transparent (siehe dazu Abb. 5.8b)).

3. Es stehen mehrere Server bereit, zur Aufnahme der replizierten Files: Eine Filesuite bezeichnet im Folgenden eine Menge von Repräsentanten zur Aufnahme der replizierten Files. Eine Filesuite ist definiert durch eine Liste von Servern, welche Repräsentanten des Files enthalten. Um Anfragen und Änderungen für den File an irgendeinem Server zu stellen, muss jeder Server die Liste der zu der Filesuite gehörenden Server abspeichern. Dadurch kann jeder Server oder es können mehrere Server in der Filesuite Anfragen und Änderungen am File entgegennehmen. Dies erfordert einen verteilten Änderungsmechanismus, der Änderungskonflikte auflösen kann und die Konsistenz der Replikationen sicherstellt (siehe dazu Abb. 5.8c)).

Master-Slave-Systeme Soll ein replizierter File geändert werden (`write`), so geht die Fileänderungen zunächst zum Master, der die Änderung lokal ausführt. Nach Vollzug der Änderung am Masterfile sendet der Master die Änderungen an die Slaves, welche dann die Änderungen (`write`) vollziehen. Dies bedingt jedoch noch zusätzlich eine Server-zu-Server Kommunikation. Leseoperationen von Clients können an irgendeiner Kopie (Master oder Slave) vollzogen werden. Da während der Durchführung der Änderungen keine Sperren (Locks) gesetzt sind, können die Files für kurze Zeit inkonsistent sein, jedoch konvergieren die replizierten Files im Laufe der Zeit in einen konsistenten Zustand. Um keine Fileänderungen beim Absturz des Master-Servers zu verlieren, können die Fileänderungen im „stable storage" gehalten werden. Dieses Schema der Filereplikation ist zwar transparent und leicht zu vollziehen, jedoch besitzt es den entschiedenen Nachteil, dass der Master-Server eine zentrale Kontrollinstanz ist und bei Ausfall des Master-Servers keine Änderungen mehr am File vollzogen werden können.

Systeme mit verteilter Kontrolle Im Vergleich zum Master-Slave-System sollte ein verteilter Kontrollmechanismus Fileänderungen auch noch erlauben, wenn ein Server oder mehrere Server abgestürzt oder kurzzeitig nicht verfügbar sind. Irgendein Server in der Filesuite muss deshalb Änderungen entgegennehmen und diese Änderungen an den anderen Servern in der Filesuite vornehmen können, so dass die Clients immer eine konsistente Sicht auf den File haben. Um eine „perfekte" Konsistenz der Repräsentanten einer Filesuite

Abb. 5.8 Möglichkeiten der
Filereplikation

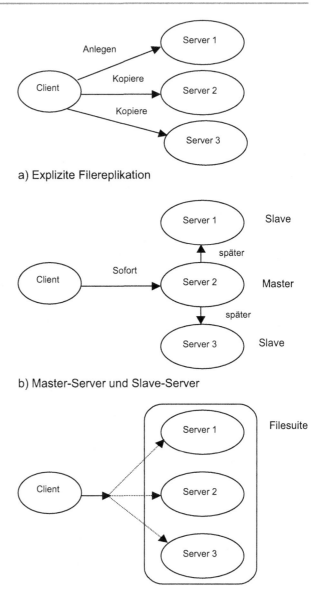

a) Explizite Filereplikation

b) Master-Server und Slave-Server

c) Server mit Filesuite

zu erreichen, müssen alle Repräsentanten die gleichen Anfangswerte enthalten, und jede
Änderung muss sofort bei allen Repräsentanten vollzogen werden. Aus folgenden Gründen ist jedoch das Halten von identischen Kopien bei allen Repräsentanten einer Filesuite
nicht möglich und nicht wünschenswert:

1. Ein Server, welcher einen Repräsentanten enthält, kann bei einer Fileänderungsoperation abgestürzt oder nicht verfügbar sein.
2. Aus Gründen der Performanz ist es wünschenswert, nicht alle Fileänderungsoperationen sofort auszuführen, sondern die Änderungen zunächst an einem Teil der Repräsentanten zu vollziehen und im Laufe der Zeit dann bei den restlichen Repräsentanten.

Bei einer alternativen und abgeschwächten Form der Konsistenz brauchen somit nicht alle Kopien sofort abgeändert zu werden, sondern die nicht aktuellen Repräsentanten werden zu späteren Zeitpunkten geändert. Nach einer gewissen Zeit konvergieren alle Repräsentanten auf eine identische Kopie. Es wird also davon ausgegangen, dass nur ein Teil der Repräsentanten die Änderungen enthält und sie somit aktuell sind. Ein File-Service stellt dann sicher,

- dass das Ergebnis einer Leseoperation auf einem aktuellen Repräsentanten basiert,
- dass eine Schreib- und somit Änderungsoperation nur auf einem Teil der Repräsentanten sofort ausgeführt wird, und
- dass die nicht aktuellen Repräsentanten (restlichen Repräsentanten) aktualisiert werden mit einer Kopie eines aktuellen Repräsentanten, wenn der Server verfügbar wird, oder wenn es zu wenig aktuelle Repräsentanten gibt.

Durch Assoziation von Versionsnummer oder Zeitstempel mit Repräsentanten lassen sich die Repräsentanten in aktuelle und veraltete Repräsentanten folgendermaßen unterscheiden:

- Der Anfangszustand eines Files ist die Version 1.
- Jede Änderung eines Files erhöht die Versionsnummer um eins. Bei replizierten Files besitzen diejenigen Files, welche die Änderungen enthalten und damit aktuell sind, eine laufende Versionsnummer, alte Files, welche noch nicht die Änderungen enthalten, besitzen eine alte und somit vorhergehende Versionsnummer.

Lese- und Schreiboperationen greifen auf den File mit der laufenden Versionsnummer und damit auf den aktuellen File zu. Nach einer Schreiboperation wird die Versionsnummer von denjenigen Repräsentanten in der Filesuite, welche die Änderung vollzogen haben, um eins erhöht. Ein Server, der einen Aufruf für eine Lese- oder Schreiboperation für einen replizierten File erhält, fordert bei anderen in der Filesuite aufgelisteten Servern die Versionsnummer an. Das Ergebnis dieser Anfrage liefert eine Menge von Versionsnummern, und die größten unter ihnen gehören zu aktuellen Versionen.

Die Performanz von Schreiboperationen kann erhöht werden, indem die Anzahl der Repräsentanten, für welche die Schreiboperation sofort zu vollziehen ist, vermindert wird. Die minimale Anzahl der sofort zu aktualisierenden Repräsentanten ergibt sich zu der Anzahl, die nötig ist, um den File konsistent zu halten. Geht eine Versionsnummernanfrage zu allen Servern in der Filesuite, so kann die laufende und somit größte Versionsnummer

korrekt bestimmt werden, selbst wenn nur ein kleiner Teil oder sogar nur einer der Repräsentanten aktuell ist. Aus Zuverlässigkeitsgründen und aus Performanzgründen ist es nicht
möglich bzw. nicht wünschenswert, die Versionsnummernanfrage an alle Server in der Filesuite zu senden. Werden als Ergebnis einer Schreiboperation die Mehrheit aller Server in
der Filesuite (die Hälfte plus eins) sofort aktualisiert, und geht die Versionsnummernanfrage an die Mehrheit (die Hälfte plus eins) der Server in der Filesuite, so enthalten beide
Mehrheiten mindestens einen gemeinsamen Repräsentanten mit der aktuellen Versionsnummer.

Bezeichnen wir die Größe der Filesuite, d. h. die Anzahl der Replikationen des Files,
mit N, die Anzahl der Anfragen nach Versionsnummern bei einer Leseoperation mit N_r
und die Anzahl der sofort zu aktualisierenden Files bei einer Schreiboperation mit N_w,
so muss, um einen gemeinsamen Repräsentanten mit der aktuellen Versionsnummer zu
finden, Folgendes gelten:

$N \geq N_r > N/2$ und

$N \geq N_w > N/2$.

Dieses Schema für N Replikationen lässt sich folgendermaßen verallgemeinern:

- Bevor ein File gelesen werden kann, muss ein Lese-Quorum stattfinden. Das Lese-
  Quorum umfasst eine willkürliche Kollektion von N_r Servern oder mehr.
- Bevor ein File geschrieben werden kann, muss ein Schreib-Quorum stattfinden. Das
  Schreib-Quorum umfasst wenigstens N_w Server. Falls weniger als N_w aktuelle Repräsentanten gefunden werden, dann müssen nicht aktuelle Repräsentanten ersetzt werden
  durch Kopien von aktuellen Repräsentanten. Dieses Ersetzen geschieht so lange, bis das
  Schreib-Quorum erfüllt ist, d. h. bis N_w Server eine aktuelle Kopie besitzen. Die Schreiboperation wird dann auf jeden Repräsentanten im Schreib-Quorum angewandt, das
  bedeutet auf mindestens N_q Repräsentanten. Die verbleibenden restlichen Repräsentanten, d. h. diejenigen, die nicht im Schreib-Quorum erfasst wurden, können dann in
  einer Hintergrundtask abgeändert (geschrieben) werden.
- Um sicherzustellen, dass ein Schreib- und Lese-Quorum einen gemeinsamen Repräsentanten enthalten, muss gelten:
  $N_r + N_w > N$
- Sollen zwei Schreib-Quorums einen gemeinsamen Repräsentanten enthalten, so muss
  gelten:
  $N_w > N/2$
  Diese Bedingung ist zur korrekten Arbeitsweise des Algorithmus nicht notwendig.

Abbildung 5.9 zeigt das allgemeine Vorgehen für 12 Server A bis L; d. h. die Anzahl der
Replikationen ist 12 (N = 12).

Der erste Fall zeigt einen gebräuchlichen Anwendungsfall bei dem N_r klein ist ($N_r = 3$)
und bei dem N_w nahe bei N liegt ($N_w = 10$). Dies ist deshalb eine gebräuchliche Wahl von

Abb. 5.9 Drei Beispiele zur
Erhaltung des Quorums

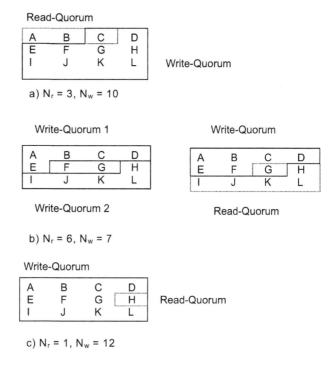

a) $N_r = 3$, $N_w = 10$

b) $N_r = 6$, $N_w = 7$

c) $N_r = 1$, $N_w = 12$

N_r und N_w, da in den meisten Anwendungen Leseoperationen häufiger vorkommen als Schreiboperationen. Um Leseoperationen effizient abzuwickeln (kleines Quorum für Lesen), wurde N_r klein gewählt.

Der zweite Fall zeigt zwei Write-Quorums für $N_w = 7$ und $N_r = 6$. Dieser Fall zeigt, dass in dem Write-Quorum mindestens zwei aktuelle Repräsentanten enthalten sind, was durch die Bedingung $N_w > N/2$ sichergestellt wird.

Der dritte Fall zeigt ein Read- und Write-Quorum für $N_r = 1$ und $N_w = 12$. Dies ermöglicht, dass von irgendeiner Replikation gelesen werden kann. Der Nachteil ist jedoch, dass beim Schreiben alle Replikationen geschrieben werden müssen ($N_w = 12$). Weiterhin besitzt dieser Fall den Nachteil, dass beim Ausfall eines Servers kein Write-Quorum mehr hergestellt werden kann ($N_w < 12$). Dieser Nachteil lässt sich umgehen, indem ein Dummy-Server eingeführt wird, der zwar keine Files besitzt, jedoch am Write-Quorum teilnimmt. Den bei einem Write-Quorum zu schreibenden File wirft dann dieser Dummy-Server weg.

5.3 Transaktionsdienst

Mehrere Clients können existieren, die den gleichen File (shared file) eines File-Servers lesen und/oder beschreiben. Werden die Lese- oder Schreiboperationen der verschiedenen Clients ohne wechselseitigen Ausschluss ausgeführt, so kann das Ergebnis des Files unvorhersehbar sein. Ein klassisches Beispiel zur Demonstration der dabei entstehenden Effekte ist das folgende Banksystem: Ein Konto weist einen Kontostand von 100 Währungs-einheiten auf. Zwei Clients überweisen auf das Konto 50 Währungseinheiten. In einem unsynchronisierten System liest jeder Client simultan den File, welcher den Kontostand enthält, und die Clients bekommen somit einen Kontostand von 100 Währungseinheiten mitgeteilt. Beide Clients addieren dann 50 Währungseinheiten auf den alten Kontostand und überschreiben den File mit dem neuen Wert (150 Währungseinheiten) nacheinander. Das Ergebnis kann entweder 150 Währungseinheiten oder 200 Währungseinheiten sein, je nachdem, in welcher zeitlichen Reihenfolge die beiden Clients ihre Lese- und Schreibope-rationen auf dem File ausführen.

Zur Lösung dieses Problems stehen die folgenden drei Wege offen:

1. Ignorieren des Problems und Abändern der Filesemantik.
2. Einschränkung des Filesystems, indem nur nicht änderbare Files (immutable files) zur Verfügung gestellt werden und ein entsprechendes Abändern der Filesemantik.
3. Synchronisation durch Transaktionen. Eine Transaktion ist eine Sequenz von Fileope-rationen, die ohne Interferenz mit anderen Clients ausgeführt werden kann.

Abändern der Filesemantik Die schon beim Filecaching (Abschn. 2.1.5) und in Ab-schn. 5.2.2 beschriebene Vorgehensweise der Session Semantik ignoriert das Problem und erweitert die Filesemantik auf den Fall, dass mehrere Clients den gleichen File bearbeiten. In diesem Fall sind die Modifikationen nur für den Client sichtbar, der die Modifikationen durchführt. Erst beim Schließen des Files werden die Modifikationen für die anderen Clients sichtbar.

Nicht änderbare Files Ein anderer Ansatz für die Semantik des Filesharings besteht dar-in, nur nicht änderbare Files (immutable files) zur Verfügung zu stellen. Damit kann ein File nicht zum Schreiben geöffnet werden. Die einzigen Operationen auf einem File sind Anlegen des Files und Lesen des Files. Durch das Anlegen eines neuen Files und dem an-schließendes Eintragen in das Verzeichnis unter dem Namen eines existierenden Files kann auf den File unter dem alten Namen nicht mehr zugegriffen werden. Modifikationen eines Files f sind dadurch nicht mehr möglich, jedoch kann f durch einen neuen File ersetzt wer-den. Files können also nicht modifiziert werden, jedoch Verzeichnisse. Dadurch, dass Files nicht mehr änderbar sind, verschwindet das Problem, was dann passiert, wenn ein Client auf einen File schreibt und ein anderer Client den gleichen File liest. Es sind jedoch noch die folgenden beiden Probleme zu lösen:

1. Was passiert, wenn zwei Clients gleichzeitig versuchen, den gleichen File zu ersetzen?
2. Was soll mit ersetzten Files geschehen, auf die noch andere Clients lesend zugreifen?

Problem 1 kann wie bei der Session-Semantik gelöst werden, indem einer der beiden neuen Files den alten ersetzt (entweder der letzte oder es ist unbestimmt).

Eine Lösung zu Problem 2 ist, dass die Leser den alten File weiter lesen können, obwohl er in allen Verzeichnissen gelöscht wurde und nicht mehr eingetragen ist oder dass nachfolgende Leseoperationen bei den Lesern auf eine Fehlermeldung führen.

5.3.1 Transaktionen als Erweiterung des File-Servers

Die erste Eigenschaft, die Transaktionen gewährleisten müssen, ist die Serialisierbarkeit, d. h. verschiedene Transaktionen können sich nicht überlappen und sind seriell in irgendeiner Reihenfolge auszuführen. Laufen also mehrere Transaktion zur gleichen Zeit, so ist das Ergebnis aller Transaktionen das gleiche, wie wenn alle Transaktionen zeitlich hintereinander in irgendeiner Reihenfolge ausgeführt wurden.

Stürzt während der Durchführung einer Transaktion der Client oder der Server ab, so können inkonsistente Zustände eines Files entstehen: Beispielsweise wurde bei einer Überweisung eines Betrags von einem Konto auf ein anderes Konto, von einem Konto der Betrag abgezogen, der jedoch noch nicht auf dem anderen Konto gutgeschrieben ist. Zur Vermeidung solcher inkonsistenter Zustände beim Absturz des Clients oder des Servers fordert man, dass Transaktionen regenerierbar (recoverable) sind; d. h. hält ein Client oder Server unerwarteterweise an, so sind die Änderungen an dem File innerhalb der Transaktion abgeschlossen oder es wurden überhaupt keine Änderungen an dem File durchgeführt, d. h. das alte File vor der Durchführung der Transaktion ist wieder herstellbar (regenerierbar). Alle Operationen auf einem File innerhalb einer Transaktion sind entweder alle erfolgreich durchgeführt oder überhaupt nicht durchgeführt.

Ein Transaktions-Service kann als eine Erweiterung oder Modifikation eines File-Service betrachtet werden. Eine Transaktion wird erreicht durch Kooperation eines Clients mit einem Transaktions-Server: Der Client spezifiziert dabei eine Sequenz von Fileoperationen, welche eine Transaktion bilden. Der Transaktions-Server garantiert dann die beiden Eigenschaften einer Transaktion: Serialisierbarkeit und Regenerierbarkeit. Die Dienstleistungen die ein Transaktions-Server zur Verfügung stellt sind somit:

`begin_transaction` zur Einleitung einer neuen Transaktion. Der Transaktions-Server liefert dem Client einen eindeutigen Transaktionsidentifier (Trans_id) zurück. Der Trans_id wird dann von allen Operationen innerhalb der Transaktion benutzt.

`end_transaction(Trans_id)` zur Beendigung einer Transaktion. Der Transaktions-Server teilt dann dem Client mit, ob die Transaktion erfolgreich verlaufen ist (committed) oder ob die Transaktion abgebrochen (aborted) wurde, wegen irgendeinem Fehler im Prozess, im Rechner oder auf der Platte. Der Abbruch der Transaktion findet dabei auf der Server-Seite statt. Der Transaktions-Server stellt dabei sicher, dass die Änderungen am File, die innerhalb der Transaktion ausgeführt wurden, rückgängig gemacht wurden (das File hat den gleichen Zustand wie beim Start der Transaktion).

`abort_transaction (Trans_id)` zum Abbruch einer Transaktion von der Seite des Clients aus. Der Transaktions-Server stellt dabei wieder sicher, dass die bisher in der Transaktion durchgeführten Änderungen am File wieder rückgängig gemacht wurden.

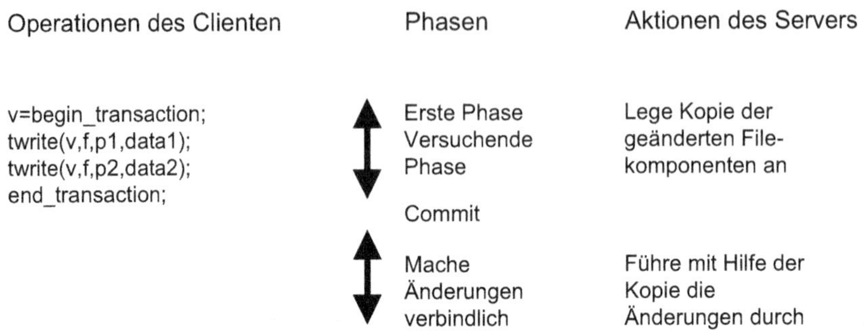

Operationen des Clienten	Phasen	Aktionen des Servers

v=begin_transaction;
twrite(v,f,p1,data1);
twrite(v,f,p2,data2);
end_transaction;
	Erste Phase
	Versuchende
	Phase
		Lege Kopie der
		geänderten File-
		komponenten an

	Commit	
	Mache Änderungen verbindlich	Führe mit Hilfe der Kopie die Änderungen durch

Abb. 5.10 Ablauf der beiden Phasen einer Transaktion

tread(Trans_id, File, Position, Data) zum Lesen von Daten aus einem File an einer bestimmten Position.

twrite(Trans_id, File, Position, Data) zum Schreiben von neuen Daten in einen File an eine bestimmte Position.

5.3.1.1 Recovery-Kontrolle

Zum Herstellen des alten Zustandes eines Files bei Abbruch einer Transaktion ist es angebracht, eine Transaktion in zwei Phasen mit drei Zuständen zu untergliedern.

Die drei Zustände sind: versuchend (tentative), verbindlich (comitted) oder abgebrochen (aborted). Die bei einer Transaktion durchzuführenden Phasen zeigt Abb. 5.10.

Eine Transaktion ist im Zustand versuchend, während einer ersten Phase, die beginnt, wenn der Server die Anforderung begin_transaction vom Client erhält und endet, wenn die end_transaction-Anforderung eintrifft. Während dieser Phase legt der Server versuchende Kopien von modifizierten Komponenten eines Files an. Nur in der ersten Phase kann eine Transaktion abgebrochen werden, da die Änderungen am eigentlichen File noch nicht sichtbar sind, sondern nur an der Kopie. Alles was der Server bei Abbruch der Transaktion in dieser Phase zu tun hat, ist die versuchende Kopie freizugeben.

Die zweite Phase startet, wenn der Server die Anforderung end_transaction erhält, und die Transaktion ist im Zustand verbindlich (committed). Der Server versucht in dieser Phase, die versuchenden Änderungen an Filekomponenten verbindlich oder permanent zu machen, d. h. sie an verschiedenen Stellen im Original-File einzutragen. Kann der Server nicht in die zweite Phase eintreten, d. h. in den Zustand commit, dann ist die Transaktion im Zustand abgebrochen (aborted) und der Client wird informiert, dass die Transaktion fehlgeschlagen ist. Ist ein Eintritt in die zweite Phase möglich, so muss diese Phase atomar abgearbeitet werden, d. h. stoppt der Server aus irgendwelchen Gründen in dieser Phase, so muss er seine Operationen bei Wiederanlauf erneut ausführen. Dies bedingt, dass die Kopie mit den versuchenden Änderungen verfügbar ist, wenn der Server neu startet und dass das Wiederholen von Teilen oder der gesamten Phase zwei den gleichen Effekt hat, wie eine einmalige Abarbeitung der Phase zwei.

Transaktion	Log-Record vor Ausführung der Transaktionsanweisungen	

v=begin_transaction;
twrite(v,f,p1,data1);
twrite(v,f,p2,data2);
end_transaction;
	(write,f,p1,data1)	write(f,p1,data1)
		write(f,p2,data2)
		Commit

		Führe Änderungen mit Hilfe des Log-Records am File f durch

Abb. 5.11 Aussehen des Log-Records bei Abarbeitung einer Transaktion

Zur Implementierung dieses Protokolls gibt es zwei Ansätze:

1. Der Gebrauch von *Log-Records*, oder auch write ahead logs oder Intentionslisten genannt (siehe Abb. 5.11), oder
2. die Benutzung von verschiedenen *File-Versionen*.

Betrachten wir zunächst die Methode von Log-Records:

Der Log-Record enthält für alle Transaktionsoperationen, welche einen File verändern (twrite-Operationen), Einträge mit Name und Position des geänderten Files und die neuen geänderten Daten. Damit liegt dann genug Information vor, um die Änderungen am Originalfile später durchzuführen. Nachdem dann die Transaktion beendet wird (in der Commit-Phase), werden die Änderungen am File durchgeführt.

Nachfolgendes Bild zeigt ein Beispiel der Arbeitsweise von Log-Records. Die Intention einer twrite-Operation ist das Schreiben von neuen Daten an eine Position innerhalb des Files. Deshalb enthält die Intentionsliste für jede twrite-Operation einen Eintrag.

Werden Daten in einer tread-Operation angefordert, die durch eine twrite-Operation innerhalb der gleichen Transaktion geändert wurden, so werden die Daten aus dem Log-Record entnommen, andernfalls können sie aus dem Original-File entnommen werden.

Jeder Log-Record enthält noch zusätzlich ein Commit-Flag. Das Commit-Flag sitzt auf tentative (versuchend) in der ersten Phase des two-phase-commit-protocols. Beim Übergang von Phase eins zur Phase zwei (Commit-Phase), werden dann die im Log-Record angegebenen Änderungen am File vollzogen, und das Commit-Flag sitzt dabei auf Commit. Nach erfolgreicher Durchführung der Commit-Phase kann dann der Log-Record und das Commit-Flag gelöscht werden. Die Commit-Phase muss dabei eine atomare Aktion sein. Stürzt der Server in der Commit-Phase ab, so kann er später bei einem Neustart mit Hilfe des Log-Records, dessen Commit-Flag auf Commit sitzt, die Änderungen am File erneut vollziehen. Die Fileoperationen im Log-Record sind beliebig wiederholbar, d. h. die mehrmalige vollständige oder teilweise Abarbeitung des Log-Records hat den gleichen Effekt wie die einmalige Abarbeitung des Log-Records. Voraussetzung für dieses Vorgehen ist jedoch, dass der Log-Record den Absturz des Servers überlebt. Dies kann gewährleistet werden, indem der Log-Record auf der Platte des Servers im „stable storage" gehalten wird.

Kommen wir nun zu dem Ansatz mit verschiedenen File-Versionen:

Bei dieser Methode legt der Server neue Versionen von dem File an, welche die Änderungen der verschiedenen Transaktionen enthalten. Wird die Transaktion dann verbindlich (commit), so ist die neue Version die aktuelle oder die neue Version wird verworfen und die Transaktion ist somit nicht erfolgreich ausgeführt worden.

Als Ergebnis von verschiedenen Filemodifikationen, kann ein File eine Sequenz von Versionen besitzen. Jede dieser Versionen wird einmal abgespeichert und ist versuchend (tentative). Eine Transaktion kann mehr als einen File modifizieren. In dieser Situation existiert eine versuchende Version für jeden in der Transaktion modifizierten File. Kommt die Transaktion dann in die Verbindlichkeitsphase (commit), so wird die versuchende Version die aktuelle Version, und die Ausgangsversion für die Transaktion kommt zur Sequenz der alten Versionen.

Das gleiche File kann von mehr als einer Transaktion bearbeitet werden. Greifen zwei oder mehr Transaktionen auf den gleichen File zu, so entstehen die beiden folgenden Konflikte:

1. Ein *Versions-Konflikt* tritt auf, wenn mehrere Transaktionen auf den gleichen File zugreifen, jedoch keines der Datenelemente, das von einer Transaktion modifiziert wurde, wurde in keiner Operation der anderen Transaktion gelesen oder modifiziert (Abb. 5.12a)).
2. Ein *Serialisierungs-Konflikt* tritt auf, wenn mehrere Transaktionen auf den gleichen File zugreifen, und das gleiche Datenelement von einer oder mehreren Transaktionen modifiziert worden (twrite) ist und auf dieses Datenelement auch von anderen Transaktionen zugegriffen wurde (Abb. 5.12b)).

Ein Versions-Konflikt lässt sich folgendermaßen lösen:

Endet die erste Transaktion, so sieht der Server, dass die versuchende Version auf der aktuellen Version basiert. Daraufhin kann er die Transaktion verbindlich machen und die versuchende Version wird zur aktuellen Version. Die restlichen versuchenden Versionen basieren dadurch nicht mehr auf der aktuellen Version. Endet dann eine weitere Transaktion, so sieht der Server, dass die versuchende Version nicht mehr auf der alten aktuellen Version basiert. Die versuchende Transaktion wird dann mit der neuen aktuellen Version verschmolzen. Sind dann alle laufenden Transaktionen abgeschlossen und sind dabei nur Versions-Konflikte und keine Serialisierungs-Konflikte aufgetreten, so enthält die neueste aktuelle Version alle Änderungen, die durch die Transaktionen verursacht wurden.

Zur Vermeidung von Serialisierungs-Konflikten kann das Sperren (locking) von Datenelementen benutzt werden (siehe nachfolgenden Abschnitt). Benutzt man kein Locking, so kann nur die erste Transaktion verbindlich gemacht werden. Dies ergibt dann die neue aktuelle Version und alle weiteren Transaktionen müssen abgebrochen werden.

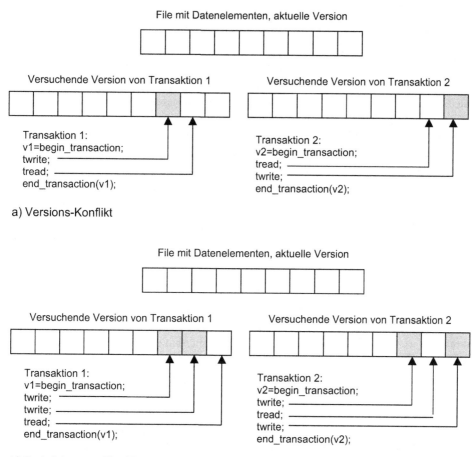

Abb. 5.12 Unterschied zwischen a) Versions-Konflikt und b) Serialisierungs-Konflikt

Die versuchenden Versionen von mehreren Transaktionen sind Kopien der aktuellen Versionen. Jedoch braucht nicht das ganze File kopiert zu werden für neue versuchende Versionen, sondern es reicht aus, bei einem Schreibzugriff auf einen Block oder eine Seite (page), nur diese eine Seite zu kopieren. Haben wir eine Speicherstruktur eines Files mit Index-Blöcken, so können wir jedem Eintrag im Fileindexblock, zusätzlich zum Zeiger auf die Seite, eine Versionsnummer zuordnen. Der Server, der den File verwaltet, kann beim Anlegen eines neuen Files und damit beim Anlegen der Seiten eine Versionsnummer für Seiten vergeben. Der Server vergibt eine neue Versionsnummer für eine Seite, wenn die Seite modifiziert wird. Dadurch ist mit jeder Seite eine spezielle Version des Files verknüpft. Unmodifizierte Seiten eines Files sind gemeinsam für verschiedene Versionen eines Files. Wird eine Seite modifiziert durch die `twrite`-Operation, legt der Server einen neuen

Plattenblock an, und schreibt den neuen versuchenden Wert in den Block. Der neue Block ist dann der Schatten-Block (shadow page) des alten Blockes. Der Blockzeiger auf den neuen Block und die Versionsnummer wird in den Fileindexblock eingetragen. Die neue Seite entspricht der versuchenden Version, die mit der Transaktion assoziiert ist. Nachfolgende Schreiboperationen der Transaktion auf die Seite benutzen dann die Schattenseite. Endet die Transaktion und traten keine Versions- oder Serialisierungs-Konflikte auf, so ergibt jede versuchende Version einer Seite die aktuelle Version. Beim Auftreten von Versions-Konflikten wird die versuchende Seite mit der aktuellen Seite verschmolzen. Endet eine Transaktion mit einer versuchenden Seite, die nicht auf einer aktuellen Seite basiert, so muss die Transaktion abgebrochen werden, und es liegt ein Serialisierungs-Konflikt vor. In diesem Fall kann die neue versuchende Seite (Schattenseite) verworfen werden.

5.3.1.2 Konkurrenz-Kontrolle

Laufen Transaktionen konkurrent und greifen sie auf den gleichen File zu, so kann die überlappende Ausführung der `tread`- und `twrite`-Operationen zu unvorhersehbaren Ergebnissen führen, wie zu Beginn des Abschnittes gezeigt wurde. Um ein Ergebnis zu erhalten, müssen Transaktionen auf gemeinsamen Daten *seriell und hintereinander* oder man sagt auch *atomar* ausgeführt werden.

Eine einfache Lösung besteht darin, parallele Transaktionen zuzulassen, falls die Transaktionen verschiedene Files betreffen und Transaktionen auf einem gemeinsamen File seriell und hintereinander abzuarbeiten. Diese Lösung ist jedoch nicht befriedigend, da erstens keine Kenntnis vor Ausführung der Transaktion vorliegt, welche Files oder Teile eines Files die Transaktion manipuliert, und zweitens die Transaktionen auf einen kleinen gemeinsamen Teil des Files für nur kurze Zeit zugreifen. Der Server muss also den Zugriff auf gemeinsame Teile eines Files serialisieren. Das Serialisieren sollte den kleinsten möglichen Teil eines Files umfassen, gerade denjenigen Teil des Files, der in einer `tread`- und `twrite`-Operation manipuliert werden kann. Die Parallelität von Transaktion wird unnötigerweise eingeschränkt, falls größere Teile des Zugriffs auf einen File, oder sogar Zugriffe zum ganzen File, serialisiert werden.

Drei alternative Möglichkeiten stehen zur Lösung des Problems zur Auswahl:

- *Sperren (locking):* Hier setzt der Server eine Sperre auf jedes Datenelement im File, bevor darauf zugegriffen wird. Bei Beendigung der Transaktion wird dann die Sperre freigegeben. Ist ein Datenelement gesperrt, so darf nur die Transaktion darauf zugreifen, welche die Sperre gesetzt hat. Alle anderen Transaktionen müssen warten, bis das Datenelement wieder freigegeben (entsperrt) wird.
- *Optimistische Konkurrenz-Kontrolle:* Hierbei greifen Transaktionen auf die Datenelemente eines Files zu. Am Ende der ersten Phase der Transaktion, vor der Verbindlichkeit (commit), wird überprüft, ob das gleiche Datenelement von einer anderen Transaktion benutzt wurde. Ist dies der Fall, so wird die Transaktion abgebrochen und muss anschließend neu gestartet werden.

- *Verwendung von Zeitstempel (timestamps):* Beim Start einer Transaktion (begin_transaction) erhält die Transaktion einen Zeitstempel. Weiterhin erhält jedes Datenelement des Files beim Lesen (`tread`) und Schreiben (`twrite`) einen Zeitstempel. Der Zeitstempel der Transaktion wird dann verglichen mit dem Zeitstempel des zuzugreifenden Datenelements. Die Transaktion wird dann abgebrochen, falls die Operation auf dem Datenelement zu spät kommt. Die abgebrochene Transaktion muss dann wieder neu gestartet werden.

Sperren (locking) Ein Datenelement, auf das zwei Clients in einer Transaktion zugreifen, lässt sich als ein gemeinsames Betriebsmittel betrachten, auf das unter wechselseitigem Ausschluss zuzugreifen ist. Greift ein Client auf das Betriebsmittel innerhalb einer Transaktion zu, so können die folgenden Fälle auftreten:

1. Ist das Betriebsmittel noch nicht gesperrt, so sperrt der Server das Betriebsmittel und benutzt es anschließend.
2. Ist das Betriebsmittel durch eine andere Transaktion gesperrt, so muss der Client warten, bis das Betriebsmittel freigegeben (entsperrt) wird.
3. Hat der Server das Betriebsmittel innerhalb einer Transaktion gesperrt, so kann er weiterhin innerhalb der gleichen Transaktion das Betriebsmittel benutzen.

Ist eine Transaktion verbindlich oder wurde sie abgebrochen, so hebt der Server die Sperre für alle innerhalb der Transaktion gesperrten Betriebsmittel auf.

Um sicherzustellen, dass das Sperren und Entsperren zentral abläuft, führt der Transaktions-Server die Sperroperation als Nebeneffekt bei einer `tread`- und `twrite`-Operation durch. Der Client hat dabei keinen Zugriff auf die Sperr- und Freigabe-Operation. Das Sperren und Freigeben kann durch einen zentralen und einzigen Lockmanager, oder mit lokalen Lockmanagern, die nur die lokalen Files verwalten, durchgeführt werden.

Einfache Locks, die bei jedem Lesen und Schreiben gesetzt werden, sind zu restriktiv und schränken die Parallelität zu stark ein. Mehr Parallelität wird erreicht, indem man die Sperren (Locks) in Lese-Sperren (`read`-Locks) und Schreib-Sperren (`write`-Locks) unterteilt. Ist ein `read`-Lock gesetzt, so sind weitere `read`-Locks zugelassen. `read`-Locks dienen zum Ausschluss von `write`-Locks (Writer), jedoch können weitere Leser zugelassen werden. Besitzt ein Datenelement ein `write`-Lock, so werden keine weiteren Locks, weder `write`- noch `read`-Locks zugelassen. Das bedeutet das Lesen kann gemeinsam geschehen, während das Schreiben exklusiv ist. Eine tabellarische Übersicht des Sachverhalts zeigt nachfolgende Abb. 5.13.

Die erste Phase einer Transaktion ist die versuchende Phase in der neue Sperren (locks) angefordert werden. Am Ende der zweiten Phase der Transaktion (commit-Phase) können dann alle Sperren aufgehoben werden. Dieses Schema heißt *two-phase locking*.

In der ersten Phase besitzt eine Transaktion eine versuchende Kopie von den Datenelementen, die für andere Transaktionen nicht sichtbar ist. Bis die Transaktion dann verbindlich oder abgebrochen ist, kann nicht entschieden werden, ob andere Transaktionen auf

gesetzte Locks	zu setzende Locks innerhalb der Transaktion beim		durchzuführende Aktionen in einer anderen Transaktion beim	
	tread	twrite	tread	twrite
keiner	read-Lock	write-Lock		
read-Lock	ok read	write-Lock	ok read	wait
write-Lock	ok read	ok write	wait	wait

Abb. 5.13 Zu setzende Locks und durchzuführende Aktionen bei einem Read- und Write-Lock

die gleichen Datenelemente zugreifen. Deshalb kann die Sperre erst nach der Verbindlich-keitsphase oder dem Abbruch (nach Abschluss der Transaktion) aufgehoben werden; d. h. eine Sperre kann nicht aufgehoben werden, wenn kein Zugriff mehr innerhalb der Transaktion auf das Datenelement stattfindet, sondern erst am Ende einer Transaktion. Durch diese Bedingung ist die Parallelität der Transaktionen eingeschränkt.

Locks können zu Verklemmungen führen, wenn zwei Transaktionen das gleiche Paar von Locks anfordern, jedoch in einer Transaktion in umgekehrter Reihenfolge.

Zur Vermeidung von Verklemmungen müssen alle Transaktionen die Locks in der gleichen Reihenfolge oder alle Locks zum Beginn einer Transaktion anfordern. Dieses Vorgehen verhindert das Halten eines Locks und Warten auf einen anderen Lock. Das Belegen aller Locks zu Beginn der Transaktion bedingt wieder eine Reduktion der Parallelität von Transaktionen.

Mit Hilfe von Zeitschranken (Timeouts) lassen sich ebenfalls Verklemmungen auflösen. Beim Setzen einer Sperre, wird ihr eine Zeitschranke t mitgegeben. Ist nach Ablauf der Zeitschranke t die Sperre immer noch nicht aufgehoben, so wird sie als auflösbar markiert. Will nun ein anderer Prozess die gleiche Sperre benutzen und die Sperre ist auflösbar, so wird die Sperre aufgehoben und diejenige Transaktion, welche die Sperre besitzt, wird abgebrochen. Ohne die Markierung eines Locks als auflösbar könnte keine Sperre beim Überschreiten der Zeitschranke aufgehoben und die Transaktion abgebrochen werden. Der Vorteil der Markierung eines Locks als auflösbar liegt darin, dass eine Transaktion, eventuell, falls keine anderen Transaktionen den gleichen Lock benötigen, zu Ende kommen und die Sperre selbst freigeben kann.

Durch obiges Vorgehen lassen sich Verklemmungen auflösen, jedoch sind diejenigen Fälle kritisch, in denen keine Verklemmung vorlag, sondern nur eine zu kleine Zeitschranke angegeben wurde. Bei einem überlasteten System reicht die angegebene Zeitschranke meistens nicht aus, und dies führt dann zu einer Vielzahl von abgebrochenen Transaktionen, die erneut auszuführen sind, d. h. zu einer noch stärkeren Belastung des Systems durch erneutes Ausführen von abgebrochenen Transaktionen. Eine zu große Zeitschranke hält jedoch beim Vorliegen einer Verklemmung die Prozesse zu lange in der Verklemmungssituation.

Optimistische Konkurrenzkontrolle Bei der optimistischen Konkurrenzkontrolle geht man von der Tatsache aus, dass es sehr selten vorkommt, dass zwei oder mehrere Transaktionen und somit zwei oder mehrere Clients auf das gleiche Datenelement zugreifen. Transaktionen werden deshalb zunächst ausgeführt, als ob es zu keinem Konflikt mit anderen Transaktionen kommen kann.

In der ersten Phase einer Transaktion werden Leseanfragen aus dem File befriedigt und Schreibanfragen werden in eine versuchende Kopie geschrieben, die nicht sichtbar ist für andere Transaktionen. Während der ersten Phase wird zusätzlich noch in einer Liste vermerkt, welche Komponenten von welchem File gelesen und geschrieben wurden.

Vor Beginn der zweiten Phase wird dann entschieden, ob die Änderungen am Originalfile durchzuführen und somit verbindlich sind oder nicht. Dazu wird dann die Liste der gelesenen und geschriebenen Filekomponenten verglichen mit den Listen von allen anderen konkurrenten Transaktionen. Wurde in einer anderen Transaktion auf die gleichen Filekomponenten zugegriffen, so wird die Transaktion abgebrochen. Existieren keine weiteren Transaktionen oder greifen die anderen Transaktionen auf andere Files oder Filekomponenten zu, so können die Änderungen am Originalfile nachgezogen und somit verbindlich gemacht werden.

Der große Vorteil von optimistischer Konkurrenzkontrolle im Vergleich zum Locking liegt darin, dass

1. keine Verklemmungen auftreten können und
2. maximaler Parallelismus möglich ist, da kein Prozess auf die Freigabe einer Sperre warten muss.

Der Nachteil liegt darin, dass Transaktionen gestartet werden, die später dann abgebrochen werden und erneut gestartet werden müssen. Bei einem weiteren Start der Transaktion kann sie dann erneut abgebrochen werden, da sie in Konflikt mit jetzt jedoch anderen Transaktionen steht. Somit wird die Transaktion nie verbindlich und es kommt zum Problem der Verhungerns der Transaktion.

Verwendung von Zeitstempeln Bei der Verwendung von Zeitstempeln bekommt jede Transaktion, wenn sie startet (`begin_transaction`), einen Zeitstempel. Dieser Wert definiert die Startposition der Transaktion auf der Zeitachse. Weiterhin hat jedes Datenelement eines Files einen Lese- und einen Schreibzeitstempel, der gesetzt wurde als eine verbindliche Transaktion beendet wurde; d. h. der Zeitstempel der Filekomponente gibt die Zeit der letzten Schreib- und Leseoperation an, für eine abgeschlossene und verbindliche Transaktion. Zur Bestimmung der Zeitstempel dient der Lamport-Algorithmus aus Abschn. 4.1.

Sind Transaktionen nur kurz und liegen sie weit auseinander in der Zeit, dann ist der Zeitstempel der Lese- und Schreiboperationen des Datenelementes älter als der Zeitstempel der Transaktion. Diese Zeitordnung ist korrekt und bedeutet, dass die verschiedenen Transaktionen seriell und somit hintereinander ausgeführt wurden. Ist die Zeitordnung inkorrekt, so wurde eine Transaktion, die später startet als die gegenwärtige Transaktion, verbindlich. In dieser Situation, kommt die gegenwärtige Transaktion zu spät und muss abgebrochen werden.

Zur Implementierung dieses Vorgehens ordnen wir jeder Transaktion einen Zeitstempel $TS(T_i)$ zu. Jedes Datenelement Q besitzt zwei mögliche Zeitwerte:

- w-TS(Q), welcher die größte Zeit enthält von irgendeiner Transaktion, die erfolgreich `twrite` auf Q ausgeführt hat.
- r-TS(Q), welcher die größte Zeit enthält von irgendeiner Transaktion, die erfolgreich `tread` auf Q ausgeführt hat.

Ein Protokoll, das nun jede `tread`- und `twrite`-Operation in der zeitlichen Reihenfolge ausführt, hat nun folgendes Aussehen:
Die Transaktion T_i führt `tread(Q)` aus:

- Gilt $TS(T_i) <$ w-TS(Q), dann möchte die Transaktion T_i einen Wert von Q lesen, der bereits überschrieben wurde. In diesem Fall muss die `tread`-Operation zurückgewiesen werden und die Transaktion abgebrochen werden.
- Gilt $TS(T_i) \geq$ w-TS(Q) dann kann die `tread`-Operation ausgeführt werden, da das `twrite` vor Beginn der Transaktion T_i liegt.
- Andernfalls kann die `tread`-Operation ausgeführt werden.

Die Transaktion T_i führt `twrite(Q)` aus:

- Gilt $TS(T_i) <$ r-TS(Q), dann wurde der neue Wert von Q (was in `twrite` geschrieben wird) vorher benötigt und die Transaktion T_j hat angenommen, dass kein neuer Wert geschrieben wird. In diesem Fall ist die `tread`-Operation zurückzuweisen und die Transaktion ist abzubrechen.
- Gilt $TS(T_i) <$ w-TS(Q), dann versucht die Transaktion, einen nicht mehr gültigen Wert zu schreiben, und die `twrite`-Operation ist abzuweisen und die Transaktion abzubrechen
- Andernfalls kann die `twrite`-Operation ausgeführt werden.

Am Ende der Transaktion in der Commit-Phase werden dann die Zeitstempel w-TS(Q) und r-TS(Q) gesetzt.

Dieser Ansatz entspricht der optimistischen Konkurrenzkontrolle, jedoch mit dem Unterschied, dass bei der optimistischen Konkurrenzkontrolle gehofft wird, dass eine andere Transaktion nicht die gleichen Filekomponenten benutzt, während bei der Verwendung von Zeitstempel konkurrente Transaktionen den gleichen File benutzen können, solange die Zeitstempel älter sind als der Zeitstempel der gegenwärtigen Transaktion. Wie der Ansatz mit der optimistischen Konkurrenzkontrolle ist der Ansatz mit Zeitstempel verklemmungsfrei und lässt optimale Parallelität der Transaktionen zu, d. h. keine Transaktion braucht auf das Freigeben einer Sperre zu warten.

5.3.2 Verteilte Transaktionen

Bei einem verteilten File bzw. bei einer verteilten Datenbank ist der Datenbestand über mehrere Server verteilt. Bei unserem eingangs erwähnten Beispiel der Konto-Umbuchung befindet sich das Konto des Kunden A auf Knoten 1 und das andere Konto des Kunden B auf Knoten 2. Somit sind verschiedene und mehr als ein Server für die Verwaltung des Files bzw. der Datenbank zuständig. Bei verteilten Files bzw. Datenbanken unterscheidet man *lokale Transaktionen*, die lediglich die Daten eines Knotens bearbeiten, und *verteilte (globale) Transaktionen*, die knotenübergreifend auf verschiedene Files bzw. verschiedene Datenbanken zugreifen.

Eine verteilte oder auch globale Transaktion besteht aus einer Primärtransaktion, die vom Client initiiert wird, und aus Subtransaktionen, die vom koordinierenden Server an die betroffenen Sub-Server gesendet werden. Da auch verteilte Transaktionen dem Atomaritätsprinzip unterliegen und somit seriell und hintereinander auszuführen sind, ist die Steuerung der Subtransaktionen notwendig. Entweder werden alle Transaktionen bestätigt oder es müssen alle Transaktionen rückgängig gemacht werden. Für verteilte Transaktionen setzt man deshalb einen zweistufigen Freigabeprozess ein, der mit Hilfe des so genannten *Two Phase Commit Protocols* implementiert ist und in Abb. 5.14 dargestellt ist.

In der ersten Phase des Zwei-Phasen-Commit-Protokolls muss aus den vorhandenen Servern ein Koordinator oder Commit-Server bestimmt werden. Dieser Commit-Server sendet an alle beteiligten Server ein „prepare to commit", die daraufhin die lokale Transaktion starten. Ist die versuchende Phase der lokalen Transaktion abgeschlossen, sendet jeder Sub-Server ein lokales Commit an den Commit-Server.

Hat der Commit-Server von allen Sub-Servern eine Antwort erhalten, weiß er, ob die Ergebnisse festgeschrieben werden können. Sind alle Sub-Server bereit, die Ergebnisse festzuschreiben, so wird die Transaktion erfolgreich beendet, indem der Commit-Server an alle Sub-Server die Commit-Nachricht sendet. Sendet ein Sub-Server nicht die Commit-Nachricht, dann sendet der Commit-Server an alle Sub-Server die abort-Nachricht, und die Transaktionen werden zurückgesetzt.

5.4 Konkurrenzdienst

Kritische Abschnitte dienen in Einprozessorsystemen zum wechselseitigen Ausschluss beim Zugriff von mehreren Prozessen auf gemeinsame Betriebsmittel und/oder Daten. Semaphore, Monitore wie bei Threads, bedingte kritische Regionen oder andere Synchronisationskonstrukte regeln dann den Eintritt von Prozessen in den kritischen Abschnitt. Im Folgenden betrachten wir mehrere Verfahren für wechselseitigen Ausschluss für verteilte Systeme. Dabei setzen wir voraus, dass das System aus n Prozessen (n > 1) besteht, wobei jeder Prozess seinen eigenen Prozessor besitzt. Die einzige Kommunikationsmöglichkeit zwischen Prozessen ist der Nachrichtenaustausch. Es existiert kein gemeinsamer Speicher.

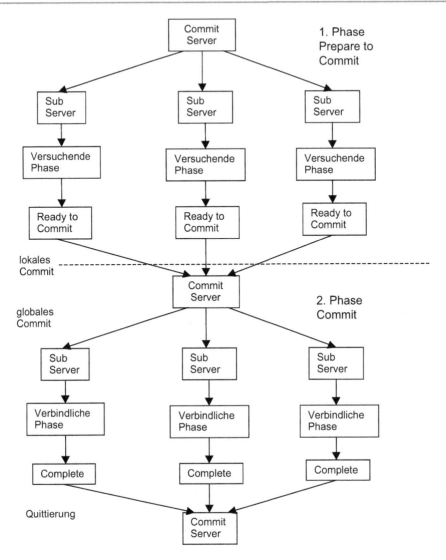

Abb. 5.14 Two Phase Commit Protocol

5.4.1 Zentralisierter Algorithmus

Der einfachste Weg zur Realisierung des wechselseitigen Ausschlusses bei verteilten Systemen ist eine Simulation des Vorgehens bei einem Einprozessorsystem. Hier wird eine zentrale Variable, Instanz oder ein Prozess benötigt, der den Eintritt in den kritischen Abschnitt koordiniert. Analog lässt sich bei einem verteilten System ein Prozess auswählen, der als Koordinator fungiert. Jeder andere Prozess, der in den kritischen Abschnitt will, sendet eine Anfrage-Nachricht (request) an den Koordinator. Der Koordinator entscheidet dann folgendermaßen:

1. Bei Erhalt der request-Nachricht überprüft der Koordinator, ob sich ein anderer Prozess im kritischen Abschnitt befindet. Dazu benutzt er eine Variable KA_Frei.
   a) Ist kein anderer Prozess im kritischen Abschnitt (KA_Frei = True), sendet der Koordinator eine Antwortnachricht (reply) an den Prozess zurück, der daraufhin den kritischen Abschnitt betritt. Er setzt dann KA_Frei auf False.
   b) Befindet sich ein anderer Prozess im kritischen Abschnitt (KA_Frei = False), so wird die Anfrage des Prozesses in eine Warteschlange eingereiht.
2. Der Prozess, der eine reply-Antwort erhalten hat, kann fortfahren und befindet sich im kritischen Abschnitt. Nach Abarbeiten des kritischen Abschnitts sendet der Prozess eine Freigabe (release) an den Koordinator. Bei Erhalt der Freigabe-Nachricht entscheidet der Koordinator folgendermaßen:
   a) Ist ein Prozess in der Warteschlange, dann entnimmt der Koordinator einen Prozess aus der Warteschlange und sendet dann diesem Prozess eine reply-Nachricht zu, so dass dann dieser seinen kritischen Abschnitt betreten kann.
   b) Ist kein Prozess in der Warteschlange, so setzt er die Variable KA_Frei auf True.

Es ist einsichtig, dass dieser Algorithmus den wechselseitigen Ausschluss sicherstellt, da zu einer Zeit immer nur ein Prozess in den kritischen Abschnitt kommt. Weiterhin tritt bei diesem Algorithmus das Problem des Verhungerns nicht auf, wenn der Schedulingalgorithmus der anfragenden Prozesse in der Warteschlange fair ist. Eine faire Schedulingstrategie ist first come first served.

Der Algorithmus ist einfach und benötigt nur drei Nachrichten (request, reply und release) für jeden kritischen Abschnitt. Weiterhin ist der Algorithmus nicht nur für kritische Abschnitte brauchbar, sondern kann leicht zu einem allgemeinen Betriebsmittelbelegungsalgorithmus erweitert werden.

Der Nachteil des Algorithmus ist jedoch, dass der Koordinator ein zentraler Ausfallpunkt (single point of failure) ist. Bei einem Ausfall des Koordinators erkennen die nach einer request-Nachricht blockierten Prozesse wegen der fehlenden Rückantwort dann nicht, ob es sich um einen Ausfall des Koordinators handelt oder um ein Ausbleiben der reply-Nachricht.

5.4.2 Verteilte Algorithmen

Der zentrale Ausfallpunkt ist nicht vertretbar bei einem verteilten System. Wir benötigen deshalb einen verteilten Algorithmus, der die Entscheidungsfindung für das Betreten des kritischen Abschnitts über das komplette System verteilt. Diese verteilten Algorithmen lassen sich klassifizieren in [R 91]:

1. Abfrage-basierte Algorithmen und
2. Token-basierte Algorithmen.

Die Idee bei Abfrage-basierten Algorithmen ist Folgende:
Möchte ein Prozess in den kritischen Abschnitt eintreten, so fragt er alle anderen Prozesse ab und möchte von ihnen die Erlaubnis haben. Er wartet dann, bis er von allen Prozessen die Erlaubnis bekommt. Ist ein Prozess nicht am Eintritt in den kritischen Abschnitt interessiert, so sendet er die Erlaubnis sofort an den anfragenden Prozess zurück. Möchte der Prozess selbst in den kritischen Abschnitt, so muss eine Regelung vorhanden sein, für die zwei in Konflikt stehende Anfragen (der Prozess selbst und der anfragende Prozess möchten in den kritischen Abschnitt). Die Bestimmung, welcher Prozess in den kritischen Abschnitt darf, kann mit Zeitstempeln, die den Abfragen zugeordnet wurden, geregelt werden. Wie wir bei der logischen Uhrensynchronisation (siehe Abschn. 4.1) gezeigt haben, lassen sich Zeitstempel total ordnen. Derjenige Prozess, dessen Abfrage früher war (besitzt einen kleineren Zeitstempel), darf dann in den kritischen Abschnitt und der andere Prozess muss warten.

Token-basierte Algorithmen basieren auf folgender Idee:
Nur ein Prozess kann zu einer Zeit im kritischen Abschnitt sein. Das Recht, den kritischen Abschnitt zu betreten, wird dabei durch ein spezielles Objekt präsentiert, nämlich einem Token. Das Token ist dabei eindeutig im System. Derjenige Prozess, der das Token besitzt, darf in den kritischen Abschnitt eintreten. Um die Anfrage der Prozesse nach dem Token zu befriedigen, muss das Token von einem Prozess an den nächsten weitergereicht werden.

Der im vorhergehenden Abschnitt behandelte zentrale Algorithmus ist sowohl Abfrage- wie Token-basiert: Prozesse fragen vor Eintritt in den kritischen Abschnitt den Koordinator ab, der ihnen dann die Erlaubnis zum Eintritt erteilt; diese Erlaubnis zum Eintritt kann als Token betrachtet werden, das der Koordinator verwaltet.

Abfrage-basierter Algorithmus Der hier beschriebene abfrage-basierte Algorithmus von Ricart und Agrawala [RA 81] ist eine effizientere Version des ursprünglichen Algorithmus von Lamport [L 78]. Der Algorithmus setzt eine totale Ordnung aller Ereignisse im System voraus; d. h. für jedes Paar von Ereignissen, speziell für das Senden von Botschaften, muss eindeutig sein, welches Ereignis zuerst stattfand. Der Algorithmus von Lamport in Abschn. 4.1 ist ein Weg zur Erreichung der totalen Ordnung und kann zur Bereitstellung von Zeitstempeln benutzt werden. Der Algorithmus arbeitet folgendermaßen:

1. Will ein Prozess P_i in den kritischen Abschnitt eintreten, so generiert er einen neuen Zeitstempel C_i. Anschließend sendet er die Nachricht request (P_i, C_i) an alle anderen Prozesse im System. Es wird angenommen, dass das Versenden der Nachricht zuverlässig ist und somit von jedem Prozess bestätigt wird.
2. Empfängt ein Prozess P_j eine request-Nachricht, so hängt die vom Prozess auszuführende Aktion davon ab, in welchem Zustand sich der Prozess befindet:

a) Befindet sich Prozess P_j nicht im kritischen Abschnitt und möchte er auch nicht den kritischen Abschnitt betreten, so sendet er eine Rückantwort (reply) an den Prozess P_i.

b) Ist der Prozess P_j im kritischen Abschnitt, so sendet er keine Rückantwort, sondern trägt die Anforderung von Prozess P_i in eine Warteschlange ein.

c) Der Prozess P_j möchte ebenfalls den kritischen Abschnitt betreten, hat ihn jedoch noch nicht betreten. In diesem Fall vergleicht der Prozess den Zeitstempel des absendenden Prozesses P_i (C_i) mit dem Zeitstempel, den er der eigenen zu versendenden Nachricht mitgegeben hat (C_j).

Ist $C_j < C_i$

dann sendet er keine Rückantwort, sondern trägt die Anforderung von Prozess P_i in eine Warteschlange ein. In diesem Fall hat Prozess P_j (er selbst) zuerst die Anforderung gestellt.

Ist $C_i < C_j$

dann sendet er eine Rückantwort an Prozess P_i. In diesem Fall hat Prozess P_i vor ihm (P_j) eine Anforderung gestellt.

3. Nach dem Versenden der Anforderung wartet der Prozess P_j bis er von allen Prozessen die Erlaubnis zum Betreten des kritischen Abschnitts bekommt; d. h. bis von allen $n - 1$ Prozessen eine Rückantwort zurückkommt. Sobald alle Rückantworten vorliegen, kann er den kritischen Abschnitt betreten.

4. Verlässt der Prozess den kritischen Abschnitt, so sendet er allen Prozessen in der Warteschlange eine Rückantwort und entfernt alle Prozesse aus der Warteschlange.

Zur Illustration der Arbeitsweise des Algorithmus, erläutert an Abb. 5.15, betrachten wir ein System, bestehend aus drei Prozessen P_1, P_2, P_3. Prozess P_1 und P_3 möchten ihren kritischen Abschnitt betreten. P_1 sendet eine Nachricht request ($P_1, C_1 = 10$) an Prozess P_2 und P_3. P_3 sendet eine Nachricht request ($P_3, C_3 = 4$) an Prozess P_1 und P_2 (Abb. 5.15a)). Die Zeitstempel C_1 und C_3 werden durch die logischen Uhren (wie in Abschn. 4.1 beschrieben) erhalten. Erhält Prozess P_2 die beiden Anforderungsnachrichten, so schickt er sofort eine Rückantwort an P_1 und P_3. Erhält Prozess P_1 die Anforderung von Prozess P_3, so sendet er eine Rückantwort, da sein eigener Zeitstempel zehn ($C_1 = 10$) ist und somit größer ist als der Zeitstempel von Prozess P_3 ($C_3 = 4$). Erhält Prozess P_3 die Anforderung von Prozess P_1, so trägt er die Anforderung von Prozess P_1 in die Warteschlange ein, da sein eigener Zeitstempel ($C_3 = 4$) kleiner ist als der Zeitstempel von Prozess P_1 ($C_1 = 10$) (Abb. 5.15b)). Nachdem Prozess P_3 die Rückantwort von Prozess P_2 und P_1 erhalten hat, kann er seinen kritischen Abschnitt betreten. Am Ende des kritischen Abschnitts von Prozess P_3 sendet Prozess P_3 eine Antwort an Prozess P_1 und entfernt den Eintrag aus seiner Warteschlange. Damit hat Prozess P_1 alle Rückantworten erhalten und kann seinen kritischen Abschnitt betreten (Abb. 5.15c)).

Der vorgestellte Algorithmus besitzt die folgenden wünschenswerten Eigenschaften:

- Wechselseitiger Ausschluss wird erreicht.
- Der Algorithmus ist verklemmungsfrei.

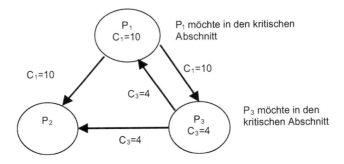

a) Versenden der Anforderungsnachricht von P_1 und P_3

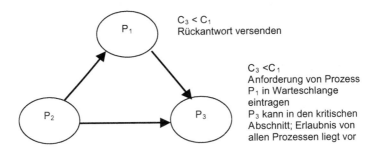

b) Versenden der Rückantwort

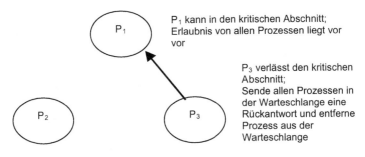

c) Versenden der Rückantwort von Prozess P_3

Abb. 5.15 Ablauf des Abfrage-basierten Algorithmus bei drei Prozessen

- Das Problem des Verhungerns tritt nicht auf. Jeder kritische Abschnitt wird gemäß der Ordnung der Zeitstempel betreten.
- Die Anzahl der zu versendenden Nachrichten für jeden kritischen Abschnitt ist $2 \times (n-1)$.

Im Vergleich zum vorher beschriebenen zentralisierten Ansatz benötigt dieser Algorithmus die Mitwirkung aller Prozesse im System. Dies hat die folgenden unerwünschten Konsequenzen:

1. Die Prozesse müssen die Identität aller Prozesse im System kennen. Wird ein neuer Prozess in das System eingeführt, der am wechselseitigen Ausschluss teilnehmen soll, so müssen die folgenden Aktionen durchgeführt werden:
   a) Der Prozess muss die Namen von allen anderen Prozessen erhalten.
   b) Der Name des neuen Prozesses muss allen anderen Prozessen mitgeteilt werden.
2. Fällt ein Prozess aus, so bricht das ganze System zusammen. Dies lässt sich umgehen durch fortdauerndes Überwachen der Prozesse durch einen zentralen Manager. Fällt ein Prozess aus, so müssen alle anderen Prozesse darüber informiert werden. Die Prozesse brauchen dann nicht mehr auf eine Rückantwort des ausgefallenen Prozesses zu warten und sie brauchen dem ausgefallenen Prozess auch keine Anforderungsnachricht mehr zuzuschicken.
3. Prozesse, die nicht einen kritischen Abschnitt betreten wollen, werden durch andere Prozesse, welche in den kritischen Abschnitt wollen, mit Arbeit belastet (Annahme der Anforderung und Rücksenden der Erlaubnis).

Token-basierter Algorithmus Das aus lokalen Netzen bekannte Token-Verfahren zum Zugriff auf das LAN (der Zugriff auf das gemeinsame Übertragungsmedium muss synchronisiert werden und geschieht unter wechselseitigem Ausschluss) lässt sich übertragen und liefert einen Algorithmus zum wechselseitigen Ausschluss.

Die Prozesse bilden dabei einen logischen Ring und somit einen Client-Server-Ring. Erhält ein Prozess das Token, dann darf er den kritischen Abschnitt betreten. Liegt kein Eintrittswunsch des Prozesses vor, so gibt er das Token an den nächsten Prozess im Ring weiter. Will ein Prozess in den kritischen Abschnitt, so wird er so lange blockiert, bis er das Token erhält. Nach Verlassen des kritischen Abschnitts reicht er ebenfalls das Token an den nächsten Prozess im Ring weiter.

Der wechselseitige Ausschluss ist bei diesem Algorithmus garantiert, da sich höchstens der Besitzer des Tokens im kritischen Abschnitt befindet. Weiterhin kommt es bei diesem Verfahren nicht zu Behinderungen, da nach n Tokenübergaben (bei einem Ring mit n Prozessen) jeder Prozess wieder den kritischen Abschnitt betreten kann. Ein Nachteil des Verfahrens ist der unnötige Tokenwechsel, falls kein Prozess in den kritischen Abschnitt will. Ein weiterer Nachteil ist die Fehleranfälligkeit des Verfahrens. Zum einen muss der Ring immer geschlossen sein, d. h. bei Ausfall eines Prozesses muss sich der Ring rekonfigurieren können, zum anderen müssen Tokenfehler (Duplikate und Tokenverlust) erkannt und behoben werden. Hierfür benötigt man dann wieder einen zentralen Überwachungsalgorithmus.

Einen zentralen Tokenalgorithmus, bei dem ein zentraler Koordinator das Token immer nur an einen Prozess zuteilt, der in den kritischen Abschnitt will, haben wir bereits beim Distributed File System (DFS) kennengelernt (siehe Abschn. 5.2.2). Dort diente das Token dazu, die Zugriffe zu einem File zu serialisieren und zur Herstellung der Unix Filesemantik bei Zugriffen von mehreren Prozessen auf einen File.

5.5   Zeitdienst

Der in Abschn. 4.1 beschriebene Algorithmus von Lamport liefert zwar eine eindeutige Ordnung der Ereignisse, aber die Zeitpunkte, die den Ereignissen zugeordnet werden, fallen nicht mit den realen physikalischen Zeitpunkten zusammen, in denen die Ereignisse eingetreten sind. Besonders bei Realzeitsystemen ist jedoch die reale Zeit wichtig, und bei solchen Systemen werden physikalische Uhren benötigt. Aus Gründen der Effizienz und der Redundanz sollten mehrere reale Uhren vorhanden sein.

Die genauste Uhrzeit, die reale Uhren liefern können, ist die Universal Time Coordinated, abgekürzt mit UTC. Die UTC ist die internationale Atomzeit (International Atomic Time – TAI), die durch Schaltsekunden an die Sonnenzeit angeglichen wird.

Die UTC wird durch viele Sender in der Welt zur Verfügung gestellt (in Deutschland durch einen Sender bei Frankfurt). Jeder Sender sendet zu Beginn jeder UTC-Sekunden einen kurzen Impuls. Die Genauigkeit des UTC-Dienstes beträgt +/−1 Millisekunde, ist jedoch in der Praxis aufgrund atmosphärischer Störungen nicht besser als +/−10 Millisekunden.

5.5.1   Zentralisierte Algorithmen zur Uhrensynchronisation

Besitzt ein Rechner einen Funk-Empfänger für das UTC-Signal, so sind alle anderen Rechner mit diesem Rechner zu synchronisieren. Andernfalls verwaltet jeder Rechner seine eigene Uhr. Das Ziel der physikalischen Uhrensynchronisation ist es, die Uhren aller Rechner so nah wie möglich beieinander zu halten.

Jeder Rechner verfügt über einen Quarz oder eine Stoppuhr, die H mal in der Sekunde eine Unterbrechung auslöst. In der Unterbrechungsroutine wird die Softwareuhr inkrementiert. Der Wert der Softwareuhr sei C. Den Wert der Uhr des Rechners p bezeichnen wir mit $C_p(t)$, wenn t die UTC-Zeit ist. Bei korrekt arbeitenden Uhren in allen Rechnern muss $C_p(t) = t$ für alle p und t sein. Arbeiten die Uhren korrekt, so muss also $dC/dt = 1$ sein. Zu schnelle Uhren ($dC/dt > 1$), perfekte Uhren ($dC/dt = 1$) und zu langsame Uhren ($dC/dt < 1$) zeigt Abb. 5.16.

Reale Stoppuhren lösen nicht genau H mal pro Sekunde eine Unterbrechung aus:
Eine Stoppuhr mit H = 60 sollte pro Stunde 216.000 (= 60 × 60 × 60) Unterbrechungen auslösen.

In der Praxis liegt der relative Fehler von Uhrbausteinen bei 10^{-5}, d. h. es werden zwischen 215.998 und 216.002 Unterbrechungen ausgelöst. Damit gibt es eine Konstante p, so dass

$$1 - p \le dC/dt \le 1 + p \, .$$

Abb. 5.16 Ideale, zu schnell und zu langsam gehende Uhren

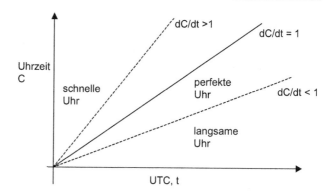

Die Konstante p wird durch den Hersteller angegeben und als *maximale Abweichung* bezeichnet.

Driften zwei Uhren in entgegengesetzter Richtung weg, dann können sie nach einem gemeinsamen Startzeitpunkt und der Zeit (delta t) um 2p × (delta t) auseinander liegen. Sollen zwei Uhren nie mehr als d voneinander abweichen, dann müssen ihre Uhren mindestens alle d/2p Sekunden synchronisiert werden.

Betrachten wir ein System, bei dem ein Rechner mit einem Funk-Empfänger für UTC ausgerüstet ist. Diesen Rechner bezeichnen wir als Zeit-Server. Alle anderen Rechner müssen sich mit dem Zeit-Server synchronisieren. Dazu sendet jeder Rechner regelmäßig, aber nicht häufiger als alle d/2p Sekunden, eine Nachricht an den Zeit-Server. Der Zeit-Server sendet so schnell wie möglich eine Nachricht mit der aktuellen Uhrzeit C_{UTC} zurück. Der Sender setzt in einer ersten Näherung seine Uhr auf C_{UTC}.

Dieser Algorithmus birgt jedoch zwei Probleme, erläutert an Abb. 5.17:

1. Die Zeit kann niemals rückwärts laufen.
2. Die Antwort des Zeit-Servers benötigt eine gewisse Zeit (Absenden der Anfrage über das Netz an den Zeit-Server, Bearbeitung der Anfrage durch den Zeit-Server und Rücksenden der Antwort über das Netz).

Läuft die Uhr des Senders zu schnell, so ist die C_{UTC} kleiner als der Wert der Uhr des Senders. Das Rücksetzen der Uhr ist nicht möglich, sonst besitzt beispielsweise eine Objektdatei, die nach dem Rücksetzen der Uhr übersetzt wurde, eine frühere Zeit als die Quelldatei. Die Änderung der Uhr muss deshalb schrittweise durchgeführt werden, indem die Uhr verlangsamt wird. Erzeugt die Stoppuhr beispielsweise 100 Unterbrechungen in der Sekunde, so müssen bei jeder Unterbrechung zehn Millisekunden auf die Uhr addiert werden. Die Uhr kann verlangsamt und somit rückgesetzt werden, indem die Unterbrechungsroutine nur neun Millisekunden hinzuaddiert, bis die Angleichung vollzogen ist. Ebenso kann eine schrittweise Erhöhung der Uhr vollzogen werden, indem anstatt zehn Millisekunden elf Millisekunden hinzuaddiert werden.

Das Problem des verzögerten Eintreffens der Uhrzeit, kann durch Messen der Verzögerungszeit behoben werden. Der Sender kann dazu die Zeit zwischen dem Absenden der

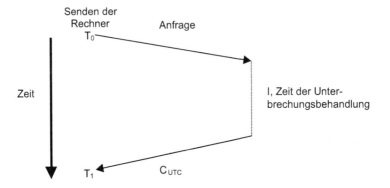

Abb. 5.17 Abfragen der aktuellen Zeit beim Zeit-Server

Anfrage (T_0) und Erhalt der Antwort (T_1) mit seiner eigenen Uhr messen. Diese Zeit ist sehr genau, sogar in dem Falle, dass die Uhr des Senders erheblich von der UTC abweicht. Die Verzögerungszeit kann dann durch

$$(T_1 - T_0)/2$$

geschätzt werden.

Trifft die Antwort der Zeit ein, kann der Wert der Antwort (UTC) um $(T_1 - T_0)/2$ erhöht werden und man hat eine Schätzung der aktuellen Uhrzeit des Zeit-Servers. Die Schätzung kann noch verbessert werden, wenn bekannt ist, wie lange der Zeit-Server zur Behandlung der eingehenden Nachricht benötigt. Die Dauer der Unterbrechungsbehandlung beim Zeit-Server sei I. Damit ergibt sich die Übertragungszeit über das Netz (Versenden der Anfrage und Senden der Rückantwort) zu

$$(T_1 - T_0) - I \, .$$

Eine Schätzung der einfachen Übertragung, d. h. vom Versenden der Zeit UTC bis zum Eintreffen der Zeit UTC beim Sender, ergibt dann

$$(T_1 - T_0 - I)/2 \, .$$

Bei obigem Algorithmus fragen die Rechner periodisch die Zeit beim Zeit-Server ab und der Zeit-Server ist passiv und er liefert nur auf Anfrage hin die Zeit. BSD-Unix verfolgt genau den umgekehrten Ansatz und benutzt einen aktiven Zeit-Server (Zeit-Dämon), der periodisch jeden Rechner nach seiner Zeit fragt (gezeigt an Abb. 5.18a)). Aus den Antworten, die er erhält (Abb. 5.18b)), berechnet er eine durchschnittliche Zeit. Anschließend teilt er dann den Rechnern mit, ob sie entweder ihre Uhr auf die neue Zeit erhöhen oder ihre Uhr verlangsamen sollen, bis die angegebene Reduktion vollzogen ist (Abb. 5.18c)).

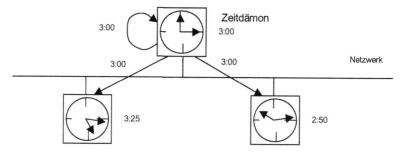

a) Der Zeitdämon befragt alle Rechner nach ihrer Zeit

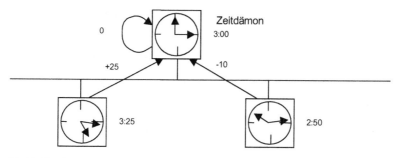

b) Die Rechner senden ihre Antworten

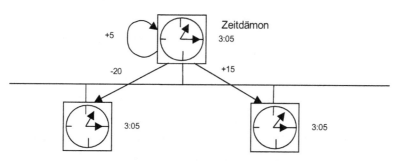

c) Der Zeitdämon teilt den Rechnern mit, wie sie ihre Uhren
   angleichen müssen

Abb. 5.18 Zeitsynchronisation in BSD-Unix

Die Zeit des Zeit-Dämons muss dabei regelmäßig durch den Systemmanager manuell gesetzt werden. Diese Methode ist für Systeme geeignet, in denen kein Rechner über einen
UTC-Empfänger verfügt.

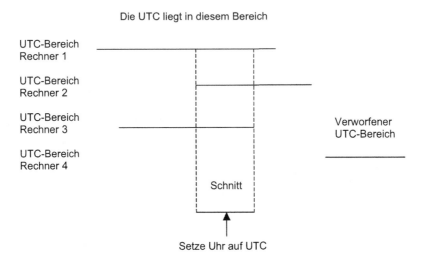

Abb. 5.19 Berechnung der UTC aus mehreren Zeitquellen, welche einen UTC-Bereich liefern

5.5.2 Verteilter Algorithmus zur Uhrensynchronisation

Die obigen beiden Algorithmen sind zentral und besitzen somit die bekannten Nachteile. Dezentrale Algorithmen zur Uhrensynchronisation teilen die Zeit in Synchronisationsintervalle mit einer festen Länge ein. Das i-te Intervall beginnt um $T_0 + iR$ und dauert bis $T_0 + (i+1)R$ an, wobei T_0 ein festgelegter Zeitpunkt in der Vergangenheit ist und R ist ein Systemparameter. Am Anfang eines jeden Intervalls sendet jeder Rechner seine lokale Zeit an alle anderen Rechner. Da die Uhren der Rechner mit verschiedener Geschwindigkeit laufen und somit nicht exakt sind, findet dieses Senden nicht genau gleichzeitig statt. Nach dem Absenden der Zeit startet der Rechner eine lokale Stoppuhr und sammelt alle anderen Zeitnachrichten ein, die innerhalb des Zeitintervalls S eintreffen und berechnet daraus die neue Zeit (Abb. 5.19). Der einfachste Berechnungsalgorithmus bildet dabei den Durchschnitt über alle Werte. Um zusätzlich unsichere Zeitquellen oder defekte Uhren auszuschließen, können die m höchsten und n niedrigsten Zeiten verworfen werden, und nur vom Rest wird der Durchschnitt gebildet.

Systeme, die eine sehr genaue Synchronisation mit der UTC erfordern, können mit Funkuhren für die UTC-Quellen ausgerüstet werden. Wegen der inhärenten Ungenauigkeit der Zeitquellen selbst und der Veränderungen der Signalverzögerungen, kann das Betriebssystem bestenfalls ein Zeitintervall anbieten, in das die UTC fällt. Die verschiedenen Zeitquellen liefern dann unterschiedliche Bereiche, die eine Übereinstimmung der Rechner erfordern. Zur Abstimmung über einen UTC-Bereich sendet jeder Rechner, der einen UTC-Empfänger besitzt, periodisch seinen UTC-Bereich an alle anderen Rechner (z. B. am Beginn jeder UTC-Minute). Empfängt ein Rechner einen UTC-Bereich von einem anderen Rechner, wird der UTC-Bereich adaptiert, indem er erweitert wird um die mittlere Übertragungszeit. Hat dann ein Rechner alle UTC-Bereiche erhalten und adaptiert, überprüft er zunächst, ob es Bereiche gibt, die mit keinem anderen Bereich überlappen. Ist dies der Fall, so liegt eine unsichere oder defekte Zeitquelle vor und dieser Bereich wird verworfen und nicht zur Durchschnittsbildung herangezogen. Über die verbleibenden Bereiche wird dann der Durchschnitt gebildet, da sich alle Rechner darüber einig sind, dass die UTC in diesem Bereich liegt. Der Mittelpunkt des Schnitts wird schließlich als UTC angenommen und die interne Uhr entsprechend dem Mittelpunkt gesetzt.

5.6 Sicherheitsdienst

In einem verteilten System sind die Kommunikationskanäle zwischen den Rechnern Angriffspunkte von Betrügern, Angreifern und Hackern. Ein Angreifer kann die Sicherheit des Systems brechen, indem er es beobachtet, modifiziert oder die Kommunikation unterbricht oder stört. Zur sicheren Übertragung von Nachrichten zwischen zwei Knoten in einem verteilten System, das bedeutet, der Inhalt der Nachricht bleibt vertraulich, auch bei einem möglichen Abhören der Nachricht, sendet man die Nachricht verschlüsselt über den Übertragungskanal. Das Verschlüsseln und Entschlüsseln der Nachricht übernimmt dabei ein Kryptosystem.

Um dann verschlüsselte Nachrichten zwischen zwei Knoten über einen Kanal übertragen zu können, müssen sich beide Knoten auf einen gemeinsamen Schlüssel einigen.

Ein Verteiltes System benötigt ein Schlüsselverteilungssystem, welches beiden Knoten einen gemeinsamen Schlüssel zuweist.

Um dem Problem vorzubeugen, dass ein Kommunikationspartner ersetzt wird durch einen Angreifer und der Angreifer dann die Rolle eines Kommunikationspartners übernimmt, müssen sich die Partner authentifizieren. *Authentifikation* bezeichnet den Prozess der Überprüfung, Nachweis auf Echtheit oder Identität des Kommunikationspartners.

Am Ende des Abschnitts zeigen wir dann den Einsatz der beschriebenen Schlüsselverteilungs- und Authentifizierungsprotokolle an einem konkreten, sich im Einsatz befindlichen und weit verbreiteten Authentifizierungssystem *Kerberos*. Weitere Authentifizierungssysteme wie NetSP, SPX, TESS, und SESAME sind bei Oppliger [O 96] beschrieben. Das System KryptoKnight und der ISO/CCITT-Security-Standard beschreiben Langendörfer und Schnor [LS 94]. Die nachfolgende Beschreibung der Sicherheitsdienste orientiert sich hauptsächlich an dem in dem Buch von Sinha [S 97] beschriebenen Sicherheitskonzepten bei verteilten Betriebssystemen.

5.6.1 Kryptosysteme

Zur Verschlüsselung von Nachrichten zwischen Sender und Empfänger verwendet man Kryptographie. Die Kryptographie beschäftigt sich mit Methoden, die durch Verschlüsselung und ähnliche Verfahren Daten vor unbefugten Manipulationen schützen soll.

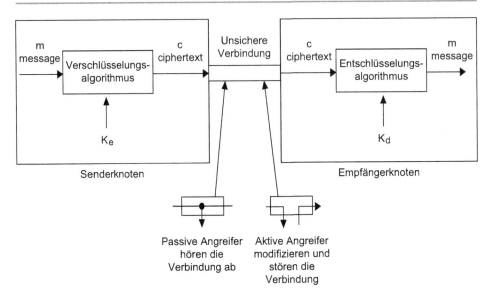

Abb. 5.20 Allgemeine Struktur eines Kryptosystems

Die Nachricht, die verschlüsselt wird, heißt *Klartext*, der verschlüsselte Text *Chiffretext*,
Verschlüsselungsverfahren werden auch *Chiffre* genannt. Verschlüsselung und Entschlüs-
selung sind Funktionen, für die wir die Buchstaben e (encrypt) bzw. d (decrypt) verwenden.
Ist K_e(encryption key), der Schlüssel zur Verschlüsselung und K_d (decryption key), der
Schlüssel zur Entschlüsselung, m (message) der Klartext und c (ciphertext) der Chiffretext,
dann gilt für die *Verschlüsselung (Chiffrierung)*:

$$e(m, K_e) = c$$

und für die *Entschlüsselung (Dechiffrierung)*:

$$d(c, K_d) = m .$$

Die Entschlüsselungsfunktion d ist die Inverse der Verschlüsselungsfunktion e, deshalb
gilt:

$$d(e(m, K_e), K_d) = m .$$

Abbildung 5.20 zeigt die allgemeine Struktur eines Kryptosystems, wo eine Nachricht
m durch einen Sender verschlüsselt wird und dann über einen unsicheren Kanal an einen
Empfänger gesendet wird. Der Empfänger entschlüsselt die Nachricht, und erhält somit
wieder die unverschlüsselte Nachricht m.

Abbildung 5.20 zeigt Ansatzpunkte für einen Angreifer: Ein passiver Angreifer hört nur
das Netz ab, während ein aktiver Angreifer aktiv die Nachricht manipuliert und verfälschen
kann.

Versucht nun ein Angreifer oder Hacker ohne Schlüssel unbefugterweise den Chiffretext zu entschlüsseln, so nennt man dies eine Attacke auf das Verschlüsselungsverfahren. Es gibt mehrere Methoden, das Verschlüsselungsverfahren zu brechen (oder weniger wissenschaftlich: zu knacken) oder das Versenden der Nachricht zu stören:

- Kennt der Angreifer den Klartext nicht, so spricht man von einer *Ciphertext-Only-Attacke*.
- Kennt der Angreifer den Klartext und versucht für das Abhören weitere Nachrichten den Schlüssel zu erfahren, so nennt man dies eine *Known-Plaintext-Attacke*. Diese Attacke ist möglich, wenn sich Nachrichten oder Teile davon wiederholen.
- Will der Angreifer den Schlüssel herausfinden und hat dabei die Möglichkeit, den Klartext selber zu wählen, so spricht man von einer *Chosen-Plaintext-Attacke*. Bei dieser Methode wird versucht, mit einer extensiven Suche mit jedem möglichen Schlüssel die Nachricht zu entschlüsseln. Die Chosen-Plaintext-Attacke kann beispielsweise im Betriebssystem Unix verwendet werden, um Passwörter zu erraten.
- Fügt der Angreifer Nachrichten ein, oder modifiziert er die Nachricht, so wird bei dieser Attacke die Integrität der Nachricht gestört, und man spricht von *Integrity-Attacke*.
- Kann der Angreifer einen abgefangenen Chiffretext zu einem späteren Zeitpunkt noch einmal senden, so liegt eine *Replay-Attacke* vor. Replay-Attacken lassen sich einfach verhindern, indem mit jeder Nachricht Datum und Uhrzeit mitgesendet werden.
- Kann vom Angreifer der Nachrichtenversand unterbunden werden, so dass keine Kommunikation zwischen Sender und Empfänger stattfindet, so nennt man dies eine *Denial of Service-Attacke*. Eine weitere Möglichkeit besteht darin, die ausgetauschten Nachrichten abzuhören und nur ausgewählte Nachrichten nicht zuzustellen und somit deren Versand zu unterbinden.
- Manche Nachrichten enthalten einen Zeitwert. Anstatt komplett den Nachrichtenversand zu unterbinden, wie bei der Denial of Service-Attacke, kann der Nachrichtenversand verzögert werden und man spricht dann von einer *Delay-Attacke*.
- Ein Angreifer kann versuchen, seinen Computer mit einen Kommunikationskanal zu verbinden und ein gültiger Absender von Nachrichten zu werden. Ist eine Integrity Attacke möglich, so kann sie die Adressen der Nachrichten ändern, so dass die Nachricht an falsche Ziele gesendet wird. In diesen Fällen spricht man von einer *Authentity-Attacke*.

5.6.1.1 Symmetrische und asymmetrische Kryptosysteme

Es gibt zwei Arten von Kryptosystemen:

- *Symmetrische*, geheime Schlüssel, secret key, private key, oder shared key genannte Technik oder
- *asymmetrische*, öffentliche Schlüssel oder public key genannte Technik.

Symmetrische Kryptosysteme Bei einem symmetrischen Kryptosystem ist der Verschlüsselungsschlüssel K_e und der Entschlüsselungsschlüssel K_d der gleiche, oder sie lassen

sich leicht voneinander ableiten. Gewöhnlich benutzt man einen Schlüssel K für Ver- und
Entschlüsselung. Zur Erreichung von Sicherheit gegen Attacken muss der Schlüssel leicht
zu ändern sein und vom Verschlüsselungs- und Entschlüsselungssystem geheim gehalten
werden (*Secret Key Verfahren*).

Symmetrische Kryptosysteme sind gut geeignet für Systeme, bei denen die Ver- und Entschlüsselung durch vertrauenswürdige Partner durchgeführt werden. Zum Beispiel können
Passwort-Authentifikationssysteme dieses Verfahren zum Verschlüsseln des Passwortes benutzen. Gibt ein Benutzer ein Passwort ein, so kann das Betriebssystem einen Schlüssel
benutzen und das Passwort verschlüsseln, bevor es intern in der Passwortdatei abgelegt
wird. Zur Authentifikation kann dann der gleiche Schlüssel benutzt werden, um das ge-
speicherte Passwort zu entschlüsseln.

Das bekannteste Verschlüsselungsverfahren und der Standard für symmetrische Verschlüsselung ist der *Data Encryption Standard (DES)*. DES ist ein Blockverschlüsselungs-
schema und arbeitet auf Blöcken der Größe 64 Bit. Jeder 64-Bit-Block-Klartext wird in
einem 64-Bit-Block-Chiffretext verschlüsselt. Klar- und Chiffretext haben dadurch die gleiche Länge. Der Schlüssel ist wie der Klar- und Chiffretext ein 64-Bit-Block, von dem jedoch
acht Bits als Prüfsumme verwendet werden, so dass die wirkliche Schlüssellänge nur noch
56 Bits beträgt. Dies ergibt dann 2^{56} oder 10^{17} mögliche Schlüssel. DES benutzt eine komplexe Reihe von Permutation und Substitutionen, und das Ergebnis wird dann mit einem
Exklusiven-Oder mit der Eingabe verknüpft. Dies wird 16 Mal wiederholt, wobei verschiedene Teilschlüssel benutzt werden.

Ein weiteres, oft eingesetztes Verschlüsselungsverfahren ist *IDEA (International Data Encryption Algorithm)*. Wie DES arbeitet es auf 64-Bit-Blocks des Klartextes, benutzt
jedoch einen 128-Bit Schlüssel. IDEA benutzt 17 Runden mit einzelnen komplizierten
„Fleischwolf-Funktionen".

Neben DES und IDEA wird im Internet gegenwärtig vor allem ein Verschlüsselungsverfahren *RC4* verwendet. RC4 ist benannt nach ihrem Erfinder Rivest und steht für Rivest
Cipher Nr. 4.

Zur genaueren Arbeitsweise von DES, IDEA und RC4 und deren Hintergründe sei auf
das Buch von Schmeh [S 98] verwiesen.

Asymmetrische Kryptosysteme Im Vergleich zu einem symmetrischen Kryptosystem ist
bei einem asymmetrischen Kryptosystem der Entschlüsselungsschlüssel K_d ungleich und
verschieden vom Verschlüsselungsschlüssel K_e. Weiterhin ist es unmöglich, den Entschlüsselungsschlüssel K_d aus dem Verschlüsselungsschlüssel K_e zu berechnen. Wegen dieser
Eigenschaft muss auch nur der Schlüssel K_d geheim gehalten werden, während der Schlüssel K_e zum Verschlüsseln öffentlich sein kann (*public key Verfahren*).

Asymmetrische Kryptosysteme verwenden also stets zwei Schlüssel K_e und K_d pro ver-
schlüsselter Nachricht: Einen Schlüssel K_d, den nur der Empfänger kennt (den geheimen,
secret Schlüssel), und einen Schlüssel K_e, der öffentlich bekannt ist (den öffentlichen, public Schlüssel). Die beiden Schlüssel sind in der Regel dem Empfänger zugeordnet. Möchte
ein Sender einem Empfänger eine verschlüsselte Nachricht schicken, so benötigt er den

öffentlichen Schlüssel des Empfängers. Diesen kann er sich über das Netz schicken lassen, denn der Angreifer hat nichts davon, wenn er ihn erfährt, denn es ist ja ein öffentlicher Schlüssel. Mit dem öffentlichen Schlüssel verschlüsselt der Sender nun die Nachricht und schickt sie an den Empfänger. Der Empfänger benutzt dann seinen geheimen Schlüssel, um die Nachricht wieder zu entschlüsseln.

Öffentliche Kryptosysteme sind rechenintensiv und eignen sich dadurch nicht zur Verschlüsselung einer großen Menge von Daten. Deshalb dienen öffentliche Kryptosysteme hauptsächlich zur Herstellung einer Verbindung zwischen zwei Knoten A und B, so dass beide Knoten Nachrichten mit einem symmetrischen Kryptosystem austauschen können (siehe nachfolgenden Abschn. 5.6.1.2).

Das wichtigste und bekannteste Public Key Verfahren ist das nach ihren Entwicklern Ron Rivest, Adi Shamir und Leonard Adlemann benannte Verfahren *RSA*. Die Funktionsweise des Verfahrens RSA ist in dem Buch von Schmeh [S 98] erläutert.

5.6.1.2 Schlüsselverteilungsproblem

Zwei Benutzer (Personen oder Programme) auf unterschiedlichen Knoten in einem Netz können ein symmetrisches Kyptosystem zur sicheren Kommunikation benutzen. Dazu chiffriert ein Benutzer die Nachricht, die der andere Benutzer dechiffrieren muss. Ein passendes Paar von Schlüsseln, das zwei Kommunikationspartner besitzen, bildet einen *unabhängigen privaten Kanal* zwischen ihnen.

Ein unabhängiger privater Kanal bedingt, dass beide Benutzer sich auf einen Schlüssel einigen und dabei muss der Schlüssel von einem Benutzer zu dem anderen Benutzer transferiert werden. Zum Schlüsseltransfer gibt es kein spezielles Übertragungsmedium und der Schlüssel muss über das gleiche unsichere Übertragungsmedium wie die Nachricht geschickt werden. Dies erfordert, dass der Schlüssel selbst verschlüsselt werden muss, bevor er über das Übertragungsmedium gesendet wird. Symmetrische Kryptosysteme sind dadurch zirkulär. Der Zyklus lässt sich durchbrechen durch vorhergehende Verteilung von Schlüsseln über einen sicheren Kommunikationskanal.

Zum Anlegen eines privaten Kanals mit symmetrischer Verschlüsselung kann ein

- asymmetrisches Kryptosystem oder
- ein Schlüssel-Server

verwandt werden.

Schlüsselverteilung mit Hilfe eines asymmetrischem Kryptosystems Mit einem asymmetrischen Kryptosystem, erläutert an Abb. 5.21, kann ein privater Kanal zwischen zwei Knoten A und B folgendermaßen etabliert werden:

1. Knoten A hinterlegt den öffentlichen Schlüssel eines asymmetrischen Kryptosystems (K_e) bei einer öffentlichen Stelle, so dass B darauf Zugriff hat und den Schlüssel K_e abrufen kann.

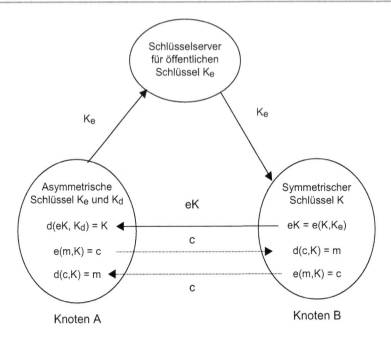

Abb. 5.21 Benutzung eines asymmetrischen Kryptosystems zur Einrichtung eines symmetrischen Kryptosystems

2. Knoten B benutzt den öffentlichen Schlüssel von A zum Verschlüsseln des symmetrischen Schlüssels K, dies ergibt den verschlüsselten Schlüssel eK (eK = e(K, K_e)).

3. Knoten B sendet den verschlüsselten Schlüssel eK an A.

4. Knoten A entschlüsselt die Nachricht von B mit dem geheimen Schlüssel K_d des asymmetrischen Kryptosystems (d(eK, K_d) = K). Knoten A und Knoten B besitzen nun den Schlüssel K und können mit einem symmetrischen Kryptosystem die Nachrichten verschlüsselt miteinander austauschen.

Schlüsselverteilung mit Schlüssel-Server Zum Einrichten eines sicheren Kanals zwischen Knoten A und B kann man auf ein asymmetrisches Kryptosystem verzichten, wenn man statt dessen einen zentralen vertrauenswürdigen Schlüssel-Server einsetzt. Der Schlüssel-Server besitzt eine Tabelle mit geheimen Schlüsseln für jeden Benutzer. Diesen geheimen Schlüssel kennt nur der Schlüssel-Server und der Benutzer. Die geheimen Schlüssel von Benutzer A und Benutzer B seien K_a und K_b. Um zwischen A und B einen sicheren Kanal einzurichten, über den dann verschlüsselte Nachrichten ausgetauscht werden, geht man wie in Abb. 5.22 gezeigt vor:

1. Benutzer A teilt dem Schlüssel-Server mit, dass er einen sicheren Kanal mit Benutzer B einrichten möchte. Diese Mitteilung m_1 besteht aus den Komponenten R_a, dem Co-

de für die Anforderung (Request) von Benutzer A, der Benutzeridentifikation von A (ID_a) und der Benutzeridentifikation von B (ID_b). ($m_1 = (R_a, ID_a, ID_b)$). Die Nachricht m_1 kann in Klartext oder, mit dem Schlüssel K_a verschlüsselt, dem Schlüssel-Server übermittelt werden.

2. Nach Eintreffen der Mitteilung m_1 entnimmt der Schlüssel-Server aus der Tabelle die Schlüssel K_a und K_b. Per Zufallsgenerator generiert er dann einen geheimen weiteren symmetrischen Schlüssel K_{ab}, den so genannten Sitzungsschlüssel. Mit dem Schlüssel K_b verschlüsselt er das Paar, bestehend aus dem Sitzungsschlüssel K_{ab}, und der Benutzeridentifikation von A (Id_a). Für den so generierten Chiffretext gilt somit: $c_1 = e((K_{ab}, ID_a), K_b)$. Die Nachricht m_2 enthält R_a, ID_a, K_{ab} und c_1. m_2 verschlüsselt er mit dem Schlüssel K_a und sendet sie dem Benutzer A zurück ($m_2 = e((R_a, ID_a, K_{ab}, c_1)$, K_a). Durch die Verschlüsselung mit K_a kann Benutzer A diese Nachricht entschlüsseln.

3. Nach Erhalt von m_2 entschlüsselt A die Nachricht mit seinem Schlüssel K_a und überprüft, ob R_a und Id_a übereinstimmen mit dem Original. Dies bestätigt ihm, dass m_2 die Rückantwort auf die Nachricht m_1 ist. Benutzer A behält den Schlüssel K_{ab} zum späteren Gebrauch, und sendet Nachricht m_3 zu Benutzer B. m_3 enthält den Chiffretext c_1. Beachten Sie, dass nur Benutzer B den Chiffretext c_1 entschlüsseln kann ($c_1 = e((K_{ab}, ID_a), K_B)$).

4. Nach Erhalt von m_3 entschlüsselt B den Chiffretext c_1 mit seinem privaten Schlüssel K_b. Beide Benutzer A und B besitzen nun den Sitzungsschlüssel K_{ab}, der zur Verschlüsselung der Nachrichten zwischen ihnen dient. Kein anderer Benutzer besitzt oder kennt ebenfalls den Schlüssel.

   Benutzer B muss nun verifizieren, dass der Benutzer A ebenfalls im Besitz von Schlüssel K_{ab} ist. B initiiert deshalb eine Authentifikationsprozedur, die ein Nonce an A sendet und eine Rückantwort zurückerhält, die irgendeine Funktion von dem gerade gesendeten Nonce ist. Ein *Nonce* ist eine Information, die ausschließlich für den Zweck erzeugt wird, zufällig und unbenutzt zu sein. Als Nonce wird eine Zufallszahl N_r benutzt. B generiert also eine Zufallszahl N_r verschlüsselt sie mit K_{ab} und sendet den Chiffretext c_2 in einer Nachricht m_4 an Benutzer A ($c_2 = e(N_r, K_{ab})$).

5. Nach Erhalt der Nachricht m_4 entschlüsselt A c_2 mit dem Schlüssel K_{ab} und erhält dadurch N_r. A transformiert N_r in einen neuen Wert N_t durch eine vorher definierte Funktion f. Benutzer A verschlüsselt N_t mit dem Schlüssel K_{ab} und generiert somit den Chiffretext $c_3 = e(N_t, K_{ab})$. In einer Nachricht m_5 sendet er den Chiffretext c_3 an Benutzer B.

6. Nach Erhalt der Nachricht m_5 entschlüsselt B den Chiffretext c_3 und er erhält dadurch N_t. Er wendet auf N_t die Inverse der Funktion f an und überprüft, ob der erhaltene Wert N_r ist. Ist dies der Fall, so weiß der Benutzer B, dass ein sicherer Kanal zwischen Benutzer A und Benutzer B angelegt werden kann, und die Nachrichten mit dem Schlüssel K_{ab} verschlüsselt übertragen werden können.

Von nun an können die Nachrichten zwischen Benutzer A und Benutzer B verschlüsselt mit dem Schlüssel K_{ab} übertragen werden.

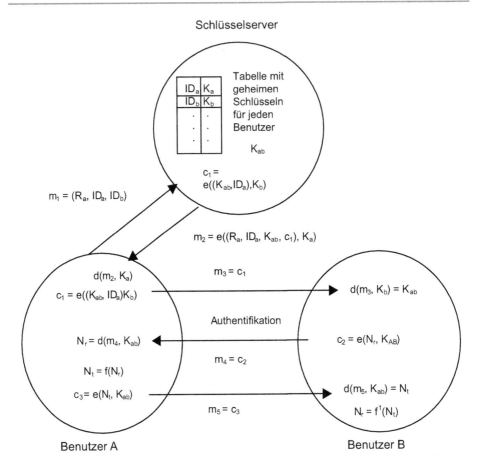

Abb. 5.22 Schlüsselverteilung mit einem Schlüsselserver

Das oben vorgestellte Protokoll besitzt noch folgenden Mangel: Ein Angreifer kann die Nachricht m_3 abfangen und die Nachricht c_1, die den Sitzungsschlüssel K_{ab} enthält, kopieren. Auf nicht genauer spezifizierte Art und Weise kann dann der Angreifer in den Besitz des Schlüssels K_{ab} kommen. Mit dem Schlüssel K_{ab}, kann der Angreifer zukünftig die Rolle von A übernehmen und dadurch kommuniziert dann B mit dem Angreifer und nicht mit A. Das Problem hier ist, dass nur der Schlüssel-Server und A wissen, dass ein neuer Sitzungsschlüssel generiert und diese Information nicht an B weitergegeben wurde. Eine Lösung des Problems ist das Hinzufügen eines Zeitstempels T zu dem Chiffretext c_1, so dass B die Nachricht $e((K_{ab}, ID_a, T) K_b)$ erhält. B entschlüsselt dann die Nachricht und sieht, dass die Nachricht erst kürzlich fortgeschickt wurde. Diese Lösung wurde verwandt in dem nachfolgend beschriebenen System Kerberos (Abschn. 5.6.3).

Zu beachten ist hier wieder, dass der Schlüssel-Server eine zentrale Instanz ist, die einen zentralen Ausfallpunkt und Flaschenhals darstellt. Zur Umgehung dieser Nachteile kann ein verteiltes Schlüsselverteilungsprotokoll, bei dem ein Schlüssel-Server auf jedem Knoten existiert, entworfen werden. Ein entsprechendes dazugehöriges Protokoll ist bei Sinha [S 97] beschrieben.

5.6.2 Authentifikation

Authentifikation behandelt das Problem der Verifikation der Identität eines Benutzers (einer Person oder eines Programms), bevor er auf eine Ressource zugreifen kann. Der Authentifikationsprozess unterbindet den Gebrauch eines Systems oder einer Ressource des Systems durch nicht autorisierte Benutzer. Die Techniken, die zur Authentifikation benutzt werden, lassen sich je nachdem, worauf die Technik basiert, unterscheiden in:

- Irgendetwas was der Anfordernde weiß, bezeichnet mit proof by knowledge. Beispiele dafür sind Passwörter, Personenidentifikationsnummern (PINs) und Transaktionsauthentifikationsnummern (TANs) oder Kenntnis eines Schlüssels zur Ver- und Entschlüsselung.
- Irgendetwas was der Anfordernde besitzt, bezeichnet mit proof by possession. Beispiele dafür sind Schlüssel, Identifikationskarten oder andere physikalische Geräte.
- Irgend einer biometrischen Charakteristik oder Merkmal des Anfordernden, bezeichnet mit proof by property. Einige Beispiele dafür sind Fingerabdrücke, Gesichtsgeometrie, Retinabilder, Stimmbilder, Unterschriften.

In Computernetzwerken sind die meist benutzten Authentifikationsmechanismen proof by knowledge, auf den wir im Folgenden genauer eingehen. Dabei betrachten wir die Verfahren in zwei Schritten:

1. Verfahren, die auf Kenntnis eines Passwortes beruhen, und
2. Verfahren, die auf der Kenntnis eines Schlüssels basieren, also die Verfahren welche auf Kryptosystemen aufbauen.

5.6.2.1 Passwort-basierte Authentifikation

Bei einer Authentifikation basierend auf Passwörtern unterhält das System eine Tabelle mit dem login-Namen des Benutzers und dem dazugehörigen Passwort (siehe Abb. 5.23). Möchte ein Benutzer Zugriff auf ein System haben, so fragt das System den Benutzer nach seinen Namen und seinem Passwort. Das System vergleicht das vom Benutzer eingegebene Passwort mit dem Passwort, das dem Benutzer zugeordnet wurde und in der *Passworttabelle* abgelegt ist. Liegt eine Übereinstimmung vor, so ist der Benutzer legitimiert und das Login wird erlaubt, andernfalls wird es abgelehnt.

Die Passworttabelle ist dabei zu schützen, so dass nur das Authentifikationsprogramm Zugriff darauf hat. Deshalb liegen die Namen und Passwörter nicht in Klartext in der Passworttabelle vor, sondern werden als Chiffretext dort abgespeichert. Anstatt den benutzerspezifizierten Namen und das Passwort in Klartext zur Tabellensuche zu verwenden,

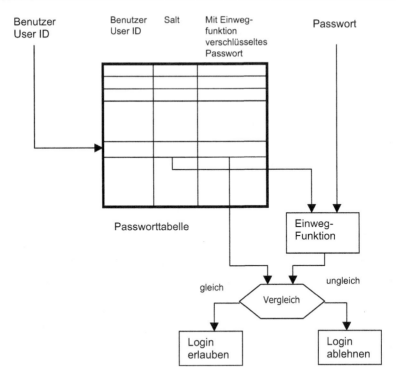

Abb. 5.23 Authentifikation beim Login

werden sie erst verschlüsselt und anschließend das Ergebnis zur Suche in der Passworttabelle verwendet.

Die Anforderung an solch ein Schema ist, dass wenn die Passworttabelle und die Verschlüsselungsfunktion bekannt sind, es unmöglich sein soll, das ursprüngliche Passwort zu
finden. Zur Verschlüsselung benötigt man also eine nicht umkehrbare Funktion, da nicht
die Notwendigkeit besteht, einen Chiffretext zu entschlüsseln. Man benötigt also eine *Einwegfunktion*.

Die Chiffrierung

$$c = e(P, K)$$

wobei K der Schlüssel ist und P das Passwort im Klartext, wird zur Einwegfunktion, indem
man das Passwort als Schlüssel verwendet, so dass

$$c = e(P, P) \ .$$

Nachfolgendes Bild zeigt die Authentifikation mit Passwörtern, wobei zusätzlich noch
etwas Salz (salt) bei der Verschlüsselung verwendet wurde, um bei gleicher Wahl des Passwortes im Klartext unterschiedliche verschlüsselte Passworte zu erhalten.

Da Passwörter geheim sind, sollten sie gegen Abhörung gesichert werden. Deshalb dürfen Passwörter nie im Klartext über ein Netzwerk gesendet werden. Weiterhin sollte die Speicherung der Passwörter nicht auf normalen Servern vorgenommen werden, sondern nur auf vertrauenswürdigen Servern, die gut geschützt sind. Angesicht dieser Anforderungen ist eine Authentifikation eines Benutzers durch einfaches Senden seines Passwortes zu einen Authentifikations-Server in verteilten Umgebungen nicht vertretbar. Das nachfolgend beschriebene System Kerberos (Abschn. 5.6.3) liefert eine Lösung für dieses Problem.

Benutzer sollten ihr Passwort so oft wie möglich ändern, um Angreifern das Erraten des Passwortes zu erschweren. Die extremste Form des Passwortwechsels ist, nur *Einmal-Passwörter* zu benutzen. Dazu stehen drei verschiedene Verfahren zur Verfügung:

1. Der Benutzer erhält eine Liste mit Passwörtern. Bei jedem Login verwendet er dann ein neues Passwort aus der Liste. Ist die Liste erschöpft, so muss er sich eine neue Liste mit Passwörtern besorgen.

2. Jedes Mal, wenn der Benutzer die Sitzung beendet (sich „auslogt"), fragt das System nach neuem Passwort für den nächsten Login. Bei dieser Wahl wird dann das alte Passwort durch das neue ersetzt. Das neue Passwort gilt dann für den neuen Login.

3. Dem Benutzer steht spezielle Hardware in Form eines synchronisierten Passwortgenerators zur Verfügung. Der Passwortgenerator generiert ein zufälliges alphanumerisches Wort oder eine Zahl, das oder die sich immer nach einigen Minuten ändert. Deshalb muss der Generator mit einer Datenbank auf dem Rechner synchronisiert werden. Dies liefert Einmal-Passwörter, die nur für den bestimmten Zeitpunkt und damit dem Login gültig sind. Zum Login gibt dann der Benutzer das Passwort ein, das der Passwortgenerator ihm anzeigt und damit das zur Zeit gültige Passwort.

5.6.2.2   Kryptographie-basierte Authentifikation

Will ein Benutzer A mit einem Benutzer B kommunizieren, so möchte Benutzer B die Identität von Benutzer A verifizieren, bevor er Benutzer A die Bewilligung zur Kommunikation gibt. Die Idee, die hinter der krypotographischen Authentifikation steht, besteht darin, dass ein Benutzer A seine Identität einem Benutzer B beweist, indem er eine kryptographische Operation auf einem Schlüssel ausführt, den entweder beide kennen oder den er von B geliefert bekommt. Der Schlüssel kann dabei entweder

- symmetrisch sein, und somit nur Benutzer A und B bekannt sein oder
- asymmetrisch sein, und somit ist er für Benutzer A geheim und für Benutzer B öffentlich.

Protokolle basierend auf symmetrischen Kryptosystemen Symmetrische Kryptosysteme erlauben einem Benutzer durch die Kenntnis des geheimen Schlüssels beliebige Nachrichten zu ver- und entschlüsseln (Abb. 5.24). Ohne Kenntnis des geheimen Schlüssels kann ein Benutzer die Nachricht nicht verschlüsseln oder eine verschlüsselte Nachricht nicht entschlüsseln. Diese Tatsache lässt sich zur Authentifizierung ausnutzen, indem ein

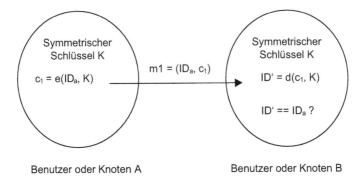

Abb. 5.24 Authentifikation mit Hilfe eines symmetrischen Kryptosystems

Benutzer B die Identität eines Benutzers A überprüft, indem er nachsieht, ob der Benutzer A eine Nachricht verschlüsseln kann mit einem Schlüssel, der nur ihm und A bekannt ist.

Nehmen wir an, Benutzer A möchte mit Benutzer B kommunizieren, aber B möchte vor der Kommunikation Benutzer A authentifizieren. K sei weiterhin der Schlüssel des symmetrischen Kryptosystems, den nur beide Benutzer A und B kennen. Ein Protokoll zur Authentifikation besteht aus den beiden folgenden Schritten:

1. Benutzer A verschlüsselt seine Benutzeridentifikation ID_a mit dem Schlüssel K, welches den Chiffretext $c_1 = e(ID_a, K)$ ergibt. Er sendet die Nachricht m_1, welche aus ID_a und c_1 besteht, an Benutzer B.
2. Nach Erhalt von m_1 entschlüsselt Benutzer B c_1 mit dem gemeinsamen Schlüssel K. Er vergleicht das erhaltene Ergebnis mit ID_a. Liegt Übereinstimmung vor, ist A akzeptiert; andernfalls lehnt er A ab.

Ein Schwachpunkt des Protokolls ist die Anfälligkeit gegenüber Replay-Attacken (siehe Abschn. 5.6.1). Das bedeutet, ein Angreifer kann sich als A ausgegeben und die Nachricht A abfangen und später an B senden. Replay-Attacken können umgangen werden, indem Zeitstempel oder Nonce verwendet werden. Ein neu generiertes Nonce, dessen Wert unterschiedlich ist für jede Konversation, garantiert, dass ein Angreifer sich nicht als A ausgeben kann, da bei einer Replay-Attacke eine alte Authentifikationskonversation an B gesendet wird. Ein Nonce-basiertes *Challenge Response Protocol*, welches das Reply-Attacken-Problem löst, arbeitet folgendermaßen und ist in Abb. 5.25 erläutert:

1. Benutzer A sendet seine Benutzeridentifikation ID_a in Klartext zu B in einer Nachricht m_1.
2. Nach Empfang von m_1 generiert B eine Zufallszahl N_r und sendet sie im Klartext in einer Nachricht m_2 zu Benutzer A.
3. Nach Erhalt von m_2 verschlüsselt A die Zufallszahl N_r mit dem Schlüssel K und erhält den Chiffretext $c_1 = (N_r, K)$. In einer Nachricht m_3 sendet er dann c_1 zu B.

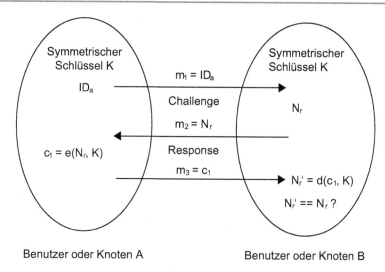

Abb. 5.25 Authentifikation mit einem Challenge Response Protokoll basierend auf einem symmetrischen Kryptosystem

4. Nach Empfang von m_3 entschlüsselt B c_1 und benutzt dazu den Schlüssel K und erhält $N_r{'}$. Er vergleicht N_r mit $N_r{'}$ und sind beide gleich, so akzeptiert er den Benutzer A, andernfalls lehnt er ihn ab.

Obwohl der obige Authentifikationsalgorithmus eine verteilte Lösung ist, ist er aus folgenden Gründen unpraktisch für große Systeme:

1. Jeder Benutzer muss den geheimen Schlüssel für jeden anderen Benutzer speichern, der sich irgendwann einmal authentifizieren möchte. Dies ist aufwendig für große Systeme mit vielen Benutzern, bei denen die Benutzer zu beliebigen Zeitpunkten ankommen und gehen können.
2. Jeder Benutzer besitzt die Schlüssel von allen anderen Benutzern, die sich bei ihm authentifizieren müssen. Die Schlüssel liegen deshalb nicht bei einem vertrauenswürdigen Benutzer, sondern sind verteilt auf alle Benutzer.

Zur Lösung dieser Probleme ist ein zentraler Authentifikations-Server angebracht, der eine vertrauenswürdige Einheit darstellt. Jeder Benutzer teilt dann mit dem Authentifikations-Server einen geheimen Schlüssel. Mit einem zentralen Authentifikations-Server (AS) und der Voraussetzung, dass K_a und K_b der geheime Schlüssel des Benutzers A bzw. des Benutzers B ist, hat das Authentifikationsprotokoll folgendes Aussehen:

1. Benutzer A sendet seine Benutzeridentifikation ID_a in Klartext zu B in einer Nachricht m_1.

2. Nach Empfang von m_1 generiert B eine Zufallszahl N_r und sendet sie im Klartext in einer Nachricht m_2 zu Benutzer A.

3. Nach Erhalt von m_2 verschlüsselt A die Zufallszahl N_r mit seinem geheimen Schlüssel K_a und erhält den Chiffretext $c_1 = (N_r, K_a)$. In einer Nachricht m_3 sendet er dann c_1 zu B.

4. Nach Empfang von m_3 verschlüsselt B das Paar (ID_a, c_1), indem er seinen geheimen Schlüssel K_b benutzt. Dies ergibt der Chiffretext $c_2 = e((ID_a, c_1), K_b)$. Er sendet c_2 zum Authentifikations-Server AS in einer Nachricht m_4.

5. Nach Empfang von m_4 entschlüsselt der AS c_2 mit dem Schlüssel K_b und erhält das Paar (ID_a, c_1). Mit dem Schlüssel K_a, der zu Id_a korrespondiert und in seiner Tabelle der geheimen Schlüssel steht, entschlüsselt er c_1 mit dem Schlüssel K_b. Dadurch erhält er N_r. Als nächstes verschlüsselt er N_r mit dem Schlüssel K_b und erhält den Chiffretext $c_3 = e(N_r, K_b)$. Schließlich sendet er c_3 in einer Nachricht m_5 zu B.

6. Nach Erhalt von m_5 entschlüsselt der Benutzer B c_3 mit seinem geheimen Schlüssel K_b und er bekommt dadurch N_r'. Er vergleicht N_r mit N_r'; sind beide Zufallszahlen gleich, so akzeptiert er den Benutzer A, andernfalls lehnt er ihn ab.

Protokolle basierend auf asymmetrischen Kryptosystemen Bei einem asymmetrischen Kryptosystem wird der öffentliche Schlüssel jedem Benutzer bekannt gegeben, während der geheime Schlüssel des Benutzers nur der Benutzer kennt und sonst niemand. Ein Benutzer B überprüft die Identität eines Benutzers A, indem er nachsieht, ob der Benutzer A eine Nachricht mit seinem geheimen Schlüssel verschlüsseln kann. Dazu kommt, wie bei den Authentifikationsprotokollen basierend auf symmetrischen Kryptosystemen, ein Nonce-basiertes *Challenge Response Protocol* zum Einsatz.

Nehmen wir an, dass Benutzer A mit Benutzer B kommunizieren möchte, aber B verlangt vor der Kommunikation, dass sich A authentifizieren muss. Weiterhin seien P_a der öffentliche und S_a der geheime Schlüssel von Benutzer A. Ein Challenge Response Protokoll basierend auf einem asymmetrischen Kryptosystem und erläutert in Abb. 5.27, besteht aus den folgenden Schritten:

1. Benutzer A sendet seine Benutzeridentifikation ID_a in Klartext zu B in einer Nachricht m_1.

2. Nach Empfang von m_1 generiert B eine Zufallszahl N_r und sendet sie im Klartext in einer Nachricht m_2 zu Benutzer A.

3. Nach Erhalt von m_2 verschlüsselt A die Zufallszahl N_r mit seinem geheimen Schlüssel S_a und erhält den Chiffretext $c_1 = (N_r, S_a)$. In einer Nachricht m_3 sendet er dann c_1 zu B.

4. Nach Empfang von m_3 entschlüsselt B c_1 und benutzt dazu den öffentlichen Schlüssel P_a und erhält N_r'. Er vergleicht N_r mit N_r' und sind beide gleich, so akzeptiert er den Benutzer A, andernfalls lehnt er ihn ab.

Wie bei den Protokollen zur Authentifikation mit einem zentralen Authentifikations-Server AS basierend auf symmetrischen Kryptosystemen, kann auf der Basis von asymmetrischen Kryptosystemen ein zentraler Authentifikations-Server entwickelt werden. In

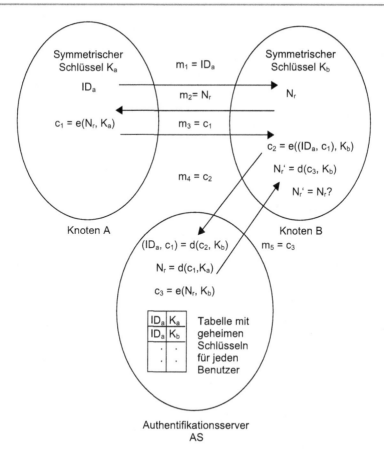

Abb. 5.26 Authentifikation mit einem zentralen Authentifikationsserver AS

diesem Fall besitzt der Authentifikations-Server eine Datenbasis mit allen öffentlichen Schlüsseln P_a, P_b, ... von allen Benutzern A, B, ... Jeder Benutzer besitzt seinen eigenen geheimen Schlüssel S_a, S_b, ... zur Verschlüsselung der Nachrichten, die dann der Authentifikations-Server mit dem öffentlichen Schlüssel entschlüsseln kann. Zusätzlich dazu besitzt jeder Benutzer den öffentlichen Schlüssel P_s des Authentifikations-Servers zur Entschlüsselung der Nachrichten, die der Authentifikations-Server sendet. Ein Authentifizierungsprotokoll für den asymmetrischen Fall verläuft dann wie im symmetrischen Fall (siehe Abb. 5.26), jedoch jetzt unter Verwendung der beiden asymmetrischen Schlüssel.

5.6.3 Kerberos

Kerberos (Cerberus) ist in der griechischen Sage ein dreiköpfiger Hund, der den Eingang zur Unterwelt bewacht. Diese Gestalt wählte man am MIT (Massachusetts Insitute

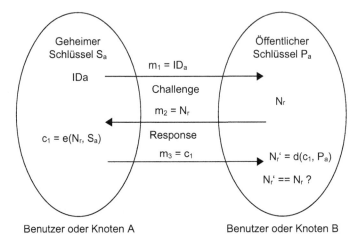

Abb. 5.27 Authentifikation mit einem Challenge Response Protokoll basierend auf einem asymmetrischen Kryptosystem

of Technology) als Namenspaten für einen Schlüssel-Server, der die Anwender des Universitätsnetzes mit Schlüsseln zur Verschlüsselung der Kommunikation versorgte (siehe Abschn. 5.6.1.2) und für das in Abschn. 5.6.2.2 beschriebene Authentifikationsverfahren mit zentralem Authentifikations-Server basierend auf symmetrischen Kryptosystemen.

Kerberos ist die Basiskomponente vom OSF DCE Security Service und wird von DEC, HP, IBM mit ihren kommerziellen UNIX-Systemen als Standard-Middleware angeboten.

Keberos System Architektur Die Architektur von Kerberos (siehe Abb. 5.28) umfasst die folgenden Komponenten:

1. *Kerberos-Server.* Dieser dient als Schlüssel-Server und besitzt somit eine Authentifikationsdatenbank. Die Einträge in dieser Datenbank bestehen aus der Benutzeridentifikation und dem Passwort für alle Benutzer des Systems. Weiterhin besitzt der Kerberos-Server den eindeutigen geheimen Schlüssel für jeden Server in dem System. Deshalb sind in der Datenbank die Serveridentifikation und der geheime Schlüssel für jeden Server abgespeichert. Bei der Installation von Kerberos werden die Passwörter und der geheime Schlüssel den Benutzern beziehungsweise den Servern zugeordnet.

   Da Kerberos in der Authentifikationsdatenbank geheime Information ablegt, sollte Kerberos auf einer geschützten und physikalisch abgesicherten Maschine ablaufen. Zugriff auf diese Maschine sollten dann nur wenige privilegierte Benutzer haben.

   Zur Generierung von Schlüsseln und zum Verschlüsseln von Nachrichten benutzt Kerberos ein symmetrisches Kryptosystem, speziell den Data Encryption Standard. Dies ist jedoch als spezieller Modul implementiert und lässt sich austauschen.

   Der Authentifikations-Server hat die Aufgabe, die Benutzeridentität beim Login zu verifizieren. Dazu braucht kein Passwort über das Netz geschickt zu werden. Kerberos

Kerberos Server Knoten (physikalisch geschützt)

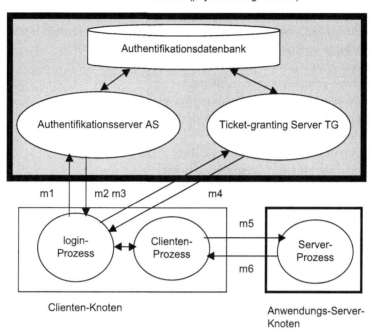

Abb. 5.28 Komponenten des Kerberos Systems

besitzt die so genannte *single sign-on facility*; das bedeutet, ein Benutzer muss nur einmal sein Passwort beim Login eingeben, unabhängig davon, wieviele verschiedene Ressourcen oder Services er danach benötigt.

Der ticket-granting Server verteilt die Erlaubnis (Tickets) an die Clients zum Zugriff auf andere Server im System. Diese Erlaubnis wird benutzt zur Einrichtung eines unabhängigen privaten Kanals zwischen den Clients und den Servern.

2. *Client*. Der Clientprozess läuft auf einer öffentlichen Maschine, die jedermann zugänglich ist, der mit dem System arbeiten will. Benutzer, welche mit dem System arbeiten wollen, müssen sich erst vom Kerberos-Server identifizieren lassen, bevor sie auf irgendeinen Server des Systems zugreifen können. Deshalb muss vor dem Zugriff auf einen Server, und damit zur Kommunikation mit dem Server, der Clientprozess sich vom ticket-granting Server die Erlaubnis holen.

3. *Anwendungs-Server*. Er bietet spezielle Services für Clients an, allerdings nur wenn die Authentität des Clients vorher festgestellt wurde. Ein Server läuft gewöhnlich auf einer Maschine, die in einem moderat gesicherten Raum abläuft. Die Sicherheit eines Servers beeinträchtigt deshalb nicht die Sicherheit eines anderen Servers.

Kerberos Authentifikationsprotokoll Das Zusammenspiel der Komponenten in Abb. 5.28 erläutern wir am Kerberos Authentifikationsprotokoll. Dabei sind

- K_g der geheime Schlüssel des ticket-granting Servers TG,
- K_s der geheime Schlüssel des Anwendungs-Servers und
- K_c der geheime Schlüssel des Clients (dieser Schlüssel wird aus dem Passwort mit einer Einwegfunktion generiert).
- K_1 der ticket-granting Sitzungsschlüssel.
- K_2 der service-granting Sitzungsschlüssel.
- ID_g die Identifikation des ticket-granting Servers.
- ID_s die Identifikation des Anwendungs-Servers.
- ID_c die Identifikation des Clients.
- T_{si} die Startzeit für die Gültigkeit des Ticket.
- T_{ei} die Verfallszeit für die Gültigkeit des Ticket.
- T_i ein Zeitstempel.
- N_i ein Nonce.

Das Kerberos Protokoll verläuft grob in zwei Schritten:

a) Authentifikation des Benutzers und Erhalt eines ticket-granting Ticket. Dies geschieht durch Versenden der Nachrichten m_1 und m_2 (siehe Abb. 5.28).

b) Anlegen eines unabhängigen Kanals zwischen dem Client und dem Anwendungs-Server durch Generierung eines Sitzungsschlüssels K_s und Verteilung des Sitzungs-schlüssels K_s an den Client. Dies geschieht durch Versenden der Nachricht m_3, m_4, mit dem ticket-granting Ticket m_5 und m_6 (siehe Abb. 5.28).

c) Authentifikation des Benutzers und Erhalt eines ticket-granting Ticket.

1. Gibt ein Client an einer Maschine seine Benutzeridentifikation ein, so sendet der Login-Prozess eine Anfrage an den Authentifikations-Server. Diese Nachricht m_1 enthält die Benutzeridentifikation (ID_c) und ein Nonce N_1. Das Nonce N_1 dient zur Überprüfung der Gültigkeit der Rückantwort. Die Nachricht $m_1 = (ID_c, N_1)$ sendet der Login-Prozess im Klartext.

2. Nachdem der Authentifikations-Server die Nachricht m_1 erhalten hat, legt er ein ticket-granting Ticket an. Dieses ticket-granting Ticket enthält:
   - die Benutzeridentifikation ID_c,
   - die Benutzeridentifikation des Ticket-granting Server ID_g,
   - die Startzeit, ab wann dieses Ticket gültig ist T_{s1},
   - die Verfallszeit für dieses Ticket T_{e1}, (typischerweise beträgt die Zeit der Gültig-keit acht Stunden) und
   - einen Sitzungsschlüssel K_1, der aus einer Zufallszahl generiert wird.

   Die Benutzung der Start- und Verfallszeit garantiert, dass das ticket-granting Ticket zeitsensitiv ist und ein nicht autorisierter Benutzer es nicht abfangen und später be-nutzen kann. Dieses ticket-granting Ticket wird verschlüsselt mit dem geheimen Schlüssel K_g des ticket-granting Servers und ergibt den Chiffretext $c_1 = e((ID_c, ID_g, T_{s1}, T_{e1}, K_1), K_g)$. Die Verschlüsselung mit dem Schlüssel K_g stellt sicher, dass niemand, selbst der nicht Client, das ticket-granting Ticket entschlüsseln kann; nur der Kerberos-Server kann es entschlüsseln.

Anschließend benutzt er den geheimen Schlüssel K_c des Clients (den er aus dem Passwort aus der Authentifikationsdatenbank generiert) und verschlüsselt damit das Nonce N_1 , den Sitzungsschlüssel K_1, und das verschlüsselte ticket-granting Ticket c_1. Dies ergibt den Chiffretext $c_2 = e\,((N_1, K_1, c_1), K_c)$. Er sendet dann c_2 in einer Nachricht m_2 dem Login-Prozess zu.

3. Nach Erhalt von m_2 fragt das Login-Programm den Benutzer nach seinem Passwort. Das eingegebene Passwort wird durch eine Einwegfunktion zum geheimen Schlüssel K_c des Clients. Sofort nach der Berechnung des geheimen Schlüssels K_c kann das Passwort aus dem Speicher des Clients gelöscht werden, um bei einem Absturz des Clients das Passwort nicht abfangen zu können. Das Login-Programm versucht nun mit dem Schlüssel K_c, c_2 zu entschlüsseln. Durch Entschlüsselung von c_2 erhält er

- das Nonce N_1,
- den Sitzungsschlüssel K_1 und
- das ticket-granting Ticket c_1.

Er überprüft das Nonce N_1 auf Gültigkeit und speichert den Sitzungsschlüssel K_1 und das verschlüsselte ticket-granting Ticket c_1 für den weiteren Gebrauch für den ticket-granting Server. Danach kann der geheime Schlüssel K_c des Clients aus dem Speicher gelöscht werden, da das ticket-granting Ticket von nun an zur Authentifikation des Benutzers dient. Anschließend kann eine Sitzung des Benutzers auf dem Rechner des Benutzers gestartet werden.

Da die Benutzerauthentifikation durch Verwendung einer Einwegfunktion durchgeführt wurde, lief sie ohne Übergabe des Passwortes im Klartext ab. Weiterhin fängt ein Angreifer die Rückantwort ab, so kann er sie nicht entschlüsseln und es ist ihm unmöglich, den Sitzungsschlüssel K_1 und das darin enthaltene ticket-granting Ticket c_1 zu erhalten.

d) *Generierung und Verteilung des Sitzungsschlüssel*

4. Wenn ein Client-Prozess eines authentifizierten Benutzers Zugriff haben möchte auf einen Anwendungs-Server, dann stellt er eine Anfrage an den ticket-granting Server für ein service-granting Ticket. Mit diesem service-granting Ticket kann dann die Anwendung mit dem Anwendungs-Server kommunizieren.

Zur Authentifikation des Clients legt der Client einen Authentifikator an, der Folgendes enthält:

- Die Identifikation ID_c des Clients und
- einen Zeitstempel T_1.

Er verschlüsselt diesen Authentifikator mit dem Sitzungsschlüssel K_1 und erhält den Chiffretext $c_3 = e((ID_c, T_1), K_1)$.

Im Vergleich zum ticket-granting Ticket welches wieder verwendbar ist, ist der Authentifikator nur für den einmaligen Gebrauch vorgesehen und hat nur eine kurze Lebenszeit (typischerweise einige Minuten).

Der Client sendet dann den verschlüsselten Authentifikator c_3, das verschlüsselte ticket-granting Ticket c_1, die Identifikation ID_s des Anwendungs-Servers und ein Nonce N_2 an den ticket-granting Server in einer Nachricht m_3 ($m_3 = (c_3, c_1, ID_s, N_2)$).

5. Nach Erhalt von m_3 entschlüsselt der ticket-granting Server c_1, indem er den geheimen Schlüssel K_g benutzt, und er erhält somit (ID_c, ID_g, T_{s1}, T_{e1}, K_1). Er überprüft, ob keine Zeitüberschreitung vorliegt, indem er seine gegenwärtige Zeit mit T_{e1} vergleicht. Mit dem erhaltenen Sitzungsschlüssel K_1 kann er dann c_3 entschlüsseln, und er erhält dadurch ID_c und T_1. Das erhaltene ID_c vergleicht er mit dem ID_c aus dem c_1, und er authentifiziert somit den Anfragenden. Dadurch weiß er, dass der Sender des Tickets der wirkliche Besitzer des Tickets ist.

Nach erfolgreicher Authentifikation des Clients generiert der ticket-granting Server einen neuen Sitzungsschlüssel K_2. Er generiert ein service-granting Ticket zum Zugriff auf den angeforderten Service. Das service-granting Ticket enthält Folgendes:

- die Identifikation ID_c des Clients,
- die Identifikation ID_s des Anwendungs-Servers,
- die Startzeit T_{s2} für die Gültigkeit des Ticket,
- die Verfallszeit T_{e2} für die Gültigkeit des Ticket und
- den neuen Sitzungsschlüssel K_2.

Er verschlüsselt dann das service-granting Ticket mit dem Schlüssel K_s des Anwendungs-Servers und erhält den Chiffretext $c_4 = e((ID_c, ID_s, T_{s2}, T_{e2}, K_2), K_S)$. Diese Verschlüsselung garantiert wieder, dass niemand, nicht einmal der Client, das service-granting Ticket entschlüsseln kann; nur der Kerberos-Server kann es entschlüsseln.

Als nächstes benutzt er den alten Sitzungsschlüssel K_1 und generiert den Chiffretext $c_5 = e((N_2, K_2, C_4), K_1)$. Er übergibt dann c_5 in einer Nachricht m_4 an den Client.

6. Nach Erhalt von m_4, entschlüsselt der Client mit dem alten Sitzungsschlüssel K_1 die Nachricht c_5. Dadurch erhält er Folgendes:

- Das Nonce N_2,
- der neue Sitzungsschlüssel K_2 und
- das verschlüsselte service-granting Ticket.

Er überprüft das Nonce N_2 auf Gültigkeit der Rückantwort und speichert den neuen Sitzungsschlüssel K_2 und das verschlüsselte service-granting Ticket zum weiteren Gebrauch ab (es wird benötigt zur Kommunikation mit dem Anwendungs-Server). Der Client ist nun bereit und kann mit dem Sitzungsschlüssel K_2 eine Kommunikation mit dem Anwendungs-Server aufbauen. Jedoch muss der Client noch die Echtheit des Anwendungs-Servers überprüfen. Dazu legt der Client einen Authentifikator an, der Folgendes enthält:

- Die Identifikation ID_c des Clients und
- einen Zeitstempel T_2.

Er verschlüsselt diesen Authentifikator mit dem Sitzungsschlüssel K_2 und erhält dadurch den Chiffretext $c_6 = e((ID_c, T_2), K_2)$. Er sendet dann den verschlüsselten Authentifikator c_6 und das verschlüsselte service-granting Ticket c_4 in einer Nachricht m_5 an den Serverprozess ($m_5 = (c_6, c_4)$).

7. Nach Erhalt von m_5 entschlüsselt der Anwendungs-Server c_4 indem er den geheimen Schlüssel K_S benutzt. Er erhält dadurch den Sitzungsschlüssel K_2, den er sich abspeichert. Mit K_2 kann er dann c_6 entschlüsseln und er erhält ID_c und T_2. Er inkrementiert T_2 um eins und erhält den Wert T_3. Er verschlüsselt den erhaltenen Wert T_3 mit dem Schlüssel K_2 und erhält den Chiffretext $c_7 = e(T_3, K_2)$. Diesen Text sendet er in einer Nachricht m_6 an den Client zurück.

8. Nach Erhalt von m_6 entschlüsselt der Client c_7 mit dem Sitzungsschlüssel K_2 und erhält T_3. Entspricht $T_3 = T_2 + 1$, so ist sich der Client sicher, dass der Server der Echte ist. Diese gegenseitige Authentifikation stellt sicher, dass ein Angreifer nicht die Rolle des Anwendungs-Servers übernehmen kann, um an Information des Clients zu kommen.

Am Ende von diesem Protokoll haben der Client und der Anwendungs-Server einen sicheren Kommunikationskanal zwischen ihnen eingerichtet. Sie besitzen nun einen Sitzungsschlüssel K_2, mit dem sie ihre Nachrichten verschlüsseln können.

Die Verwendung von Zeitstempeln zur Authentifikation in dem Kerberos-Protokoll ist nicht ganz unproblematisch, denn sie bedingt das Vorhandensein von synchronisierten Uhren in allen Rechnern eines Netzes, da für die Erzeugung und Überprüfung von Zeitstempeln die jeweils lokalen Uhren – also zwei verschieden Uhren – benutzt werden. Die Synchronisation der Uhren in dem Rechnernetz muss verlässlich sein, also authentifiziert durchgeführt werden, denn ist ein verwendetes Zeitprotokoll nicht verlässlich, so weist das Kerberos-Protokoll dieselbe Schwäche auf.

Literatur

[LS 94] Langendörfer H.; Schnor B.: Verteilte Systeme. Carl Hanser Verlag 1994.

[O 96] Oppliger R.: Authentication Systems for Secure Networks. Artech House Inc. 1996.

[R 91] Raynal M.: A simple Taxonomy for Distributed Mutual Exclusion Algorithms. ACM Operating Systems Review, Vol. 25, No. 2, April 1991.

[RA 81] Ricart G.; Agrawala A.K.: An Optimal Algorithm for Mutual Exclusion in Computer Networks. Communications of the ACM, Vol. 24, No. 1, Jan. 1981.

[S 98] Schmeh K.: Safer Net, Kryptografie im Internet und Intranet. Dpunkt-Verlag 1998.

[S 97] Sinha P.K.: Distributed Operating Systems, Concepts and Design. IEEE Press 1997.

[T 95] Tanenbaum A.S.: Distributed Operating Systems. Prentice Hall Inc. 1995.

Sachverzeichnis

G. Bengel, *Grundkurs Verteilte Systeme*, DOI 10.1007/978-3-8348-2150-8,
© Springer Fachmedien Wiesbaden 2014

343